EBERHARD FECHNER

Die Comedian Harmonists

Sechs Lebensläufe

WILHELM HEYNE VERLAG
MÜNCHEN

HEYNE ALLGEMEINE REIHE
Nr. 01/20013

Besuchen Sie uns im Internet:
http://www.heyne.de

Umwelthinweis:
Das Buch wurde auf
chlor- und säurefreiem Papier gedruckt.

Copyright © 1988 by Quadriga Verlag, Weinheim und Berlin
Wilhelm Heyne Verlag GmbH & Co. KG, München
Printed in Germany 1997
Umschlagillustration: Comedian Harmonists-Archiv Eberhard Fechner
Umschlaggestaltung: Atelier Ingrid Schütz, München
Satz: Schaber Satz- und Datentechnik, Wels
Druck und Bindung: Presse-Druck, Augsburg

ISBN 3-453-13899-6

Meiner Frau Jannet

Genau auf das Jahr – 60 Jahre nach Gründung der ›Comedian Harmonists‹ – erscheint nun dieses Buch meines Freundes Eberhard Fechner.

Und wie in seinem Film, in dem er uns noch einmal zu Wort kommen ließ, wird das, was schon beinahe Geschichte ist, auf wunderbare Weise noch einmal lebendig. Unsere Begeisterung, mit der wir uns damals an die Arbeit machten, die ersten Niederlagen und dann der große Erfolg. Aber auch, wie die Nationalsozialisten die Ära der ›Comedian Harmonists‹ zerstört haben, uns auseinanderbrachten, so daß wir niemals wieder zusammenfinden konnten. Dieses Buch schlägt das letzte Kapitel unserer Geschichte auf und setzt ihr einen würdigen und bleibenden Schlußpunkt.

ROMAN J. CYCOWSKI, Juni 1988

INHALT

Einleitung 11

I. TEIL – Woher sie kamen 19
Ari Leschnikoff 21
Erich Abraham-Collin 39
Roman J. Cycowski 55
Robert Biberti 77
Erwin Bootz 103
Harry Frommermann 121

II. TEIL – Die Geschichte der COMEDIAN HARMONISTS 143
Die Gründung 145
Die ersten Erfolge 164
Die besten Jahre 189
Schwanengesang 213
Verbot und Trennung 241

III. TEIL – Die beiden Nachfolgegruppen 253
Das Meistersextett 255
Das Wiener Ensemble 285

IV. TEIL – Wohin sie gingen 309
Harry Frommermann 311
Erich Abraham-Collin 335
Erwin Bootz 343
Robert Biberti 357
Ari Leschnikoff 373
Roman J. Cycowski 381

Discographie 393

Quellen- und Abbildungsnachweis 413

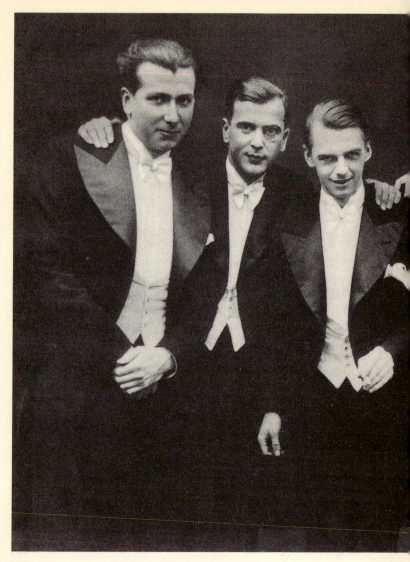

Die Comedian Harmonists, v.l.n.r.: Robert Biberti (Baß), Erich Collin (2. Tenor), Erwin Bootz (Klavier/Arr.)

Roman Cycowski (Bariton), Harry Frommermann (Tenor-Buffo/Arr., Gründer der Gruppe), Ari Leschnikoff (1. Tenor)

»Baby – wo ist mein Baby?
Groß ist der Ozean,
mein Baby ist klein.
Die Jahre kreisen
und wir vergreisen –
aber mein Baby, mein Baby bleibt mein.«

       Von FRITZ HOLLAENDER und WALTER MEHRING –
Aufnahme der COMEDIAN HARMONISTS vom 15. Februar 1931

Einleitung

Bevor ich die COMEDIAN HARMONISTS selbst aus ihrem Leben erzählen lasse, möchte ich davon berichten, wie es dazu kam, daß ich mir diese sechs alten Männer als ›Helden‹ für einen Film und dieses Buch ausgesucht habe.

Von 1969 bis 1974 hatte ich neben einer Reihe von Spielfilmen vier Filme fertiggestellt, die sich mit dem Schicksal von Menschen verschiedener Schichten der deutschen Gesellschaft in diesem Jahrhundert beschäftigen. Es sind Augenzeugenberichte, in denen deutsche Bürger über ihr Leben und damit über die Zeit berichten, die sie geprägt hat. Darunter waren Proletarier, kleine Angestellte und Gewerbetreibende, Beamte und Industrielle, Akademiker und Großbürger, Arme und Reiche.

Sie alle erzählen von ihrer Kindheit, den Verhältnissen in ihrem Elternhaus und den sehr verschiedenartigen Bedingungen ihrer Schulzeit. Sie berichten von ihren Plänen, Hoffnungen und Enttäuschungen, von Liebschaften, Ehen, Kindern, von Tod und Geburten.

Und alles war eingebettet in geschichtliche Ereignisse, die ihr Leben unaufhörlich beeinflußt hatten:

Die ›Kaiserzeit‹ am Beginn unseres Jahrhunderts, der Erste Weltkrieg und seine Niederlage, die Wirren der ersten Nachkriegsjahre, die Inflation von 1923 und die Arbeitslosigkeit der späteren Zwanziger Jahre, der 30. Januar 1933 und die Folgen der Politik Hitlers, der Zweite Weltkrieg mit den Eroberungen und Orden, Gestapo, KZ's und Bombennächten, mit Flucht oder Emigration und dem Zusammenbruch 1945. Sie alle berichten von dem Leben in der Nachkriegszeit, das bei den meisten von ihnen nur aus Hunger, Kälte und der Sorge bestand, in dieser Trümmerwelt ein Dach über dem Kopf zu haben. Und schließlich erzählten sie von der Währungsreform und den letzten dreißig Jahren mit der Teilung Deutschlands und dem schrittweisen wirtschaftlichen Aufstieg.

Jeder hat seine Zeit anders erlebt und somit auch andere Erinnerungen als die übrigen. Aber bei keinem ist das eigene, private Leben unbeeinflußt geblieben durch die geschichtlichen Ereignisse. Keiner von ihnen hat sich zeitlebens um Politik gekümmert. Die Politik aber hat keinen von ihnen unbeachtet gelassen.

Zwangsläufig wurde die Wiedergabe individueller Schicksale zugleich auch Darstellung von Zeitgeschichte, natürlich aus der Sicht der Betroffenen.

Sie war, wie gesagt, immer subjektiv und manchmal sogar objektiv falsch. Doch die historischen Fakten kann man in jedem Geschichtsbuch nachlesen. Aber nur durch die persönlichen Berichte lebender Zeugen dieses Jahrhunderts läßt sich erfahren, welche Folgen der Gang der Geschichte auf das Leben deutscher Bürger gehabt hat, welche Konsequenzen sie daraus zogen oder nicht zogen, und was es denn überhaupt für Menschen waren, die in diesen Zeiten gelebt haben. Sie selbst erzählen von ihren Gedanken, Empfindungen, ihrem Handeln und geben damit Zeugnis von sich und den Angehörigen ihrer Generation.

Was mir in dieser Reihe noch fehlte, waren die Künstler. Wie mochte es ihnen in diesem Jahrhundert ergangen sein? Ähnelten ihre Erlebnisse und ihr Verhalten denen anderer Bürger, oder war ihr Schicksal nicht mit dem ›normaler‹, durchschnittlicher Zeitgenossen vergleichbar? Aber wer konnte mir diese Fragen beantworten?

Da kam mir ein glücklicher Zufall zu Hilfe:

Im Januar 1975 waren meine Frau und ich in Berlin von einem Freund zum Kaffee eingeladen worden. Als wir zu ihm kamen, empfing uns Schallplattenmusik: Fünf Männer sangen: »Ich hab für dich 'nen Blumentopf, 'nen Blumentopf bestellt; das ist der schönste Blumentopf, der schönste auf der Welt!« Ich erkannte die Sänger sofort wieder. Es waren die alten COMEDIAN HARMONISTS, deren historische Aufnahmen aus den Endzwanziger Jahren als Langspielplatte wieder auf den Markt gekommen waren.

Ihr Gesang weckte Erinnerungen in mir.

1945 lag ich verwundet mehrere Monate in einem amerikanischen Lazarett in Krummau an der Moldau, nahe der Grenze zwischen der Tschechoslowakei und Österreich.

Ich war gerade 18 Jahre alt. Nach meiner Entlassung aus der Kriegsgefangenschaft kam ich im Juli 1945 in ein nahe gelegenes Flüchtlingslager. Mir ging es besser als den meisten der dort Internierten, denn aus meiner amerikanischen Lazarettzeit hatte ich einen Rucksack voll Ami-Zigaretten in meine Flüchtlingsexistenz hinübergerettet. Und Zigaretten galten in jener Zeit als Währungsersatz für die immer wertloser werdende deutsche Reichsmark, damals auch ›Papiermark‹ genannt.

Einen Teil dieser Zigaretten tauschte ich im Lager gegen einen Ballen reiner, weißer Seide, sogenannter Fallschirmseide, ein. Sie stammte aus den Beständen der untergegangenen deutschen Luftwaffe.

Mit Hilfe der restlichen Zigaretten und der Fallschirmseide besorgte ich mir nach und nach Zivilkleidung. Kein Stück paßte zum anderen, die Halbschuhe waren um gut zwei Nummern zu klein. Ich mußte sie darum auf ungewöhnliche Weise meinen Füßen anpassen, da es im Lager keinen Schuster gab, der mir helfen konnte. Ich zog also die viel zu kleinen Schuhe mit großer Mühe an, stellte mich dann für ein paar Stunden in einen Wasserbottich und stopfte anschließend die Schuhe fest mit Zeitungspapier aus. Das aufgeweichte Leder gab nach und ich besaß ein Paar tragfähige Zivilschuhe. All das nahm ich gern auf mich, denn es half mir, mich von meinen Militärklamotten zu befreien, die ich als ehemaliger Soldat noch trug. Als ich mich schließlich neu eingekleidet hatte, blieben etwa sechs Meter Seide übrig. An einem August-Nachmittag schlenderte ich über das große Lagergelände, als ich auf einer Wiese, hinter einer Holzbaracke, ein Grammophon spielen hörte. Davor lag ein junges Mädchen im Gras. Mehrere Männer sangen das Lied: »Ich hab für dich 'nen Blumentopf, 'nen Blumentopf bestellt, das ist der schönste Blumentopf, der schönste auf der Welt!« – Ich kannte das Lied nicht, aber es gefiel mir außerordentlich.

Noch war es nicht lange her, daß der Krieg zu Ende gegangen war, kaum vier Monate, ich hatte ihn glücklich und zufällig überlebt und nun hörte ich auf dieser Wiese im Böhmerwald einen kleinen, albernen Schlager, der nichts zum Inhalt hatte, als Freude am Leben, Witz und Charme.

Ich kam ins Gespräch mit dem Mädchen, und sie erzählte mir, daß sie auf ihrer Flucht aus Schlesien fast alles verloren hatte, bis auf ein paar persönliche Dinge und dieses Koffergrammophon. So besaß sie kaum etwas zum Anziehen und suchte verzweifelt jemanden, der ihr helfen konnte, Kleidung zu finden. Sie war bereit, dafür auch das Grammophon zu opfern.

Ich besah es mir näher: Es war ein Koffergerät mit hellgelbem Kunstlederbezug, hufeisenförmig und mit einer Stahlkurbel zum Aufziehen der Feder. Dazu gehörten noch eine kleine Schachtel mit Grammophonnadeln und drei Schellackplatten. Ein verlockendes Angebot. – Obwohl mein Hunger beträchtlich war, denn im Lager erhielten wir täglich nur einen Kanten Brot und einen Schlag Wassersuppe, und ich für die restliche Seide hatte Nahrungsmittel eintauschen wollen, bot ich dem jungen Mädchen die sechs Meter Seide für das Grammophon an. Sie begutachtete den Stoff, war fassungslos, daß die Seide echt war und wir machten den Handel perfekt.

Nun war ich dem, was ich unter Frieden verstand, ein Stück näher gekommen. 1939, als der Krieg begonnen hatte, war ich noch ein Kind gewesen. Später verdiente ich mir schon etwas Taschengeld, aber es gab nichts von dem zu kaufen, was man gern gehabt hätte. So wurde dieses Grammophon für mich das Symbol meiner neuen Freiheit.

Es dauerte lange, bis ich zu den vorhandenen Platten noch weitere dazubekam. So waren der ›Blumentopf‹ und die zwei anderen Platten monatelang meine einzigen musikalischen Begleiter. Täglich hörte ich sie, die COMEDIAN HARMONISTS, bis mir eines Tages die Platte zerbrach.

Jahre später konnte man die Gruppe, wenn auch selten, im Radio hören und immer, wenn von den Zwanziger Jahren die Rede war, tauchten sie in den Sendungen mit ein oder zwei Liedern auf. Sonst aber waren sie vergessen. Ich wußte nichts von ihnen, weder, wer sie waren, noch wohin ihr Schicksal sie verschlagen hatte und ob sie überhaupt noch lebten.

Bis zu dem Tag im Januar 1975, als unser Freund uns mit dem ›Blumentopf‹-Schlager empfing.

Auf dem mehrseitigen Cover des Doppelalbums war vorn ein

großes Foto der Gruppe aus dem Jahre 1931 abgebildet und auf den Innenseiten weitere Aufnahmen aus der großen Zeit der COMEDIAN HARMONISTS. Der Begleittext berichtete kurz von ihrem Aufstieg 1929 und ihren Welterfolgen bis zu dem Auftrittsverbot 1935 durch die Reichsmusikkammer, weil drei von ihnen Juden waren. – Über ihr weiteres Schicksal aber schwieg der Text sich aus.

Als ich die Platte wieder hörte, wußte ich sofort, daß dies mein nächster Film sein würde – vorausgesetzt, jemand von den fünf Sängern oder der Pianist sollte noch leben. Da erzählte mir unser Freund, daß zumindest einer der COMEDIAN HARMONISTS in Berlin wohnen müsse: Der Bassist der Gruppe, Robert Biberti, er habe ihn schon mehrfach ›Bei Diener‹, einem Berliner Künstlerlokal, getroffen.

Wir suchten die Nummer von Biberti im Telefonbuch, fanden sie, ich rief an, Herr Biberti war zu Hause, wir verabredeten uns für den nächsten Tag und ich erfuhr, daß außer ihm noch vier der ursprünglich sechs Mitglieder am Leben seien, wenn auch in alle Winde verstreut. Robert Biberti hatte die Adressen gleich zur Hand. Ich erzählte ihm von meinem Plan und schrieb dann an Harry Frommermann, den Gründer der Gruppe, der in Bremen lebte, an den Bariton Roman Cycowski in Kalifornien, an den Pianisten Erwin Bootz in Bochum und nach Sofia, wo der Erste Tenor der Gruppe, Ari Leschnikoff, lebte. Auch mit der Witwe des bereits verstorbenen Zweiten Tenors, Erich Abraham-Collin in Los Angeles und dessen Schwester Annemarie in Sidney nahm ich Verbindung auf, und in kurzer Zeit war ich sicher, daß alle bereit waren, bei meinem Unternehmen mitzumachen.

Harry Frommermann kam im August nach Hamburg, wir besprachen mein Vorhaben, ich erfuhr, welche Platten, Fotos und andere Realien wie Noten, Kritiken usw. vorhanden waren und wir legten den Termin für sein Interview auf Mitte November fest, kurz nach seiner Rückkehr aus dem geplanten Urlaub.

In der Zwischenzeit bereitete ich alles Notwendige dafür vor, da erhielt ich am 26. Oktober einen Anruf, daß Harry Frommermann kurz nach seiner Rückkehr aus dem Urlaub gestorben war. Zuerst glaubte ich, unser Projekt wäre damit gescheitert, aber dann entschloß ich mich, den geplanten Film trotzdem zu machen. Über Harry Frommermann und wie sein Leben verlaufen war, konnten seine ehemaligen Kolleginnen, Marion Kiss, mit der er über zwanzig Jahre verheiratet gewesen war, und Erika von Späth, die Frau, mit der er die letzten 13 Jahre zusammenlebte, berichten.

Anfang Dezember 1975 begann ich mit den Interview-Aufnahmen für den Film des Norddeutschen Rundfunks in Berlin, dann ging es weiter über Sofia, Los Angeles, Palm Springs, New York, bis nach Bremen, Bochum und Hamburg.

Danach mußten die Gespräche abgeschrieben werden. Insgesamt wurden es zweitausendzweihundertachtzig eng beschriebene Seiten. Sie enthalten alles, was mir diese acht Menschen von ihrem Leben und der Summe ihrer Erfahrungen und Erinnerungen berichtet haben. Sie erzählen von ihrem Alltag, von ihren Wunschträumen, ihren Kämpfen, den Siegen und den Niederlagen, ihrem Glück und Unglück, von den Erfolgen und der Einsamkeit, von ihren Familien und deren Schicksal, ihren Ehen, den Kindern und von der Zeit, in der sie das alles erlebt haben.

Mehr als siebzig Stunden haben die acht Interviews insgesamt gedauert, doch nur ein Bruchteil davon fand in dem Film Platz. So kam es zu diesem Buch. Es erzählt die Geschichte von sechs Männern unterschiedlichster Herkunft, die für wenige Jahre ihr Leben miteinander verbanden, es in dieser Zeit zu Ruhm und Reichtum brachten, bis sie der Irrsinn dieses Jahrhunderts wieder auseinander brachte und wohin es sie in der zweiten Hälfte ihres Lebens verschlug.

Die Grundlage des Buches bilden die acht Interviews, jedoch nicht in der Form, in der sie aufgenommen worden sind. Ein solches Gespräch, mit Fragen und Antworten, die nicht vorher verabredet worden sind, folgt keiner Chronologie. Thema war das eigene Leben und das der anderen COMEDIAN HARMONISTS, was die Erinnerung davon bewahrt hat, hat bewahren wollen und was man bereit war, mir davon zu berichten.

Dabei wird oft unvermittelt von einer Geschichte in die andere gesprungen, von der Kindheit ins Alter und wieder zurück, von der Nazizeit zum Kaiserreich, von einer Person zur anderen.

Fäden, die am Anfang geknüpft wurden, werden erst viel später wieder aufgenommen, andere gehen während der Stunden dauernden Erzählungen verloren, ohne daß man erfährt, was aus dieser oder jener Geschichte geworden ist. Alles so wiederzugeben, wie es einmal zufällig entstanden ist, scheint mir wenig sinnvoll. Andererseits ist es mir wichtig, die Form der direkten Rede beizubehalten. Ich meine, durch sie einiges von der Charakterisierung der einzelnen Erzähler zu bewahren.

Das Buch teilt sich in vier große Abschnitte: Im ersten Teil erzählt jeder von ihnen, woher er kam, im zweiten berichten sie gemeinsam in Form eines fiktiven Dialoges vom Aufstieg und Ende der COMEDIAN HARMONISTS, im dritten wird das Schicksal der beiden Nachfolgegruppen, des MEISTERSEXTETTS und der COMEDY HARMONISTS beschrieben und im letzten, dem vierten Teil erzählen sie, wie es ihnen in den 40 Jahren danach ergangen ist. Schließlich enthält das Buch noch eine Discographie, in der die Platten der COMEDIAN HARMONISTS und der Nachfolgegruppen aufgeführt sind, für alle diejenigen, die – wie ich – noch heute, ein halbes Jahrhundert nach ihrem Erscheinen, von der Kunst und der Schönheit der Musik dieser ›Unterhaltungsgruppe‹ bezaubert sind.

Die Einzigartigkeit ihres Vortrages und der Einfluß, den sie auf viele spätere Vokalgruppen bis hin zu den Beatles und den King-Singers haben, ist auf den Platten noch immer erkennbar.

Aus ihren Erinnerungen aber wird man, glaube ich, einige Gründe für ihren bis heute anhaltenden Erfolg finden. Man wird nichts Überraschenderes entdecken als Fleiß, Ausdauer, das Geschenk einer schönen Stimme, den Willen, etwas für seine Zeit Neuartiges zu versuchen und die Bereitschaft, für eine gewisse Zeit die persönlichen und künstlerischen Egoismen zugunsten einer gemeinsamen Arbeit zurückzustellen.

Das individuelle Schicksal aber, wohin es den einzelnen auch trieb, wie gnädig oder ungnädig es mit ihm umsprang, erweist sich am Ende auf hartnäckige Weise als durchschnittlich bürgerlich, dem unsrigen verwandt und darum nachvollziehbar.

I. Teil

Woher sie kamen

geboren am 16. Juni 1897

Asparuch Leschnikoff

»Hoppla, jetzt komm ich!
Alle Türen auf, alle Fenster auf!
Hoppla, jetzt komm ich!
Und wer mit mir geht, der kommt eins rauf.

Einen Happen möcht ich schnappen
von der schönen Welt,
und das Leben mal erleben,
wie es mir gefällt!

Hoppla, jetzt komm ich!
Alle Türen auf, alle Fenster auf!
Und die Straße frei für mich!
Alle Türen auf, alle Fenster auf
und die Straße frei für mich!!«

HEYMANN/GILBERT/KOLPE –
Aufnahme der COMEDIAN HARMONISTS vom 18. März 1932

Anfang Dezember 1975 flogen wir nach Sofia, um dort den Ersten Tenor der COMEDIAN HARMONISTS, Ari Leschnikoff, zu interviewen. Schon einige Monate vorher hatte ich brieflich mit ihm Kontakt aufgenommen, Herr Leschnikoff hatte mir durch einen Freund, den Dolmetscher Georgi Dimitrov, seine Zustimmung gegeben und uns freundlich eingeladen.

Herr Dimitrov holte uns dann auch vom Flugplatz ab und brachte uns in das Hotel ›Moscwa‹, einem zwanzigstöckigen Betonsilo. Dort konnte ich einen Raum mieten, in dem das Interview mit Ari Leschnikoff aufgenommen werden sollte. Denn er war nur zu dem Gespräch bereit, wenn es außerhalb seiner Wohnung stattfinden würde. Anfangs wollte er den Grund nicht nennen, später gab er mehr oder minder unumwunden zu verstehen, daß er sich der Armut und des Zustandes der Wohnung, in der er lebte, schämte. – Er, der im Deutschland der Zwanziger und Dreißiger Jahre so erfolgreich gewesen war, mußte im Alter unter erbärmlichen Umständen existieren. Als wir ihn 1975 in Sofia aufsuchten, bekam er 63 Lewa Rente im Monat, das waren knapp 105,– DM.

Er war mit einer wesentlich jüngeren Frau verheiratet, die noch als Kindergärtnerin tätig war, aber ihr Einkommen muß ebenfalls gering gewesen sein.

Erst nach dem letzten Interviewtag brachten wir beide zu ihrer Wohnung. Hinein ließen sie uns nicht. – Wir standen auf dem Vorplatz des Hauses in dem er wohnte, einer grauen Mietskaserne inmitten einer Reihe anderer grauer Mietskasernen, am Stadtrand von Sofia. Die Siedlung war nicht alt, doch die Häuser sahen schon ziemlich mitgenommen aus: Der Putz fiel herunter, die Fenster waren stumpf, die Farbe abgebröckelt, in den Hauseingängen stapelte sich der Abfall.

Nachdem uns Ari Leschnikoff mit seiner Frau verlassen hatte, warteten wir einige Zeit, bis sie beide auf einem winzigen Balkon im dritten Stock des Hauses erschienen und uns zum Abschied zuwinkten. Dabei entdeckten wir, daß es hinter den Fenstern weder Vorhänge noch Gardinen gab. Um das Einsehen von gegenüberliegenden Häusern zu verhindern, waren größere Papierbögen an die inneren Scheiben geklebt worden. Diese Bögen ›zierten‹ gleichmäßige Muster, die durch mehrfaches Falten und Ausschneiden entstanden waren. Sie erinnerten mich an die erste Zeit nach dem Krieg, wo ich in einer Internierungsbaracke gelebt hatte. Auch dort waren die Fenster auf diese Weise abgedeckt. Doch mit der Zeit wurden die Papiergardinen gelb und unansehnlich und begannen, sich durch die Feuchtigkeit, die sich bei Temperaturwechseln auf den Scheiben niederschlägt, zu verformen. – So ähnlich muß man sich den Fensterschmuck der Wohnung von Ari Leschnikoff vorstellen. Mehr haben wir, wie gesagt, nicht von ihr zu sehen bekommen. Herr Dimitrov erzählte uns nur, daß sie aufs dürftigste eingerichtet sei, gerade ausreichend, um darin zu schlafen und zu essen.

Für die vier Tage, die ich Ari Leschnikoff interviewte, mietete ich darum, wie gesagt, einen Raum in unserem Hotel. Dort traf Ari Leschnikoff jeden Morgen pünktlich um neun Uhr ein, begleitet von Georgi Dimitrov, der ihn zuvor mit dem Taxi von seiner Wohnung abgeholt hatte.

Da es Winter war, trug Herr Leschnikoff einen schweren Wollmantel, darunter hatte er stets den gleichen dunklen, breitgestreiften Anzug an, dazu ein weißes Hemd mit changierender Krawatte. Darüber baumelte ein grober, ausgefranster Wollschal, den er nie ablegte.

Ari Leschnikoff war ein kleiner, alter Mann mit einer rostigen Stimme. Von dem hohen ›f‹ über dem hohen ›c‹, das er früher mühelos erreicht hatte, war nichts mehr zu hören.

Während unserer Gespräche rauchte Ari Leschnikoff eine Zigarette nach der anderen, dazu trank er gelegentlich einen türkischen Kaffee.

Das Hotelzimmer, das ich für das Interview zur Verfügung gestellt bekommen hatte, war mit einigen schweren Sesseln, einem voluminösen Sofa und einem kleinen Tisch ausgestattet. Auf dem Tisch lagen mehrere Decken und Deckchen übereinander, gekrönt von einer mit künstlichen Nelken gefüllten Vase.

Ari Leschnikoff nahm immer im gleichen Sessel Platz, neben ihm Georgi Dimitrov, der bei der Übersetzung meiner Fragen und den sprachlichen Unsicherheiten in den Antworten von Ari Leschnikoff aushalf. Denn dessen Deutschkenntnisse waren wohl nie besonders gewesen und hatten in den letzten vier Jahrzehnten, in denen er wieder in Bulgarien lebte, verständlicherweise nachgelassen. Ari Leschnikoff stand vor allem mit der deutschen Grammatik auf Kriegsfuß, was ihn zu abenteuerlichen Wort- und Satzbildungen verführte.

Dazu kam eine starke Alterstaubheit, die ich mit Hilfe eines aus Deutschland mitgebrachten Hörgeräts zu mindern hoffte. Leider hatte es nicht den gewünschten Erfolg. So benutzte er sein altes Gerät weiter, mit dem er mich aber nur schlecht verstand. Jede Frage von mir mußte oft mehrfach wiederholt werden, und auch für seine Antworten brauchte Ari Leschnikoff viel Zeit, ohne daß er darum viele Worte für das fand, was er mir mitteilen wollte. Manchmal aber gelangen ihm in seinem gebrochenen Deutsch auf einfachste Weise Aussagen, die mitten ins Herz trafen.

Zart und schmächtig, fast winzig, so saß er vor mir, mit einem ausdrucksstarken ›markanten‹ Gesicht, das immer wieder von einem verschmitzten, mehrdeutigen Lächeln überstrahlt wurde. Jede Gefühlsregung ließ sich darauf ablesen, Versponnenheit, Wut, Freude, Neid, Enttäuschung, Trauer, Leidenschaft und Zweifel. Und über allem lag eine ständige, nicht auszulöschende Traurigkeit, die Traurigkeit eines langen Lebens, das zu Ende geht.

Er trug noch immer den schmalen, strichartigen Menjou-Bart seiner Jugend, der jetzt weiß geworden war, ebenso wie sein Haupthaar und die überbreiten Koteletten, die sich bis zur Oberlippe hinzogen. Nur die Augen, die ungebrochen jede Regung seines Gesichts kommentierten, waren noch jung geblieben.

Gegen Mittag wurde stets eine kurze Pause gemacht, in der wir etwas aßen. Danach setzten wir das Interview bis gegen drei oder halb vier Uhr nachmittags fort, ohne daß Ari Leschnikoff ermüdet wirkte.

Naturgemäß ist die Erinnerung eines alten Menschen nicht immer zuverlässig. Vieles von dem, was einmal für sein Leben wichtig schien, hat er vergessen, anderes bewertet er heute falsch, um sich und seine Handlungen in einem besseren Licht zu zeigen, und sicher tut er das oft unbewußt.

Max Frisch meint dazu:

»... jeder Mensch erfindet sich früher oder später eine Geschichte, die er für sein Leben hält, oder eine Reihe von Geschichten, die mit Namen und Daten zu belegen sind, so daß an ihrer Wirklichkeit, scheint es, nicht zu zweifeln ist ...«

Bei Ari Leschnikoff kam dazu, daß es in seinem Leben einige Dinge gab, über die er nicht sprechen wollte.

So erzählte er zum Beispiel, daß seine erste Frau 1946 in London gestorben sei, als sie dort zur Beerdigung ihres Vaters war. Später erfuhr ich aber, daß sie noch immer am Leben ist und sich damals von ihm getrennt hatte.

Offenbar benutzte sie den Tod ihres Vaters, um mit ihrem

Sohn nach England ausreisen zu können und nicht mehr nach Bulgarien zurückzukehren.

Etwas über den Charakter eines Menschen auszusagen, mit dem man nur vier Tage gesprochen hat, scheint mir auch dann vermessen, wenn er, wie in unserem Fall, viel aus seinem Leben berichtet.

Möglicherweise können diejenigen eher ein Urteil abgeben, die mehrere Jahre mit ihm zusammen waren, also seine Freunde und Kollegen bei den COMEDIAN HARMONISTS. Darum sind jedem der sechs Erinnerungsberichte der einzelnen COMEDIAN HARMONISTS-Mitglieder über ihre Jugendzeit die zum Teil kontroversen Meinungen der fünf anderen vorangestellt.

Am letzten Tag des Interviews sahen wir uns alte Fotos an, die Ari Leschnikoff auf meinen Wunsch mitgebracht hatte, Zeugnisse seines langen Lebens. Einige von ihnen zeigten seine Eltern als junges Paar, beide stattlich aufgerichtet, wie man sich im vergangenen Jahrhundert auf Fotos präsentierte: Sie, ein junges Mädchen, hochgeschnürte Taille, der Vater mit gezwirbeltem Schnurrbart. Ein anderes Bild zeigte die junge Mutter ein paar Jahre später mit Ari als Baby auf dem Arm: Jetzt sah sie schon matronenhaft aus. Wir sahen Bilder aus seiner Militärzeit: Ari als Fahnenjunker, als Sergeant und als Leutnant; dann kamen welche aus seiner ersten Zeit in Berlin, wo er noch als Kellner arbeitete und schließlich viele Fotos aus seiner Zeit bei den COMEDIAN HARMONISTS. Voll Stolz zeigte er uns seinen Führerschein mit einem Bild aus dem Jahre 1932, auf dem er – ganz Weltmann – eine Zigarette im Mundwinkel hält. – Seine erste Frau ist zu sehen, wie sie mit anderen ›Tillergirls‹ im kurzen Röckchen das linke Bein hochstreckt, dann – 1938 – mit dem vierjährigen Söhnchen Simon. Und schließlich ein Foto – zwanzig Jahre später aufgenommen – Ari mit seiner zweiten Frau und dem zweiten Sohn Anri als Dreijährigem.

Er selbst betrachtete diese optischen Erinnerungen ohne besondere Regung. Ganz anders aber reagierte er, als ich ihm die Neuaufnahmen der alten COMEDIAN HARMONISTS-Platten vorspielte, die ich ihm aus Deutschland mitgebracht hatte: ›Die Liebe kommt, die Liebe geht‹, ›Mein kleiner, grüner Kaktus‹,

›Das ist die Liebe der Matrosen‹, ›Wochenend und Sonnenschein‹ und viele andere mehr.

Als er seine Stimme wieder hörte und die der anderen, die von Cycowski, Biberti, Collin und Frommermann, versank er völlig in der Erinnerung. Selig lauschte er den Plattenaufnahmen, nannte die einzelnen Sänger und ihre Qualitäten und versuchte schließlich sich selbst mit zittriger Stimme zu begleiten, brach aber diesen Versuch schnell ab und meinte lächelnd: »Heute – ich hab meine Stimme verloren, weil ich keine Jugend mehr habe. Aber vierzig Jahre hab ich gesungen mit diese Stimme. – Es war die Höhe von meinem Leben!«

Am letzten Abend fuhren wir mit ihm, seiner Frau und Georgi Dimitrov in ein Touristen-Restaurant vor den Toren von Sofia, am Fuße eines nahe gelegenen Gebirges. Dort gab es neben dem üblichen folkloristischen Programm mit Volkssängern und Zigeunerkapelle ein reichhaltiges, mehrere Gänge umfassendes Menü mit viel Fleisch am Spieß, Gemüsen und Früchten. Ari Leschnikoff und seine Frau aßen nur wenig davon und baten am Schluß, das übriggebliebene Fleisch, das auf einem großen Vorlegeteller lag, mit nach Hause nehmen zu dürfen.

Ein Jahr später, am 18. und 20. Dezember 1976, wurde der zweiteilige Film das erste Mal in den 3. Programmen der ARD gezeigt. Danach und nach der Erstsendung im Ersten Programm der ARD an den Pfingstfeiertagen 1977 gab es viele Menschen in Deutschland, die durch den Film auf Ari Leschnikoffs Armut hingewiesen, spontan Hilfsaktionen für ihn organisierten. In Hamburg gründete sich sogar eine kleine Spendengemeinschaft. Mehrere tausend Mark kamen zusammen, und ein Kaufmann, der häufig in Sofia zu tun hatte, überbrachte Ari Leschnikoff das gesammelte Geld.

Diese Spenden und die vielen Briefe und Pakete, die deutsche Zuschauer ihm schickten, haben Ari Leschnikoff noch einmal gezeigt, wie sehr seine Stimme, seine Worte und sein Schicksal die Menschen anrührten. Für ihn, den lange Jahre Vergessenen, war es eine unerwartete Freude in den letzten Monaten seines Lebens.

Was die anderen von Asparuch Leschnikoff denken:

»*Ari war ein merkwürdiger Mann. Das ist vor allem ›landschaftlich‹ zu erklären. Die Mentalität von Balkanbewohnern ist eben doch irgendwie anders. – Wie soll ich sagen? Er hatte ein Gehabe, das eben sehr von uns abwich. Er war ein einfacher Mann, hatte einfache Sitten, die meist aus seinem Triebleben kamen und die er unbekümmert in Aktivitäten umsetzte.*«

ERWIN BOOTZ, der Pianist

»*Er kam, wie so viele damals, aus der östlichen Welt, denen der deutsche Lebensstandard geradezu wie ein Himmelreich vorkam, vorkommen mußte. Obwohl das nun wirklich nicht so war, und es auch bei uns viel Elend gab, empfanden es diese Leute eben so, denn in den Ländern, aus denen sie kamen, lebte man noch viel, viel primitiver. – Und sie kamen auf allen möglichen Wegen hierher. Mit der Bahn, dem Lastwagen, auf Pferdefuhrwerken, zu Fuß. Besonders viele kamen aus Polen, Galizien und, wie Leschnikoff, vom Balkan. – Für die war das hier das reine Honigschlecken.*«

ROBERT BIBERTI, der Bassist

»*Leschnikoff war ein ganz eigener Charakter, so, wie die Leute vom Balkan eben sind: eine Mixtur aus orientalisch und europäisch. Ich habe mich sehr gut mit ihm vertragen. Wir waren Freunde. Vielleicht dadurch, daß wir beide etwas Russisch sprachen. Denn Deutsch konnten wir am Anfang nicht sehr viel. – Ich habe in Deutschland meine polnische Heimat vergessen und habe versucht, mich dort anzupassen – genauso wie Ari Leschnikoff.*«

ROMAN CYCOWSKI, der Bariton

»Gut zu leiden waren diese Leute, die aus dem Osten kamen. Sehr willig, beinahe unterwürfig, – wegen der Verhältnisse hier.«

Robert Biberti

✧

»Man kann eben einen Charakter nicht beschreiben, wenn man nicht gleichzeitig angibt, aus welchen Verhältnissen er stammt. Ich weiß nur, daß seine Erzählungen sehr, sehr fantasievoll waren. Es konnte passieren, daß er jemanden, dem er Geld schuldete und der es zurückforderte, erzählte, sein Kindchen sei eben gestorben und 14 Tage später der gleichen Person berichtete, er hatte eben eines gekriegt. – Das konnte bei ihm passieren. – Ist das nicht zauberhaft?«

Erwin Bootz

✧

»Ein lustiger Mensch ist er gewesen, ein sehr lustiger Mensch.«

Roman Cycowski

✧

»Man mußte aufpassen, weil er alles für erlaubt hielt. Also jedenfalls sehr viel.«

Erwin Bootz

✧

»Und sein Deutsch hätten Sie hören müssen! Es war schrecklich, aber komisch.«

Marion Kiss, die erste Frau von Harry Frommermann

✧

»Darum habe ich wahrscheinlich nur so wenig mit ihm geredet. Jedenfalls kann ich mich an kein Gespräch mit ihm erinnern.«

Annemarie Collin, die Schwester von Erich Abraham-Collin

✧

»Er hatte eine wunderschöne, zarte, kleine Stimme gehabt, das ›f‹ über dem hohen ›c‹ und eventuell noch mehr.«

Marion Kiss

»Vielleicht sogar noch ein ›e‹, was es in der Gesangswelt eigentlich nicht gibt und das auch in Partituren nie verwendet wird.« ROBERT BIBERTI

❖

»... ohne daß er aber Falsett sang.« ERWIN BOOTZ

❖

»Er konnte jedoch keine Noten lesen. Jeden Ton mußte man ihm phonetisch einbläuen. Er konnte keine Noten lesen, bis zum Schluß.«

MARION KISS

❖

»Eine Naturbegabung besonderer Art. Ob er eine Ausbildung hatte, weiß ich nicht.« ROBERT BIBERTI

❖

»Er hat die Menschen erreicht mit seiner Stimme, unmittelbar berührt, nicht wahr? – Wir hatten ein Lied einstudiert, ein englisches Lied ›Chiquita!‹. Und das hat er so wunderbar gesungen, richtig orientalisch. – Oft haben Mädchen von der Galerie geschrien: ›Ari, sing Chiquita!!‹ – Von der Galerie herunter.« ROMAN CYCOWSKI

❖

»Ari war Erster Tenor. Er hatte diese süße sexy Stimme; die war wirklich so, daß die Leute im Publikum ›Ari!!‹ schrien. Wie man es später bei dem Sinatra gemacht hat. Bei den Frauen hat er's furchtbar leicht gehabt. Er war sehr klein und schmal und furchtbar häßlich, aber interessant häßlich. So einen kleinen, schwarzen Bart hat er gehabt und dann diese unglaubliche Stimme.« MARION KISS

❖

»Als Konsument der verschiedenartigsten weiblichen Wesen ist Ari im Ensemble immer unerreicht geblieben.« ERWIN BOOTZ

»*Eine unserer Damen ist einmal von einem Rowdy beleidigt worden. Da ging der kleine Ari auf diesen Kerl los und sagte: ›Entschuldigen Sie sich bei der Dame!‹ Als der aber nicht wollte, lag er schon am Boden, obwohl er viel größer und kräftiger als Ari war, und mußte sich von dort aus entschuldigen. Ari hatte ein Gefühl dafür, wogegen man sich wehren mußte: bei Beleidigungen, Belästigungen und ähnlichem. Dann ging er hin und klärte das auf seine Art. Und ich habe Ari Leschnikoff in all den Jahren nie verlieren sehen.*«

ERWIN BOOTZ

⬥

»*Furchtbar sparsam war er, eigentlich richtig geizig. Jedes Jahr fuhr die Gruppe zum Beispiel nach Leipzig zur Messe. Sie traten dort im Schauspielhaus auf. Wir alle haben in den ersten Hotels gewohnt und sind in die besten Restaurants gegangen. Ari aber war immer verschwunden. Dann haben wir herausgefunden, er wohnt möbliert und geht in die Studentenküche essen und sagt dort, er sei ein armer Student. Zu jener Zeit verdiente jeder der ›Comedian Harmonists‹ fünfzig- bis sechzigtausend Mark im Jahr.*«

MARION KISS

⬥

»*Ich schätze ihn als Sänger sehr hoch. Er liebt sein Land, sein Volk und er hat überall seine bulgarische Heimat besungen, überall, wo er war. Er ist ein Sonnenmensch. Jetzt ist er alt und schwach. Er ist ungefähr 20 Jahre älter als ich. Und wenn ich alte Leute sehe, die so ganz ohne Schutz sind, ohne Hilfe, dann versuche ich ihnen diesen Schutz zu geben. Und so bin ich seit über 30 Jahren der treueste Freund von Ari Leschnikoff geblieben und bleibe es auch mein Leben lang.*«

Der Dolmetscher DIMITROV

⬥

»*Ari war ein schwacher Mensch. Für Geld hat er alles gemacht. Ein schwacher Charakter.*«

ROMAN CYCOWSKI

»Er hat alles, was er verdiente, auf die hohe Kante gelegt und gespart. Aber ein bißchen tat er das auf Kosten anderer. An und für sich ist das nicht weiter tragisch. Es wurde eben einfach belächelt. Jeder hat doch so seine Eigenheiten.«

ERWIN BOOTZ

✧

»Viele Jahre später, nach dem Kriege, hat er mir Bettelbriefe geschrieben. Da ist er wieder sehr arm gewesen, und es ging ihm sehr schlecht. Mir hätte es nichts ausgemacht, ihm jeden Monat ein paar hundert Mark zu schicken. Damit hätte er in dulci jubilo leben können in Sofia. Aber dann mußte ich daran denken, was er mir vor vielen Jahren angetan hat, und ich habe ihm nicht geantwortet. An dieser Einstellung Ari gegenüber hat sich bei mir bis heute nichts geändert.«

ROBERT BIBERTI

Ari Leschnikoff (1976)

*Asparuch Leschnikoff, genannt Ari, der Erste Tenor
der Gruppe, erzählt von seiner Jugend
in seiner bulgarischen Heimat und
von seinem Leben als Kellner und Student in Berlin.*

Mein Vorname ist Asparuch,

und als ich zu den COMEDIAN HARMONISTS kam, nannte ich mich Ari. – So kennt das Volk mich.

Ich bin der Älteste der Gruppe gewesen. Ich bin am 16. Juli 1897 in der Stadt Haskovo geboren, nicht weit von Sofia. – Damals war Bulgarien noch eine türkische Provinz. Erst elf Jahre später wurden wir unabhängig. Als ich ein Kind war, gab es ständig Krieg bei uns. – Alle Leute waren arm, meine Eltern auch.

Mein Vater war Postbeamter, der ›Natschalnik‹, also der Chef der Post von Haskovo. Meine Mutter war Lehrerin. Durch eine Tante haben sie sich kennengelernt. – Mein Vater ist sehr jung gestorben, an einer Blinddarmoperation.

Ich hatte noch zwei Geschwister: Eine Schwester, die in der Schweiz Philologie studiert hat und heute noch außerhalb von Sofia lebt, und einen Bruder, der aber schon 1927 gestorben ist. – Ich war der Kleinste, der Nachkömmling.

Soweit ich mich erinnere, hörte ich immer meine Mutter singen. Sie hatte eine wunderbare Stimme und sang herrliche russische Romanzen. Von ihr hab ich sie alle gelernt, und wie ich viele Jahre später mein Examen im ›Stern'schen Konservatorium‹ in Berlin machte, sang ich eine von diesen Romanzen: ›Ugalok‹, das ist Zigeunersprache und heißt soviel, wie: ›Im Winkel‹. So hab ich die Prüfung bestanden.

Aber schon 1903, als ich in der Schule in die erste Klasse ging, habe ich diese Romanzen gesungen. Und das kam so: Unser Musiklehrer wollte einen Kirchenchor gründen. Er hatte gerade ein Studium als Chordirigent in Rußland absolviert und suchte nun Stimmen für seinen Kirchenchor. – »Sing mal!« sagte er zu mir. Und ich sang ›Ugalok‹. – »Mein Gott!« staunte er, »ist das möglich? Ein siebenjähriger Junge und eine solche Stimme?!« – So kam ich in den Chor. Sonst waren dort aber nur erwachsene Männer und Frauen, so stellte er mich neben die Frauen mit den höchsten Stimmen in den ersten Diskant, also in den ersten Sopran.

Und ich sang jede Woche in der Kirche. Und jede Woche habe ich auch etwas Geld dafür bekommen. Das war schon was, als Kind Geld zu verdienen. Und nur mit seiner Stimme!

Einmal, im Winter, war es sehr kalt. Da ist nicht eine von den Frauen zum Gottesdienst gekommen. Unsere Kirche war nämlich nicht geheizt. Und da mußte ich, ein achtjähriger Junge, die ganze Liturgie als Sopran allein singen. – Wo sonst der ganze Frauenchor mit mir gemeinsam gesungen hatte, war ich nun als Solo zu hören. Ich war ganz schrecklich aufgeregt. Und immer, wenn ich mein Solo sang, drehten sich die Kirchgänger um zu dem Chor, der hinter ihnen auf einer Empore stand, bis sie der Pfarrer mitten im Gottesdienst beschimpfte. Sie sollten ihn ansehen und nicht mich.

Vier Jahre war ich in der Grundschule und von 1908 bis 1916 im Gymnasium, alles in Haskovo. Und dann mußte ich auf die Militärschule in Sofia, weil sie die einzige war, die nichts kostete.

Meine Eltern waren arm, beide waren sie Beamte. Meinen Bruder hatten sie nach Österreich geschickt, um zu studieren und meine Schwester später in die Schweiz. So bin ich Kadett geworden, obwohl ich gar nicht Soldat werden wollte. Ich war immer auf den Gesang aus, von Anfang an, aber das ging leider nicht, es war kein Geld da.

Meine Mutter tröstete mich: »Wenn du mal größer bist und dein Bruder zurückkommt, studierst du weiter, wenn es dir gefällt.« – Aber dann starb mein Vater.

Seit 1916 war ich auf der Kadettenanstalt in Sofia, wurde 1917 Fähnrich und am Ende des Krieges, 1918, Leutnant. Es war eine schreckliche Zeit. Immer nur Disziplin, Disziplin, Disziplin, ganz nach der alten Manier.

Da lernte ich auch unseren großen bulgarischen Dichter Christo Smirnenski kennen. Damals war er Kadett, wie ich. Er war im Jahrgang nach mir und 1917 gab es sehr wenig zu essen. In unserer Militärschule brach eine Epidemie aus und wir kamen für 4 Monate in Quarantäne. Keiner von uns durfte nach Hause, oder nach Sofia, zu einem kleinen Spaziergang.

Wenn ich frei hatte, ging ich in den Park der Schule und sang dort unter den Bäumen. Am Ende des Parks war ein Kanal. Auf der anderen Seite des Wassers waren viele Mädchen, Schülerinnen. Und ich singe ganz frei und hoch und die Mädchen beginnen zu klatschen. Darauf singe ich weiter und weiter. Auf einmal kommt ein Junge, auch ein Fahnenjunker, und sagt: »Du singst sehr schön!« – »Gefällt es dir?« – »O ja! – Mein Name ist Smirnenski.« Und dann hat er mir den Text für ein Lied geschrieben: ›Der weiße Brunnen‹, ich hab es überall gesungen.

Eines Tages hörte mich auch der bulgarische Militärkapellmeister Georgi Atanasov, einer unserer besten Komponisten. Er war eigentlich Tscheche und sprach mit starkem Akzent: »Du bleibst keine Offizier, du nicht. Du wirst eine Sänger.« Und dabei guckte er mich so an, daß ich ihm antwortete: »Nein, ich werde Offizier.« – »Na«, antwortete er und guckte mich immer noch so an, »wir werden ja sehen.« Bald darauf wurde ich Leutnant und kam an die Front.

Aber schon wenige Monate später war der Krieg zu Ende, Bulgarien war damals mit Deutschland und Österreich verbündet im Pakt der Mittelmächte. Darum wurde das Militär 1920 bis auf eine kleine Truppe aufgelöst, und auch ich mußte die Armee verlassen.

Da fiel mir Maestro Atanasov wieder ein. Ich suchte ihn, fand ihn und sang ihm vor. Und er brachte mich zu seinem Lehrer, dem Opernsänger Ivan Vulpe. Der sagte zu mir: »Mein lieber junger Mann, ich bin bereit, es mit Ihnen zu versuchen, aber eines müssen Sie wissen: Gesang bedeutet arbeiten, arbeiten, arbeiten!« So fing ich an zu studieren. Ivan Vulpe lehrte nach der russisch-italienischen Methode, die meiner Stimme guttat.

Der größte Sänger, den ich gehört habe, war ein Russe: Leonid Sobinoff. Er sang wie ein Gott und sah aus wie ein Bettler. Damals hatte ich gerade mit dem Unterricht begonnen. »Mein Gott«, dachte ich, »mein Gott, eines Tages werde ich, Asparuch Leschnikoff, so singen wie Sobinoff!« Ich bin kein Opernsänger geworden, ich war zu klein. Aber eines habe ich von ihm gelernt: zu singen, was man im Herzen fühlt.

1922 entschloß ich mich, nach Deutschland zu fahren und dort weiterzustudieren. Ich wollte dort Kultur lernen, deutsche Kultur. Wie man sich benimmt und so.

Eine ganze Nacht lang bin ich gefahren von Sofia nach Berlin, mit der Eisenbahn. Am Anhalterbahnhof kam ich an. Und ich dachte, ich bin verloren. Sofia hatte damals 130 000 Einwohner und Berlin 4 Millionen. Der Straßenverkehr hat mich erschrocken. Am Potsdamer Platz stand eine Säule, darauf war ein Polizist, der regelte den Verkehr und rings um ihn waren Hunderte von Autos.

Ich hatte mir etwas gespartes Geld mitgenommen, bulgarische Lewa. Das war für mein Leben die erste Zeit. Denn ich bin mitten in der Inflation nach Deutschland gekommen. Jeden Tag ging die Mark herunter und meine Lewa wurden mehr wert. Aber eines Tages ging das Geld doch zu Ende, und ich hatte niemand, der mich unterstützte. So begann ich als Kellner zu arbeiten. Und zwar zuerst im bulgarischen Studentenheim in der Weimarer Straße 15. Da bekam ich zu essen und hab noch ein paar Mark verdient. Später hab ich dann auch bei Kirow gearbeitet, einem kleinen bulgarischen Restaurant. Denn ich brauchte Geld für mein Studium.

Die ersten Monate vergingen damit, daß ich etwas Deutsch lernte. Dann erfuhr ich durch einen Landsmann, der auch Musik studierte, daß das Stern'sche Konservatorium einen Wettbewerb ausgeschrieben hatte, für Sänger. Wer ihn bestand, bekam ein Stipendium. Vier Tenöre, zwei Bässe und drei Baritone wurden gesucht. Ich bewarb mich und bekam die Nummer 140.

Das Konservatorium war in der Wilmersdorfer Straße, erste Etage. Als ich die Treppe heraufkam, war alles voller Kandidaten.

Endlich kam ich dran und sang. Ich sang meine Lieblingsromanze ›Ugalok‹, die Arie des Lenski aus ›Eugen Onegin‹ von Tschaikowsky und eine Arie aus ›La Bohème‹ von Puccini. Ich sang auf Deutsch, obwohl ich es noch nicht gut sprechen konnte.

Geprüft wurde ich von zwei Lehrern: Professor Steigert und Prof. Pietro, einem Italiener, der mich dauernd unterbrach, ob ich einwandfrei Deutsch sprechen könnte. – Ich sagte: »Nein, aber ich lerne es jetzt, ich versuche es wenigstens.« Und sang weiter. Daraufhin rief Herr Pietro: »Schluß!«

Ich sagte: »Nein, ich will nicht aufhören!« und sang weiter, bis

Professor Steigert sagte: »Bitte, Herr Leschnikoff, kommen Sie nach rechts.« – So erhielt ich den dritten Platz und damit ein Stipendium.

Das war mitten in der größten Inflation. Es war eine schreckliche Zeit. Ich hab Babys gesehen mit meinen eigenen Augen, die waren mit Zeitungspapier umwickelt. So schlimm war das.

Bald, nachdem die neue Währung gekommen war, hatten wir in dem bulgarischen Studentenheim eine Feier, am Ende des Jahres 1923. Dabei feierten wir auch meine Aufnahme am Konservatorium. Es waren viele Gäste da. Und die Kollegen riefen: »Leschnikoff, Leschnikoff, du mußt singen!« Und ich sang meine Zigeunerromanzen und da seh ich eine Frau, eine schöne Frau. Sie weint und trocknet ihre Tränen mit ihrem Tuch. Als ich fertig war, stand sie auf, umarmte mich und küßte mich. Ich war baff. Sie war eine schöne Frau, wirklich. Sie sagte: »Sie singen besser als ein Zigeuner. Ich bin Slawin. Olga Tschechowa, die Nichte von Anton Tschechov. Als Sie sangen, dachte ich an meine Heimat. Es war wunderbar.«

Drei Jahre studierte ich an dem Konservatorium, bis 1926. Dann bekam ich einen Vertrag ans Große Schauspielhaus als Chorsänger und für kleine Partien.

Da habe ich auch Roman Cycowski und Bob Biberti kennengelernt. 1927 gab es ein Singspiel, ›Mikado‹ von Sullivan, in der Inszenierung von Eric Charell. Beim Vorsingen lernten wir uns kennen und waren dann alle drei in einer Garderobe. Mit Cycowski habe ich mich besonders gut verstanden, in jeder Beziehung. Er war eben auch Slawe. Aber er war ein sehr kultureller Mensch und sprach gut Deutsch. Erwin Bootz kannte ich sogar noch früher. Der wohnte mit einem bulgarischen Studenten zusammen und kam oft in das kleine Restaurant, in dem ich als Kellner arbeitete. Seitdem waren wir ein wenig befreundet.

Eines Tages komme ich nach Hause und finde eine Postkarte von Biberti, daß jemand ein Quartett machen will und schöne Stimmen sucht.

Am nächsten Tag fährt er mit mir zu Harry Frommermann, Cycowski war auch dabei, und da haben wir die COMEDIAN HARMONISTS gegründet.

geboren am 26. August 1899

Erich Abraham-Collin

*»Ein bißchen Leichtsinn kann nicht schaden,
laß der Jugend ihr Vergnügen,
die frohen Tage verfliegen;
darum laß dir keine grauen Haare wachsen.
Denn: ein bißchen Leichtsinn kann nicht schaden,
laß der Jugend ihre Freude.*

*Und bist du einst so alt wie der Methusalem,
mußt du dir eingestehen: Auch ich war jung.
Und darum drücke beide Augen zu,
gib der Jugend nur den richt'gen Schwung.*

*Kommst du langsam ins gesetzte Alter,
wirst du elegisch mit dem Federhalter,
schreibst Memoiren aus jungen Jahren,
wo du noch kregel warst.*

*Ein bißchen Leichtsinn kann nicht schaden,
laß der Jugend ihr Vergnügen,
die frohen Tage verfliegen ...«*

Am zweiten Weihnachtsfeiertag 1975 flogen wir nach Los Angeles und trafen dort Fernande Currie, die in erster Ehe mit Erich Abraham-Collin verheiratet gewesen war, und dessen Schwester Annemarie.

Annemarie Abraham-Collin war nur für das Interview von Australien, wo sie seit 1939 lebte, nach Kalifornien gekommen.

Beide Frauen berichteten von dem Leben des bereits 1961 gestorbenen Zweiten Tenors der COMEDIAN HARMONISTS. Seine Schwester Annemarie erzählte vor allem von der Jugendzeit ihres Bruders, seine Witwe Fernande von ihrer Ehe, vom Leben der

Zwanziger und Dreißiger Jahre in Berlin, der Emigration und seinem Schicksal nach dem Kriege in den USA.

Mrs. Currie bewohnte mit ihrem Mann Bruce in einer schönen Wohngegend von Los Angeles ein elegantes Appartement. Die Wohnung hatte mehrere große, ineinandergehende Räume, in europäischem Geschmack eingerichtet. Dem Geschmack von Fernande Currie.

Die beiden Interviews wurden in dem mit der Küche verbundenen Eßzimmer aufgenommen. Während der mehrtägigen Gespräche lief in dem etwas tiefer gelegenen Wohnraum fast ununterbrochen der Fernseher. Zu dieser Zeit wurden die US-Meisterschafts-Endspiele im Baseball übertragen, und Mr. Currie saß die ganzen Tage davor, um auch keines zu verpassen.

Die beiden Interviews verliefen sehr unterschiedlich.

Annemarie Abraham-Collin lebte damals unverheiratet als Pensionärin in Sidney. Begabt mit dem frischen pragmatischen Mutterwitz der gebürtigen Berlinerin, einem guten Erinnerungsvermögen und der Fähigkeit, formulieren zu können, erzählte sie von dem Leben ihres Bruders, von ihrem Elternhaus, der Schulzeit, seinen verschiedenen Berufsplänen, seinem Wesen und seiner Familie. Unprätentiös, sachlich, witzig, klug.

Ganz anders verlief das Gespräch mit Fernande Currie, verwitwete Collin. 1905 wurde sie in Paris als Tochter eines Deutschen und einer Französin geboren, wuchs in Frankfurt am Main auf und lebte bis 1935 in Deutschland. Trotzdem hatte sie bei unserem Besuch die deutsche Sprache fast vollständig vergessen. Sie konnte zwar meine auf Deutsch gestellten Fragen verstehen, gab ihre Antworten aber ausschließlich in Englisch. Dabei schien es ihr wichtig, so wenig wie möglich zu sagen. Ihre Antworten waren meistens kurz und unverbindlich, und sie bemühte sich erfolgreich, das Gespräch auf der Ebene des ›small talk‹ zu halten. Bei insistierenden Fragen wich sie entweder aus, indem sie vorgab, sich nicht mehr daran zu erinnern, oder sie erklärte schlicht, nicht darüber sprechen zu wollen.

Möglicherweise traf aber wirklich zu, was Annemarie Collin über ihre Schwägerin sagte, daß diese nämlich die Fähigkeit besaß, alles Unangenehme in ihrem Leben zu vergessen.

Ihre Schönheit, von der uns alle anderen berichtet hatten, und die auch auf den alten Fotos zu sehen ist, hatte sie noch immer nicht verloren. Ein ebenmäßiges Gesicht, weich und ausgeglichen, kurze, graue Haare, große Augen und ein vielversprechendes Lächeln ersetzten bei Fernande Currie vielleicht Verstand und Gefühl.

Sie verhielt sich freundlich und zuvorkommend, aber immer blieb eine Distanz zwischen ihr und anderen, sogar zu ihrer Enkelin, die zu Besuch kam. Ganz im Gegensatz zu Annemarie Collin, deren Offenheit uns sofort für sie einnahm.

Es ist schwer zu sagen, was die Gründe dafür sind, daß das Portrait, das die beiden Frauen von Erich Abraham-Collin gaben, merkwürdig blaß blieb. War sein Wesen tatsächlich so farblos? Sein Leben war es jedenfalls nicht. War die Erinnerung an ihn schon verblaßt, oder wußten die beiden Frauen, trotz ihrer Bindungen an ihn, so wenig von ihm? Weder das Betrachten der alten Fotos, von denen sie nicht mehr viele besaßen, noch das Anhören der COMEDIAN HARMONISTS-Platten machte besonderen Eindruck auf sie. Fast alles, was mit der Vergangenheit Erich Abraham-Collins zusammenhing, war für sie versunken. 1975, als ich die Interviews mit ihnen machte, war er bereits 14 Jahre tot. Auch seine Enkelin erinnerte sich kaum mehr an ihn. Von seinem Leben als Sänger hatte sie wohl gehört, wußte aber nicht, welche Bedeutung das für sein Leben gehabt hatte. In den letzten 20 Jahren ist es ihm finanziell nicht gut gegangen. Jetzt, nach seinem Tode, hatte sich die Familie materiell konsolidiert. Fernande, seine Frau, hatte einen vermögenden Mann geheiratet, seine Tochter Susan, 1932 geboren, war zweimal geschieden und arbeitete als Produktionssekretärin in Hollywood, die beiden Enkel Marc und Debby studierten, und Annemarie Collin hatte sich ihr eigenes Leben in Australien aufgebaut.

Nach dem Ende der Interviews machten die beiden Frauen eine längere Autotour mit uns und zeigten uns alles von Hollywood bis Santa Monica, von den Bergen nördlich von Los Angeles, bis zum Pazifik. – Sie waren froh, den Fragen über etwas entronnen zu sein, was längst in die Vergessenheit gesunken war.

Vier Jahre nach dem Interview ist Annemarie Abraham-Collin in Sidney gestorben.

Was die anderen von Erich Abraham-Collin denken:

»*Erich war der Bestaussehende von uns allen. Sehr sprachbegabt, er hat perfekt Französisch gesprochen und hat eine gute Kinderstube gehabt.*«

ROMAN CYCOWSKI, der Bariton

⟡

»*Charakterlich durchaus akzeptabel. Der Vater Arzt. Eine sehr gute Familie, getaufte Juden.*«

ROBERT BIBERTI, der Bassist

⟡

»*Er war ein Herr, ein richtiger, wohlerzogener Herr mit einer guten Bildung. Einer von der Bendlerstraße, wie man früher in Berlin sagte und das sollte heißen: erstklassige Familie. Er war allerdings auch sehr empfindlich gegen alles prononciert Jüdische. Da hatte er einen Komplex.*«

ERWIN BOOTZ, der Pianist

⟡

»*Gut zu leiden, ein Gesellschaftsmensch. Sehr gepflegt. Die Geißel der Existenzangst stand nicht hinter ihm, wie bei uns anderen.*«

ROBERT BIBERTI

⟡

»*Collin war sehr sprachbegabt. Der ist in ein fremdes Land gekommen, hat sich eine Zeitung gekauft und hat sie irgendwie lesen können. Es gibt solche Leute.*«

MARION KISS, die erste Frau von Harry Frommermann

⟡

»*Er war nicht sehr ehrgeizig. Wir sind alle nicht ehrgeizig in der Familie. Aber er hat immer genau das getan, was er wollte.*«

ANNEMARIE COLLIN, die Schwester

»Ein bißchen zerstreut war er. Ich habe ihn immer den Herrn Professor genannt. Immer war er in Gedanken. Einmal ist er auf die Bühne gekommen im Frack, dazu eine blaue Hose und braune Schuhe. Ja, so war er.«
MARION KISS

»Ich erinnere mich, einmal waren wir in Leipzig, und er hat immer sehr viele Zeitungen gelesen, alle möglichen Zeitungen, auch ausländische. Wir haben in einem Raum geschlafen und Erich hat ein bißchen geschnarcht. Da hab ich eine Zeitung genommen und nach ihm geworfen. Er wacht auf, nimmt die Zeitung und fängt an zu lesen. Das war Erich.«
ROBERT BIBERTI

»Auf der anderen Seite war er ein bißchen naiv. Und er war nicht raffiniert. Es ist schwer zu erklären. Er war das Gegenteil von Biberti und trug das Herz auf der Zunge, wie ein offenes Buch. Und er konnte nicht lügen. So war er geboren: sehr ehrlich und ein bißchen trocken, vielleicht. Erich war nicht tief, nicht emotionell, wie Harry Frommermann. Und er blieb immer an der Oberfläche, ein bißchen. Ich hab mit meiner Frau darüber gesprochen. Es gibt viele Menschen, die so sind und vielleicht hat das was mit seiner Ehrlichkeit zu tun. Ein Ehrenmann durch und durch. Ihm hätte ich eine Million Dollar anvertraut, ungezählt. Er war ehrlich von Natur aus, er konnte nicht anders.«
ROMAN CYCOWSKI

»Er war ein glückliches Naturell würde ich sagen.«
MARION KISS

»Ja, das war er wirklich. Natürlich hatte er seine Hochs und Tiefs wie wir alle, aber alles in allem hat er sein Leben so gelebt, wie es richtig war.«
ROBERT BIBERTI

»Von seinem Standpunkt aus gesehen, würde ich sagen, ja.«
FERNANDE COLLIN-CURRIE, die Witwe

»*Einmal erzählte er mir, wenn er sein Leben noch einmal leben müßte, würde er es niemals anders leben.*«
ANNEMARIE COLLIN

✧

»*Er war sehr human – und ein wenig ein Pazifist.*«
FERNANDE COLLIN-CURRIE

✧

»*Er war ein angenehmer, zuverlässiger Zweiter Tenor. Wobei zu sagen ist, daß die Stimme des Zweiten Tenors in so einem Ensemble, wie dem unseren, besonders beansprucht wird in bezug auf die Formung und das Halten der Harmonien. Er tritt weniger solistisch hervor, aber durch seine zweite Stimme trägt er sehr dazu bei, daß die Akkorde wirksam werden.*«
ROBERT BIBERTI

✧

»*Seine Stimme war nicht besonders, aber seine musikalische Begabung war groß.*«
MARION KISS

✧

»*Der Zweite Tenor muß besonders musikalisch sein.*«
ROBERT BIBERTI

✧

»*Er war gebildet, musikalisch gut erzogen und eben ein Weltmann, auch wenn er arm war.*«
ERWIN BOOTZ

✧

»*Er war der hübsche Junge, der weiß, daß er hübsch ist. – Aber dumm. Die Frauen wollen solche Männer.*«
ARI LESCHNIKOFF, der Erste Tenor

✧

»*Erich war ein bißchen leichtsinnig und liebte die Abwechslung ... Ich hab es nicht ganz verstehen können, denn Fernande, seine Frau, war sehr hübsch und liebenswert. Sie war ihm geistig vielleicht ein bißchen unterlegen, möglich, daß dies der Grund war. Aber das kann man doch vorher sehen? Ich meine, das hätte er doch sehen können, bevor sie geheiratet haben.*«
ROMAN CYCOWSKI

»Na, Gott ja, er hatte es sehr leicht mit Frauen, das stimmt schon.«

ERWIN BOOTZ

❖

»Aber ich möchte hier nicht in Einzelheiten gehen. Niemand ist perfekt.«

FERNANDE COLLIN-CURRIE

❖

»Unbeständig, absolut unbeständig. Er hat sich zum Beispiel in Schweden mit einem viel jüngeren Mädel verlobt, obwohl er mit Fernande verheiratet war, die damals in Frankreich lebte. Er hat gesagt, er würde sich scheiden lassen. Das Mädel hat dann aber nicht mehr gewollt, die Eltern haben sich dazwischengesteckt und so ist er bei Fernande geblieben. Er hat immer seine Freundin gehabt.«

MARION KISS

❖

»Also ich glaube nicht, daß es nur Collin war, der auf diesem Gebiet à la carte speiste, eigentlich taten wir es alle.«

ERWIN BOOTZ

❖

»Wie gesagt, die Eltern von Erich waren getaufte Juden und so ist er auch nicht als Jude geboren. Und wie nach 1933 für die Comedian Harmonists das Problem der Emigration auftauchte, hat Erich zu Harry Frommermann gesagt: ›Es tut mir leid, meine jüdischen Kollegen, aber ich bin kein Jude, ich bleibe in Deutschland bei den drei anderen.‹ – Hat der Erich gesagt, ja. Und er war ja auch kein Jude, bis dann die Nürnberger Gesetze gekommen sind, nach denen jeder als Jude angesehen wurde, dessen Eltern oder Großeltern oder ein Teil von ihnen Juden gewesen war. – Am nächsten Tag kommt der Erich zu mir und sagte: ›Scholem alechem! – Friede sei mit Dir! Jetzt gehöre ich zu Euch. Durch die Nürnberger Gesetze.‹ Und von dem Tag an hat er sich als Jude gefühlt, fast mehr als wir anderen. Obwohl es überhaupt nichts damit zu tun hatte. Aber jetzt hatte er das bewußt angenommen.«

ROMAN CYCOWSKI

❖

»Denn wie sagte der nazistische Blockwart in meinem Hause, roh, wie er war: ›Jude bleibt Jude, da hilft ooch keen Wasser.‹«

ERWIN BOOTZ

Erich Abraham-Collin (1950)

*Annemarie Collin berichtet von der Jugend
ihres Bruders Erich A. Collin,
dem Zweiten Tenor der Comedian Harmonists,
in der guten Berliner Gesellschaft von 1899 bis 1928.*

Mein Bruder kann nicht mehr selbst von seinem Leben berichten,

denn er ist am 29. April 1961 in Kalifornien während einer Blinddarmoperation gestorben. Darum will ich es versuchen, soweit meine Erinnerung mich nicht im Stich läßt.

Geboren wurde Erich am 26. August 1899 in Berlin. Und wir haben immer gesagt, er sei aus dem vergangenen Jahrhundert. Ich bin 1901 geboren, also in diesem Jahrhundert. Und ich finde, daß man es ihm angemerkt hat, daß er aus einem anderen Jahrhundert kam. Er war ein ganz nobler, altmodischer Charakter und ein Träumer. Wir nannten das natürlich schusselig, denn er vergaß alles und war immer so mit sich beschäftigt, mit seiner eigenen Welt, daß alles andere für ihn nicht existierte. Ich weiß nicht, ob er von etwas Realem träumte. Er war nicht religiös, wie auch ich nicht, er hatte keine großen politischen Ideen oder patriotische Überzeugungen, aber auch keine wissenschaftlichen Interessen. Die Welt, in der er lebte, war die Welt der Farben, Formen und Musik.

Er nahm das Leben, wie es eben kam. Und wenn etwas nicht glatt ging, dann stritt er nicht mit dem Leben, dann nahm er das Böse mit dem Guten. Ich glaube auch nicht, daß er an Geld interessiert war, jedenfalls habe ich nie diesen Eindruck gehabt.

Wir standen uns sehr nahe und waren auch sehr freundschaftlich miteinander. Wir sind immer gut miteinander ausgekommen. Vielleicht nur an der Oberfläche, ich weiß es nicht. Aber mit meinem Bruder konnte man sich nicht zanken. Das war ausgeschlossen, er stritt sich einfach nicht. Leider weiß ich heute nicht mehr alle Einzelheiten über ihn.

Unser Vater war der Berliner Kinderarzt Dr. Paul Abraham, ein Freund von Albert Einstein. 1890 heiratete er Elsbeth Collin, die Tochter eines Verlagsbuchhändlers. Zwei Jahre später wurde unsere älteste Schwester geboren, sieben Jahre danach Erich und zwei Jahre später ich. Wir waren Volljuden, von den Seiten beider Eltern. Also ganz reinrassig. Allerdings wurden wir wie unsere Eltern protestantisch getauft. Es ist wirklich nur die Rasse. Unsere Familie hatte sich längst davon losgemacht. Darum wußten wir auch wenig von der Religion. 1904 wurden unsere Eltern geschieden. Da war Erich vier Jahre alt und ich zwei. Die Ehe ging nicht gut zwischen den beiden, und Vater hatte viele andere Freundinnen.

Finanziell ging es uns auch weiterhin ausgezeichnet. Mein Vater war sehr reich und hat gut für uns gesorgt. Aber gesellschaftlich war es für meine Mutter eine absolute Katastrophe. Das gesellige Leben endete sofort, ihr blieben nur ein paar Freundinnen. Wir selbst haben es nicht so empfunden, aber für sie war es schrecklich. Deshalb war sie sehr unglücklich. Auf altmodische Weise war sie ihr Leben lang unglücklich und ein bißchen hat das auch auf uns abgefärbt. Deshalb haben wir eine nicht so glückliche Jugend gehabt, wegen der gescheiterten Ehe. Darum hat sich unsere Mutter viel zu viel um uns gekümmert, denn ein eigenes Leben hatte sie nicht. Wie gesagt, materiell war alles günstig, unser Vater sorgte dafür, daß es uns an nichts fehlte. Er heiratete dann ein zweites und auch noch ein drittes Mal, hat uns aber alle 14 Tage gesehen. Wir fanden das sehr schön, denn er brachte uns immer etwas mit.

Mutter nahm später ihren Mädchennamen wieder an und so hießen wir alle Collin.

Gelebt haben wir viele Jahre am Lützowplatz, und ich erinnere mich, daß wir zu all den Paraden auf dem Balkon saßen, denn die Truppen des Kaisers zogen dann unter unserem Balkon über den Nollendorfplatz. Das war sehr aufregend. Dort haben wir auch den ersten Zeppelin gesehen, der direkt über unser Haus flog. In dem Zusammenhang fällt mir eine kleine Geschichte mit meinem Bruder ein. Er war noch sehr jung. Täglich gingen wir im Tiergarten spazieren, der nahe bei unserem Haus lag. Eines Tages kam die Kaiserin in ihrer Kutsche mit ein, zwei Hofdamen. Und ganz in unserer Nähe hielt die Kutsche an, und die Kaiserin stieg aus, um ein bißchen spazieren zu gehen. Alle Leute standen da und rührten sich nicht. Mein Bruder fragte, wer das wäre. Mutter sagte es ihm. Da lief er auf die Kaiserin zu und gab ihr die Hand, die ziemlich schmutzig war, denn wir hatten vorher im Sand gespielt. Er gab der Kaiserin die Hand und sagte: »Guten Tag, Frau Kaiserin.« Doch da hatte meine Mutter ihn schon weggerissen und ist schnell mit uns nach Hause gelaufen, denn sie glaubte, das sei eine Majestätsbeleidigung und wir würden nun alle verhaftet.

Von früher Jugend an hatten wir eine Schweizer Gouvernante, eine sogenannte ›Mademoiselle‹, die wir ›Sello‹ nannten. Mit ihr sollten wir Französisch sprechen. Es war sehr ärgerlich, denn sie konnte kein Wort Deutsch, sie war immer mit uns zusammen, ging mit uns spazieren, und da wir ›Sello‹ sehr liebten, mußten wir Französisch lernen, ob wir wollten oder nicht. Und dadurch hatten wir einen Schweizer Akzent, weil ›Sello‹ ja Schweizerin war. Sie hat uns viele französische Lieder beigebracht und zeigte uns auch, wie man ›harmonisiert‹, sie nannte es ›austerzen‹. Das war sehr erfolgreich. Meine Mutter sang auch und spielte Klavier. Sie hat uns oft begleitet, und Weihnachten war immer ein großes Konzert.

Als aber Erich ungefähr zwölf war, kam er eines Morgens zum Frühstück und sagte: »Ich habe ›Sello‹ mit einem Kuß geweckt.« Da war meine Mutter der Ansicht, daß ›Sello‹ wieder in die Schweiz zurück müsse. Und ›Sello‹ verließ uns.

Zu dieser Zeit ging Erich schon zwei Jahre in das Mommsengymnasium in der Wormser Straße. Er war kein sehr guter Schüler. Ihn interessierte nur Zeichnen, Malen und Basteln. Und natürlich vor allem die Musik. Bevor seine Stimme brach, hat er in allen Schulaufführungen mitgesungen. Er war schon damals sehr beliebt als Sänger.

Er war immer von einer Idee besessen. Das hat eigentlich sein ganzes Leben nicht aufgehört, er ist immer so gewesen. Manchmal, wenn er einen Raptus bekam, dann saß er den ganzen Tag und bastelte Flugzeuge aus Papier oder Holz, manchmal die halbe Nacht hindurch. Und am nächsten Tag nahm er sie mit in die Schule. Die Lehrer wußten gar nicht, was sie damit sollten. Und dann kriegte er einen anderen Raptus und zeichnete wie verrückt. Meine Mutter pflegte das brotlose Künste zu nennen, und sie war sehr dagegen.

Wir durften zum Beispiel nie am Morgen lesen, denn das sei unmoralisch. Am Morgen mußte man etwas tun, arbeiten, auch in den Ferien und an den Wochenenden, wenn wir nicht in die Schule gingen. Es hängt mir heute noch nach. Heute noch habe ich ein schlechtes Gewissen, wenn ich mich vor dem Mittag hinsetze und lese. Wir wurden eben sehr diszipliniert erzogen, sehr intensiv.

Ich sehe Erich noch vor mir, wie er anfing Violinspielen zu lernen bei Herrn Ruff. Und jeden Nachmittag mußte er üben. Wir hatten eine große Wohnung, zehn Zimmer oder mehr. Ganz vorn war das Wohnzimmer und natürlich auch das Musikzimmer. Dort hat er dann meistens geraucht und die Stummel unter dem Teppich versteckt. Und er hat wirklich geglaubt, sie würden dort nie gefunden. Sie wurden immer gefunden. Oft übte er mit Schallplatten, die es damals gab. Auf ihnen war alles aufgenommen, das ganze Orchester, nur die Violinstimme fehlte. Und gemeinsam mit der Platte hat Erich dann Geige gespielt.

Mein Vater war Kinderarzt, wie gesagt. Er arbeitete jahrelang in einem Krankenhaus in Moabit. Später gründete er in Neu-Babelsberg ›Die Gesellschaft für Mutter- und Kinderrecht‹. Gemeinsam mit Adele Schreiber, die heute wahrscheinlich kein Begriff mehr ist, sorgte er dafür, daß Mütter, verheiratet oder nicht, gut versorgt würden. Dazu gehörte auch ein Erholungsheim für Kinder, unbemittelte Kinder aus den Elendsvierteln von Berlin. Sie wurden dort jeweils vier Wochen gepflegt. Alle vier Wochen kam ein neuer Schub, einmal Mädchen, einmal Jungen. Erich und ich waren häufig da draußen, in den Schulferien, aber auch an vielen Wochenenden. Wir waren froh, so viele Kinder um uns zu haben. Wir spielten viel Tennis und dort hatten wir genug Balljungen, die uns die Bälle aufhoben. Aber von diesen Kindern bekamen wir auch eine sehr intime Erziehung. Denn sie wußten natürlich viel mehr über Dinge, von denen wir noch nie gehört hatten.

Einmal machte Vater eine kleine Reise mit uns in den Harz. Der Harz war damals ein beliebtes Ausflugsziel für Berliner. Wir waren beide schon groß genug, um allein mit unserem Vater reisen zu können. Meine Mutter hatte mich dazu verpflichtet, immer für saubere Wäsche zu sorgen. Pro Tag bekam Erich ein Hemd von mir. Und da entschloß er sich, die Hemden am Abend zu wechseln und nicht am

Morgen. Es wäre praktischer, hatte er sich ausgerechnet, denn auf diese Weise trug er abends das saubere Hemd zum Dinner.

Am Anfang des Ersten Weltkrieges wurden die Gymnasiasten aufgefordert, auf dem Kurfürstendamm Schnee zu schippen. Auch Erich war dabei. Als es ihnen warm wurde, haben sie ihre Mäntel an die Bäume gehängt und haben weitergearbeitet. Später haben sie sich ihre Mäntel wiedergeholt, aber Erich war so ein Schussel, der ist so wie er war nach Hause gegangen. Und auf diese Weise hat er einige Mäntel verloren. Weil wir im Lebensalter so nah beieinander waren, es sind ja nur zwei Jahre Unterschied, sind wir wirklich zusammen aufgewachsen und haben alles gemeinsam gemacht. Und wenn wir eingeladen wurden, waren wir immer zusammen eingeladen. So war er in alle meine Freundinnen verliebt und all meine Freundinnen waren in ihn verliebt.

Ich erinnere mich an unseren ersten Ball. Er sollte bei Professor Haber sein, dem berühmten Physiker. Das war sehr aufregend. Wir trugen alle neue Kleider, obwohl es ja schon tief im Kriege war, 1917 glaube ich. Und dann im letzten Augenblick hieß es, die Habers müßten verreisen. Da hat ein Lehrerehepaar vom Gymnasium die Sache übernommen und wir hatten einen wundervollen ersten Ball. Er ist ganz und gar noch in meiner Erinnerung.

Dann, im Sommer, mußte Erich mit seiner Klasse auf ein Gut in der Nähe von Berlin zum Kartoffelbuddeln. Das muß in den Ferien gewesen sein. Und dort hat Erich Kartoffeln gebuddelt und dabei gesungen. Als das die Dame des Hauses hörte, eine sehr feine Dame, bat sie ihn, ins Haus zu kommen, sie könnte ihn am Klavier begleiten. Von da an hat Erich keine Kartoffeln mehr gebuddelt, sondern mit der Dame gesungen. Und danach hat es eigentlich angefangen. Er ließ sich bei einer Gesangslehrerin ausbilden, und dadurch ist seine Stimme immer voller und schöner geworden. Zu Hause wurde auch viel Musik gemacht. Meine Mutter sang selbst, nicht öffentlich, das tat man ja damals nicht. Aber im kleinen Kreis hat sie viel gesungen, hat uns auf dem Klavier begleitet und sehr darauf gesehen, daß auch wir viel Musik machten.

Einmal waren wir in den Ferien mit Mutter in Bayern. Wir saßen in einem Kaffeehausgarten. Wir müssen noch ziemlich jung gewesen sein. Und auf einem Podium stand eine Gruppe von Sängern und sang all die alten bayerischen Volkslieder. Dann und wann machten sie eine Pause und das Podium war leer. Und da ist mein Bruder mit mir hinaufgegangen und hat angefangen, französische Lieder zu singen, und ich mußte ihn austerzen am Klavier. Wir bekamen enormen Applaus. Ich war auch nicht ganz unmusikalisch. Dann kam meine Mutter und hat uns dort weggerissen. Sie war entsetzt, daß wir so etwas getan haben. Aber an dem Tag, an dem wir da in Bayern ganz unbewußt und einfach unsere kleinen französischen Lieder gesungen haben, entschied sich Erich dafür, Musik zu studieren. Denn als man begann, über seinen Beruf nachzudenken, war es wirklich die Frage, ob er Kunst oder Musik studieren sollte. Er war für beides sehr begabt. Doch mein Vater war dagegen. Weder Malen noch Musik, auf keinen Fall. Väter sind doch immer gegen solche Berufe. Vater wünschte, daß Erich Arzt wird.

Aber gleich nach dem Abitur mußte Erich noch Soldat werden. An die Front ist er nicht mehr gekommen, nur zur Ausbildung. Das kann nicht sehr weit von Berlin gewesen sein, denn wir sind manchmal hingefahren und haben ihn besucht. Die letzten Monate des Krieges war es wirklich schwer. Es gab sehr wenig zu essen durch die englische Blockade. Und ich erinnere mich, daß wir alle furchtbar lange unsere Brotmarken gespart haben, bis wir ein ganzes Brot zusammen hatten. Und als Erich einmal auf Urlaub kam, hatten wir ein ganzes Brot für ihn. Wir waren sehr stolz.

Im November 1918 war der Krieg zu Ende, und Erich begann sofort Medizin zu studieren, auf Wunsch seines Vaters. Er hat dann 1922 das Physikum gemacht, war aber nicht mehr bereit, weiter Medizin zu studieren. Doch unser Vater meinte: »Bevor du damit beginnst, Musik zu studieren, mußt du etwas haben, womit du dir dein Geld verdienen kannst.« So steckte er Erich in eine Bank.

Ein Jahr ist Erich auf dieser Bank tätig gewesen, und er hat dort eine Menge gelernt, was ihm später nützlich wurde. Bei den COMEDIAN HARMONISTS hat er sich zum Beispiel um die Finanzen gekümmert, weil er davon ein wenig verstand durch seine Anstellung bei der Bank in Steglitz. Obwohl ich nicht glaube, daß er dort viel getan oder gelernt hat. Aber es war ein recht glückliches Jahr für ihn. Zuerst war er ja sehr dagegen. Er haßte den Gedanken, von acht bis fünf hinter einem Schreibtisch zu sitzen. Aber dann hat er sich doch eingelebt. Er war mit vielen eng befreundet, und alle haben ihn sehr gern gehabt.

Dann kam die große Inflation 1922/23. Da verloren wir unser ganzes Geld. Es war doch so, daß am Morgen das Brot 500 000 Mark kostete und am Nachmittag 750 000. Innerhalb weniger Tage war unser ganzes Vermögen verschwunden. Ich hatte kein Geld mehr zum Studium und mußte von da an verdienen. Meistens habe ich Sprachunterricht gegeben. Zum Beispiel bei Alberti in der Rankestraße. Die hatten da einen großen Musikverlag und eine Musikalienhandlung. Da habe ich morgens um sieben die Angestellten unterrichtet, bevor der Geschäftsbetrieb begann. Der Firmenchef wollte, daß seine Angestellten Englisch lernen. Und bezahlt wurde ich gleich nach jeder Stunde. Mit dieser Bezahlung bin ich sofort einkaufen gegangen, und erst danach habe ich irgendwo anders die nächste Unterrichtsstunde gegeben. Nach dieser Stunde mußte ich wieder einkaufen und so weiter, damit wir am Abend etwas zu Essen hatten. Sonst wäre der Lohn für den Unterricht wertlos geworden. In so kurzer Zeit. Es war eine schwere Zeit, aber man gewöhnt sich an alles.

Und dann mußten wir umziehen. Wir nahmen uns eine kleine Wohnung, die schöne große am Lützowplatz konnten wir nicht mehr bezahlen. Es war alles ein bißchen schwierig geworden.

Gerade um diese Zeit starb unser Vater. Nun hatten wir auch von ihm keine Hilfe mehr. Erich aber konnte endlich auf die Musikhochschule gehen. Niemand verwehrte es ihm mehr. Drei Jahre hat er dort studiert, von 1924 bis 1927. Er hat Violine gespielt, er hat gesungen, und er hat Sprachen gelernt. Das war genau das richtige für ihn. Er war sehr glücklich. Weil er vorher Medizin studiert hatte, nannte man ihn auf der Hochschule den ›Medico-Bänkelsänger‹. Auch für meine Mutter war alles richtig und gut. Sie war sehr ehrgeizig für ihn und wünschte sich, ihn bald auf einem Podium zu sehen.

Schließlich lernte Erich auf der Musikschule Erwin Bootz kennen, der ihn 1928 zu den COMEDIAN HARMONISTS brachte. Die ersten Monate hatten sie mit einem anderen Tenor probiert, dessen stimmliche Qualität ihnen nicht ausreichte. Und so kam es, daß Erich zu ihnen stieß.

geboren am 25. Januar 1901

Roman J. Cycowski

»Ein Freund, ein guter Freund,
das ist das Beste, was es gibt auf der Welt.
Ein Freund bleibt immer Freund,
und wenn die ganze Welt zusammenfällt.
Drum sei auch nie betrübt,
wenn dein Schatz dich nicht mehr liebt.
Ein Freund, ein guter Freund,
ist der größte Schatz, den's gibt!«

Heymann/Gilbert
– Aufnahme der Comedian Harmonists vom 22. August 1930

Nach den Gesprächen mit Fernande Currie und Annemarie Abraham-Collin in Los Angeles, fuhren wir am 30. Dezember 1975 in das 120 Meilen entfernte Palm Springs, einen luxuriösen Ort, mitten in der Mojave-Wüste Kaliforniens.

Dort lebte seit einigen Jahren der ehemalige Bariton der Comedian Harmonists, Roman Joseph Cycowski, mit seiner Frau Mary. Nach einem erfolgreichen Leben hatte er sich 1971 diesen Ort ausgesucht, der vornehmlich von alten reichen Leuten bewohnt wird, die ihre letzten Jahre in dem reizarmen, trockenen Wüstenklima verbringen.

Die Cycowskis bewohnten damals ein ebenerdiges Haus, mitten in einer neuen Siedlung, die den Namen ›greenhouse‹ trug. Die einzelnen Häuser standen verstreut zwischen üppigen Grünanlagen. Alles war künstlich angelegt und mußte ständig bewässert werden. Diese künstliche Oase war umgeben von steinigem, trockenem Wüstenboden.

Das weitläufige Haus der Cycowskis hatte einen schönen wildwuchernden Garten mit großem Swimmingpool, war sehr ›amerikanisch‹ eingerichtet, mit vielen weichen Sitzgelegenheiten,

Pastellfarben und künstlichen Blumen. An den Wänden hingen mehrere großformatige Bilder, die in ihrer Farbintensität an psychedelische Visionen erinnerten. Es waren Bilder von Mary Cycowski, die, als Christin geboren, 1933 zum jüdischen Glauben übergetreten war und sich später eine Lebensphilosophie konstruiert hatte, in der Elemente vieler Religionen, vor allem aber fernöstliche, enthalten waren.

Das Haus zeigte unaufdringlich den gutsituierten Status seiner Besitzer. Es machte deutlich, daß Roman Cycowski am Ende seines Lebens in einer glücklichen Lage war. Doch nicht nur finanziell, auch seelisch machte er auf mich den ausgeglichensten Eindruck. Ein kluger Mann, der ohne Haß und Verbitterung von seinem Leben erzählte, obwohl er Gründe genug dafür hätte haben können.

In einem leichten Sommeranzug saß er mir bei den Gesprächen gegenüber, während seine Frau fast immer in der Küche damit beschäftigt war, irgend etwas für uns zu kochen, zu braten, zu dünsten oder zu backen. Durch eine Öffnung in der Wand, einer sogenannten ›Durchreiche‹, versuchte sie trotzdem den Erzählungen ihres Mannes zu folgen.

Nur zweimal verließ uns Roman Cycowski, am Freitagabend und am Sonnabendmorgen, im dunklen Anzug, einen großen, schwarzen Hut auf dem Kopf. Als Kantor der jüdischen Gemeinde tat er am Sabbat in der Synagoge von Palm Springs seinen Dienst. Danach saß er wieder mit seinem schweren, breitflächigem Gesicht gelöst und ruhig vor mir.

Seine Stimme war voll und wohltönend, sein Deutsch noch immer ausgezeichnet. Das ist nicht selbstverständlich bei einem Mann, der erst mit 19 Jahren nach Deutschland kam und es 15 Jahre später wieder verlassen mußte. Seither waren wieder 40 Jahre vergangen, doch die Sprache hatte er nicht vergessen. Dazu mag beigetragen haben, daß seine Frau Mary als Deutsche in Köln geboren war. Doch seit vier Jahrzehnten sprachen beide fast nur noch Englisch miteinander. Vielleicht liegt die Erklärung dafür, daß Roman Cycowski die angelernte Sprache nicht vergessen hatte, darin, daß er trotz allem, was ihm und seiner Familie im Namen Deutschlands angetan worden war, dieses Land noch immer liebte, ohne Haß und ohne Anklage.

Die sichtbarsten Zeichen seines Charakters waren Menschenfreundlichkeit, Skepsis, Selbsterkenntnis und Herzenswärme. Vor allem aber war er sehr neugierig auf andere Menschen. Während der Interviewpausen interessierte er sich ebenso sehr für uns und unser Leben, wie wir für das seine.

Es hatte ihn um die ganze Welt getrieben, den polnischen Jungen aus dem Ghetto von Lodz, durch Europa, Afrika, die Sowjetunion, Australien, Südamerika bis hierher nach Kalifornien. Er hatte mehrere Berufe gehabt, aber alle hatten sie mit Musik und Gesang zu tun. Er selbst sagte: »Ich habe angefangen mit Musik, mein ganzes Leben war Musik – und so werde ich es auch enden – mit Musik.«

Noch heute, im Jahre 1988, lebt und arbeitet Roman Cycowski, nun siebenundachtzigjährig, als Kantor in Palm Springs.

Was die anderen von Roman Cycowski denken:

»*Roman stammt aus einer polnischen Familie, in der jüdisch-religiöse Gesänge studiert wurden. Er desertierte später aus der polnischen Armee und konnte darum nie wieder nach Polen zurück. Und wenn wir dann in einem plombierten Zug durch den polnischen Korridor nach Ostpreußen oder Danzig fuhren, um dort Konzerte zu geben, waren wir immer etwas nervös, daß um Gottes willen nichts passiert, daß der Zug plötzlich hält und eine polnische Streife kommt, weil er auf irgendeiner Liste steht.*«

ROBERT BIBERTI

✧

»*Ich weiß nur, daß mein Bruder Erich eine sehr glückliche Beziehung zu ihm hatte.*«

ANNEMARIE COLLIN

✧

»*Er war meine beste Freund bei die Comedian Harmonists. Wir haben uns beide verstanden, in jede Beziehung, denn er hat was Slawisches. Er war ein sehr ein kultivierte Mensch, und ich habe ihn sehr geliebt.*«

ARI LESCHNIKOFF

✧

»*Ein guter Mensch, mit sehr viel Herz.*«

MARION KISS

✧

»*Absolut liebenswert.*«

ROBERT BIBERTI

✧

»*Harry erzählte, daß Cycowski früher schwierig gewesen sein soll.*«

ERIKA VON SPÄTH,
die spätere Lebensgefährtin von Harry Frommermann

✧

»*Ein untadeliger Charakter, unerhört menschlich, nie grob, nie ausfallend, immer vernünftig, immer beruhigend – das war Roman Cycowski. – Ich liebe ihn noch heute.*«

ROBERT BIBERTI

»Absolut zuverlässig und ein guter Freund. Wir hätten das eigentlich besser schätzen sollen, auch ich. Aber Unreife hat in meinem Leben mehr als das zerstört. Dafür bezahlt man einen gewissen Preis.«

ERWIN BOOTZ

✧

»Er hatte eine schöne, wohlklingende Baritonstimme, die sich all die Jahre harmonisch in das Ensemble einfügte.«

ROBERT BIBERTI

✧

»Er bestach durch seine Stimme, in der wirklich Kultur war. Und wenn er uns das vorsang, was man ›spiritual chassidim‹ nennt, also diese sehr mit Ornamenten belegte Art religiösen Singens, dann war das außerordentlich, was er an Koloraturen von sich geben konnte. Nun mußte er das bei uns im Ensemble sehr behutsam verschleiern, was nicht immer gelang.«

ERWIN BOOTZ

✧

»Jahrelang lebte er in Deutschland vom jüdischen Tempelgesang. Da ist er ein unerhört studierter Mann.«

ROBERT BIBERTI

✧

»Aber auch er litt darunter, daß er anfangs noch nicht richtig Deutsch sprechen konnte.«

ERWIN BOOTZ

✧

»Ja, er hat erst später verhältnismäßig gut Deutsch gesprochen, erst später.«

MARION KISS

✧

»Das führte dazu, daß wir ihm manche Soli nicht geben konnten, die die Qualität seiner Stimme gebieterisch verlangte. Er war ein wundervoller Sänger und ein sehr gutmütiger, netter Mann, der von uns nicht so viel hätte geneckt werden dürfen, wie es geschehen ist. Allerdings hat er sich nicht sehr viel gefallen lassen, mit Recht.«

ERWIN BOOTZ

Roman Joseph Cycowski (1987)

*Roman Joseph Cycowski, der Bariton der Gruppe,
erzählt von seiner Jugend in seiner polnischen Heimat,
von seiner Flucht nach Deutschland und dem
Leben als Opernsänger auf deutschen Provinzbühnen.*

Ich bin in Lodz geboren,

damals Russisch-Polen, soviel ich weiß, am 25. Januar 1901. Und jetzt bin ich ein alter Mann. Das Leben geht schnell vorbei.

Ich stamme aus einem frommen Hause, wo es viele Rabbiner gab in der Verwandtschaft. Ich selbst habe lange studiert, ein Rabbiner zu werden. Aber ich war, wie man sagt, das schwarze Schaf in der Familie.

Mein Vater ist auf einem Bauernhof geboren, aber schon als junger Mann kam er nach Lodz, um dort zu lernen. Meine Mutter stammt aus Warschau. Ihre Eltern haben da ein Eisenwarengeschäft gehabt, sind aber früh gestorben. Und dann haben Verwandte meine Eltern zusammengebracht. Damals lernte man sich nicht kennen, das wurde alles von der Verwandtschaft geregelt. Und so haben meine Eltern im Jahr 1896 geheiratet. Mein Vater hat dann eine kleine Spinnereifabrik aufgemacht. Wir waren neun Kinder, vier von ihnen sind noch vor dem Ersten Weltkrieg gestorben.

Mein Vater war ein wunderbarer Mensch. Jeder sagt das von seinem Vater, aber ich habe Grund dazu, das zu sagen. Er war warmherzig, und immer ein bißchen aufgeregt, emotionell. Er war, wie gesagt, ein orthodoxer Jude, ein Chassid. Und trotzdem war er modern. Als ich mich beispielsweise 1920 entschlossen habe, Polen zu verlassen, sagte er: »Geh nach Deutschland, dort ist Kultur, dort wirst du etwas lernen.« Er hat schon moderne Ansichten gehabt, mein Vater, o ja! Und obwohl er keine Schulen besucht hat, keine öffentlichen Schulen, denn das war damals für Juden nicht erlaubt, hat er sich selbst gebildet. Er war so gut in der russischen Sprache und in der polnischen Sprache – sogar in Deutsch. Und er hat vielen Menschen geholfen, indem er Gesuche für sie geschrieben hat an den Gouverneur in Warschau. Umsonst hat er das gemacht.

Damals als ich Kind war, gehörte Lodz zu Rußland. Polen gab es noch nicht. Das Familienleben war sehr, sehr eng in sich geschlossen. Wir haben auf einem großen Hof gewohnt mit einem großen Garten. Mit zweihundert anderen Menschen haben wir da gelebt. Und wenn mein Vater nach Hause gekommen ist von der Fabrik, hat er sich hingesetzt auf so einen Stuhl, hat die Kinder um sich herum gehabt und hat für jedes Süßigkeiten mitgebracht. Das war jedesmal ein Erlebnis für uns. Aber außerhalb des Hofes war ich als kleiner Junge selten. Denn erstens, die Polen, die Polacken, waren sehr antisemitisch, besonders das rohe Volk, und wir als Jungs hatten viel darunter zu leiden, sehr viel. Und man ist groß geworden damit.

Ich war anders gekleidet, als die anderen Jungs, nicht europäisch, mehr orientalisch, so, wie die Chassidim gekleidet sind. Und ich hab lange Locken gehabt, Paijeslocken. Und dadurch bekam ich natürlich viele Schwierigkeiten mit den polnischen Jungens. Und mit fünf Jahren hab ich entdeckt, daß ich singen kann, mit fünf Jahren. Es war im Jahre 1906. Damals war ein Aufstand der Polen gegen Rußland. Und die Juden haben mitgeholfen. Denn die Polacken hatten ihnen Freiheiten versprochen, wenn sie ihnen bei der Revolution helfen. Und da erinnere ich mich, eines Tages haben die Russen sehr viele Kosaken nach Lodz geschickt und Baschkiren und andere Truppen, um die Revolution niederzuschlagen. Ich weiß noch, wie sich alle Bewohner mit Messern und Revolvern bewaffnet haben. Auch mein Vater hat sich einen Revolver gekauft. Dann hat er uns Kinder mit der Mutter in dem letzten Zimmer eingeschlossen. Und der Aufseher des Hofes, der hatte eine Pfeife gehabt, und wenn er dreimal pfeift, dann sollten alle Männer unten stehen, um uns zu verteidigen.

Es ist viel passiert damals, viele Menschen sind umgekommen. Und wir Kinder hatten große Angst gehabt. Ich war fünf Jahre alt, und ich sehe es heute noch vor meinen Augen. Gott sei Dank ist uns nichts passiert. Und im selben Jahr hat mein Vater die ganze Familie in einen kleinen Ort gebracht. Dort sollten wir in Sicherheit sein. Damals gab es schon solche revolutionären Lieder gegen die Russen. Und ich hab so ein Lied aufgeschnappt und konnte es singen.

In dem kleinen Ort lebte auch meine Großmutter und einmal bin ich allein zu dieser Großmutter hingegangen und habe das Lied gesungen. Da haben mich ein paar Jungs angehalten, polnische Jungs, und haben zu mir gesagt: »Sing! – Sing! – Sonst verhauen wir dich!« Und da habe ich gesungen, und wie ich fertig war mit dem Lied, haben sie mir die Hand geküßt und haben mich gehen lassen. Das werde ich mein Leben nie vergessen. Wie ich das meiner Großmutter erzähle, sagt sie: »Sie hätten dich auch verhauen können.« Und von dem Tag an bin ich Sänger geworden. Zwei Jahre später habe ich schon im Tempel gesungen. Ich hatte eine schöne Altstimme. Ich bin herumgefahren mit Chören und habe damit Geld verdient, ein paar Monate lang. Ja, ich liebte das Singen, ich liebte es. Mein Vater war nicht sehr glücklich darüber. Er wollte, ich sollte Rabbiner werden. Aber ich hatte kein Verlangen danach. Ich wußte, da fehlt mir irgend etwas, ich war nicht religiös genug, so stark wie mein Vater. Und da hab ich so ein bißchen rumgehorcht, ich hatte schon meine eigenen Ansichten. Und dann habe ich gesagt, ich will Kantor werden eines Tages, weil Kantor mit Singen zu tun hat. So hat mich mein Vater 1909 nach Piotrkow gebracht auf eine Talmudischule. Aber bis zum 11. Lebensjahr hab ich nur wenig Talmud gelernt. Dafür muß man weiter entwickelt sein, reifer und mehr verstehen, und so hab ich dort immer nur zwei Stunden am Tag gelernt und am Nachmittag bin ich in die weltliche Schule gegangen. Den halben Tag da und den halben Tag dort.

Entdeckt worden bin ich eigentlich durch einen Lehrer in der Talmudischule. Und das ist so passiert: Jeden Freitag mußten wir ein Stück aus der Bibel singen, mit einer bestimmten Melodie. Die Schule war in einer Wohnung im dritten Stock. Denn damals in der russischen Zeit mußte man eine spezielle Genehmigung haben, um eine solche Schule zu gründen und das kostete viel Geld. Viele konnten das aber nicht zahlen, und so haben sie heimlich, ganz oben in den Häusern, solche kleinen Schulen gehabt. Und eines Tages ist unser Lehrer, der natürlich auch Rabbiner war, hinuntergegangen, um sich Zigaretten zu holen. Und wie er unten auf der Straße war, hat er mich singen gehört, aus der Bibel. Denn meine Stimme trug weit, so weit, daß er sich erschrocken hat. Er kam schnell nach oben gelaufen und rief: »Schweig! Schweig schnell, du machst mich unglücklich! Ein Polizist kann dich hören, heraufkommen und alles entdecken!«

Und dann ist er zu meinem Vater gefahren und hat ihn um Erlaubnis gebeten, daß ich an den Hohen Feiertagen in seinem Chor in dem großen Tempel singen darf. Sagt mein Vater: »Warum nicht? Soll er singen, warum nicht.« – Und von dem Tage an bin ich zum Kantor gegangen und habe Fortschritte gemacht, ich habe angefangen, Noten zu lernen und Musiktheorie, sogar Harmonielehre hat er mir beigebracht. Nun gab es dort eine Sitte. Die Jungs in den Talmudschulen mußten doch leben. Und da haben es sich wohlhabende Leute zur Ehre angerechnet, solche Schüler einmal in der Woche zum Essen einzuladen. Man nennt das Tega. Und dadurch, daß ich auch noch gesungen habe und im Chor dirigiert, hatte ich Privilegien, Vorteile, man hat mich gern genommen. Und so kam es, daß ich bei einer Familie zwei Jahre lang jeden Tag Frühstück, Mittag und Abendbrot bekam. Wie ich älter wurde, ist mir das ein bissel unangenehm geworden. Ich hatte das Gefühl, man schenkt mir was. Da habe ich den Kantor eines Tages zur Rede gestellt. Doch er sagte: »Das ist für deine Arbeit, so bezahlt man dich hier.« Denn Kirchensteuern gab es nicht. Die jüdische Gemeinde war allein auf Spenden angewiesen, auch die Rabbiner, die Kantoren und die Chöre.

Bis 1914 blieb ich in Piotrkow, bis der Krieg ausbrach. Dann wurden alle Schulen geschlossen und ich kam wieder nach Hause. In Lodz bekam ich Typhus, Bauchtyphus und zwar so schwer, daß man mich schon aufgegeben hatte. Ich mußte heimlich behandelt werden damals, denn sonst hätte man mich in ein Hospital bringen müssen. Und das wollten meine Eltern nicht. Die Hospitäler waren alle überfüllt, es war Krieg, es gab eine Epidemie. Und so wurde ich heimlich zu Hause behandelt von einem Doktor. Ich erinnere mich, meine Mutter hat sechs Wochen an meinem Bett gesessen und fast überhaupt nicht geschlafen. Daß ihr nichts passiert ist, war ein Wunder. Und so bin ich wieder gesund geworden.

Während des Krieges gab es nur eine kurze Periode, in der wir es nicht so gut hatten. Das war gleich am Anfang, als Lodz von den Deutschen belagert wurde und die Russen sich verteidigten. Damals sind viele Menschen umgekommen, und wir haben im Keller gelebt, vier Wochen lang und man hat nichts zu essen gehabt. Die Russen hatten uns alles weggenommen. Und die Schrapnells sind über die Dächer geflogen, man konnte sie direkt fliegen sehen, und haben viele Dächer zerstört. Kein Vergleich mit dem, was im Zweiten Weltkrieg passiert ist, aber für uns war es sehr schlimm.

Dann kam die erste Offensive der Deutschen gegen die Russen in der Stadt Lodz, und da ist die kleine Spinnereifabrik meines Vaters zerstört worden. Sie ist verbrannt, wie viele Fabriken. Danach hat er sich niemals wieder erholt, niemals wieder. Er war nicht mehr jung damals und dazu noch die große Familie. Er hat weiter existiert, aber nicht so gut, nicht so gut. Später, als ich dann in Deutschland war, hab ich angefangen, meine Eltern zu unterstützen.

Trotzdem, die Polacken haben immer zu uns, den Juden, gesungen: »Wasze Pruski, nasze Ruski«, »Eure sind die Preußen, unsere sind die Russen.« Ja, die Juden haben in den Synagogen gebetet, daß sie den Krieg gewinnen, die Deutschen. Bloß, daß wir von den Russen befreit werden und von den Polacken. Ja, so war das. Wir Juden wünschen heute noch, daß der Kaiser damals den Krieg gewonnen hätte. Da wäre die Hitlerzeit wohl nicht gekommen. Und die jungen Menschen haben sich besser gefühlt unter den Deutschen. Wir haben große Vorteile gehabt, besonders in der Bildung. Alle Kinder konnten zur Schule gehen. Es war ein ganz anderes Leben als früher. Wir hatten uns daran gewöhnt und das ganze Leben umgestellt auf Deutsch ...

So normalisierte sich das Leben, ich bin wieder in die Schule gegangen, morgens Talmudischule, nachmittags weltliche Schule. Ich hab angefangen, Deutsch zu lernen, aber auch Polnisch. Ich hab mich vorbereitet auf die Zukunft, so nach und nach. Aber ich hab nicht alles meinem Vater erzählt. Ich wollte ihn nicht kränken. Ich fühlte anders als er, ich hatte schon modernere Ansichten. Mich interessierte weltliche Bildung, ich habe philosophische Bücher gelesen, Nietzsche, Schopenhauer, ich habe Goethe gelesen, und mein ganzes Leben umgestellt auf Deutsch. Während des Krieges war bei uns ein deutscher Offizier einquartiert. Auf einem Zimmer, ungefähr zwei Jahre lang. Und durch ihn habe ich viel Deutsch gelernt. Er war ein wunderbarer Mensch.

Dann habe ich einen Mann getroffen, einen jüdischen Komponisten, Silvers war sein Name. Der ist von Rußland gekommen und bei dem habe ich Musik studiert, Harmonielehre und Kontrapunkt, denn ich wollte Kapellmeister werden. Aber später, als meine Stimme gekommen ist, hab ich alles an den Nagel gehängt. Mein Lehrer hat es mir geraten: »Du wirst ein besserer Sänger als ein Kapellmeister.« Doch das Studium hat mir später sehr geholfen. Als ich dann am Theater war, hab ich meine ganzen Partien fast allein gelernt, ohne die Hilfe von Kapellmeistern. – Wie dann der Krieg zu Ende war, haben wir den Unterschied sofort gefühlt. Es sind schlechte Zeiten gekommen, sehr schlechte Zeiten. Ich habe auf der Straße gesehen, wie die deutschen Offiziere geschlagen worden sind, von Polen. Die deutsche Armee ist nach Hause gegangen, aber einzelne Menschen sind zurückgeblieben, Soldaten, Offiziere. Und da waren die schutzlos in Polen. Viele haben sich versteckt, viele sind umgekommen.

Auch den Offizier, der bei uns einquartiert war, mußten wir verstecken. Wir haben ihm andere Kleidung besorgt, und mein Vater ist mit ihm bis zur Grenze gefahren.

Im November 1918 wurde die polnische Republik gegründet. Wir haben sofort den Unterschied zu den Deutschen gefühlt. Wir wohnten damals in einer Gegend, in der auch viele Christen lebten. Ich bereitete mit dem Kantor ein Konzert in unserem Tempel vor. Am Abend ging ich nach Hause. Und wie ich in unsere Gegend komme, sehe ich keinen Menschen auf der Straße, keinen einzigen Juden. Aber wenn man jung ist, hat man Courage. Also bin ich einfach weitergegangen, nach Hause. Und wie ich zu unserm Tor komme, ist es verschlossen. Hinter dem Tor war aber jemand, das hörte ich. Ich rufe und klopfe, endlich wird es aufgemacht, das Tor, und jemand zieht mich hinein. Ich sag: »Was ist los? Was ist passiert?« Und da erst habe ich gehört, daß ein Pogrom ist in der Stadt. Die Arbeiter bekamen nichts zu essen nach dem Krieg. Also sind sie zum Magistrat gegangen und haben demonstriert. Da haben die Anführer gesagt: »Geht zu den Juden. Die Juden sind reich.« Es waren aber nur sehr wenige reich, auch unter den Juden. In Polen waren neunzig Prozent der Leute arm. Also haben die Arbeiter angefangen, zu plündern und totzuschlagen. Ich habe Glück gehabt, daß mir nichts passiert ist. Ich hab nicht sehr jüdisch ausgesehen.

Und im gleichen Jahr, nach der Gründung des polnischen Staates, bin ich in die Armee eingetreten, freiwillig, denn damit hoffte ich, es leichter zu haben beim Militär. Später hätten sie mich sowieso eingezogen. Und ich war kein polnischer Patriot. Ich konnte keiner sein, nachdem sie uns so schlecht behandelt hatten. Aber man muß dem Lande dienen, in dem man geboren ist. Auch meine Brüder haben beim Militär gedient. Ich habe viel durchgemacht dort. Es war noch alles zu neu. Die Polen waren nicht organisiert. Und dann war Krieg gegen Rußland, also gegen die Bolschewiken. Es war alles durcheinander. Und auch dort, bei der Armee, habe ich immer mit Antisemitismus zu tun gehabt. Ich war in Lodz in einer Kaserne. Und meine jüngste Schwester, ein kleines Mädchen von zehn Jahren, hat mir immer das Essen gebracht, weil ich damals noch ›koscher‹ aß. Meine Mutter hatte für mich gekocht und meine Schwester brachte es mir. Und eines Tages ruft man mich wieder: »Cycowski, komm raus! Deine Schwester ist mit dem Essen da!« Das hörte zufällig der Kommandant, ein Kapitän, und schrie sie an, daß sie verschwinden soll. Da bin ich hinausgelaufen, habe salutiert und hab gesagt: »Das ist meine Schwester. Sie bringt mir nur das Essen. Ein Töpfchen koscheres Essen. Wie jeden Tag.« Da hat er mir befohlen, hineinzugehen und mir angedroht, mich zu verprügeln. Meine Schwester hat geweint, und ich war sehr aufgeregt. Ich war achtzehn Jahre. Und schließlich hat er uns Juden beschimpft.

Wie ich wieder in die Kaserne gekommen bin, hatte ich mich entschlossen, nicht mehr dazubleiben. Ich war ja schließlich freiwillig gekommen. Und als ich eines Tages einen Passierschein bekam, ging ich nach Haus und wollte nicht mehr zurück. Das war im Februar 1919. Mein Vater hat dann ein Gesuch geschrieben, ich müsse zur Schule gehen, und so haben die mich tatsächlich entlassen.

Zu der Zeit habe ich mich entschlossen, Polen zu verlassen. Ich wollte in eine andere Atmosphäre, heraus aus Polen. Ich fühlte mich da nicht wohl, obwohl ich dort geboren bin. Ich liebte die Musik. Ich wollte in meinem Beruf weiterkommen, Gesang studieren und vieles mehr. Und in Polen konnte ich nichts werden. So habe ich mich auf die Reise nach Deutschland vorbereitet. Mein Vater war nicht sehr glücklich darüber. Er hatte das Gefühl, daß er mich verliert. Ich ging hinaus, in eine andere Welt, in eine weltliche Welt.

Er wußte das, aber er hat sich nie in meinen Weg gestellt, niemals. Er hat mich machen lassen, was ich wollte. Später hat er mir dann einen Brief geschrieben nach Deutschland: »Vergiß nicht, wer Du bist, bleib religiös.« Ich konnte nicht religiös bleiben, nicht so, wie ich früher war. Ich hatte doch eine ganz andere Welt entdeckt. Aber im Herzen blieb ich immer religiös.

Und ein Jahr später, es war schon 1920, bin ich dann nach Deutschland gefahren. Eins muß ich noch hinzufügen: Ich durfte Polen nicht verlassen in meinem Alter. Man erwartete, daß sie mich wieder zur Armee einziehen würden. Ich war neunzehn, mein Jahrgang war dran. Da hat man mir ein anderes Papier gegeben, auf einen anderen Namen und hat mich älter gemacht, vierundzwanzig. Das war der Ausweis von einem Cousin von mir. Der war gestorben. Und in diesen Tagen registrierte man nicht immer, wenn jemand gestorben war. Das war alles noch in den Kinderschuhen, der ganze Staat. Ich bekam also seinen Namen, sein Alter und bin mit diesem Papier nach Deutschland gefahren. Wie ich dann nach Deutschland gekommen bin, nach Beuthen in Oberschlesien, habe ich meinen richtigen Namen angegeben, habe alles erzählt und die Sache hatte sich erledigt.

Meine Eltern habe ich nie mehr gesehen. Ich bin nie mehr nach Polen zurückgegangen. Ehrlich gesagt, ich haßte Polen.

Als ich in Beuthen ankam, hatte ich wenig Geld. Also bin ich dort zu dem Tempel gegangen, habe mich dem Kantor vorgestellt und man hat mir gleich zu tun gegeben. Ich habe den Chor dirigiert und ich habe gesungen. Die Stimme war noch nicht so entwickelt wie später, aber den Bariton habe ich schon gehabt.

Nun mußte ich aber noch mehr Geld verdienen, für den Tempelgesang gab es nicht viel. Zu meinem Glück hatte der Präsident des Tempels von Beuthen ein großes Eisenwarengeschäft gehabt. Er fragte mich, ob ich stark sei und ob ich arbeiten will. Ich sagte: »Natürlich will ich arbeiten, ich brauche Geld, ich will studieren.« Und da habe ich bei ihm mit ehemaligen russischen Kriegsgefangenen gearbeitet, die in Deutschland geblieben sind. Alles große, starke Menschen. Nach zwei, drei Monaten hatte ich mich an die schwere Arbeit gewöhnt. Und während der Arbeit habe ich immer gesungen. Eines Tages hat ein Mädchen den Kopf rausgestreckt aus dem Fenster. Sie hat dort an der Schreibmaschine gearbeitet. Sie sagt: »Sie haben eine schöne Stimme. Warum gehen Sie nicht zum Stadttheater?« – Ich frage: »Was ist das, ›Stadttheater‹?« Ich hatte keine Ahnung, was das ist. – Sagt sie: »Ein Stadttheater ist ein Theater mit Schauspielern und Sängern. Gehen Sie dahin. Meine Schwester ist dort Sekretärin. Sie kann Sie dem Direktor vorstellen.« – Ein paar Tage später hab ich mich fein angezogen, so gut es ging, und bin zum Theater gegangen. Das Mädchen hatte schon alles für mich erledigt und der Direktor Knapp, ein großer Mann, sehr würdig hat er ausgesehen, und der Kapellmeister, Salzmann hat er geheißen, mit rotem Gesicht und wasserblauen Augen, beide haben mich sehr mißtrauisch angesehn. Ich war nicht sehr gut angezogen. Sie waren sehr mißtrauisch und fragten: »Sie können singen? – Was können Sie singen?« – Ich kannte keine deutschen Lieder, da habe ich hebräisch gesungen, also kleine Kantoratsgesänge. Da unterbricht mich der Kapellmeister: »Was ist das? Was ist das für ein Gesang?« – Ich hab schnell überlegt. Man weiß nie, was einer von den Juden denkt. Also sag ich: »Es ist orientalisch.« – Sagt er: »Aha. Lesen Sie Noten?« – »Notenlesen«, sage ich, »hab ich gelernt, wie ich acht war.« – Da hat er mir eine Partitur gegeben, einen Auszug aus einer Operette, ›Der Zigeunerbaron‹ war es, glaube ich, und ich habe die Noten einfach so runtergelesen, wie nichts: do, re, mi, fa, so, la, ti, do. Da wendet er sich zu dem Direktor: »Herr Direktor Knapp – den Mann muß ich haben!« – Ja, so war mein Schicksal, so bin ich Sänger geworden.

Anfangs war ich nur im Chor, aber schon nach ein paar Monaten bekam ich kleinere Partien zu singen. Dann habe ich angefangen, richtig zu studieren, am Konservatorium in Beuthen bei Professor Kauf und Stimmbildung hatte ich bei unserem Tenor, dem Operettentenor Steinberger.

Die Schauspielkollegen an dem Theater sagten mir: »Deinen jüdischen Akzent, den werden wir schon wegkriegen«, und haben mit mir gearbeitet, bis in die Nacht. Natürlich, wenn ich auf einer deutschen Bühne stehe, muß ich ein einwandfreies Deutsch sprechen. Ich habe sehr schwer gearbeitet, Tag und Nacht. Und solange ich am Theater war, habe ich mich Fritz Mühlstein genannt. In dem Moment, wo ich Polen verlassen habe, bin ich in eine neue Welt hineingekommen und habe mich dieser neuen Kultur angepaßt. Polen und Deutschland, es war ein Unterschied wie Tag und Nacht.

Mit meinen Glaubensgenossen habe ich wenig Kontakt gehabt. Mein Denken war nur noch darauf gerichtet, eine Karriere am Theater zu machen. Da habe ich alles, aber auch alles beiseite geschoben.

In Beuthen blieb ich ein Jahr am Stadttheater. Und wie das Engagement zu Ende war, im Mai 1921, da begannen die Unruhen in Oberschlesien. Es war am 3. Mai, ich hatte noch geschlafen, da hörte ich es plötzlich schießen, ein starkes Schießen. Ich guck zum Fenster heraus, und da sehe ich Polen, wie sie in die Luft schießen. Sie sprachen Deutsch, aber mit sehr starkem polnischen Akzent und haben einfach in die Luft geschossen. Die Polen betrachteten das ganze Gebiet als ihr Eigentum und sind nach Beuthen einmarschiert. Darauf bildeten sich deutsche Freicorps, die es verteidigt haben. Der Sohn meiner Wirtin, Jörg hat er geheißen, war aus dem Krieg nach Hause gekommen und hat sich als Freiwilliger bei denen gemeldet. Und der hat mir erzählt, wie sie nachts als Stoßtrupps die Straßen verteidigt haben. Und schließlich haben Franzosen und Engländer das ganze Gebiet besetzt. Die Franzosen haben die Polen unterstützt und die Engländer waren auf deutscher Seite.

Es gab Belagerungszustand und Ausgehverbot. Nach zehn Uhr durfte man nicht mehr auf die Straße gehen. Als Theatermitglied hatte ich einen Passierschein gehabt für die ganze Nacht. Ich bin auch mehrere Male angehalten worden von Militärstreifen, manchmal sogar mit vorgehaltenem Gewehr, aber immer hat mir mein Passierschein geholfen. Zähneknirschend mußten sie mich weitergehen lassen.

Und dann habe ich Mitte Juni ein Engagement bekommen, am Sommertheater Zoppot bei Danzig. Doch als ich dahin gehen wollte, hatte ich große Schwierigkeiten, aus dem besetzten Gebiet von Oberschlesien herauszukommen. Da half mir schließlich eine Dame vom Theater. Die war mit dem französischen Preiskontrolleur der besetzten Gebiete befreundet, der auch die Visa für Reisen auszugeben hatte. Ich brauchte ein solches französisches Visum, um über Oppeln nach Deutschland zu kommen. Ein deutsches Visum konnte ich jederzeit kriegen, aber kein französisches. Und diese

Dame half mir nun, das französische Visum zu kriegen. So fuhr ich schließlich über Berlin nach Danzig.

Zoppot war ein reines Sommertheater und spielte nur von Juni bis August Operetten. Stimmlich war ich noch nicht entwickelt damals. Ich war kaum 20 Jahre alt. Ich habe im Chor gesungen und dann haben sie mir auch kleinere Partien gegeben, zum Beispiel den Leierkastenmann im ›Dreimäderlhaus‹, ein hübsches Solo. Und dann habe ich sogar den Dr. Falk in der ›Fledermaus‹ gesungen, denn als Schauspieler hatte ich schon ein bißchen Talent, ich war ziemlich ›natürlich‹ auf der Bühne; obwohl meine Sprache immer noch einen jiddischen Akzent gehabt hat und ich die Umlaute nicht richtig aussprechen konnte. Und von Zoppot bin ich im September nach Danzig an die Oper und habe angefangen, alle möglichen Partien zu studieren. Danzig war sehr interessant, damals, der Freistaat Danzig. Ringsherum war Polen, aber die Danziger waren patriotisch, die wollten zu Deutschland zurück.

1922 bin ich nach Stralsund gekommen. Kollegen hatten mich empfohlen. Und dort habe ich auch schon richtige Partien gesungen in deutschen Opern und auch in italienischen, als lyrischer Bariton. Ich hab an nichts anderes mehr denken können, als nur an die Oper. Aber ich mußte auch im Schauspiel mitwirken. Das konnte man sich in Stralsund nicht leisten, extra Schauspieler, extra Opernsänger und extra Operettensänger. Da mußte jeder von uns bei allen Vorstellungen mitmachen.

Zu dieser Zeit bekam ich auch meinen ersten eigenen Frack. Es war ja schon Inflation damals, als ich Mitte 1922 nach Stralsund kam. Anfangs hab ich 800 Mark verdient, gerade genug, um zu leben. Zweihundert davon brauchte ich zum Studieren bei Kammersänger Eppert. Natürlich konnte ich es mir nicht leisten, im Hotel zu wohnen. So habe ich ein möbliertes Zimmer gemietet bei einer netten Familie, bei Sanitätsrat Dr. Dummrath. Im Ersten Weltkrieg war er ein hoher Offizier gewesen, voll von Orden. Und wohnte gerade in dem Zimmer, in dem man 1809 die elf Schill'schen Offiziere verhaftet hat, so hat man es mir wenigstens erzählt. Ich hab mich sehr dieser Familie angeschlossen, ich gehörte praktisch zu ihr und habe viel durch sie gelernt.

Nun war ja Inflation. Das Geld wurde immer weniger wert, also das deutsche. Und damals hatten mich meine Eltern noch immer ein bißchen unterstützt. Sie schickten mir Geld aus Polen. Auch von Verwandten aus London bekam ich hin und wieder zwei, drei englische Pfund. Ein Pfund war damals 5 Dollar wert. Und für einen Dollar bekam man erst Millionen, dann Milliarden und schließlich Billionen Mark. Von 5 Dollar konnte ich einen ganzen Monat leben. Im Theater haben sie geglaubt, daß ich reich sei.

Manchmal bin ich auf die Insel Rügen gefahren und habe dort für mich und die Familie Dummrath eingekauft, Schinken und alles mögliche. Für einen Dollar konnte man kaufen, soviel man wollte.

1923 ging ich dann an das Sommertheater in Bad Oeynhausen und von dort im September nach Guben in Niederschlesien. Das war mein erstes Engagement als Solist, als Erster Bariton und Schauspieler. Da hab ich den ›Waffenschmied‹ gesungen und auch in ›Zar und Zimmermann‹; sogar den Wolfram im ›Tannhäuser‹.

Und da habe ich mich auch zum ersten Mal verliebt. Da war ich schon 24 Jahre alt. Ich bin eben ein Spätentwickler. Sie war eine Adlige, ein Frl. von Karlstadt. Sehr schön! – Aber es war nicht gut, es war nicht gut. Ich war zu sehr verliebt und habe meinen Beruf vernachlässigt. Sie lebte in Köln und besuchte mich hin und wieder. Eines Tages sang ich den Escamillo in ›Carmen‹. Sie saß in der Loge, ich wußte es aber nicht. Sie wollte mich überraschen. Den Don José sang Paul Bassermann, ein Neffe des berühmten Schauspielers, als Gast. Im dritten Akt haben Don José und Escamillo einen Kampf auf ›Tod und Leben‹. Bassermann war ein bißchen ungeschickt und schlägt mir mit der Faust auf die Nase, daß mir das Blut hinunterlief. Nun trug ich ein weißes Seidenkostüm, an dem man das Blut sehr gut herunterlaufen sehen konnte. Und wie das meine Verlobte in der Loge sah, schrie sie entsetzt auf. Sie wurde völlig hysterisch. Sie glaubte, daß ich ernstlich verwundet sei. Dabei war nichts passiert, so gut wie nichts.

Sie erklärte mir, daß wir nur zusammenbleiben könnten, wenn ich diesen Beruf aufgeben würde. Sie ist dann nach Hause gefahren, und ich habe ihr einen Brief geschrieben und habe ihr Lebewohl gesagt. Ich habe ihr erklärt, daß unsere Verlobung ein Fehler gewesen sei, daß ich meinen Beruf liebe und daß ich ihn vernachlässige, weil ich immer an sie denken muß. Und darum müßten wir auseinandergehen. – 1924 und 1925 war ich in Guben und Cottbus und bekam 1926 schließlich ein Engagement nach Rostock. Dort sang ich den Graf von Luna im ›Troubadour‹, den Georg Germont in ›Traviata‹, den René in ›Maskenball‹ und sogar den ›Rigoletto‹, eben alles, was lyrisch ist.

Das waren meine sechs Jahre als Opernsänger. Ein Engagement nach dem anderen. Aber 1926 habe ich das unterbrochen. Ich wollte nach Berlin gehen und studieren. Ich hatte mich ein bissel festgesungen. Ich hab zu früh angefangen, mit 19 Jahren, und da haben mir die Kollegen geraten, nach Berlin zu gehen, um dort noch einmal zu studieren. Außerdem versprach ich mir dadurch eine größere Karriere. Mein Ideal war Heinrich Schlusnus, und ich wollte ein zweiter Schlusnus werden. Dazu mußte ich studieren und ging nach Berlin zu dem Gesangslehrer Max Barth, der auch viele Sänger von der Staatsoper unterrichtete.

Alles in allem hatte ich ein schönes Leben gehabt an den deutschen Opernhäusern. Ich war beliebt an den Theatern. Warum? Ich habe immer meine Pflicht getan und mehr als das. Auch die Direktoren haben mich sehr gern gehabt.

Ach, Berlin war sehr interessant. Das war eine große Aufregung für mich. Zum ersten Mal erlebte ich eine Großstadt mit vielen Theatern und Opern und Konzerten, eine ganz neue Welt. Das war ein tolles Leben. Etwas Geld hatte ich gespart und die ersten Monate konnte ich davon existieren und die Gesangsstunden bezahlen, aber dann mußte ich doch Geld verdienen. Meine Eltern konnten mich damals nicht mehr unterstützen, die Fabrik war geschlossen, und sie wurden immer ärmer.

Da traf ich einen Jugendfreund von mir, den ich noch aus Polen kannte. Der war inzwischen auch Sänger geworden, ein guter Tenor. Und der erzählte mir, daß man Geld verdienen kann, indem man in Kinos singt. Damals gab es nur Stummfilme und da konnte man in den Kinos singen. Das hat mir dieser Freund vermittelt, und ich bin dann immer zehn Tage gereist, habe in allen möglichen Städten in den Kinos gesungen, kam dann für zwanzig Tage nach Berlin zurück und habe dort weiterstudiert. Ich lebte in kleinen Verhältnissen, in sehr kleinen. Ich hatte ein winziges, möbliertes Zimmer, dort habe ich selbst gekocht und mir alles selbst besorgt, wie eben ein Junggeselle lebt. Und dann bin ich natürlich viel herumgereist. Es gibt kaum eine Stadt in Deutschland, wo ich nicht gewesen bin. Und immer war es das gleiche: Man stand unten im Orchesterraum und hat erst einmal den Prolog gesungen, beispielsweise den Prolog des Bajazzo, immer passend zu den Filmen. Manchmal gab es ein kleines Orchester, manchmal nur ein Piano, manchmal sogar ein Gesangsquartett. Es kam darauf an, wie groß das Kino war. Meistens aber bin ich allein gefahren und hab Solos gesungen, weil die Leute nicht so viel zahlen konnten. Vermittelt wurde ich durch eine Agentur. Die lieferte die Filme, die Musiker und die Sänger, sogar die Noten. Denn wenn ich wohin fuhr, hat man mir immer die Noten mitgegeben.

Aber ich war ja immer noch polnischer Staatsbürger und 1926 brauchte ich einen neuen Paß. Also gehe ich zum polnischen Konsulat und bitte um einen neuen Paß. Da sagten die mir: »Du mußt zurück. Dein Jahrgang ist dran. Du mußt Soldat werden.« – »Nein«, sag ich, »ich gehe nicht nach Hause. Ich kann nicht mehr in Polen leben. Ich kann jetzt nicht zwei Jahre beim Militär verlieren. Ich lebe jetzt in Deutschland. Und außerdem übe ich hier auch meinen Beruf aus.« – Da haben sie mir die Staatsangehörigkeit weggenommen, und ich konnte nicht mehr nach Hause.

Ein halbes Jahr bin ich für die Stummfilmgesellschaft gereist und habe daneben Gesang studiert. Und dann sollte ich sogar Oberkantor in der Synagoge von Dresden werden. Das war eine Lebensstellung mit Pensionsberechtigung. Aber es hat mich seelisch nicht befriedigt. Nur immer das Vorsingen freitags abend und sonnabends, also am Sabbat, und die Hohen Feiertage, dreimal im Jahr, das war mir zu wenig. Ich wollte singen, ich sehnte mich nach der Bühne, ich wollte zurück zu meiner Oper. Da hab ich das wieder aufgegeben und bin nach Berlin zurückgegangen. Dort kannte ich einen Rabbiner, einen Dr. Warschauer, der aus Guben stammte. Und dieser Dr. Warschauer arrangierte mir ein Konzert in Guben, wo ich ja ein Jahr engagiert gewesen war. Es wurde von der jüdischen Gemeinde dort veranstaltet und hatte den Zweck, Geld für mein Gesangsstudium zu sammeln. Dieses Konzert war ein großer Erfolg für mich. Über zweitausend Mark kamen zusammen. Und mit diesem Geld konnte ich dann im Sommer 1927 fast ein halbes

Jahr in Italien studieren, bei dem berühmten Bariton Stracciari in Mailand.

Gleich nach meiner Rückkehr nach Berlin im September 1927 bekam ich einen Vertrag als Chorsänger im Großen Schauspielhaus in der Friedrichstraße. Eric Charell inszenierte dort das Singspiel ›Mikado‹. Und in diesem Chor habe ich dann Robert Biberti und Ari Leschnikoff kennengelernt. Wir saßen alle drei in einer Garderobe.

Besonders mit Ari freundete ich mich an. Er sprach Russisch wie ich. Sein Deutsch war schrecklich. Damals verstanden wir uns beide sehr gut. Er war ein wunderbarer Sänger. Biberti dagegen war ein Bohemien. Er machte oft seine Witze über Ari und glaubte, daß Ari ihn nicht versteht.

Und in dieser Zeit sind auch die COMEDIAN HARMONISTS gegründet worden. Aber damit hatte ich anfangs noch nichts zu tun, denn sie hatten einen anderen Bariton gehabt, Theodor Steiner, einen Jugendfreund von Harry Frommermann. Ich habe ihn nicht gekannt. Aber es muß wohl Differenzen gegeben haben mit ihm, denn nach einiger Zeit haben sie sich von ihm getrennt.

Nach Beendigung des ›Mikado‹-Engagements im März 1928 arbeitete ich wieder als Sänger bei Stummfilmen in den Kinos, da tauchte eines Tages im Juni Bob Biberti bei mir auf und erzählte mir von ihrem Plan, eine neue Gesangsgruppe zu gründen. Ich meine, damals gab es die COMEDIAN HARMONISTS noch gar nicht. Es waren nur ein paar Leute da, die etwas versucht haben, Ari Leschnikoff, den ich schon kannte, Erwin Bootz und natürlich vor allem Harry Frommermann. Harry fragte mich, was ich so verdiene im Monat. Und ich sagte es ihm; so drei-, vierhundert Mark. Da meinte Harry, wenn wir es schaffen, bekommst du das an einem Abend. Und damit hat er recht behalten.

Und da hab ich gesagt, »gut, ich will es versuchen«. Viel Lust hab ich nicht gehabt, aber ich dachte mir, vielleicht kann ich das Geld sparen zum Studium und dann kann ich wieder zurück zur Oper. Denn das wollte ich immer, ich wollte immer wieder zurück zur Oper.

geboren am 5. Juni 1902

Robert Biberti

»Wenn ich vergnügt bin,
dann muß ich singen,
überall, da soll mein Lied erklingen:
Enemene, mingmang, pinkpank, acka wacka eia
weia, weg!
Woll'ns auch die andern Leute nicht hören,
ich laß mich überhaupt nicht stören:
Enemene, mingmang, pinkpank, eia weia, weg!«

IGELHOFF/BECKMANN
– Aufnahme des MEISTERSEXTETTS vom 6. November 1936

Das umfangreichste Interview machte ich Ende November 1975 mit Robert Biberti, genannt ›Bob‹. Biberti lebte damals schon seit über dreißig Jahren in einer Sechs-Zimmer-Wohnung im dritten Stock eines Miethauses in der Schlüterstraße in Berlin-Charlottenburg.

Die Fenster seiner Behausung blickten zur einen Seite auf die Geleise des S-Bahnhofes Savignyplatz, zur anderen in Richtung des nahegelegenen Kurfürstendamm.

Die Wohnung selbst, mit ihren großen, hohen Räumen, war ein einziges Archiv. Hier hatte Robert Biberti alles aufbewahrt, was für sein Leben einmal von Bedeutung gewesen war. Da gab es eine perfekt eingerichtete Mechanikerwerkstatt, in der er noch immer mit Vergnügen arbeitete; in einem anderen Raum lagerten Tausende von Fotos, die er von seinen zahlreichen Reisen in die ganze Welt mitgebracht hatte; dort lagen auch in vielen Kartons die Zeugnisse seiner Familiengeschichte, angefangen von den Daguerreotypien seiner Urgroßeltern bis zu den Rollenfotos seines 1970 verstorbenen Bruders Leopold. Er besaß eine Sammlung von Plattenspielern und Tonbandgeräten von der ältesten bis zur neuesten Bauart. In dem größten Zimmer der Wohnung aber standen hohe Regale voller Ordner. Sie enthielten alles, was die Geschichte der COMEDIAN HARMONISTS betraf, beginnend mit der kleinen Annonce Harry Frommermanns vom 11. November 1927, die zur Gründung der Gesangsgruppe führte, bis zu dem Brief der Reichsmusikkammer im Jahre 1940, in dem Biberti und der deutschen Nachfolgetruppe der COMEDIAN HARMONISTS, dem ›MEISTERSEXTETT‹, ein weiteres Auftreten untersagt wurde, da ihr Gesang nicht geeignet sei, ›den Wehrgedanken zu fördern‹.

Alle Zeitungsberichte und Kritiken aus den Städten, in denen sie aufgetreten waren, fand man darin, ebenso Karikaturen, Plakate, Fotoreportagen in Illustrierten, Programmankündigungen aus fast allen Ländern Europas und den USA. Daneben hatte er aber auch die gesamte Korrespondenz mit den Agenten, Konzertdirektionen, Veranstaltern, Hotelbestellungen, Gagenabrechnungen von Bühnen, Radiostationen, Schallplattenfirmen und Konzertveranstaltern aufbewahrt. Wir fanden dort sämtliche Verträge, die die COMEDIAN HARMONISTS untereinander und mit Dritten geschlossen hatten, Unterlagen von Prozessen, die sie führten, auch gegeneinander, und schließlich den Briefwechsel mit der Reichsmusikkammer von 1933 bis zum endgültigen Verbot 1940.

Die meisten der Platten, die von den COMEDIAN HARMONISTS und dem MEISTERSEXTETT produziert worden sind, standen in den Regalen, auch die Noten vieler Arrangements von Erwin Bootz und Harry Frommermann und natürlich gewaltige Mengen von Fotos der Gruppen, Szenenfotos von Bühnenaufführungen, in denen sie in Kostümen zu sehen waren, Privatfotos von Festen, die sie feierten, Autogramm-Fotos, Fotos für die Werbung auf Plattenhüllen, in Zeitungen und Programmheften; fast immer im obligaten Frack. Aufnahmen aus der Berliner Philharmonie waren darunter und aus den Sendestudios der NBC, der New Yorker Rundfunkstation. Sogar ein paar kleine Filmteile konnte man dort finden, einen Stummfilm aus dem Jahre 1931, der sie in einem Restaurant beim Essen, kurz nach Beendigung einer Vorstellung, zeigt, und einen Werbefilm des MEISTERSEXTETTS für Kochherde, aus dem Jahre 1936, mit einem eigens dafür komponierten Lied.

All das hat Robert Biberti über den Krieg hinweg retten können. Die Einrichtung war alt, einige schöne Antiquitäten gab es darunter. Seit dem Tode seiner Frau lebte Robert Biberti allein inmitten seiner Erinnerungen. Und man konnte es auf den ersten Blick sehen, daß es die Wohnung eines alleinstehenden Mannes war, für den die Vergangenheit mehr bedeutete als das, was jeweils in der Gegenwart geschah. In einer Ecke des gemütlichen Wohnzimmers war eine kleine Messingglocke befestigt. Über deren handgeschmiedeten Halter war kunstvoll ein schwarzseidener Damenstrumpf drapiert worden, ein Symbol aus einer vergangenen Zeit.

Biberti war ein großer, kräftiger Mann mit einem ausdrucksvollen Kopf, einem Charakterkopf. Am auffälligsten waren seine fleischliche Nase und die kleinen, aber sehr lebhaften Augen. Das weiße Haar, am Ansatz schon dünn, lief am Hinterkopf in eine angedeutete Künstlermähne aus. Er trug eine Kombination mit hellem Tweedjackett und dunklem Hemd. Uns behandelte er freundlich, grandseigneurhaft und war von einer Bestimmtheit, die darauf schließen ließ, daß er es gewohnt war anzuordnen, vorzuschreiben und zu kommandieren.

Finanziell schien es ihm ziemlich gutzugehen, obwohl er seit vielen Jahren keinen Beruf mehr ausübte. Die drei Jahrzehnte nach dem Zweiten Weltkrieg hatte er kein geregeltes Einkommen mehr. Es ist uns aber nicht gelungen herauszufinden, wodurch er seinen nicht gerade bescheidenen Lebensstil finanzierte. Möglicherweise ist es ihm als einzigem der COMEDIAN HARMONISTS gelungen, Teile der hohen Einnahmen, die die Gesangsgruppe jahrelang gehabt hat, über Krieg, Nachkriegszeit und Währungsreform hinwegzuretten. Daß er einen ausgeprägten Sinn für Geld und dessen Vermehrung besaß, hat er mehrfach beteuert.

Das Interview selbst dauerte mehr als eine Woche, da Robert Biberti uns nicht nur einen ausführlichen Bericht von seinem Leben gab, sondern auch viel über die anderen Mitglieder der Gruppe erzählte.

In allen Einzelheiten berichtete er uns von der Entstehung, dem Aufstieg und dem Ende der COMEDIAN HARMONISTS und der Geschichte des MEISTERSEXTETTS, wobei auffällig war, welche

Bedeutung er sich dabei selbst zuschrieb. Mit Sicherheit war er schon immer das, was man eine ›starke Persönlichkeit‹ nennt. Die anderen, formal gleichberechtigten Mitglieder, hatten es gewiß nicht leicht gehabt, sich gegen ihn durchzusetzen und einige mögen ihm hoffnungslos unterlegen gewesen sein.

Robert Biberti konnte gut erzählen. Man sah, welche Lust er am Formulieren hatte, und sein alter Kampfgeist erwachte stets von neuem, wenn er das Bild, das er sich von seiner Rolle innerhalb der Gruppe gemacht hatte, demonstrativ zu beleben suchte.

Andererseits war deutlich zu erkennen, wieviel es für den alten Mann bedeutete, noch einmal über die großen Jahre seines Lebens sprechen zu können. Mehr als die anderen war er sich bewußt, welchen Stellenwert die Gesangsgruppe historisch und qualitativ in der Geschichte der sogenannten ›Unterhaltungsmusik‹ besitzt, denn im Gegensatz zu den anderen, noch lebenden Mitgliedern war für ihn diese Zeit von 1927 bis 1940 die wichtigste seines Lebens. Für Erwin Bootz und Roman Cycowski waren die COMEDIAN HARMONISTS nur eine Episode ihres Lebens, für Robert Biberti blieben sie der Mittelpunkt.

Bei dem kurz vor unseren Dreharbeiten verstorbenen Gründer der COMEDIAN HARMONISTS, Harry Frommermann, mag es ähnlich gewesen sein. Doch ihn hatte das Schicksal in Gestalt der Nazis um die ganze Erde getrieben, im Gegensatz zu Robert Biberti, der noch immer in Berlin in seiner alten Gegend lebte. So ging vieles von dem, was Harry Frommermann aufbewahrt hatte, auf den erzwungenen Reisen verloren. Robert Biberti dagegen hatte schon bald nach den ersten Erfolgen der Gruppe die Funktion eines Managers übernommen, die Verhandlungen mit den verschiedenen Veranstaltern geführt usw., so daß die gesamte Geschäftskorrespondenz bei ihm verblieb.

Lange nach den Sendungen des Filmes sahen wir uns wieder, und Robert Biberti sagte mir, welchen Eindruck dieses Wiedersehen mit der eigenen Vergangenheit auf ihn gemacht habe. Nur selten hat jemand die Möglichkeit, sein Leben innerhalb von drei Stunden durch seine eigenen Erzählungen, die Aussagen anderer, ihm einmal Nahestehender und die Montage längst vergessener Fotos, Plakate, Plattenaufnahmen usw. Revue passieren zu lassen.

Fünfundsiebzig Jahre in 180 Minuten zusammengedrängt, das muß bei dem Dargestellten Betroffenheit auslösen. Für Robert Biberti ist es besonders schwer gewesen. Schließlich war das Bild, das von ihm durch die Aussagen der anderen Mitglieder der COMEDIAN HARMONISTS, seiner ehemaligen Freunde und Kollegen, entstanden war, mehrdeutig und nicht immer positiv.

Er selbst sah sich keineswegs so, wie ihn die anderen in Erinnerung hatten: Herrschsüchtig, diktatorisch und auf sein Selbstwohl bedacht. Seiner Meinung nach war vieles von dem, was die anderen über ihn berichtet hatten, nicht zutreffend. Es hätten sich bei ihnen Irrtümer und Entstellungen über sein Verhalten in jenen Jahren eingeschlichen, aber er könne auch nicht mehr sagen, ob manche Worte von ihm über den einen oder anderen anders gemeint waren, als dieser sie verstanden habe. – Doch letzten Endes sei das alles nicht wichtig. Die Hauptsache wäre, daß dieser Film über die COMEDIAN HARMONISTS existiere und sie damit nach vielen Jahren wieder in Erinnerung gebracht worden seien. Viele Menschen hätten ihm geschrieben oder ihn angerufen, nur um ihm zu sagen, wie glücklich sie der Gesang der Gruppe gemacht hätte, damals wie heute.

Außerdem sei bereits das vierte Doppelalbum mit zwei weiteren Langspielplatten herausgekommen. Damit wären schon 109 der alten Aufnahmen technisch verbessert, der Vergangenheit entrissen und könnten wieder erworben werden. Und schließlich hätten die alten COMEDIAN HARMONISTS mit diesem letzten Album den Schallplattenpreis des Jahres 1979 bekommen. Nur das zähle für ihn. Dafür nähme er alles andere, was ihm nicht so schmecken würde, gern in Kauf.

Was die anderen von Robert Biberti denken:

»*Groß war er und dick, ein richtiger Riese.*«

ANNEMARIE COLLIN

❖

»*Biberti war eine Nummer für sich.*«

ROMAN CYCOWSKI

❖

»*Und viel Humor hatte er. Er wirkte gar nicht steif auf der Bühne. Bei Bässen ist das ja immer eine große Gefahr. Aber Bob war immer komisch, anfangs vielleicht unfreiwillig, aber später hat er das immer mehr bewußt eingesetzt.*«

MARION KISS

❖

»*Es war ein spielerisches Komödiantentum in ihm und zwar in hohem Maße.*«

ERWIN BOOTZ

❖

»*Ein Zyniker war er, ein Bohemien.*«

ROMAN CYCOWSKI

❖

»*Er hat keine Ausbildung als Sänger gehabt, aber nichtsdestoweniger saß seine Stimme ausgezeichnet.*«

ERWIN BOOTZ

❖

»*Bob hat nie Gesang studiert. Zu mir hat er einmal gesagt: ›Warum studieren? Wenn ich studiert habe, kann man mich nicht mehr bezahlen, so groß werde ich dann.‹ Da hab ich gelacht: ›So was gibt's doch gar nicht. Groß wirst du nie, aber besser kannst du immer werden.‹ – Wir haben ihn nie eine Arie singen hören, außer ›O Isis und Osiris‹. – Wir haben gesagt: ›Sing doch mal!‹ – Aber er wollte nicht. Ich weiß nicht warum.*«

ROMAN CYCOWSKI

»Seine Mutter war fabelhaft. Eine richtige Frau mit Mutterwitz, die so ganz in die Welt paßte. – Sie hat ihm manchmal die Leviten gelesen, und sie war auch die einzige, von der er sich etwas sagen ließ.«

ERWIN BOOTZ

✧

»Künstlerisch war er keine Kapazität, jedenfalls nicht in der akustischen Kunst.«

ERWIN BOOTZ

✧

»Er hing sehr an seiner Mutter, eine alte, aber dominierende Frau.«

MARION KISS

✧

»Zu seinem Vater muß er eine besondere Beziehung gehabt haben, denn er versuchte, ihn in allem zu imitieren. Sein Vater war das, was man in Amerika einen ›practical joker‹ nennt. Der konnte, um die Leute zum Lachen zu bringen, mit voller Kleidung ins Wasser springen und so tun, als sei er aus Versehen hineingefallen. Biberti war sehr auf diesen Vater fixiert, wie man heute sagt. Man erkannte es daran, daß er selbst auf der Bühne versuchte, ihm nachzueifern. Das wiederum führte zu großen Spannungen mit Harry Frommermann, der auch sehr komisch sein konnte.«

ERWIN BOOTZ

✧

»Ich glaube, Biberti war wohl die größte Persönlichkeit von allen sechs. Er war amüsant, offen, hat viel geredet zwar, aber es war leicht mit ihm umzugehen.«

ANNEMARIE COLLIN

✧

»Ich hab ihn zu der Zeit sehr gern gehabt. Er war lustig und ich war sein bestes Publikum. Oft habe ich Tränen über ihn gelacht. Zum Beispiel wurde Silvester immer bei Bibertis gefeiert. Sie hatten die größte Wohnung. Silvester bei Bibertis war Tradition, mit Frack und Abendkleid. Und Bob hatte damals eine kleine Freundin, die bei Charell im

Chor war, ich glaube Lucie hieß sie, und seine Mutter sollte nicht wissen, daß er sich mit diesem Mädchen treffen wollte. Da hat er leise zu mir gesagt: ›Bitte brich pünktlich um halb eins auf. Denn wenn Ihr geht, Harry und du, dann gehn die andern auch alle.‹ – Nachdem wir also unsern Kaffee und die Berliner Pfannkuchen gehabt hatten und auch pünktlich mit Champagner angestoßen hatten, sagte ich ganz brav: ›Harry, ich glaub, wir müssen jetzt aufbrechen.‹ – Da sagt doch der Bob: ›Um Gottes willen! Ihr wollt doch wohl nicht schon gehen? Bitte bleibt doch noch!‹ – Ich wußte gar nicht, was ich machen sollte, so habe ich lachen müssen. – Das war Biberti.«

Marion Kiss

◇

»*Er hatte aber auch die Eigenheit, auf Kosten anderer Leute Witze zu machen, wenn wir in Gesellschaft waren. Das schien er für lustig zu halten. Ich fand es eher peinlich. Vor allem aber machte er das gern mit Ari Leschnikoff. Aris Deutsch war mehr als mangelhaft. Er bekam darum nicht immer alles mit, was so gesprochen wurde. Manchmal machten wir auch Scherze, bei denen einiges an Wissen vorausgesetzt wurde. Und Ari lachte dann immer sehr herzlich mit, um nicht zu zeigen, daß er nichts verstanden hatte. Worauf Biberti ihn fragte: ›Worüber lachst du eigentlich, Ari?‹ Und Ari wußte es nicht zu sagen. – Für Leschnikoff mußte es das nackte Grauen sein, weil er sich nicht dagegen wehren konnte.«*

Erwin Bootz

◇

»*Bob hatte eine gewisse Autorität, die wir anderen nicht hatten. Er war ein starker Charakter, was sich leider nicht immer positiv auswirkte. Und er war sehr egoistisch und ist es wahrscheinlich bis zum heutigen Tag geblieben.*«

Roman Cycowski

◇

»*Bob hatte zweierlei Rechtsempfinden: eins für sich und eins für die anderen.*«

Erwin Bootz

◇

»*Ja, ein Diktator ist er immer ein bißchen gewesen, in seinem ganzen Naturell.*«

Fernande Collin-Currie

»Biberti war sehr ehrgeizig. Immer wollte er der Führer sein, der geschäftliche Führer. Wir sollten ihm die Verhandlungsführung anvertrauen, denn das wollte keiner machen.«
ROMAN CYCOWSKI

✧

»Er war aber auch starrsinnig. Es lag ihm viel daran, recht zu behalten. Der einzige, bei dem er das nicht konnte, war ich. Wir haben uns oft heftig auseinandergesetzt und dann ging er hocherhobenen Hauptes fort, in der festen Meinung, recht behalten zu haben.«
ERWIN BOOTZ

✧

»Harry hat immer gesagt: Der braucht einen Papierhelm und einen Holzsäbel mit dem er rasseln kann.«
ERIKA VON SPÄTH,
die spätere Lebensgefährtin von Harry Frommermann

✧

»Man muß vergessen können. Ich habe es versucht. Mir persönlich hat er nichts Schlechtes getan. Außerdem hat jeder das Recht, Fehler zu machen. Vor allem, wenn man es eigentlich gut machen will. Wir haben alle Fehler gemacht, der eine weniger, der andre mehr. – Ich habe Bob nicht wiedergesehn, auch Bootz nicht. Ich kann mir nur vorstellen, daß es eine große Aufregung gibt, falls wir uns doch noch einmal sehen sollten. Und alles wird vergessen sein. – Es ist möglich, es ist möglich, trotz allem. Wir sind doch nur Menschen, ›human beings‹, wir haben doch nun mal lange miteinander gelebt und gearbeitet.«
ROMAN CYCOWSKI

Robert Biberti (1975)

*Robert Biberti, der Bassist der Gruppe, erzählt von seiner
Jugend und dem Leben in Berlin in den ersten 25 Jahren
dieses Jahrhunderts.*

Mein Vater war Kammersänger,

der Kammersänger Georg Robert Biberti, französischer Abkunft, erster Bassist an der damaligen Königlichen Staatsoper in Berlin.

Auch mein Großvater ist Sänger und Gesangslehrer gewesen, in Frankreich und Italien. Und um 1860 herum ging er mit seiner Familie nach Wien, also in den deutschen Sprachbereich. Auf abenteuerlichen Wegen fuhren sie unter anderem mit einem Floß die Donau herunter, bis sie schließlich nach Wien kamen. Eine wagemutige Geschichte.

Mein Vater wurde 1854 geboren und kam schon als junger Mann nach Berlin. Vorher war er in Graz und Leipzig bei dem damals sehr berühmten Impresario Angelo Neumann engagiert, der die ersten großen Richard-Wagner-Tourneen durch Europa arrangierte, nach Mailand, London, Paris – und mein Vater war immer dabei. Auf diese Weise kam er 1880 an die Hofoper in Berlin und war dort elf Jahr engagiert. Dann verlor er seine Stimme. Die Gründe dafür sind nicht sehr erfreulich. Mein Vater trank zu viel und lebte zu gut. Er bekam eine große Gage, mehrere tausend Goldmark im Monat, was damals enorm war – und wenn dann die Ferien kamen, ging es mit Freunden nach Österreich und dort machten sie ein tolles Faß auf. Und das hat er auf die Dauer gesundheitlich nicht verkraften können, er verlor seine Stimme und wurde von dem damaligen Generalintendanten der Oper, Botho von Hülsen, entlassen, was für ihn ein ungeheurer Schlag war. Und dann kamen zum Teil bittere Jahre für ihn.

Da lernte er 1892 meine Mutter kennen. Sie war Konzertpianistin. Sie hat sogar einmal mit den Vorläufern des Philharmonischen Orchesters Konzerte gegeben. Aber sie korrepetierte auch und dadurch wurde mein Vater auf sie aufmerksam und ein Jahr später waren sie verheiratet. Meine Mutter war damals dreißig Jahre alt und stammte aus Westpreußen. Ihr Vater war in Reda Bahnhofsvorsteher, 60 km vor Danzig.

Es war eine gewisse Tragik in dieser Ehe, die sich da anbahnte, nachdem mein Vater sich die Stimme ruiniert hatte. Aber sie haben sich nun mal kennen- und liebengelernt und blieben bis zum Tode meines Vaters 1925 zusammen. 1894 wurde mein Bruder Leopold geboren und ich, also der Bob, am 5. Juni 1902. Mein Vater hatte damals schon seine Stimme wiederbekommen und spielte gerade zu dieser Zeit als Gast den Basilio im ›Barbier von Sevilla‹ im Theater des Westens.

Nach der Vorstellung kam er nach Hause und ich war da. Und meine Familie war drauf und dran, mir den Namen Basilio zu geben. Gott sei Dank hat sie es nicht getan.

Wie gesagt, mein Vater hatte wieder etwas Stimme bekommen, wenn auch nicht in dem alten Umfang. Er gründete dann ein Quartett, das sogenannte Meistersinger-Quartett und fuhr damit durch Europa bis nach Moskau und Petersburg. Die Familie in Berlin war viel allein und mitunter ging es uns gar nicht gut. Schließlich nahm mein Vater mit, was ihm angeboten wurde, auch Varieté, auch mal ein Kabarett, bei Rudolf Nelson zum Beispiel, er nahm alles mit, um uns zu ernähren. Dort sang er dann ein Baßlied, ›Im tiefen Keller sitz ich hier‹, das sang er in mehreren Versionen bis hinunter zum tiefen ›C‹, bekam dafür vielleicht sechs bis acht Mark am Abend und die Leute freuten sich. Denn er war ein sagenhaft tiefer Baß, also das tiefe ›C‹ von ihm auf einer Bühne gesungen, das war wie eine Orgelpfeife. Das ging durch den ganzen Raum.

Und meine Mutter, eine äußerst patente und sehr, sehr kluge Frau, hat vor allem dazu beigetragen, daß die Familie zusammenblieb und daß die Kinder erzogen wurden. Sie mußte darum auch einen Beruf ausüben, in erster Linie als Korrepetitorin. Noch bis in die Zwanziger Jahre hinein korrepetierte sie. Sie war eine perfekte Pianistin und sie war das, was man als Notenfresserin bezeichnete. Man legte ihr z. B. eine Partitur vor mit soundsoviel Stimmen, dazu noch Orchester usw. und dann spielte sie diese vom Blatt und sang noch irgendeine Stimme mit, um den Schüler auch noch von dieser Richtung her zu unterstützen. – So eine Korrepetitionsstunde brachte damals drei Mark.

In meinen ersten Erinnerungen höre ich meine Mutter immerzu Klavier spielen, manchmal acht Stunden am Tag. – Ja, die Zeit war kein Honigschlecken für uns.

Und dann spielte sie manchmal bei einer Einrichtung, die seinerzeit als eine Art Vorläufer des Tonfilms aufkam, bei der sogenannten DELOG, der ›Deutschen Lichtspiel-Opern-Gesellschaft‹. Und das ging so vor sich: Es wurde ein Opernfilm stumm aufgenommen, so, wie jeder andre Film damals auch. Es ging ja nicht anders. Nur am unteren Rand des Bildes, in der Mitte, da blieb ein kleiner Ausschnitt frei. Da hinein kopierte man später den dirigierenden Kapellmeister, der die – natürlich nicht hörbaren – Sänger und Instrumente musikalisch führte. In dem jeweiligen Kino paßten sich dann die dort vor der Leinwand sitzenden Musiker und Sänger seinen sichtbaren dirigistischen Bewegungen an. Und so konnte ein ganzer Opernfilm im Kino akustisch und optisch synchron wiedergegeben werden. Und dabei trat meine Mutter, wie gesagt, als Pianistin auf. – Wir schlugen uns eben durch, so gut es ging.

Die Sensation für mich als Kind war, daß wir schon damals ins Ausland reisten, nämlich nach Haindorf in Österreich, wo wir viele Jahre unsren Sommerurlaub verlebten.

Ich erinnere mich noch: Meine Großmutter war Hausbesitzerin in der Pulitzerstraße in Moabit und hatte ein bescheidenes Netto-Einkommen von drei- bis vierhundert Mark im Monat. Und wenn wir dann im Sommer zum Lehrter Bahnhof wollten, um nach Haindorf zu fahren, ließ meine Großmutter die Pferdedroschke nicht etwa vor unserem Haus halten. Nein, wir mußten mit unseren Koffern fast hundert Meter zu Fuß bis zur nächsten Ecke ziehn, wo sie in einer Droschke auf uns wartete. Bloß, damit die Hausbewohner sie nicht sehn: »Ah, da ist ja die reiche Hausbesitzerin, die fährt jetzt mit einer Droschke zum

Bahnhof.« – Es wäre eine Provokation gewesen, mit der Droschke vor dem Haus zu halten, um mit den Koffern und Kisten – ja, sogar Decken und Betten nahm man damals mit in die Ferien – ins Grüne zu fahren.

Obwohl wir uns aus finanziellen Gründen weiß Gott nicht so entfalten konnten, wie es im bürgerlichen Sinne wünschenswert gewesen wäre, hatte ich doch eine schöne Kindheit. Ein Dienstmädchen z. B. haben wir immer gehabt. Das glaubten wir haben zu müssen. Das konnten wir auch ernähren, das arme Luder. Von früh bis spät mußte sie uns zur Verfügung stehen, dafür bekam sie dreißig Mark im Monat, aber auch nicht immer, und sonnabends hatte sie Ausgang bis zehn. In Erinnerung geblieben ist mir auch noch eine andre Sache. Es war im Sommer 1908. Da kamen die Gebrüder Wright mit ihrer ersten Flugmaschine, Flugapparat nannten wir das damals, oder Aviatiker – und führten ihren Doppeldecker vor hunderttausend Menschen auf dem Tempelhofer Feld vor. Es war ein ungeheurer Andrang. Und als sich das Flugzeug dann erhob, gab es ein wahnsinniges Gebrüll und eine Begeisterung, wie ich sie noch nie erlebt hatte.

Dreißig, vierzig Meter hob sich der Doppeldecker in die Luft, ein bißchen wackelnd, kehrte dann um und landete wieder. Das habe ich erlebt, als sechsjähriger Junge.

Die allgemeine Begeisterung war so groß, daß die Menge von Polizisten auf Pferden zurückgehalten werden mußte. Und vor diesen Pferden hatte ich große Angst, weil ich ihnen gerade unter dem Bauch hindurchgehen konnte.

1913 zogen wir von Moabit nach Charlottenburg. Ich war gerade elf Jahre alt. Da sagte meine Mutter zu unserem Dienstmädchen: »Nun achten Sie mal darauf, Minna, wenn der Junge in ein Geschäft kommt, daß er dort die Mütze abnimmt.« – Also ich kam nun in ein Geschäft und nahm wie befohlen die Mütze ab, weil es in Charlottenburg war. Und nun gab es damals einen Slogan, der kurz vor dem Ersten Weltkrieg dem Volk aufoktroyiert wurde. Er lautete: »Gott strafe England!« – Man sagte nicht mehr ›Guten Tag‹ oder ›Auf Wiedersehn‹, oder ›Wie geht's?‹, sondern immer nur ›Gott strafe England‹,

›Gott strafe England‹. Und ich nun, ein elfjähriger Junge, mit Piepstimme, ich ging in den Laden, riß die Mütze ab und schrie: »Gott strafe England!« – und erntete stürmischen Applaus.

Auch in der Schule gab es einiges Aufsehen. Mein Vater war ja als alter Kammersänger noch immer in aller Munde und von mir sagte man öfter: »Das hier ist der kleine Robert, von dem Opernsänger der Sohn.«

In den ersten Jahren ging ich sehr, sehr gern in die Schule. Das hat sich dann aber immer mehr verschlechtert. Später bin ich dann auch sitzengeblieben, das war aber schon in der Kaiser-Friedrich-Schule, einem Gymnasium am Savignyplatz. Und dann kam der Erste Weltkrieg. Ich war gerade bei meiner Tante in Baumgarten, einem Dorf in Pommern. Und am 1. August brach der Krieg aus. Die Nachrichten wurden damals durch einen Anschlag am Schützenhaus verbreitet. Und dort gingen wir abends hin, so um neun oder zehn Uhr, auch meine Tante, und viele andere Leute, junge und alte. Und sie lasen den mit einem Blaustift geschriebenen Bogen, der am Pumpenhaus angeschlagen war. Darauf stand: »Der Krieg hat begonnen.«

Und wir tanzten auf der Straße, weil der Krieg begonnen hatte, wie die Wahnsinnigen!

Und mein Bruder, der ja Franzose war, wie wir alle in der Familie, mit französischem Paß, der flüchtete in den ersten Tagen des August über Rorschach in die Schweiz. Denn als wehrpflichtiger Franzose wäre er sofort in ein Lager gekommen. Er erbettelte sich das Reisegeld und hat dann dort in Zürich ein abenteuerliches Schicksal gehabt, zusammen mit Lenin, Radek und wie sie alle hießen – eine tolle Geschichte. Man lebte da von Gepäcktragen und Schnorren, und die Leute halfen sich untereinander, die ganze Emigranten-Clique. Und dort bekam mein Bruder einen Brief von meiner Tante, da stand wortwörtlich drin: »Lieber Junge, komm bitte sofort zurück! Es ist ungeheuer hier: diese Stimmung! Wir haben Lüttich erobert. Wir sind im Vormarsch. Und dann dieser Hindenburg. Komm wieder her! Es ist eine Lust zu leben!« – Wortwörtlich. Man bedenke diese ungeheure Verblendung, diese schicksalhafte, ungeheure Verblendung. – Mein Bruder ist dann später Schweizer geworden.

Und mir ist auch was Merkwürdiges passiert: Mein Vater war ein Mann, der die ganze Welt kennengelernt hatte, ein Kosmopolit. Er mißtraute der deutschen Regierung und ihren Behauptungen, der Krieg wäre ein Kinderspiel usw., und hatte auch mich darin beeinflußt.

Er sagte: »Den Krieg verliert er« – also Kaiser Wilhelm der Zweite, »den Krieg verliert er.« – Und ich, damals gerade 12 Jahre alt, zögerte nicht, das in meiner Klasse auch zu äußern. Das war nun eine ganz dumme, schlimme Sache. Ich mußte die Schule verlassen, wegen defätistischer Äußerungen, ein Junge von 12 Jahren: »Was der Kaiser sich einbildet! Den Krieg gewinnen wir nicht!« Und so weiter und so fort. Lauter defätistische Äußerungen. Das hatte ich alles von meinem Vater. Und nun mußte ich die Schule verlassen. Das war für mich ein schwerer Schlag. Ich ging nach Hause und saß weinend auf der Treppe, bis meine Mutter mich irgendwann hörte, von der Küche aus. Sie machte die Tür auf und sagte: »Na, Jungchen, nun komm doch rauf! – Was ist denn los?« Ja, und dann ging mein Vater in die Schule zu dem Direktor und hat mit dem gesprochen. Mein Vater war ein gewaltiger Mann, respektheischend und dröhnend. Er lief nur mit Zylinder herum und im Cutaway und mit einem Stock mit silberner Krücke. Und natürlich hatte er auch die dazugehörige Stimme. Und er sprach so: »Also, bitte, lieber Herr Direktor, ich muß schon sagen! Sehn Sie, der Junge, dem kann man doch wirklich keine Schuld geben. Letzten Endes ist das doch ein Mißverständnis.« – Doch der Direktor blieb ganz ruhig: »Die Erregung in der Schule ist derart, ich kann Ihnen nur ernsthaft raten: Nehmen Sie den Jungen weg.« – Und so kam ich auf eine Oberrealschule, in einer ganz anderen Gegend.

Das war sehr böse für mich, daß ich dort wegmußte und sehr schlimm, wie man mit mir umging. Dabei hatte ich doch nur die Wahrheit gesagt.

Und als ich dort 1917 mit Müh und Not das Einjährige gemacht hatte, als ich dann endlich aus dieser Oberrealschule rauskam, war das mein glücklichster Tag.

1917, das war dieser berühmt-berüchtigte Steckrübenwinter. Es gab nur noch Steckrüben zu essen. Meine Mutter kochte sogar Steckrüben-Marmelade mit Saccharin als Brotaufstrich. Und wir waren alle froh, daß wir das hatten.

Und 1918 die Revolution, die hab ich auch miterlebt. Die Leute auf der Straße wurden einfach geschlagen, nur, weil sie zum Beispiel eine ›Glocke‹ aufhatten, so einen steifen runden Hut. Die Berliner nannten ihn Rohrlegerpflaume. Wer also so eine Rohrlegerpflaume aufhatte und einen Cut an und vielleicht noch ein Uhrgehänge vor dem Bauch wie mein Vater, der wurde auf der Straße angepöbelt und geschlagen. Ich ging mit meinem Vater zum Schloß, zum königlichen Schloß, das noch besetzt war von kaisertreuen Beamten. Und das Schloß sollte gestürmt werden. Und da ertönte vom Dach des Schlosses eine ohrenbetäubende, ungeheure Salve aus Gewehren. Und etwa achtzehn, neunzehn Menschen waren tot. Sie lagen auf dem Schloßplatz vor dem berühmten Brunnen, der schon damals dort stand. Es war ein fürchterlicher Eindruck für mich. Mein Vater hielt mich an der Hand. – Eine fürchterliche Geschichte.

Aber das Leben ging weiter. Ich war entzückt, daß ich nicht mehr in die Schule mußte, aber irgendwelche Berufswünsche hatte ich auch nicht. Von meinen Eltern habe ich keine wesentlichen Impulse bekommen. Es war die Not der Zeit, dieser Jahre, die das Kommen Hitlers vorbereitete. Eine bittere, furchtbare Wende nach fünfhundert Jahren Hohenzollern. Dann der Zusammenbruch 1918 – und wir standen alle vor dem Nichts, auch geistig gesehen. Es gab nichts, keine Aussichten, nichts.

Und das schlug sich auch in meiner Familie nieder. Meine Eltern wußten nicht recht: was machen wir denn nun mit dem Jungen? Der Ältere, der Leopold ist weg, der ist in die Schweiz gegangen und dort Schauspieler geworden, gut. Aber der hier, der Robert, groß und stark wie er ist – was machen wir mit dem?

Mein Vater sagte: »Gib ihn doch in die Lehre.« Aber meine

Mutter wollte das nicht: »Den Kleinen in die Lehre? Nein.« Und so erlernte ich bei meinem Vater die Holzschnitzerei. Zu dieser Zeit, kurz nach dem ersten Krieg, hatte mein Vater kaum noch gesungen und lebte zu Hause.

In jungen Jahren aber, noch bevor er Sänger geworden war, hatte er in Bern bei einem Bildhauermeister die Holzschnitzerei erlernt und es durch besondere Geschicklichkeit zu recht achtbaren Ergebnissen gebracht. Und diese Fähigkeit habe ich von ihm geerbt. Die handwerklichen Kenntnisse brachte er mir ohne große Mühe bei und dann konnten wir damit etwas Geld verdienen. Denn Anfang der Zwanziger Jahre hatten Möbel noch viel Dekorationen, also dekorative Elemente, wie Trauben, Engel, Säulen, Kapitelle der verschiedensten Stilarten.

Diese Dekorationen aus Holz fertigten wir nun für große Möbelfirmen an. Wir bekamen das Holz ausgeschnitten geliefert, dazu ein Muster, und nach diesem Muster wurden dann von uns 50 oder 60 gleichartige Stücke geschnitzt.

Mir machte das einen Riesenspaß, da ich durch die handwerkliche Tätigkeit Geld in die Hände bekam. Es wurde pro Stück bezahlt. Man konnte zu Hause sitzen und sich ein paar Mark verdienen. So ging das vier Jahre lang, aber dann hörte das plötzlich auf, denn dann kamen die damals so gesuchten modernen Möbel auf. Alles an ihnen war glatt, keinerlei Verzierungen, nichts. Damit standen wir praktisch vor dem Nichts. Diese Zwanziger Jahre waren Notzeiten für alle. Jeden Augenblick kam es vor, daß man auf der Straße angesprochen wurde wegen zehn oder zwanzig Pfennig, jeden Augenblick. Heute spricht man so oft von den alten Zeiten und ist geneigt, sie zu vergolden, bloß weil sie weit zurückliegen, und weil wir von ihnen befreit sind. Allein der Niedergang der Währung, wo wir viele tausend Papiermark für so einen geschnitzten Engel bekamen, aber die nichts wert waren. Auf dem Höhepunkt der Inflation zahlte man vier Billionen Mark für einen einzigen Dollar.

Und als dann im November 1923 die Inflation aufhörte, als dann die Rentenmark kam, kriegte ich zum ersten Mal wieder festes Geld in die Finger, denn seit einigen Monaten hatte ich angefangen, mir selbst eine kleine Existenz am Opern- und Operettenhimmel von Berlin aufzubauen.

Die ersten Fühler hatte ich allerdings schon früher ausgestreckt. Mein Vater kannte den damaligen Direktor des Theaters am Nollendorfplatz, Hermann Haller. Da ging ich einfach hin, meldete mich, sang vor und wurde engagiert. Wir waren 16 Leute im Chor, acht Männer und acht Frauen. Eine direkte Ausbildung als Sänger habe ich allerdings nie gehabt. In der Schule hatte ich meistens ›mangelhaft‹ im Singen, weil mich das damals nicht interessierte. Es war mir zu doof, ›Horch, was kommt von draußen rein‹ zu singen, das war mir zu langweilig, zu stupide. Aber als es dann am Theater losging, da war ich sehr dabei. Meine Stimme ist wohl eine Naturgabe, die sich unmerklich durch die Erziehung in dem musikalischen Elternhaus herausgebildet hat, durch die unzähligen Stunden, die ich als Kind erlebte, in denen meine Mutter korrepetierte und mein Vater sang, durch die vielen, vielen Theaterbesuche und andres mehr. All das hat wohl dazu beigetragen, daß sich bei mir Anzeichen einer Stimmbildung zeigten.

Die beiden Arien, die meine Mutter mit mir einstudierte, waren: ›In diesen heil'gen Hallen ...‹ und ›O Isis und Osiris ...‹ Ich kann sie noch heute singen.

Manchmal habe ich auch in der jüdischen Gemeinde gesungen, obwohl ich selbst kein Jude bin. An hohen Festtagen brauchten sie dort zusätzlich Sänger, und so bildete sich bei mir mit der Zeit ein spezielles Gehör für die Differenzierungen der Stimmen und des Zusammenklingens heraus. – Wie gesagt, ich habe zwar im eigentlichen Sinne keine akademische Musikerziehung gehabt, aber doch eine enorme Erfahrung durch praktische Arbeit.

Mein erstes Auftreten hatte ich im Jahre 1921. Da brachte Hermann Haller in seinem Theater am Nollendorfplatz die Operette ›Der Vetter aus Dingsda‹ zur Uraufführung und baute zwei Dienerrollen ein, die im Original nicht vorgesehen waren. Und für einen dieser Diener wurde ich engagiert.

Nach diesem ersten Auftreten ging das dann so weiter. Man hörte, daß da oder dort ein neues Stück in Vorbereitung war oder eine Festaufführung oder ähnliches, und da meldete man sich dort an. Ich sang eine dieser beiden Sarastro-Arien vor, und es klappte fast immer. Ich wurde gern genommen. Und so bin ich in den verschiedensten Chören gewesen und habe in diesen Jahren fast alle gängigen Opern und Operetten mitgemacht.

Anfangs hatte ich noch eine Nebentätigkeit. In meinem ersten Theaterjahr arbeitete ich tagsüber bei der AEG als sogenannter Prüffeld-Monteur in der Brunnenstraße. Da mußte ich morgens um fünf aufstehen, dann mit der Bahn eine Stunde dorthin fahren, um dort bis halb sieben abends zu arbeiten. Danach ging es dann bis in die Nacht ins Nollendorftheater. Auf die Dauer wurde mir das aber zuviel, und ich gab diese Tätigkeit auf, als ich mich entschlossen hatte, Sänger zu werden.

Und Ende 1923 bekam ich, wie gesagt, zum ersten Mal festes Geld in die Finger. Als Chorist für 180 Mark im Admiralspalast in der Operette ›Mr. Globetrotter‹, was damals enorm für mich war. Für diese 180 Mark Vergütung hatte ich dann noch einen tadellos erhaltenen, modernen Frack zu stellen.

Und dann kam die Zeit, in der ich auf Höfen sang. Das war eine Idee, die ich mit zwei anderen Chorsängern des Admiralspalastes ausgeheckt hatte, um das Choristen-Gehalt etwas aufzubessern. Früher war es üblich, auf Höfen zu singen und so ein paar Pfennige oder Groschen, manchmal sogar ein Fünfzigpfennigstück zu ergattern. Und genau das beschlossen wir drei auch zu tun. Nun konnten wir, im Gegensatz zu vielen anderen, singen und hatten uns etwas passendes einstudiert. Unser Repertoire bestand aus drei wehmütigen Liedern mit eigenen Texten, zum Teil wenigstens: ›Alle Tage ist kein Sonntag‹, ›Weh, wenn wir scheiden müssen‹ und ›Auch ich hatt' einst ein Liebchen‹. – Wir zogen uns arm, aber sauber und anständig an und bedankten uns nach jeder Spende sehr freundlich und angemessen. Länger als zwei Stunden konnten wir übrigens nicht singen, es war zu anstrengend. Aber es klang auf den Höfen wunderbar, es schwang hinauf bis in den vierten und fünften Stock und die Menschen in den anderen Höfen hörten auch zu und warfen ebenfalls Geld herunter. Wir verdienten am Tag vielleicht vier bis fünf Mark, ein jeder von uns und das war schon großartig. Zu unsrer anfänglichen Enttäuschung warfen die Leute aber nicht nur Geld herunter, sondern auch Brote und Kuchenreste. Einmal platschten ein halbes Dutzend schön dick mit Griebenschmalz beschmierte Stullen und ein halbtrockener Napfkuchen, anscheinend von einem Geburtstag übriggeblieben, aufs Pflaster. Damit zogen wir in die nächste ›Kaffeeklappe‹, eine dieser kleinen Holzbuden mit eisernem Ofen, in der es einen Topf Kaffee mit Milch und Zucker für 10 Pfennig gab. Dort teilten wir die Schätze und verzehrten sie mit Wonne. Es kam nichts weg.

Aber auch auf den Höfen war die Konkurrenz stark. Nicht nur sogenannte Sänger, auch Musiker, Clowns, Zauberer, Jongleure, ja, ganze Gruppen von Parterre-Akrobaten bevölkerten die Höfe und waren froh, wenn sie einige Groschen ergatterten.

Wir hatten schnell heraus, daß das meiste Geld in den ärmeren Gegenden Berlins, im Norden und Osten der Stadt, in der Ackerstraße und rund um den Alexanderplatz zu holen war. Außerdem war das auch weit weg von den elterlichen Behausungen in Charlottenburg. Dort haben wir nur einmal gesungen, aber das war nicht so angenehm. Auf einem großen Hof am Kurfürstendamm haben wir gesungen, über eine Viertelstunde lang. Unser ganzes Repertoire. Und wir hatten, wie gesagt, ein gutes Repertoire, aber kein einziger Pfennig kam herunter, nicht einer. Je ärmer das Haus war, je mehr Wohnungen es hatte, desto mehr Geld wurde uns zugeworfen. Unfaßbar, was wir da manchmal aufsammeln konnten. Mädchen, kleine Angestellte oder Arbeiterinnen warfen das meiste.

Einmal sangen wir in der Grenadierstraße in Berlin-Mitte ›Weh, daß wir scheiden müssen‹. Da öffnete sich ein Parterre-Fenster und eine verhärmt aussehende Frau hielt uns bittend ein paar Groschen hin. Ich ging, weiter vor mich hinsingend, zu ihr und hörte nur, wie sie flehend bat: »Ach, liebe Herren, bitte hör'n Se doch auf zu singen. Unser Opa liegt im Sterben!« Natürlich brachen wir unser Lied sofort ab und verzogen uns.

So ging das drei Monate lang, bis uns die Polizei wegen Bettelns verhaftete. Hofkonzerte waren verboten, es sei denn, wir hätten eine polizeiliche Genehmigung dafür gehabt. Aber davon konnte keine Rede sein. Unsere Verhaftung ging so vor sich:

Eines Tages sangen wir wieder einmal auf einem Hof, treu und brav. Wir hatten schon so zehn, zwölf Mark in der Tasche. Wir guckten beim Singen hinauf in die oberen Fenster, und um uns herum lag das gespendete Geld, das wir wie immer erst nach dem Ende des Liedes aufheben wollten.

Da kommt plötzlich ein Polizist durch den großen Vordereingang und stellt sich vor uns drei Sänger hin. Ich denke, jetzt wird's komisch. Und es wurde auch komisch. Erst einmal sangen wir treu und brav weiter:

> *»Und auch ich hatt' einst ein Liebchen,*
> *und sie schwur mir ew'ge Treu.*
> *Doch die Treu hat sie gebrochen,*
> *mit dem Glück ist's jetzt vorbei.«*

Da fragte mich der Polizist: »Sind Sie bestellt?« – Das mußte er fragen, denn wir hätten ja von einem Hausbewohner bestellt worden sein können und dann hätte er nicht einschreiten dürfen. Ich antwortete ihm nicht, weil ich noch immer beflissen war, das Lied zu Ende zu bringen:

> *»Doch es kommt ein Tag im Leben,*
> *Wo's vorbei ist mit der Qual,*
> *Wo das Glück mich wird umschweben,*
> *Droben in dem Himmelssaal!«*

Diese letzte Zeile mit dem ›Himmelssaal‹ hatte immer eine ungeheure Wirkung, ungeheuer! – Aber der Polizist sagte ungerührt: »Na, hör'n Sie mal! – Wollen Sie nicht endlich aufhören?!« Und dann mußten wir mit auf das Polizeirevier in Moabit. Und dort hat uns ein Wachtmeister ins Gewissen geredet. Immerhin hatten wir alle drei ein Theaterengagement und verdienten jeder 180 Mark im Monat. Also ließ sich die Bettelei nur schwer begründen. Das gaben wir auch gerne zu. Daraufhin meinte der Wachtmeister, diesmal ließe er es noch durchgehen, aber wir sollten es nie wieder tun und hat uns dann gnädig entlassen.

Danach haben wir nur noch in Lokalen gesungen. Am Alexanderplatz z. B. gab es sogenannte Großdestillationen, da bekamen wir pro Mann 6 Mark und ein paar Biermarken und sangen dort vor 500 oder 1000 Menschen, die aus schnapszerfressenen Kehlen mitbrüllten. Vor uns trat z. B. ein Conferencier auf, der ein degoutantes Lied sang, wie: ›Vater kiekt ins Aschloch rin, da is ja keene Glut mehr drin!‹ und solche Sachen. Und dann kamen wir mit ›Sah ein Knab ein Röslein stehn‹ – was nicht recht zueinander paßte. Aber wir bekamen unsre 6 Mark, die Biermarken und konnten uns dort billig sattessen. Ein riesiger Teller Eisbein für 50 Pfennig.

Zu jener Zeit, um 1925, war ich schon im Chor der Städtischen Oper und habe dort viel gelernt. Aber auch im Kino haben wir gesungen. Es gab ja nur den Stummfilm und die Kinobesitzer waren bemüht, ihre Filme musikalisch zu untermalen. Meistens hatten wir als Begleitung nur ein Klavier, aber in manchen großen Lichtspielhäusern gab es sogar richtige Orchester. Oft wurden auch Filme nationaler Art aufgeführt, z. B. ›Lützows schwarze Schar‹. Und da bekam ich einen Anruf, ob ich nicht mit den zwei Kollegen kommen wollte, um in einem Kino das berühmte Lied: ›Das ist Lützows wilde, verwegene Jagd‹ zu singen. Und das haben wir dann auch getan. Wir haben uns in diesem und jenem Kino für einige Minuten an die Rampe gestellt und wenn jetzt auf der Leinwand die Lützowsschen Jäger herangebraust kamen und die aufgerissenen Pferdemäuler in Großaufnahme zu sehen waren, dann brüllten wir drei los: »Das ist Lützows wilde, verwegene Jagd, – das ist Lützows wilde, verwegene Jagd!!« – Wir waren immer nur drei Männer und meistens nur ein Klavier, es war also nicht sehr ergiebig, aber den Leuten gefiel es.

1925 starb dann mein Vater. Genau einundsiebzig ist er geworden. Bald darauf habe ich mich als Deutscher einbürgern lassen und meine Mutter auch. Denn noch immer waren wir französische Staatsbürger, ich war aber in Berlin geboren, so daß ich die Einbürgerungsurkunde ohne jede Schwierigkeit bekam. Damals hatte ich auch meine erste große Liebe, eine sogenannte Jugendliebe. Sie hieß Lucie.

Als ich sie kennenlernte, das war im Jahre 1923, war sie 15 Jahre alt. Lucie war mein Traum. Wir sind aber nie zusammengekommen, obwohl ich sie nachts oft nach Haus brachte, ihr vielleicht auch mal ein Küßchen auf die Wange gab und einmal sogar eine Rose durch das nächtlich offenstehende Fenster warf. Das war aber auch alles. Und diese Lucie, die ich nie vergaß, heiratete 1926 Walter Kollo, den berühmten Walter Kollo. Der hatte im Admiralspalast die Musik zu der Revue ›Drunter und Drüber‹ geschrieben. Und Lucie war dort als Tänzerin und mitunter auch schon als Solistin beschäftigt. Kollo ging es damals sehr gut, er war in aller Munde. Jeder sang ›Es war in Schöneberg, im Monat Mai‹ und andere Schlager von ihm.

Jahre später, es muß um 1934 gewesen sein, ich kam gerade mit den COMEDIAN HARMONISTS aus Amerika zurück, da rief mich Lucie an. Ich fiel fast vom Stuhl vor Entzücken.

Wir sahen uns noch am selben Tag im alten Kranzler, unter den Linden. Ich hatte einen schönen Wagen damals, einen Buick und war auch sonst ganz gut ausgestattet und so blieben wir ein Jahr zusammen. Walter Kollo lebte damals sehr bescheiden bei seiner ersten Frau Marie und ist dann später bettelarm in der Charité gestorben.

Doch zurück zum Jahr 1927. Seit einigen Monaten war ich im Großen Schauspielhaus als Chorsänger in dem Singspiel ›Mikado‹ von Eric Charell engagiert und saß in einer Garderobe mit zwei mir unbekannten Kollegen: Dem lyrischen Bariton Roman Cycowski und dem Tenor Ari Leschnikoff, der das ›f‹ über dem hohen ›c‹ singen konnte, und eventuell noch höher. Beide hatten sie Stimmen von seltener Schönheit.

Da las ich am 18. Dezember 1927 eine Annonce im Berliner Lokal-Anzeiger:

›Achtung – selten! Stimmen gesucht!
für ein einzig dastehendes Gesangsensemble‹

und so weiter. Ich meldete mich brieflich unter dem angegebenen Kennzeichen und zwei Tage später bekam ich Antwort von einem jungen Mann, namens Harry Frommermann, der mich zu einem Vorsingen in sein Atelier in der Stubenrauchstraße einlud.

So kam es zur Gründung der COMEDIAN HARMONISTS.

geboren am 30. Juni 1907

Erwin Bootz

»Kleiner Mann, was nun?
Kleiner Mann, was tun?
wenn einmal die Sonne nicht scheinen will?
Wenn du traurig bist,
weil dich dein Glück vergißt
und dein Herz betrübt ist und weinen will?

Dann denke immer daran,
wie's morgen anders sein kann,
wenn sich die Wolken verziehn
und neue Hoffnungsblumen blühn:

Drum Kopf hoch, kleiner Mann, – faß Mut!
Alles wird doch gut!
Und du wirst mit neuer Kraft durch's Leben ziehn!«

Böhmelt/Buch
– Aufnahme der Comedian Harmonists vom 8. Mai 1933

Als letzten der vier im Jahre 1975 noch lebenden Comedian Harmonists habe ich den Pianisten Erwin Bootz interviewt. Zuerst in seiner Wohnung in Hamburg, bald danach in Bochum, wo er in dieser Zeit als musikalischer Leiter des Bochumer Schauspielhauses tätig war.

Erwin Bootz war ein ruheloser Geist. Die Hamburger Wohnung, die er mit seiner letzten, wesentlich jüngeren Frau teilte, bekam ihn nur selten zu sehen. Es war wohl mehr eine Postanschrift für ihn. Außer einem Klavier, das in einem Nebenraum stand, war wenig von Bootz und der Welt, in der er sein Leben verbrachte, zu spüren. Es wirkte, als sei er nur zu Besuch. Doch auch sein Bochumer Domizil und einige Zeit später das in Berlin, wohin er aus beruflichen Gründen ging, waren bloße Schlafstätten. Stets machte er den Eindruck, unterwegs zu sein. Und es hat ihn ja auch in seinem Leben nirgendwo lange gehalten, an keinem Ort, bei keinem Menschen.

Klein, dick und sehr beweglich, so saß er vor mir. Immer auf der Suche nach einem Bonmot, einem Witz, einer Anekdote. Immer auf dem Sprung, zu allem bereit. Und immer verbindlich lächelnd, aber unnahbar. Der typische ›Entertainer‹, ein ›Zirkuspferd‹, wie er sich selber nannte. Vermutlich auch der einsamste von allen.

In den tagelangen Gesprächen, die sehr wortreich von ihm geführt wurden, ist uns nicht gelungen, zu erfahren, wer er wirklich war, woran er glaubte oder irgendwann einmal geglaubt hat. Hinter einem Schutzwall aus Verbindlichkeiten, einem freundlichen Lächeln und einem pointinierten Redeschwall verborgen, gab er sich nicht zu erkennen.

Äußerlich machte er keinen guten Eindruck, junggesellenhaft und wenig auf seine Kleidung bedacht. Andererseits versuchte er seine siebzig Jahre zu überspielen.

Seine Erinnerungen beschränkten sich fast ganz auf sein berufliches Leben, seine Entwicklung als Pianist, Komponist und Textdichter, die Erfolge und Mißerfolge, die er gehabt hatte, seine neuesten Pläne und Hoffnungen. Alles Persönliche blieb vage, vieles unausgesprochen. Man spürte seinen Willen, möglichst wenig davon preiszugeben.

Seine finanzielle Situation war schlecht, er bekam keine nennenswerte Rente, so daß er auch darum gezwungen war, in seinem Alter noch zu arbeiten. Außerdem: Erwin Bootz im Ruhestand wäre undenkbar.

Auch ihm führten wir die alten Plattenaufnahmen vor. Einige davon hatte er arrangiert, bei allen spielte er die Klavierbegleitung. Er hörte sie mit viel Skepsis und Distanz, professionell und kritisch an. Manches fand noch immer seine Zustimmung, anderes kritisierte er heftig, wobei er detailliert auf die einzelnen Schwächen der jeweiligen Aufnahme hinwies. Bei ihm fand sich keine Spur einer sentimentalen Erinnerung an jene Zeit.

Für Erwin Bootz waren auch die COMEDIAN HARMONISTS nur eine Episode gewesen.

Was die anderen
von Erwin Bootz denken:

»Von Bootz weiß ich nicht viel. Er war mir nie sehr sympathisch.«

MARION KISS

◆

»Seine Eltern hatten ein großes Schallplattengeschäft in Stettin.«

ROBERT BIBERTI

◆

»Nette Leute. Der Vater besonders. Die Mutter war mehr Geschäftsfrau. Ich war nicht verrückt nach der Mutter, weil ich das Gefühl hatte, sie war ein bißchen antisemitisch. Man fühlt so was. Man kann es nicht mit Bestimmtheit sagen, aber man fühlt das.«

ROMAN CYCOWSKI

◆

»Er tat so, als ob er der große Mann sei.«

MARION KISS

◆

»Bootz war sehr intelligent und sehr verwöhnt von Haus aus. Die Mutter hat mit dem Geld rumgeschmissen. Wenn er es brauchte, die Mutter hat's gegeben.«

ROMAN CYCOWSKI

◆

»Bootz war, als er zu uns kam, einundzwanzig, also noch sehr jung und bekam monatlich einen Scheck von seinen Eltern. Er war also nicht darauf angewiesen, sein Brot zum Studium dazuzuverdienen, was bei uns anderen allen der Fall war. Für ihn eine angenehme Sache. Aber ich er-

innere mich eines Sprichwortes, gerade in diesem Zusammenhang: ›Wer nie sein Brot mit Tränen aß ...‹ Das muß nun nicht heißen, daß jeder unbedingt sein Brot mit Tränen gegessen haben muß, um späterhin sein Leben zu meistern und sich durchzusetzen, aber es steckt doch etwas darin. Wir andern alle, auch meine Wenigkeit, wir haben es mit Tränen gegessen.«

Robert Biberti

»Ach der, der war ein so lustige Junge. Wir haben uns gut verstanden. ›Alles was fliegt, ist zum essen‹, dachte er.«

Ari Leschnikoff

»Wir haben sie alle genommen, wie sie waren, aber mit Bootz verkehrten wir am meisten, Erich und ich. Schon durch seine Frau, die Ursula Elkan, die eine Tochter des bekannten Bildhauers war.«

Fernande Collin-Corrie

»Als er zu uns kam, fantasierte er ein bißchen am Klavier, und wir merkten schnell, was wir da gewinnen mit Erwin Bootz.«

Robert Biberti

»Er war ein Pianist, dem man schon damals eine gewisse Konzertreife zuerkennen mußte. Ein Pianist von besonderen Gnaden. Er war mir nicht sympathisch. Er hat mir nichts getan, aber er war mir nicht sympathisch.«

Marion Kiss

Erwin Bootz (1975)

Erwin Bootz, der Pianist der Gruppe,
erzählt von seiner Kindheit in Stettin und seinem
Studium auf der Hochschule für Musik in Berlin.

Mein Sternzeichen ist der Krebs,

denn ich bin am 30. Juni 1907 in Stettin geboren, damals die Hauptstadt Pommerns. Und zwar als Sohn des Besitzers eines Musikhauses. Und das war eigentlich meine beste Lehre als Musiker, die ich je hatte. Es gab damals nämlich eine vorzügliche Einrichtung: Alle Schallplatten in unsrem Geschäft waren noch einmal als Musterplatten vorhanden, die nur dem Vorspielen dienten. Der Kunde bekam eine versiegelte Platte, die garantiert noch nicht bespielt war. Und damit hatte ich die Möglichkeit, diese Musterplatten zu verschleppen, mich in irgendeine Kabine zurückzuziehen und sie dort viele, viele Male abzuhören. Aber dieses Musikhaus bestand zunächst noch gar nicht. Es wurde erst später gegründet durch meine Mutter, die Vaters zweite Frau war.

Eigentlich müßte ich damit anfangen, daß mein Vater in Rothemühl geboren ist. Das liegt in der Uckermark. Zuerst erlernte er das Maurerhandwerk, dann ist er Kaufmann geworden. Er ging nach Stettin und gründete mit seinem Bruder eine Kompagnie zum Vertrieb von Grammophonapparaten. Leider war es um diese Kompagnie recht schlimm bestellt, da dieser Bruder ein Leichtfuß war und sehr viel Geld ausgab.

Nun war mein Vater dauernd unterwegs, um das damals gerade erfundene Grammophon vorzustellen, also den sogenannten Phonographen. Zuerst gab es noch die Edison-Apparate mit Musikwalzen. Diese Walzen konnte man aber nicht vervielfältigen. Ich weiß, daß zum Beispiel Bibertis Vater ›O Isis und Osiris‹ achtzigmal auf Bestellung auf solche Walzen gesungen hat, für eine Mark pro Stück. Später kamen dann die Pathé-Geräte auf mit den ersten Schellackplatten. Und mein Vater hatte damals schon ein Moped.

Die Pedale wurden dabei öfter gebraucht, als der Motor. Hinten war ein großer Gepäckständer und darauf stand das Grammophon. So fuhr er dann durch die Lande, um den Leuten dies staunenswerte Gerät vorzuführen. Und dabei passierten dann die merkwürdigsten Sachen. Wenn er zum Beispiel nach Osten fuhr, in östliche Gegenden, wo es schon richtig polnisch wurde, da herrschte eine geradezu abenteuerliche Furcht vor dem Teufel. In diesen Dörfern stellte er sein Gerät meistens in einem Wirtshaus aus. Und die Leute kamen, stellten sich davor und hatten keine Ahnung, was damit anzufangen war. Und sie waren sehr mißtrauisch. Vater erzählte später oft eine Geschichte, wo er auch wieder einmal in einem solchen Dorf das Grammophon vorführte und einer der Zuhörer nach langem Schweigen sagte: »Laßt euch doch nicht von dem dummen Bauchredner zum besten halten!« Darauf meinte mein Vater, der ja auf so etwas vorbereitet war: »Na, ich kann ja rausgehen.« Und schon war er an der Tür und ging hinaus. Und alle hinter ihm her, weil keiner mit der Teufelsmaschine allein im Zimmer bleiben wollte. Und eine Frau hat dann ausgesprochen, was viele dachten. Sie faßte ihr kleines Töchterchen an der Hand und sagte: »Komm, mein Kind. Mit dem Teufel wollen wir nichts zu tun haben«, und ging schnell hinaus.

Meine Mutter stammte aus Ostpreußen. Sie war ein Landkind, also eine Bauerntochter. Sie besuchte Verwandte in Stettin und da lernte sie meinen Vater kennen. Der hatte auf tragische Weise seine erste Frau verloren. Sie war gestürzt und innerlich verblutet. Und so war er nun ein Witwer mit vier Kindern.

Am 30. Juni 1906 haben sie dann geheiratet. Auf den Tag genau ein Jahr vor meiner Geburt. Und aus dieser Ehe sind dann noch drei weitere Kinder hervorgegangen. Insgesamt waren wir also sieben Kinder.

Meine Mutter hat hart arbeiten müssen. Und sie selbst war auch hart, in gewisser Weise. Es mußte immer nach ihrem Kopf gehn, was allerdings zum Wohl der Familie war. Denn andre Köpfe, wie etwa der meines Vaters, hätten sich kaum gegen den ihren durchgesetzt. Zumal mein Vater bald an Asthma erkrankte. Und sein einziger Beruf der war, Luft zu kriegen und über die Straße zu kommen.

Meine Mutter hatte, wie sie es selbst nannte, ein sehr scharfes Denken. Und sie war es, die unser Geschäft aufgebaut hat. Wie ich schon vorher erwähnt habe, drohte der Firma durch den Leichtsinn meines Onkels eine Pleite. Sie sorgte also zuerst dafür, daß dieser Onkel ausschied, und erst dann konnte sie daran denken, etwas zu unternehmen. Dabei hat sie alle möglichen Widerstände überwinden müssen. Damals wurde eine Frau noch nicht so eingeschätzt, fähig zu sein, sich selbst helfen zu können. Da war zum Beispiel der Buchhalter, der sagte: »Wenn's Ihnen nicht paßt, wie ich arbeite, kann ich ja gehn.« Und meine Mutter hat ihn gehen lassen und lernte die doppelte Buchführung nachtsüber. Am Tag stand sie im Geschäft, kümmerte sich um uns sieben Kinder und nachts lernte sie Buchführung.

Dann ging sie zu einem Bankier und bat ihn, ihre Kundenwechsel zu diskontieren. Nach einer halben Stunde Bedenkzeit sagte der Bankier: »Ja, Frau Bootz, für Sie mach ich das. Ich hab Vertrauen zu Ihnen.« – So hat sie alles aufgebaut, bis es ihr schließlich 1920 gelang, zwei Miethäuser zu kaufen, in denen auch das Geschäft war. Dieses Geschäft wurde von einem Hamburger Architekten umgebaut. Es hatte 20 Vorspielkabinen, eine Musikalienhandlung, eine Reparaturwerkstatt und alles, was dazugehörte. Wir belieferten die ganze Provinz als Grossist und das nicht nur mit Grammophonen und Platten, sondern auch mit Musikinstrumenten, Klavieren, und Noten. Es war ein Riesenunternehmen. Und daneben hat sie uns sieben Kinder aufgezogen und hatte einen kranken Mann.

Zu ihrer Hilfe waren stets zwei Dienstmädchen im Haus, dazu eine sogenannte Stütze, die die Wäsche unter sich hatte und ähnliches. Denn sieben Kinder, die zerreißen was.

Eines dieser beiden Miethäuser bewohnten wir. Unten war das Geschäft, in der ersten Etage die Büroräume und darüber der eigentliche Wohntrakt mit Speisezimmer, Küche, Wohnzimmer und anderen Gesellschaftsräumen. Später hat dann meine Mutter mir zuliebe ein Musikzimmer ausgebaut. Da standen ein schöner Flügel drin und Directoiremöbel, die ich nicht mochte, die aber meine Mutter sehr hübsch fand: Ein Tisch, der sehr zum Umkippen neigte, Brokatsessel und andres mehr. Ich schloß dann öfter die dichten Vorhänge, machte den schönen Gas-Kronleuchter an und versetzte mich um zweihundert Jahre zurück. Und wenn ich dann Mozart spielte oder so etwas ähnliches, dann war ich in einer ganz andern Welt. Aber das war erst später. In den Anfangsjahren waren wir sehr bescheiden lebende Bürger. Obwohl wir immer hatten, was wir brauchten. Am Essen oder so wurde nie gespart. Wir waren eine gutbürgerliche Familie, die sich einpaßte in den Rahmen der Stadt, in der sie lebte. Wir waren beliebt und wir waren auch angesehen. Ich weiß, daß meine Eltern immer nationalliberal wählten. Soweit konnte man gehen, ohne das bürgerliche Ansehen zu gefährden. Es gab auch Sozialdemokraten, aber in einer Stadt wie Stettin war es für einen Kaufmann untunlich, so etwas zu fördern.

Nun müßte man eigentlich meinen, ich hätte eine glückliche Kindheit erlebt. Aber das war nicht der Fall. Ich halte das auch bei den meisten Menschen für einen Mangel an Erinnerungsvermögen. Eine Kindheit ist immer anstrengend. Und sie ist mit viel Langeweile angefüllt, und mit vielen Dingen, die man nicht akzeptiert und doch hinzunehmen hat. Und so ist es mir natürlich auch ergangen.

Meine Mutter hatte es an sich, Zärtlichkeiten von mir zu verlangen, was bei kleinen Kindern von zwei oder zweieinhalb Jahren bedenklich ist. Kinder in dem Alter sind nur zärtlich, wenn sie etwas haben wollen. Und nicht, um jemanden einen Gefallen zu tun. Dafür sind sie gänzlich ungeeignet. Meine Mutter sang dabei immer einen Schlager. Ob sie ihn selbst erfunden hatte oder ob es ihn wirklich gab, weiß ich nicht. Er hatte die Zeile: ›Ich träumte von nur einem Küßchen‹ – und sie wollte mich damit verlocken, entsprechend zu reagieren. Das machte mich so nervös und ängstlich, daß ich nächtelang davon träumte. Und zwar kam immer ein Kreisel, ein großer Kreisel, der sich drohend auf mich zu bewegte. Und in ihm erkannte ich den Küßchenträumer. Sehr merkwürdig.

Mit vier Jahren fing ich an, Klavier zu spielen, autodidaktisch. Zunächst einmal patschten meine Fingerchen herum, wo sie wollten. Aber schon bald hatte ich das Bedürfnis, eine Melodie zu finden, die erkennbar war. Und die linke Hand begleitete rhythmisch, ohne Rücksicht auf die Töne, die sie traf. Merkwürdigerweise begann ich zuerst nur auf den schwarzen Tasten. Allmählich fing ich an, mit der linken Hand Harmonien zu suchen. Und so fand ich eine Tonika, eine Dominante, eine Subdominante, und nach und nach entdeckte ich auch benachbarte Akkorde. Ganz allein.

Auch in der Liebe war ich wohl so eine Art Wunderkind. Mein erstes Verliebtsein, das sehr schmerzlich für mich war, hatte ich mit sieben Jahren. Und der Gegenstand meiner Zuneigung war sechs. Ein blonder, blonder Engel. Aber ich traute mich nicht, ihre Bekanntschaft zu machen. Wir hatten den gleichen Schulweg, und ich ging immer in gehörigem Abstand hinter ihr her, das war alles. Mehr ist nicht daraus geworden, leider. Aber ich habe es nie vergessen können.

Im gleichen Jahr begann der Erste Weltkrieg. Und ich erinnere mich, wie 1914 Lastwagen voller Soldaten an unserem Haus vorbeifuhren und Mutter ihnen in einem Anfall von Patriotismus einen Arm voll Mundharmonikas hinaufwarf. Überhaupt war die ganze Stimmung unerhört patriotisch. Natürlich waren wir im Recht und hatten eine unmittelbare Verbindung zu dem Gott, der Eisen wachsen ließ, und ›Gott strafe England‹ – und was noch alles.

Die allgemeine Meinung war, daß Weihnachten der Krieg siegreich beendet sein würde. Das wußte und dachte jeder. Meine Mutter aber ging zu unserm Kolonialwarenhändler und sagte: »Na, das ist ja sehr schön, wenn der Krieg Weihnachten zu Ende ist. Ich habe eine Familie mit sieben Kindern.« – Und so füllte sie ein ganzes Zimmer voll Eßwaren, die sich hielten: Ungebrannten Kaffee, Reis in Säcken, Teigwaren, Mehl, Zucker, Haferflocken, Konservendosen, soviel in das Zimmer hineinging. Und später stellte sich heraus, daß das eine kluge Idee gewesen war. Denn es vergingen einige Weihnachten, bis der Krieg zu Ende war.

Und dann gab es noch eine andere Sache: Die allgemeine Angst vor Spionen. Ich habe erlebt, daß Leute, die sich etwas sonderbar zu benehmen schienen, sofort umringt wurden, weil man sie verdächtigte, Spione zu sein.

Vier Jahre später kamen die Soldaten dann wieder zurück, viele ohne Achselklappen. Und da kamen Leute auf die Idee, so eine

Art Volksfest daraus zu machen. Einer nahm eine Ziehharmonika um darauf zu spielen. Aber einen der Soldaten, die dort vorbeikamen, widerte das an. Der kam wohl direkt von der Front. Er zog sein Seitengewehr und – quack! – haute er das Ding in zwei Stücke, und der Musikant hatte die zwei Hälften in der Hand. Ich kann mich auch an einen Tag erinnern, an dem in Stettin geschossen wurde. Die Hansabrücke, eine Zugbrücke, war halb hochgezogen. Dahinter waren Arbeiter verschanzt und unsre Straße lag so, daß die Schüsse direkt durch unsre Straße gingen.

Und dann hatte ich eine Liebe, als ich 12 war. Die war auch schrecklich. Vor allem dadurch, daß ich kindlicher gehalten wurde als dieses Mädchen, das auf den ungewöhnlichen Namen Lottchen Krause hörte. Ich mußte früh ins Bett, und sie durfte aufbleiben, was für mich eine fürchterliche Schande war.

Ich wußte das bald mit einem Trick abzubiegen, indem ich die frühe Schlafensgehzeit durch Vorträge am Klavier überspielte. Ich spielte alles nach Gehör, ich kannte noch keine Noten und bin auch heute noch ein relativ schlechter Blattleser. Was ich ein oder zweimal gehört hatte, spielte ich und behielt es.

1919 kam der erste Foxtrott auf. Er hieß ›Rubinstein‹, weil er auf dessen F-Dur-Melodie basierte. Und da habe ich mich dadurch nützlich gemacht, daß ich meinen älteren Brüdern die Mädchen durch das Spielen dieses Foxtrotts und anderer Schlager näherbrachte. So durfte ich länger aufbleiben und lernte damit diesen Teil der Musik sehr pflegen. Es war glatter Selbsterhaltungstrieb. Ich wollte nicht Schlafen geschickt werden.

Spätestens zu dieser Zeit stand fest, daß ich Pianist werden wollte. Ich war sehr beeindruckt von den Pianisten der damaligen Zeit, vor allem von Eugen d'Albert, der als der größte lebende Pianist galt. Aber auch die Biographien von Liszt und Chopin beeindruckten mich sehr. Und vor allem hatte ich die Musterschallplatten, auf denen ich alles anhören konnte. Das zu erreichen, was d'Albert machte, war meine große Sehnsucht. Aber der Klavierunterricht, den ich seit dem zehnten Lebensjahr bekam, war für mich sehr enttäuschend. Da mußte ich Clementi-Sonaten spielen und Tonleitern üben, was zwar richtig und notwendig ist, aber einem Kind muß man so etwas schmackhaft machen, man muß es beim Ehrgeiz packen und bei seiner Einbildung. All das aber tat dieses gewissenhafte Fräulein nicht. Und so kam ich ans Loewe-Konservatorium.

Und zwar zu Frau Direktor Trines-Prieber, einer Schülerin von Reisauer. Und die erkannte, was nötig war. Zunächst aber war sie verzweifelt. Ich stocherte auch da an meinen Clementi-Sonaten herum und mochte die ebensowenig leiden wie sie mich. Sie gaben mir nichts. Und dann hatte ich eine Schallplatte zu Hause, auf der in etwas gekürzter Form die ›Aufforderung zum Tanz‹ von Weber war, gespielt mit einem mordsmäßigen Tempo. Denn selbst die großen 30-cm-Platten waren schon nach 5 Minuten abgespielt. Und da war man schon fast auf dem Etikett. Und dieses Stück faszinierte mich so, daß ich mir sagte: »Die soll der Deibel holen, diese langweiligen Klavierübungen!« – Und ich fing an, die ›Aufforderung zum Tanz‹ zu lernen, obwohl das meine technischen Möglichkeiten bei weitem überschritt. Aber nicht die Auffassung, die ich ja von der Schallplatte abnehmen und kopieren konnte. Natürlich mogelte ich. Wo die Technik nicht reichte, spielte ich ›täuschend ähnlich‹. Das macht man so als Kind.

Und so kam der Tag, an dem ich recht schön theatralisch sagte: »Ich möchte das jetzt nicht mehr spielen. Ich will Ihnen etwas andres vorspielen und zwar ›Die Aufforderung zum Tanz‹.«

Sie sagte: »Junge, du bist ja toll! Das geht doch nicht! Sowas muß man doch können!« – Ich sagte: »Ich kann das aber«, – und fing an, das Stück zu spielen. Natürlich so, als wäre ich d'Albert und kein Kind. Und hab also losgelegt. Keinem Menschen hab ich erzählt, wo ich das her hatte. Dann wurde das Konservatorium zusammengetrommelt, um sich das anzuhören. Und dann durfte ich als Dreizehnjähriger zum ersten Mal öffentlich in einer dieser jährlichen Veranstaltungen des Konservatoriums auftreten. Und es gab einen großen Jubel, der meinem kindlichen Verlangen nach Anerkennung großen Vorschub geleistet hat.

Natürlich wollte meine Mutter, daß ich das Geschäft übernehmen sollte. Meine Eloquenz war ihr nicht verborgen geblieben. Sie sagte: »Du hast das Zeug dazu, jemanden zu überzeugen, du wirst Jura studieren. Und wenn du mit diesem Wissen Kaufmann wirst, kann dir's an nichts fehlen.« Darauf ich: »Liebe Mutter, das wird nichts. Kaufmann liegt mir nicht, Jurist liegt mir nicht. Ich will Pianist werden.« Sie war entsetzlich traurig, schaltete aber bald aus Liebe zu mir um, und sagte: »Ja. – Aber ich stelle eine Bedingung: Ein unparteiischer Mann, ein Experte, muß es dir bescheinigen, daß du das Zeug zum Studium hast. Es darf aber kein Stettiner sein. Dann werde ich es in der Familie durchsetzen.« – Also fuhren wir nach Leipzig, und dort pilgerten wir zu dem Thomaskantor Günther Ramin. Denn er war uns als der Geeignete empfohlen worden. Ich spielte ihm vor, und er meinte danach ohne Einschränkung: »Selbstverständlich, der Junge muß Musik studieren. Gar keine Frage.«

Dann schickte mich Mutter in Stettin zu Professor Eduard Behm. Der nahm mich an und bereitete mich auf die Hochschule vor. Inzwischen war ich sechzehn geworden.

In diese Zeit meiner Adoleszenz fiel auch die Inflation. Das heißt, anfangs merkte man nicht gleich, daß es eine war. Mutter begriff es aber ziemlich schnell, was auf uns zukam. Das Geschäft in unserm zweiten Haus hatten wir an die Dresdner Bank vermietet. Und von denen bekam sie gute Ratschläge. Später, als das Geld praktisch nichts mehr wert war, schlug Mutter den Leuten vom Lande zum Beispiel vor: »Kinder, Geld habt ihr doch auch sehr wenig. Bringt mir doch lieber Lebensmittel. Bringt mir Eier, Butter, Speck oder so etwas. Dann kriegt ihr das Grammophon.«

Meinem Vater war das äußerst zuwider. Der meinte, wir hätten es doch so billig eingekauft und könnten es jetzt nicht mit solchen Wucherprofiten wieder abgeben. Er begriff die ganze Geldentwertung nicht. Wenn Mutter nicht gewesen wäre, dann wären wir um alles gebracht worden, wie so viele andre auch. Sie hat uns über diese Zeit gerettet.

Vater war ein außerordentlich redlicher Mann. Ich habe ihn seltsamerweise immer mehr geliebt, als meine Mutter, obwohl ich deren Liebling war, was ich gar nicht sein wollte. Vater mochte ich lieber. Seine Hilflosigkeit stand meinem Herzen näher.

Währenddessen bereitete mich, wie schon erwähnt, Professor Behm auf die Hochschule vor. Zur Prüfung mußte man drei Musikstücke vorspielen: etwas von Bach – ich wählte die chromatische Fantasie und Fuge – eine Beethoven-Sonate und ein Stück freier Wahl. Ich entschied mich für ein Scherzo meines Lieblingskomponisten Eugen d'Albert, das technisch ziemlich gepfeffert war. Auf der Hochschule waren nur wenige Plätze frei. Wir waren 69 Bewerber bei 11 Plätzen. Und ich mußte nun einer dieser elf werden. Und ich habe es auch geschafft. Wobei ich, wenn auch unfreiwillig, Gelächter bei den Prüfern erzeugte, indem ich mich verspielte und ganz laut »Pfui Teufel!« rief.

So kam ich sehr jung, mit 17 Jahren, vom Realgymnasium in Stettin auf die Musikhochschule in Berlin.

Zunächst einmal war Berlin für mich die Freiheit, die Loslösung von der Familienoberaufsicht. Für einen so jungen Menschen war das enorm. Aber Stettin ist nahe bei Berlin, es sind ja nur 132 km. Eine große Umstellung war es nicht, im Gegenteil, es war sofort ein Sichzuhausefühlen. Berlin ging in mein Herz rein wie nischt, und ist bis heute drin geblieben. Nichts kommt dem gleich. Meistens habe ich in Charlottenburg gelebt, eine Zeitlang bei dem Präsidenten der Akademie, Manzel. Da hatte ich zwei möblierte Zimmer, sehr hübsch in einer Seitenstraße des Tiergartens. Einer der Räume war das Schlafzimmer, der andere das Arbeits- und Musikzimmer. Denn meine Mutter meinte: »Das Handwerkszeug, das du hast, muß das beste sein, das es gibt. Also kriegst du einen Flügel.« Und sie hat mir einen Flügel gekauft, einen schönen Schwechtenflügel und ließ ihn in Berlin anliefern.

Zum Leben bekam ich zunächst 200 Mark im Monat und lebte wie ein König. Das heißt, ich hätte wie ein König leben können, wenn ich das Geld nicht bereits am Fünfzehnten ausgegeben hätte. Und dann fing ich stets an zu pumpen, worin ich es zu einer großen Meisterschaft brachte. Alle drei Monate kam meine Mutter nach Berlin, machte ein fürchterliches Donnerwetter und bezahlte alles.

Später bekam ich dann 250 Mark und war damit einer der bestgestellten Studenten der Hochschule.

Acht Semester habe ich dort studiert, also vier Jahre, bis 1928. Das Studium war anstrengend. Lähmend möchte ich fast sagen. Denn mein Lehrer tat etwas, was richtig und notwendig ist, er ließ mich pausenlos Tonleitern spielen, um mir erst einmal eine solide Grundlage zu schaffen. Aber es war Sklaverei.

Außerdem war jeder von uns verpflichtet, Nebenfächer zu lernen. Man mußte Theorie studieren, wir hatten Kompositionslehre und alles mögliche. Als Pianist hatte ich noch am wenigsten zu tun. Ich habe mich sogar als Sänger einschreiben lassen. Und für längere Zeit hatte ich den italienischen Unterricht nicht besucht, der dafür obligatorisch war. Mir war der zu langweilig. So wurde ich zur Semesterprüfung zitiert. Das war üblich. Wer irgendwie auffiel, auch durch Abwesenheit, mußte zur Semesterprüfung.

Als ich hinkam, fragte Professor Schünemann, der Rektor der Schule, seine Kollegen, ob etwas gegen mich vorzubringen sei. Da ich aber bei allen einen Stein im Brett hatte, äußerten sie sich sehr schmeichelhaft. Worauf Schünemann entschied: »Ich weiß, daß Herr Bootz sich mit vielen interessanten musikalischen Aufgaben neben seinem Studium beschäftigt. Aber ich glaube, wir sollten ihm gestatten, daß er diesen Dingen nachgeht und ihn von den Nebenfächern befreien, solange er selbst nicht an ihnen teilnehmen möchte.« – Damit war ich in Gnaden entlassen.

Natürlich wollte ich damals noch Konzertpianist werden, aber ich interessierte mich schon sehr für das Theater und vor allem fürs Kabarett. Es imponierte mir, wenn diese Leute wohlformulierte Witze und Glossen zur Zeitgeschichte machten, wenn Paul Morgan z. B. auf der Bühne stand, oder Kurt Robitschek, die beide das ›Kabarett der Komiker‹ gegründet hatten. Und dann waren da die vielen Nächte, in denen wir improvisiert unheimlichen Zauber trieben. Wir hatten auf der Hochschule ein paar Witzbolde, die wirklich bemerkenswert waren. Auch ich war natürlich immer dabei, und machte auf Zuruf aus Opernarien oder sonstigen klassischen Musikstücken Schlager. Aus einer Bachkantate auf Wunsch einen Tango oder einen Foxtrott, das konnte ich aus dem Stegreif.

Ich war noch an der Hochschule, als mich Leschnikoff im März 1928 zu einem merkwürdigen Ensemble schleppte.

Es war sehr lustig. Als ein Langschläfer, der den Abend vorher gebummelt hatte, lag ich mittags noch im Bett. Plötzlich steht jemand in meinem Zimmer und weckt mich auf. Es war Leschnikoff. Ich kannte ihn durch einen andern Bulgaren, der mein Zimmernachbar war, Angel Giorgieff. Durch ihn lernte ich viele Bulgaren kennen. Wir aßen oft in einem kleinen bulgarischen Restaurant, das ›Bei Kirow‹ hieß. Der Wirt war ein armer Mensch und arbeitete sich zu Tode. Die Studenten pumpten alle bei ihm und zahlten nie. So ging er immer wieder pleite. Er war ein kleiner, gutmütiger Mann. Wir haben oft bei ihm gegessen. Gelegentlich kellnerte dort ein junger Bulgare, von dem es hieß, er sei früher Offizier gewesen: Asparuch Leschnikoff, genannt Ari. Da er zur Unterhaltung der Gäste auch häufig sang, war er mir aufgefallen und wir hatten uns angefreundet. Ari hatte eine wunderschöne, zarte Stimme. Ein sehr hoher, lyrischer Tenor, aber in keiner Weise ein Falsett-Tenor, sondern ein richtiger. Er war ein Phänomen.

Und der stand eines Tages an meinem Bett: »Erwinchen, muß du kommen wie möglich schnelle!« – So verständigte er sich gewöhnlich. Ich sagte: »Was ist denn los? Bist du wahnsinnig?« – »Los auf, auf! Du mußt kommen in die Asta Nielsen ihre Wohnung!« – Ich sag: »Asta Nielsen? – Was ist denn da los?« – »Ja, wir haben eine Quartett, vier Mann, aber keine Pianist. Du mußt kommen jetzt. Wir haben morgen eine Vorsingen und du mußt spielen!« – Langsam wurde ich wach und begriff, was ich sollte. Und tatsächlich brachte mich Ari in die Wohnung von Asta Nielsen in der Kaiserallee, in der Frommermann, Cycowski, Biberti, Ari, Nußbaum und Steiner probierten. So lernte ich sie alle kennen.

geboren am 12. Oktober 1906

Harry M. Frommermann

»Einmal schafft's jeder!
Jeder kommt dran, wenn er wirklich was kann.
Einmal schafft's jeder!
Nur auf sich selbst kommt es an.

Zeig dem Leben frech die Zähne,
mal hat jeder seine Strähne.
Einmal schafft's jeder,
jeder kommt dran, der was kann!

Ja, das Glück kommt oft, grad so unverhofft,
wie es sonst nur im Film passiert.
Und man faßt es kaum, wenn der schöne Traum
eines Tages Wahrheit wird.

Aber dann beginnt erst der Kampf, mein Kind,
da bist deines Glückes Schmied.
Immer hoch den Kopf, faß dich selbst beim Schopf
und vergiß nicht unser Lied:

Einmal schafft's jeder!
Jeder kommt dran, wenn er wirklich was kann.
Einmal schafft's jeder!
Nur auf sich selbst kommt es an!«

BÖHMELT/BUSCH
– Aufnahme der COMEDIAN HARMONISTS vom 8. September 1932

Harry Frommermann war, wie schon gesagt, am 24. Oktober 1975, also noch vor Beginn der Dreharbeiten, gestorben. Wir waren darum auf die Aussage anderer, ihm Nahestehender, angewiesen. Vieles konnten Robert Biberti, Roman Cycowski,

Erwin Bootz und Ari Leschnikoff erzählen, vor allem über sein berufliches Leben, die Zeit bei den COMEDIAN HARMONISTS, und später bei den COMEDY HARMONISTS, wie sich die Gruppe nannte, die 1935 von den drei jüdischen Mitgliedern in der Emigration gegründet wurde.

Besonders hilfreich aber waren die Berichte der zwei Frauen, die in seinem Leben eine große Rolle gespielt hatten: Seine erste Frau Erna (die sich später Marion Kiss nannte) und Erika von Späth, mit der er die letzten 13 Jahre zusammenlebte.

So flogen wir am 7. Januar 1976 von Kalifornien nach New York zu Marion Kiss. Sie hatte Harry Frommermann 1928 kennengelernt, als sie beide 21 Jahre alt waren, heiratete ihn 1931 und ließ sich 1951 von ihm scheiden. Mehr als jeder andere wußte sie von den wichtigsten Jahren seines Lebens zu erzählen.

Als wir sie besuchten, lebte sie als Fürsorgeempfängerin in einem winzigen Appartement in Manhattan, das sie uns nicht zeigen wollte. 185 Dollar bekam sie damals monatlich. Ihre deutsche Staatsbürgerschaft verlor sie noch in den dreißiger Jahren, als sie ihres jüdischen Mannes wegen Deutschland verlassen mußte. Sie wurde Amerikanerin und durch ihre Scheidung hatte sie später kein Anrecht auf irgendeine Form von Wiedergutmachung. So war sie fast mittellos geworden, als wir sie im Winter 1976 aufsuchten.

Sie schlug vor, das Interview mit ihr in einem Hotel aufzunehmen, in dem sie viele Jahre einen Frisiersalon gehabt hatte. Sie sprach mit dem Manager, der sie noch von früher her kannte, und er stellte uns für die Dreharbeiten einen schönen Raum im obersten Stockwerk des Hauses zur Verfügung. Das Zimmer gehörte zu einem Penthouse, das von der Witwe Pablo Casals bezogen werden sollte, doch zu jener Zeit noch umgebaut wurde.

Durch die Fenster hatte man einen herrlichen Blick über den Central-Park auf die Skyline von New York.

Vor diesem Fenster saß Marion Kiss auf einem weichen großen Sofa und erzählte. Auch im Alter hatte sie nichts von ihrem scharfen Verstand verloren. Jede Erinnerung wurde von ihr analysiert und bewertet, ihr eigenes Verhalten, ihre Fehler und Irrtümer, ihre Schwächen nicht ausgenommen.

Sie trug einen hellgrauen Rock mit einer beigefarbenen Bluse, dazu viel Modeschmuck, lange schwere Ketten, Ringe und Ohrclips. Gepflegt und wohlonduliert saß sie vor der Kamera. Eine schöne Frau war sie wohl nie gewesen, jetzt im Alter hatte das keine Bedeutung mehr. Sie war ein Mensch mit einem starken Willen. In Not war sie gewiß nicht durch Schwäche geraten, sondern durch Dinge, die sie nicht beeinflussen konnte, die Politik und unglückliche Umstände. Mit ihren Urteilen über ihren ehemaligen Mann und auch die andern COMEDIAN HARMONISTS war sie sicher nicht immer gerecht, doch sie trug ihre Meinung mit so viel Witz und Überzeugungskraft vor, daß es ein Vergnügen war, ihr zuzuhören.

Erst am letzten Tag des Interviews, als wir auch ihr die alten Platten der COMEDIAN HARMONISTS vorspielten, gewannen ihre Gefühle die Überhand. Schon beim zweiten oder dritten Lied begann sie lautlos zu weinen, und während der folgenden Aufnahmen saß sie ohne jede Regung des Körpers vor der New Yorker Kulisse, die man durch das Fenster sah. Schweigend hörte sie der Musik zu, während ihr die Tränen unaufhörlich über das geschminkte Gesicht liefen.

Sie weinte dem vergangenen Leben nach, den Fehlern, die sie begangen, dem Unglück, das sie getroffen hatte, dem verlorenen Glück, den Hoffnungen ihrer Jugend und über ihre Einsamkeit im Alter.

Drei Jahre später traf ich sie wieder, als der Film zum ersten Mal in New York gezeigt wurde. Sie steckte mir einen alten Silberdollar zu. Als ich sie nach dem Grund fragte, erzählte sie mir, daß sie jetzt – ein wenig durch meine Hilfe – eine Rente aus Deutschland bekäme und keine materielle Not mehr leiden müßte.

In ihrem Interview hat Marion Kiss viel von Harry Frommermanns Leben zwischen 1928 und 1951 erzählt. Aber sie wußte wenig von seiner Kindheit und noch weniger von den 25 Jahren nach ihrer Scheidung.

Darüber aber konnte Frau von Späth berichten. Zu ihr hatte Harry Frommermann viel von seiner Jugend gesprochen wie alle älteren Menschen. Und über die Jahrzehnte nach 1951 wußte sie alles, weil sie bis zu seiner Rückkehr nach Deutschland im Jahre 1962 in einem ständigen Briefwechsel mit ihm gestanden hatte und er dann zu ihr nach Bremen zog.

Dort leitete sie ein mittelgroßes Unternehmen für Sanitäranlagen. Sie lebte mit ihrem Sohn in einem der typischen, schmalen Bremer Bürgerhäuser, das mit seinen wertvollen Möbeln und Antiquitäten eine Wohnlichkeit besaß, in der man sich sofort wohl fühlte. In diesem Haus hatte sie Harry Frommermann das zweite Stockwerk als Wohnung eingerichtet. Hier standen noch immer die vielen Geräte seines Tonstudios, mit dem er bis zu seinem Tode experimentiert hatte, hier war sein Archiv mit alten Platten und Tonbändern, Kritiken, Plakaten und Programmen, vor allem der Nachfolgegruppe, der COMEDY HARMONISTS. Durch seine Emigration 1935 hatte er nur einige wichtige Unterlagen und Erinnerungsstücke von den ursprünglichen COMEDIAN HARMONISTS aufbewahren können. Vieles davon war ihm auf seinen erzwungenen Reisen um die ganze Welt verlorengegangen. Um so mehr Material fand sich in seinem Nachlaß über die COMEDY HARMONISTS.

Während der Stunden, in denen Frau von Späth im Februar 76 vor der Kamera von Harry Frommermann erzählte, saß sie in einem hochgeschlossenen, schwarzen Kleid auf einem bestickten Empire-Sessel ihres Wohnzimmers.

Sie war schlank und hochgewachsen, hatte ein stilles nachdenkliches Gesicht und sprach ruhig, die Worte abwägend, mit feinem Bremer Akzent. Neben ihr, auf einem schmalen Mahagoni-Tischchen standen mehrere Fotos von Harry Frommermann, die kurz vor seinem Tode aufgenommen worden waren.

Sie zeigten einen sensiblen, kleinen, älteren Mann mit hoher Stirn, kurzen, zurückgekämmten Haaren, einer Hornbrille und klaren, klugen Augen. Er wirkte zart, schmächtig, kränklich, aber so muß er wohl immer ausgesehen haben, sein ganzes Leben lang.

Sein Mund war bitter. Von dem früheren Clown der Gruppe, der ständig Faxen machte und Fratzen schnitt, wie auf vielen Aufnahmen aus den alten Zeiten zu sehen ist, war nichts mehr zu entdecken. Frau von Späth jedoch erzählte, daß er bis zum Schluß voller Witz war, quirlig, an allem anteilnehmend und nicht bereit, seine Hoffnungen und Ideen zu begraben. Noch im Alter glaubte er an sein ›comeback‹, dieser Harry Frohman, wie er sich seit seiner Zeit in den USA nannte.

Er war es auch, der mit 20 Jahren den Plan faßte, eine Gesangsgruppe mit einem völlig neuen Stil zusammenzustellen. Aus seiner Musikalität, seinem Einfallsreichtum und seiner Fantasie sind die COMEDIAN HARMONISTS entstanden.

In seinem Nachlaß fanden sich auch mehrere autobiographische Versuche in seiner Handschrift. Er berichtet darin viel von seiner Jugend und dem Elternhaus, beschreibt, wie er 1927 die COMEDIAN HARMONISTS gründete, erzählt von ihrer Entstehung, ihren Kämpfen und anfänglichen Mißerfolgen, ihrem Willen, es trotzdem zu schaffen, was ihnen dann dank ihres Fleißes auch gelang. – Über die große Zeit der COMEDIAN HARMONISTS berichtet er in diesen Notizen nur noch in wenigen Sätzen, und mit dem Verbot der ersten Gruppe 1935 brechen seine verschiedenen Aufzeichnungen ab.

Kein Wort mehr über die vielen Jahre, die danach kamen, kein Wort darüber, was er später erlebte. Dieser Einschnitt muß wie ein Graben für ihn gewesen sein, den er nicht überspringen konnte. Obwohl er danach mit unterschiedlichen Ergebnissen in Europa und Amerika mehrere Nachfolgegruppen aufbaute, waren ihm diese Jahre nicht berichtenswert erschienen.

Vielleicht wäre es ihm gelungen, seine Ideen noch einmal im Alter zu verwirklichen, und dann hätte er womöglich einen Sinn darin gefunden, von der schweren zweiten Hälfte seines Lebens selbst Zeugnis zu geben.

Da er es nicht tat, waren wir auf die Aussagen der anderen angewiesen.

Was die anderen von Harry Frommermann denken:

»*Eigentlich sah er aus wie ein Südamerikaner. Zierlich war er und verhältnismäßig klein und ein sehr liebenswürdiger Mensch.*«

ERIKA VON SPÄTH

◆

»*Mittelgroß, zart, ein offenes, nettes Gesicht mit gefälligen Zügen, was sich später, bei unseren Konzerten als nützlich erwies.*«

ROBERT BIBERTI

◆

»*Und sehr verbindlich ist er immer gewesen.*«

DER PFLEGESOHN

◆

»*Und dann war er ein Komiker von Natur aus. Morgens, wenn wir aufstanden, hab ich schon über ihn lachen müssen, weil er irgendwas Komisches gemacht hat, Faxen oder so.*«

MARION KISS

◆

»*Sehr amüsant war er, sehr lustig und unterhaltsam. Nur gute Erinnerungen hab ich an ihn.*«

FERNANDE COLLIN-CURRIE

◆

»*Er wäre ein großer Komiker geworden, wenn er nicht diese enorme musikalische Begabung gehabt hätte.*«

MARION KISS

◆

»*Ja, an sich gut. Verträglich, offenherzig.*«

ROBERT BIBERTI

◆

»*Aber im Wesen ein bissel weich und gefühlsbetont.*«

ROMAN CYCOWSKI

»Andererseits schockierte er auch gern die Menschen.«

ERIKA VON SPÄTH

✧

»Ja, natürlich. Harry war zu offen. Manchmal hat er die Menschen unbewußt beleidigt, weil er zu offen war. Aber er wußte es nicht. Manchmal habe ich ihn in Gesellschaft auf den Fuß getreten, damit er still ist. Besonders wenn er einen Kleinen getrunken hatte, war er so happy, die Augen haben so gestrahlt, daß er am liebsten alles weggegeben hätte, was er gerade besaß.«

ROMAN CYCOWSKI

✧

»Harry war ein Rebell. Er hat nie das gemacht, was andere wollten.«

MARION KISS

✧

»Er wollte immer seine Freiheit haben und nirgendwo eingeengt sein.«

ERIKA VON SPÄTH

✧

»Seine Schwäche war, daß er links gegangen ist, wenn er allein war, daß er also Seitensprünge machte. Aber man kam ihm leicht auf die Schliche. Er war zu naiv und wirklich anständig, von innen heraus anständig.«

MARION KISS

✧

»Vor allem hat er sich nie entmutigen lassen, trotz der vielen Nackenschläge, die ihn trafen.«

ERIKA VON SPÄTH

✧

»Ich habe irgendwo gelesen, daß Harry Musik studiert haben soll. Das stimmt nicht. Richtig studiert hat er nie. Die Musik war in ihm. In seiner Art war er ein Genie, ein musikalisches Genie.«

MARION KISS

»*Er war ein tapferer Mann. Und eigentlich habe ich ganz selten gesehn, daß er deprimiert war. Er war ein disziplinierter in sich ruhender Mann, der nie klagte. Alles überspielte er, und seine innersten Empfindungen hat er nie wirklich gezeigt.*«

ERIKA VON SPÄTH

❖

»*Und wie viele junge Leute seiner Zeit war auch er sehr links eingestellt. Aber nur für kurze Zeit.*«

MARION KISS

❖

»*Er hat die* COMEDIAN HARMONISTS *geliebt. Er hat es geliebt, auf der Bühne zu stehen und seinen Unfug zu machen und das Leben, das ganze Leben hat ihm gefallen.*«

MARION KISS

❖

»*Harry war die Seele der* COMEDIAN HARMONISTS.«

ROMAN CYCOWSKI

❖

»*Frommermann hatte etwas, und das zeigen auch heute noch die Platten – er war unerhört musikalisch. Eigentlich wollte er erst gar nicht mitsingen im Ensemble, wurde dann aber doch als fünfter Mann eingebaut, also weg vom Quartett, hin zum Quintett, was sich als sehr gut erwies. – Vor allem machte er vorzügliche Arrangements und gab sich dabei sehr viel Mühe. Woher er das konnte, weiß ich nicht mal genau. Eine akademische Ausbildung hatte er wohl nicht, aber seine Arrangements waren und sind noch heute großartig.*«

ROBERT BIBERTI

❖

»*Harry hat schwer gearbeitet, Tag und Nacht. Wenn wir anderen ausgingen und uns amüsierten, hat er am Tisch geschrieben.*«

ROMAN CYCOWSKI

❖

»*Frommermann war ein dummer Junge für uns. Mein Gott, wie war er albern. Aber für seine Freunde konnte er alles weggeben.*«

ARI LESCHNIKOFF

»Durch alles Widerwärtige, was er erleben mußte, ist er dann mißtrauisch geworden, kolossal mißtrauisch. Das kann einen auch nicht verwundern, bei alledem, wie ihm im Lauf der Jahre mitgespielt worden ist, weiß Gott nicht.«

ERIKA VON SPÄTH

✧

»Er trug es dann sehr schwer, wenn ihn so etwas traf und brauchte lange Zeit, um es zu überwinden.«

ERIKA VON SPÄTH

✧

»Das ist laufend bei ihm gewesen. Immer an Kleinigkeiten ist alles gescheitert, irgendwie.«

ERIKA VON SPÄTH

✧

»Die letzten Jahre hat er dann wieder in Deutschland gelebt, lange nach dem Kriege. Aber mißtrauisch ist er immer geblieben. Er befürchtete, daß das, was 1933 in diesem Land passiert ist, wiederkommen könnte. Darum hatte er auch unter seinem Bett immer einen gepackten Koffer liegen, 14 Jahre lang, damit er jederzeit wegkonnte von hier.«

DER PFLEGESOHN

✧

»Im November 74 bin ich von Israel gekommen, über Bremen. Ich hatte mich mit Harry verabredet, ich wollte ihn sehen. Ich hab ihm gesagt: ›Bevor ich sterbe, möchte ich dich noch einmal sehn.‹ Und er wollte mich auch wiedersehen. Und wie ich nach Bremen kam, war das für mich wie eine Legende. Bis nachts um eins haben wir zusammengesessen, Harry und ich, die ganzen Tage lang sind wir so lange aufgeblieben. Wir haben gesprochen von der Vergangenheit und haben uns die ganze Geschichte erzählt. Und es war wunderbar. Im Nu war die Zeit um, und ich mußte nach Hause, nach Amerika. Und elf Monate später ist Harry gestorben.«

ROMAN CYCOWSKI

Harry Frommermann (1975)

Erika von Späth, die Gefährtin der letzten Lebensjahre von Harry Frommermann, erzählt von dessen Jugend und davon, wie es dazu kam, daß er 1927 die COMEDIAN HARMONISTS gründete.

Ich habe Harry erst 1948 kennengelernt,

darum ist es etwas schwierig für mich, von seiner Kindheit zu erzählen, da ich manches gar nicht so genau weiß. Bevor Harry am 29. Oktober 1975 starb, hat er mir viel von seinem wechselvollen Schicksal berichtet, aber wenn ich es jetzt weitergebe, bleibt es doch ein Bericht aus zweiter Hand.

Das erste Mal hörte ich von den COMEDIAN HARMONISTS Ende der Zwanziger Jahre, als das mit den Platten anfing. Zu meinem 14. Geburtstag bekam ich ein Koffergrammophon mit einer Kurbel zum Aufziehen und ein paar Schallplatten. Eine davon war: ›Liebling, mein Herz läßt dich grüßen‹, gesungen von den COMEDIAN HARMONISTS. Es wurde mein Lieblingslied. Einige Monate später kamen sie nach Bremen, in den kleinen Glockensaal. Zum Entsetzen meines Vaters habe ich es durchgedrückt, daß ich mit einer Freundin dorthin gehen durfte. Ich weiß noch, wir saßen oben auf dem Rang und waren völlig fasziniert. Nachher liefen wir sogar an der Balustrade entlang, um sie aus der Nähe zu sehen. Und da kam meine Freundin auf die Idee: »So, jetzt gehn wir hin und holen uns ein Autogramm.« Und dadurch kam ich verhältnismäßig spät nach Hause und meine Eltern waren sehr böse: »Wo bist du gewesen so lange?« Und sie fanden es shocking, daß wir uns hatten ein Autogramm geben lassen. Ich sammelte alle Platten der COMEDIAN HARMONISTS, aber dann habe ich sie aus den Augen verloren, weil ich Mitte der Dreißiger Jahre nach England ging.

Viele Jahre später, 1948, lernte ich dann Harry selbst kennen, aber ich möchte nicht vorgreifen, davon wird später die Rede sein.

Geboren wurde Harry am 12. Oktober 1906 in Berlin. Sein Vater war Alexander Frommermann, ein gebürtiger Russe. Er war Vorbeter, also Kantor, der beim jüdischen Gottesdienst die Gebete vorsingt, bevor die Gemeinde sie im gemeinsamen Gesang wiederholt. Außerdem aber war er auch Leiter und Inhaber eines kleinen Privatkonservatoriums, der Ersten Internationalen Kantorenschule in Berlin-Mitte, Augustenstraße 46. Und da diese Schule nicht viel abwarf, hatte er dazu noch einen sogenannten Mittagstisch aufgemacht. Als Harry zur Welt kam, war der Vater schon ziemlich alt. Er wurde um 1856 in der Ukraine geboren, die Eltern hatten dort wohl eine Mühle. Und als Zwanzigjähriger sollte er vom russischen Militär eingezogen werden. Und da ist er bei Nacht und Nebel nach Deutschland geflohen, weil er das nicht wollte. Dort entdeckte ihn der damals schon berühmte Dirigent Arthur Nikisch beim Vorbeten in einer Synagoge und wollte ihn zur Oper bringen. Er beschaffte ihm ein Stipendium zur Gesangsausbildung erst in Leipzig, später in Frankfurt, und Harrys Vater hat dann auch nach dem Abschluß seines Musikstudiums einige Opernpartien gesungen, aber wie es so kommt, er ist nicht bei der Bühne geblieben. Seine Freundschaft mit Nikisch jedoch hielt ein ganzes Leben.

Seine erste Ehe war nur kurz. Die Frau starb jung und hinterließ ihm zwei Töchter. Und so kommt es, daß Harry zwei Schwestern hatte, die seine Mütter sein konnten. Die eine ist schon sehr früh nach Polen gegangen und dort in Auschwitz umgekommen, die andere heiratete einen Kantor, der Schüler in dem Konservatorium von Harrys Vater war, emigrierte später nach England und ist dort sehr alt geworden.

1905 hat der Vater dann ein zweites Mal geheiratet. Leonie Eschheimer aus Worms. Und ein Jahr später kam Harry auf die Welt. Sein Vater war damals schon 56 Jahre alt. Aber Harry hat sehr an seinem Vater gehangen, mehr als an der Mutter, weil der Vater sehr musikalisch war und die Musikalität Harrys sehr früh weckte und inspirierte. Schon mit vier Jahren nahm ihn der Vater mit in die Proben der Berliner Philharmoniker, wenn Arthur Nikisch dirigierte. Dann saß Harry mal zwischen den Geigern und dann unter den Holzbläsern, heute zwischen den Kontrabässen und morgen beim Blech oder den Klarinetten und Oboen, was ihm als vierjähriger Knirps ein ungemeines Vergnügen bereitete.

Harry hat das alles in sich aufgenommen, und was für andere Kinder langweilig ist, war für ihn etwas Wunderbares.

Sein Ohr wurde auf diese Weise für den Klang der verschiedenen Instrumente so geschärft, daß er dann später zu Hause ganze Phrasen aus den Konzerten, die geprobt wurden, sang oder dudelte, wobei er versuchte, stimmlich den Klang der Instrumente möglichst getreu zu imitieren. Ein Vorgang, in dem sein Gemüt sich nochmals in dem vorher Gehörten förmlich badete, wie er mir einmal erzählte. Manchmal setzte sich Harry dann auf den Schoß des Vaters vor das Harmonium. Der Vater mußte unten die Bälge treten und Harry suchte sich oben mit seinen kleinen Pfoten die Harmonien zusammen. Dazu sang er dann die Melodie, die er noch im Ohr hatte.

Wenn Arthur Nikisch nach Berlin kam, war er oft bei ihnen zu Hause. Er war versessen auf ein Spezialgericht der jüdischen Küche, ›Gefillte Fisch‹, das Harrys Vater sehr schmackhaft zuzubereiten wußte. So saß Nikisch oft in der Küche bei Frommermanns auf dem Kohlenkasten und sah dem Vater Harrys beim Kochen zu. Dabei vertrieben sich die beiden alten Herren die Zeit, indem sie Passagen von Bach, Händel oder Mozart summten und brummten, wobei sie sich die Harmonisierung aufteilten. Und wenn einer die Melodie der Zweiton-Bach-Inventionen führte, konnte es vorkommen, daß der andere kontrapunktisch »Puppchen, du bist mein Augenstern« dazu sang, soweit es hineinpaßte. Harry saß dabei auf dem Fußboden und lauschte. Ich bin sicher, daß damals der Keim zu seinen musikalisch-kabarettistischen Späßen gesetzt wurde.

Nikisch, der auch die Dudeleien von Harry kannte, überredete den Vater, seinem Sohn Klavierunterricht zu geben. Harrys Hände aber waren selbst für einen Vierjährigen im Verhältnis zu klein. Wegen der dadurch auftretenden Schwierigkeiten wurde er faul, so daß die Chance, Konzertpianist zu werden, von Jahr zu Jahr geringer wurde, was seinen Vater traurig stimmte. Und doch war es, wenn auch ungewollt, seine eigene Schuld. Die Tatsache, daß er Harry von klein an in Konzerte von Spitzenkräften schleppte, trug noch mehr dazu bei, ihm die Lust am Klavier zu nehmen. Ein Versager wollte er nicht werden. Trotzdem fuhr sein Vater fort, ihm unentwegt die Grundregeln der Harmonielehre und Musiktheorie beizubringen. Durch seine negativen Erfahrungen war Harry aber damals nicht mehr sonderlich an Musik interessiert.

Hinter dem Haus, in dem sie wohnten, gab es einen riesigen Garten, der an die Charité grenzte. Dort hat die Familie jedes Jahr das Laubhüttenfest gefeiert, und nachts erklärte der Vater Harry den Sternenhimmel.

Später, im Krieg 1914–1918, hat der Vater dort einen Hühnerstall gebaut, und sogar eine Ziege gehalten, damit die Familie nicht zu hungern brauchte. Denn im Ersten Weltkrieg gab es nicht viel zu essen, weniger noch als im Zweiten, wenn man nicht Beziehungen zum Land hatte.

Sogar einem Züchterverband trat der Vater bei. Und eines Tages sollte die Ziege gedeckt werden. Also wurde Harry mit der Ziege zu einem Züchter geschickt, der einen Bock hatte. So zog Harry feingemacht, in einem weißen Kieler Matrosenanzug mit der Ziege durch Berlin. Sogar Staßenbahn ist er mit dem Tier gefahren, denn der kleine Bauernhof lag etwas außerhalb. Und als Harry zu dem Züchter kam, nahm ihm dieser die Ziege ab und sagte: »So, mein Junge, nun guck dir hier mal ruhig um.« Harry ist dann in den Kuhstall gegangen, und auf einmal ist einer Kuh etwas heruntergefallen und Harry war über und über mit ›Spinat‹ bedeckt. Mit Stroh versuchte er sich sauber zu wischen, aber ohne Erfolg. So mußte er dann stinkend und dreckig mit der Ziege an der Hand den Rückweg antreten. Alle Leute sahen ihn naserümpfend an und machten einen großen Bogen um ihn. In die Straßenbahn traute er sich nicht mehr, er kam sich schändlich vor, und so mußte er mit dem Tier durch ganz Berlin zu Fuß laufen.

Die Ziege war also gedeckt und eines Tages bekam sie ihre Jungen. Der Vater war unglücklicherweise nicht im Haus und plötzlich ging die Geburt vonstatten. Die Mutter sagte: »Damit will ich nichts zu tun haben!« Und da fiel Harry ein Buch ein, das der

Vater auf dem Schreibtisch liegen hatte und in dem alles über die Aufzucht von Ziegen stand.

Also hat sich Harry dieses Buch geholt und nach dessen Anweisung Decken für die Ziege besorgt und Kaffee und Salz brauchte er, glaube ich, auch noch. Jedenfalls hat er alles nach Vorschrift gemacht und das Zicklein kam wohlbehalten zur Welt. Zu seinem Entsetzen kam dann aber noch ein zweites, und er war heilfroh, daß auch diese Geburt mit ihm als Hebamme gut verlief. Darauf ist er sein Leben lang stolz gewesen.

Zehn Jahre ging Harry erst in die Volks- dann in die Mittelschule. Er war kein besonders fleißiger Schüler. Allerdings wurde dort durch einen Deutschlehrer sein Interesse für Literatur und vor allem das Theater geweckt. So kam es, daß er bereits mit zwölf Jahren in einer Schüleraufführung den Götz von Berlichingen spielte und das Stück auch noch inszenierte. Schon als Junge ist Harry in die großen Aufführungen bei Reinhardt und Jessner gerannt, hat sich einen Stehplatz genommen, ist in der Pause hinunter ins Parkett gegangen und hat sich dort auf leere Plätze gesetzt, um besser sehen und hören zu können und hat die schönsten Inszenierungen miterlebt. Mit Werner Krauss, Ernst Deutsch, Eugen Klöpfer, Roma Bahn, Albert Steinrück, Paul Wegener und den anderen Theatergöttern der Zwanziger Jahre. Und das hat ihn so begeistert, daß er noch als Junge zu denen privat in die Wohnungen lief und darum bettelte, ihn anzuhören. Als er Ernst Deutsch vorsprechen wollte, empfing ihn dieser im Bademantel und meinte: »Mein lieber Junge, du bist noch viel zu jung. Warte noch ein paar Jahre. Um Schauspieler zu sein, mußt du noch ein bißchen reifer werden.« – Aber Harrys Begeisterung wurde immer größer. In der Schule sagten die anderen Jungs: »Mach mal Quatsch, Harry!« Und dann spielte er den Clown, damit sie lachen konnten.

Am Ende der Schulzeit, im März 1923, führte er dann in der Bötzow-Brauerei in der Prenzlauer Allee 242 mit anderen Schülern öffentlich ›Kabale und Liebe‹ auf. Harry führte dabei Regie, soweit man das so nennen kann und spielte auch noch den Wurm. Das war auf dem Höhepunkt der Inflation. Für den geforderten Eintrittspreis von hundert Mark konnte man sich damals nicht einmal ein Brötchen kaufen. In der Vossischen Zeitung erschien am nächsten Tag eine kleine Notiz über die Aufführung. Erst danach gestand Harry seinen Eltern, daß er Schauspieler werden wolle. Der Vater muß schrecklich enttäuscht gewesen sein. Er war orthodoxer Jude und hatte immer gehofft, Harry würde einmal Rabbiner werden. Aber Harry hatte sich schon früh von der Religion losgesagt und ging längst nicht mehr in den Tempel. Und er sollte es auch bis zu seinem Tode nicht mehr tun.

Später, in den fünfziger Jahren, hat ihm das noch große Schwierigkeiten gemacht. Für seinen Antrag auf Wiedergutmachung mußte er nachweisen, daß er ein getaufter Jude sei. Da Harry aber nie bei einer jüdischen Gemeinde gemeldet war, half ihm am Ende nur das Trauer- und Andachtsbuch seines Vaters. Dort stand klar und deutlich, daß Alexander Frommermann der Oberkantor der jüdischen Brüdergemeinde von Neukölln gewesen war.

Sechzehn Jahre war Harry, als er seinen Vater damit überraschte, Schauspieler werden zu wollen. Sie bekamen einen Streit. Der Vater wollte alles, nur das nicht, Harry aber wollte nur das und nichts anderes. Da gab ihm der Vater eine Ohrfeige. »Gut«, sagte Harry, »hier ist die andere Wange.« – Wie ein Christ. Das erboste den Vater so, daß er ihn ein zweites Mal ohrfeigte. Und so begannen die Konflikte Harrys mit seinem Vater.

Die Eltern meinten: »Bevor du dich in so ein Abenteuer stürzt und Schauspieler wirst, mach lieber eine vernünftige Ausbildung«, und steckten ihn in ein Konfektionsgeschäft als kaufmännischen Lehrling. Ein Geschäft für Damenoberbekleidung.

Gegen seinen Willen hat Harry dort eine Lehrzeit angefangen und war sehr unglücklich. Riesige Stoffballen mußte er schleppen, so klein und zart wie er war, und hat nicht das geringste gelernt. Ein Geschäftsmann von Natur aus ist er nie gewesen.

Aber es gab noch etwas, was ihm das Leben bitter machte. Er war sehr schmächtig, und die eine Schulter war etwas höher als die andere. Das hatte er von seiner Mutter geerbt. Und das bereitete ihm sein Leben lang Komplexe. Wie sollte er mit dieser Verwachsung Schauspieler werden? Er versuchte, es mit athletischem

Training auszugleichen, mit wenig Erfolg. Später konnte man es nicht sehen, da hat er sich seine Anzüge so machen lassen, daß man es nicht mehr bemerkte. Aber als junger Mann hatte er kein Geld, und wenn er sich dann mal mit einem Mädchen verabredete, stopfte er sich Handtücher unter das Jackett. Doch der Komplex ist ihm für immer geblieben.

Dann starb im Oktober 1924 sein Vater, als 68jähriger Mann. Und bald darauf konnte Harry die verhaßte Kaufmannslehre aufgeben. Und das kam so: Harry hatte natürlich nicht aufgehört, sich für die Schauspielerei zu begeistern. Da lernte er durch die Köchin, die seinen Eltern bei dem öffentlichen Mittagstisch half, die Tochter von Asta Nielsen kennen. Asta Nielsen, die Duse des Stummfilms, war in jenen Jahren auf dem Höhepunkt ihres Erfolges. Was immer sie auch spielte, das Publikum lief in ihre Filme.

Ihre Tochter Jester, ein rundliches, ja sogar dickes Mädchen, war ihre engste Vertraute, war Köchin, Sekretärin für ihre Mutter und vieles mehr. Sie war die Krücke, auf die sich Asta Nielsen stützen konnte.

Durch die Freundschaft mit der pummeligen Jester hatte Harry das Glück, in deren Haus verkehren zu können. Er lernte dort viele der Schauspieler kennen, die er seit Jahren auf der Bühne gesehen hatte. Er hörte, was für Schwierigkeiten es bei ihrer Arbeit gab, sie erzählten von den Problemen des Rollenstudiums, der Probenarbeit, den üblichen Schwierigkeiten mit den Kollegen oder Regisseuren, und auf diese Weise bekam Harry zum ersten Mal eine Vorstellung von dem Beruf, den er ergreifen wollte. Für ihn, der stumm und andächtig zwischen den Göttern der Bühne saß, war das wie ein Elixier, das er förmlich einatmete.

Jester nahm sich seiner aber auch auf andere Weise an. Sie erzog ihn, wo und wie sie immer nur konnte und brachte ihm bei, wie man sich in Gesellschaft benimmt, alles Dinge, die er in der Welt seines Vaters nicht gelernt hatte, nicht hatte lernen können. Und sie brachte ihn schließlich mit Carl Ebert zusammen, der Lehrer an der 1925 gegründeten Staatlichen Schauspielschule unter der Leitung von Leopold Jessner war.

Harry sprach ihm vor, wurde auf der Schule angenommen und bekam wunderbarerweise ein Stipendium, ohne das er nicht hätte studieren können, da nach dem Tode seines Vaters noch weniger Geld für ein Studium vorhanden war.

Auf der Schule wurde Harry aber bald übermütig und aufsässig einigen der Professoren gegenüber. Er war damals noch blutjung, kaum 18 Jahre, und bis er lernte, ein disziplinierter Mensch zu werden, war noch lang hin. Die Folge davon war, daß er bereits nach einem halben Jahr von der Schauspielschule flog. So was wie ihn konnte man dort nicht gebrauchen. Alexander Granach, der auch bei Asta Nielsen verkehrte und an dem Jungen Gefallen gefunden hatte, brachte Harry zur Berliner Volksbühne. Harry sprach Piscator vor und wurde tatsächlich engagiert, natürlich als Anfänger im ersten Jahr, mit 79 Mark im Monat. Es war ein Hundeleben. Gott sei Dank half ihm seine Mutter noch aus.

Rollen hat er dort kaum gespielt, meistens nur die ›breite Masse‹. Einmal hatte er die Chance, neben Alexander Granach zu spielen, eine winzige Rolle in Hebbels ›Judith‹.

Als Jüngling führte er Granach, der einen blinden Greis spielte, auf die Bühne und fragt ihn: »Was meinst du, Ahn?« Und diese ersten Worte, die Harry auf einer Bühne sprach, klangen bis in die letzte Reihe, und er war stolz, daß ihn jeder im Zuschauerraum verstand.

Aber mehr als solche Nebenrollen spielte er dort nicht. Und das wäre gewiß so weitergegangen. Mit Sicherheit wäre Harry später einmal irgendwo als zweit- oder drittklassiger Komiker in der Provinz hängengeblieben, wenn ihm damals nicht etwas begegnet wäre, das sein ganzes Leben veränderte. Jester Nielsen war ungemein musikalisch und spielte blendend Klavier. Sie hatte auch einen großen Steinway-Flügel in ihrem Musiksalon, der für Harry bald eine wichtige Rolle spielen sollte. Außerdem gab es dort ein schönes großes Grammophon, damals noch eine Seltenheit. Wie die Kinder spielten Jester und Harry mit dem tönenden Kasten. Sie waren verzaubert von etwas, was man in Deutschland noch nicht kannte, dem amerikanischen Jazz.

Vor allem hatte es ihnen eine Gesanggruppe angetan, die ›Revellers‹. Die sangen in einem ungewohnten Stil und mit einer Präzision, die man bei uns noch nie gehört hatte. Mit wallenden Bärten, steif, ohne Rhythmus, so wurde damals in Deutschland gesungen, die ›Revellers‹ aber swingten, jazzten und dudelten, waren voller Charme, Präzision und musikalischer Einfälle. Bald gab es keinen jungen Menschen, der nicht für sie schwärmte. Ihre Grammophonplatten machten Furore und wurden in ganz Europa mit reißendem Absatz verkauft.

Harry war wie verrückt mit diesen Platten, er spielte sie von morgens früh bis abends spät. Die Schauspielerei wurde immer nebensächlicher, alle Pläne versanken allmählich in der Versenkung. Schließlich kaufte er sich, mühsam vom Munde abgespart, ein eigenes, tragbares Grammophon.

Da brach Anfang 1927 in Berlin eine Grippeepidemie aus, er mußte seine Mutter ins Krankenhaus bringen, wo sie im Februar an einer schweren Influenza verstarb.

Jetzt war Harry ganz auf sich angewiesen.

Für wenige Monate wurde der Mann der älteren Stiefschwester als sein Vormund eingesetzt, bis Harry im Oktober desselben Jahres volljährig wurde.

Das Haus der Eltern wurde geschlossen und alles, was darin war, verkauft. Ebenso alle Klaviere und andere Musikinstrumente, die noch aus Vaters Konservatoriumszeit herumstanden. Groß war der Erlös nicht, aber er reichte Harry, ein paar Monate davon zu leben.

Um zu sparen, zog er mit zwei Schauspielerkollegen in ein billiges Atelier in die Stubenrauchstraße in Steglitz, wo er ein winziges Loch von Mansarde bewohnte.

Der Vertrag an der Volksbühne ging auch zu Ende und für Harry stellte sich nun die Frage, wie es weitergehen sollte. Er konnte sich bei den Theateragenturen um einen neuen Vertrag als Anfänger bemühen, aber er konnte auch etwas ganz Neues versuchen. Langsam entstand in ihm ein fantastischer Plan. Seine Besessenheit für die ›Revellers‹ war ungebrochen, das Grammophon hatte er natürlich nicht verkauft, noch weniger die Platten.

Harry hatte einen entfernten Verwandten, einen Agenten, der fürs Varieté und Theater Künstler engagierte. Und den fragte er, warum die ›Revellers‹ kein Gastspiel in Deutschland gäben. Der Agent sagte: »Bist du verrückt? Die verlangen über tausend

Dollar pro Abend. Das kann kein Mensch hier bezahlen.« Und da begann es in Harrys Kopf zu spinnen. Es mußte doch möglich sein, so etwas auch in Deutschland auf die Beine zu stellen, wenn man die dafür richtigen Sänger findet, Sänger, die jazzbegabt sein mußten und die bereit waren, auf diese neuartige, unkonventionelle Art zu singen.

Etwas Geld, um bescheiden leben zu können, hatte er. Er besann sich auf das, was er in seiner Kindheit von seinem Vater an musikalischer Erziehung mitbekommen hatte, vom Kontrapunkt bis zur Harmonielehre. Und besessen von seiner Idee begann der Einundzwanzigjährige amateurhaft und autodidaktisch Partituren für ein Gesangs-Ensemble zu schreiben, das nur in seiner Fantasie existierte. Er schrieb so, wie er den Klang einer solchen Gruppe im Kopf hatte. Das alte Klavier, das er als einziges Erbe seines Vaters in die Mansarde geschleppt hatte, blieb unbenutzt. Er bedauerte, daß er es nur dürftig spielen gelernt hatte, aber zum Schreiben der Partituren brauchte er es nicht. Jede der fünf Stimmen, vom Baß bis zum ersten Tenor, und die Klavierbegleitung hörte er in seinem geistigen Ohr, wenn er sie zu Papier brachte.

Immer schon hatte er Spaß daran gehabt, mit seiner Stimme Musikinstrumente zu imitieren. Diese Fähigkeit hatte er seit seiner Kindheit nicht verloren und aus Spaß am Spiel mehr und mehr kultiviert. So schrieb er jetzt, wo immer es paßte, witzige musikalische Elemente hinein und achtete darauf, daß die Arrangements kein Abklatsch der verehrten ›Revellers‹ wurden.

Nach der ersten Partitur entstand die zweite, dann mehrere, bis schließlich nach über sechs Monaten Arbeit fünfzehn davon auf dem Tisch lagen. Der Anfang war getan. Aber was nutzten die einfallsreichsten Arrangements, die mühselig erarbeiteten Partituren, wenn es niemanden gab, der das ausführte, was er geschrieben hatte? Jetzt mußten Sänger her! Aber woher? Was tut ein Mensch, der etwas sucht, aber keine Ahnung hat, wie er es findet und auch kein Geld mehr, dafür zu investieren? – Er gibt eine Annonce auf. So läßt Harry am 18. Dezember 1927 im Berliner Lokal-Anzeiger für 12,50 Mark folgende Anzeige erscheinen:

»Achtung! Selten!
Tenor, Baß (Berufssänger, nicht über 25),
sehr musikalisch, schön klingenden Stimmen,
für einzig dastehendes Ensemble unter Angabe
der täglich verfügbaren Zeit gesucht.
E. j. 25 Scherlfiliale, Friedrichstr. 136
[J 465.«

Wer sich bei der Scherlfiliale meldete, erhielt die Nachricht, daß er am 29. Dezember 1927 zu einem Vorsingen in die V. Etage der Stubenrauchstraße 47 in Berlin-Friedenau bei Herrn Harry Frommermann kommen möge.

Gemeinsam mit seinem Schulfreund Theodor Steiner, der in dem künftigen Ensemble den Bariton übernehmen sollte, wartete Harry an dem besagten Tag, ob sich jemand auf die Annonce hin melden würde.

Doch was dann passierte, hatten sich die beiden in ihren kühnsten Träumen nicht vorgestellt.

Im Jahr 1927 gab es viele Arbeitslose und so kamen Scharen von Menschen, die alle hofften, eine Anstellung zu finden. Sie bildeten schließlich eine Schlange, die von der V. Etage durch das ganze Treppenhaus bis auf die Straße reichte. Über 70 Menschen waren gekommen, nur um vorzusingen. Für die Mieter des Hauses muß es ein seltsamer Anblick gewesen sein. Und die Mansarde wurde zu einem Vorsingepalast. Man muß sich vorstellen: Harry war ein ganz junger Mensch, eben einundzwanzig geworden, ohne jede berufliche und menschliche Erfahrung, sei es als Musiker, Sänger oder Organisator. Und jedem, der zu ihm kam, mußte er von der Idee berichten, die ihm vorschwebte und ihn, wenn möglich, dafür begeistern.

Dann sangen ihm die Besucher etwas vor. Oder besser gesagt, sie taten das, was sie für singen hielten. Und Theodor Steiner begleitete jeden von ihnen am Klavier. Meistens war es schrecklich anzuhören, was sich da als Sänger ausgab. Viele hatten keinerlei musikalische Vorkenntnisse, konnten weder Noten lesen noch richtig singen. Manche hatten gelegentlich in irgendwelchen Chören mitgebrüllt, andere waren bisher nur als Filmkomparsen tätig gewesen. Die Not der goldenen Zwanziger Jahre verleitete die Menschen dazu, milde gesagt, unaufrichtig zu sein. Und hatte einer von ihnen tatsächlich eine gute Stimme, dann konnte er es sich nicht leisten, längere Zeit ohne Bezahlung an einer neuen, noch unausprobierten Sache mitzuarbeiten. Nach Stunden vergeblichen Anhörens und Redens war Harry am Rande der Verzweiflung, verzagt und deprimiert. Er wußte nicht, wie es weitergehen sollte. Da schob sich ein massiver, junger Mann durch die schmale Tür der Mansarde und stellte sich als Robert Biberti vor.

Wie bei allen anderen berichtete Harry davon, daß er kein Geld habe und darum auch keine Proben bezahlen könne. Dann erzählte er Biberti von seinem Plan. Ja, der hatte auch schon von den ›Revellers‹ gehört, kannte ihre Platten und war genauso begeistert wie Harry. – Dann sang er mit einem schönen, schwarzen Baß die Opernarie ›O Isis und Osiris‹ vor. Und als Harry diese Stimme hörte, wußte er: Der ist es! – Wenigstens einer.

Es stellte sich heraus, daß Biberti Noten lesen und vom Blatt singen konnte. Vor allem aber war er von der Idee selbst begeistert und war auch bereit ohne Bezahlung mitzumachen. Allerdings bezweifelte er, daß die anderen Sänger so leicht durch eine Annonce zu finden seien. Er schlug darum vor, beim nächsten Mal mit einigen Kollegen aus seinem Bekanntenkreis wiederzukommen. Vor allem hoffte er, die richtigen Leute im Chor des GROSSEN SCHAUSPIELHAUSES zu finden, in dem er damals beschäftigt war. Bald stellte es sich heraus, daß er recht hatte. Innerhalb kurzer Zeit waren die anderen Stimmen gefunden. Die neue, noch namenlose Gruppe war geboren.

II. Teil

Die Geschichte der Comedian Harmonists
(1927 bis 1935)

Ein fiktiver Dialog

Die Zeitungsannonce vom 18. Dezember 1927 im Berliner Lokal-Anzeiger

Die Gründung
(1927 und 1928)

> *I knew*
> *I miss your smile*
> *and miss your kisses*
> *for a while*
> *but never knew*
> *that I be all so blue.*
>
> *I knew*
> *that my life*
> *would never hold*
> *the same delight*
> *but never knew*
> *that I be all so blue.*

Text der ersten Testplatte der COMEDIAN HARMONISTS
vom 10. Mai 1928

An dem besagten 29. Dezember 1927, dem Gründungstag der COMEDIAN HARMONISTS, saßen Harry Frommermann und sein Freund Theodor Steiner im fünften Stock des Hauses Stubenrauchstraße 47 in Berlin-Steglitz und ließen den endlos scheinenden Strom von Bewerbern für ihr noch zu gründendes Gesangsensemble über sich ergehen.

Wer war dieser Theodor Steiner? – Harry Frommermann kannte ihn seit seiner frühesten Jugend. Sie waren Nachbarskinder in der Augustenstraße gewesen und hatten schon im Kindergarten miteinander gespielt. Später studierte Steiner an der Berliner Hochschule für Musik. Er wollte Bariton werden, und er war der erste, den Harry Frommermann für seinen utopischen Plan gewann. Steiner war aber auch der bislang einzige, der bereit war, ohne Aussicht auf Bezahlung mitzumachen. So verstanden sich Frommermann und Steiner in jenen ersten Tagen als die eigentlichen Urheber ihres unsicheren Vorhabens: Harry Frommermann hatte die Idee gehabt, eine Gruppe im Stil der Revellers zu gründen und sein Freund Steiner half ihm dabei, sie zu verwirklichen.

Jahrzehnte später sollte es darüber zu einem Streit zwischen Harry Frommermann und Robert Biberti kommen. Denn nach 1933 hatte sich Biberti in Deutschland als der Gründer der

Gruppe bezeichnet. Anfangs, während der Jahre der NS-Herrschaft, tat er es, um das damals existenzgefährdende Faktum zu verschleiern, daß die Gruppe von einem Juden ins Leben gerufen worden war, später glaubte er dann selbst an die Version von der Gründung der COMEDIAN HARMONISTS durch sich. Nach der Rückkehr von Frommermann aus der Emigration führte das schließlich zu heftigen Auseinandersetzungen zwischen den beiden, die bis zum Tode von Frommermann andauern sollten. In den beiden letzten Briefen, die sich Harry Frommermann und Robert Biberti im September 1975 schrieben, heißt es u. a.:

»Lieber Harry!
Dein Wunsch, die Gründung und Entwicklung der COMEDIAN HARMONISTS wahrheitsgemäß zu schildern, ist selbstverständlich berechtigt. Hierzu gehört unabdingbar, daß ich als Mitgründer anerkannt werde. Wenn ich in irgendwelchen Veröffentlichungen als Gründer bezeichnet wurde, so bin ich in keinem Fall hierfür verantwortlich zu machen. Mein Anspruch, als Mitgründer zu gelten, resultiert aus Fakten, die Du eigentlich kennen solltest: Es ist eine unleugbare Tatsache, daß ich bereits im Oktober 1926, also lange vor Dir, die Revellers hörte und hieraus den im obigen Sinne geradezu selbstverständlichen Schluß zog. Dies und die aus Deiner Annonce sich ergeben habende Zusammenarbeit stellen einen geradezu klassischen Fall von Koinzidenz dar. (...)
Wer brachte – und überzeugte – die Sänger, Harry, und wer sorgte in erster Linie dafür, daß das Ensemble in den ersten Monaten 1928 *nicht* auseinanderfiel? Deine Verdienste um die CH sind im übrigen unstreitig. Hier denke ich in erster Linie an Deine reizvollen Arrangements, – (...) Dein Bob.«

Harry Frommermann antwortete Biberti am 18. Sept. 1975, also sechs Wochen vor seinem Tode:

»Lieber Bob!
Dank für Deine Antwort, zu der ich dies sagen möchte: *Generell:* Meinst Du nicht auch, wir alte Herren sollten endlich trotz

verschiedener Meinungen, die Streitaxt begraben? Wir würden sonst mit endlosen Streitereien: ›Du hast – ich hab‹ etc. kaum ein Ende finden. Darum mein Vorschlag, wir einigen uns auf den Nenner, Jugendsünden sollten begraben sein, selbst, wenn es den einen oder anderen von uns wurmt! (...)

Im Prinzip haben wir uns – und das ist das Wesentliche – geeinigt, daß wir der Wahrheit die Ehre geben wollen. Dazu gehören:

Die Gründung:

1. Tatsache ist, die Revellers existierten auf Platten der Elektrola schon im Jahre 1925. Ich machte zuviel Quatsch auf Jessners Schauspielschule mit ewigen Dudeleien im Stil der Revellers, nachdem Asta Nielsen mich auf sie aufmerksam machte, – und flog raus. Die Idee, so etwas zu machen, lag in der Luft!

2. Niemand wird und will Dir absprechen, auch dieselbe Idee gehabt zu haben, doch hast nicht Du, sondern ich die Idee in die Tat umgesetzt. Die Initiative, das Durchstehen der Pleitezeit, um die noch recht unbeholfenen Partituren durchzubringen, die Annonce etc., hatte ich nun einmal.

Zur Frage, Dich als Mitbegründer zu nennen:

1. Dazu kann ich mich, weil es den Tatsachen nicht entspricht, nicht entschließen. Du hast Ari, Nußbaum und Roman ins Ensemble gebracht. Nußbaum wurde später ›gegangen‹, Ari brachte Erwin und dieser dann Erich. Sie alle könnten konstruieren, Mitbegründer gewesen zu sein, was der Wahrheit nicht entspräche.

2. Ich habe hingegen bei jeder Gelegenheit – sei es in welchem Medium auch immer – Deine Reife und Erfahrung als besondere Meriten hervorgehoben, und daß wir Dich darum alle zum offiziellen Sprachrohr wählten. – (...) Doch trotz Deiner ersten Hilfe war ich der Gründer, der sogenannte Spiritus rector.

3. In diesem Zusammenhang erinnerst Du Dich sicher noch der ersten Monate unserer Proben, in denen ich den für uns und alle anderen neuen Stil der Tongebung herausarbeitete, nämlich leise auf dem Ton zu singen und deutlich zu

artikulieren. Selbst, als Bootz – weit besser fundiert als ich – die musikalische Leitung übernahm, standen Richtung und Klanggefüge, im Skelett wenigstens, fest. Auch Bootz, der viel für die Gruppe beigetragen hat, könnte sich mit einigem Recht ›Mitbegründer‹ nennen, denn er hat vom Klavier aus begonnen, die noch wackelige Struktur mit seiner oft genialen Begleitung in straffen Guß zu bringen. Trotzdem: Wenn auch unerfahren auf menschlichem, musikalischem und geschäftlichem Gebiet, so ging die Initiative des Grundstils von mir aus. Von dieser Linie, weil Tatsache, gehe ich nicht ab, lieber Bob. Solltest Du auf dieser Basis einverstanden sein – Gut! Dein Harry.«

Kehren wir in das Jahr 1927 zurück, zu dem Tag, an dem sich Harry Frommermann und Robert Biberti zum ersten Mal begegneten. Biberti beschreibt dieses Zusammentreffen so:
»Ich tauchte also an jenem Abend in Harrys Atelier auf. Der Ausdruck ›Atelier‹ ist jedoch reichlich übertrieben. Der Raum war vielleicht sieben mal sieben Quadratmeter groß, mit schrägen Wänden. Da standen ein Klavier, ein alter Schrank, ein Tisch und eine breite Schlafcouch. Die Wasserleitung war im Treppenhaus und das Klo eine halbe Treppe tiefer.

Vor mir hatten sich Dutzende vorgestellt, Dutzende, die zu 99,9 Prozent indiskutabel waren. Ich stellte mich dahin – also, ich füllte beinah die halbe Dachbude aus, denn ich hatte einen riesigen Wintermantel an, – und sang ›O Isis und Osiris‹, daß die Wände platzten. Harry hatte da ein ganz billiges, uraltes Klavier, auf dem Theodor Steiner mich begleitete, ein bißchen holperig, aber das machte ja nichts, und dann sagte Harry, einigermaßen angetan von meinen Mitteln: ›Kennen Sie die Revellers?‹ – ›Die Revellers? Da fragen Sie mich, ob ich die Revellers kenne?! Seit Jahren kenne ich sie. Das ist das Unerhörteste, was es bisher im Gesang an Präzision, Ausgleich der Stimmen und rhythmischer Wirksamkeit gegeben hat. Das sind Artisten der Kehle.‹ Wir hatten ja so etwas noch nie erlebt. Wir kannten bis dahin nur die üblichen Gesangsquartette mit ›Wer hat dich, du schöner Wald, aufgebaut so hoch da droben‹, vorgetragen mit Glacéhandschuhen und Notenbüchern. – Die Art, wie die Revellers zu singen, war uns völlig neu.«

Harry Frommermann setzte sich dann an jenem Abend ans Klavier und führte Biberti eines der Arrangements vor, die er im Stil der Revellers geschrieben hatte.

ROBERT BIBERTI: »Einmalig war das, völlig abseits von allem, was wir bisher auf diesem Gebiet kannten. Ich roch, daß es eine Sensation werden konnte. Und als Harry sagte: ›Wenn Sie wollen, dann lassen Sie uns das doch zusammen aufbauen‹ – war ich sofort bereit, ohne Bezahlung mitzumachen.

Aber als ich Frommermann dann fragte, ob er denn schon alle anderen Stimmen gefunden habe, die für so einen neuartigen Stil geeignet seien, mußte er das verneinen. Er war heilfroh, daß wenigstens ich aufgetaucht war, wenigstens einer von den vielen, die an diesem Tag vorgesungen hatten: Das sei doch ein Anfang. Mit mir wären sie jetzt schon drei: Steiner als Bariton, ich als Baß und Frommermann als Arrangeur. Zwar gab es für kurze Zeit noch zwei Sänger, Kalinger und Collana, aber die hielten nicht lange durch. Es fehlten also noch der Erste und der Zweite Tenor. Und diese Stimmen habe ich dann mit eingebracht: Ari Leschnikoff und Walter Nußbaum. Das waren Leute aus dem Chor des Großen Schauspielhauses, die ich kannte, deren Qualität ich kannte, da ich ja mit ihnen bei Charell auftrat.

Nußbaum hatte eine gute, verwendbare Stimme, war auch sehr musikalisch, aber – wie sich später herausstellen sollte – charakterlich leider nicht für ein solches Kollektiv geeignet, in dem man monatelang, jahrelang auf Gedeih und Verderb zusammenarbeiten mußte. Er war ein Quengler, aber das stellte sich, wie gesagt, erst später heraus.

Auch Ari Leschnikoff, mit seiner fast exotischen Silberfadenstimme von unglaublicher Höhe und Wärme, ließ sich von mir überreden, monatelang jeden Tag mindestens vier Stunden zu probieren, ohne einen Pfennig dafür zu bekommen, obwohl es ihm schlechter ging, als uns anderen. Er ließ sich überreden, auf ein ungewisses Ergebnis hin. Wobei ihm das, was wir vorhatten, längst nicht so deutlich vor Augen stand, wie Harry und mir. Das hat Ari gar nicht erfaßt, aber er hat mitgemacht, er hat mitgemacht! Letzten Endes wußte damals niemand von uns, ob diese Sache jemals Erfolg haben würde und wann.«

HARRY FROMMERMANN: »Wir dürfen nicht vergessen, daß dieser Gründungsvorgang, der sich da Ende 1927 vollzog, für uns alle unter einem bestimmten Zeichen stand.

Jeder von uns mag sich damals sicher gedacht haben: ›Wenn ich hier die Möglichkeit finde, innerhalb einer Gruppe etwas Neues mit aufzubauen, dann schaffe ich für mich eine Zukunft und komme weg von der großen Herde, aus der ich hervorging. – Was bin ich jetzt? Eine Null, eine Null im Chor, ein Niemand. Aber wenn es hier klappt, dann bin ich plötzlich ein Jemand‹ – so ging es gewiß im Kopf von uns allen vor, in jener Zeit, als so viele arbeitslose Menschen herumliefen. Und so disziplinierte sich ein jeder von uns und ordnete sich der Idee unter.

Am Montag, den 5. Januar 1928 begannen wir mit unseren Proben, zuerst in meinem kleinen Atelier in der Stubenrauchstraße. Es war bitterkalt da oben. Wir scharten uns um den kleinen Kanonenofen, waren guter Dinge und fingen an zu probieren. Aber es ging nicht so glatt, wie wir uns das anfangs vorgestellt hatten. Täglich mußten die Kollegen ins Theater, hatten dort Proben und Vorstellungen und standen darum nur zu bestimmten Zeiten des Tages zur Verfügung. Andererseits war ich ohne Einkommen und mußte mich mit unseren Proben ganz nach den anderen richten. So war ich gezwungen, auf Pump zu leben und schrieb in meiner Freizeit fieberhaft an meinen Partituren. Eigentlich war ich ja weder ein geschulter Musiker noch Sänger, und alle Bearbeitungen, die ich schrieb, entstanden sehr mühselig, eben so, wie ich mir den neuen Stil vorgestellt hatte. Jeder meiner Kollegen glaubte, mit voller Stimme ›donnern‹ zu müssen und ordentlich Resonanz zu zeigen. Sie waren noch gewohnt, mit ihrer Stimme, über ein Orchester hinweg, ein Theater zu füllen. Darum klangen unsere ersten Versuche auch noch wie die Proben eines altmodischen Männerquartetts. Mühselig mußten wir die Tugend erlernen, Zurückhaltung zu üben, um hören zu können, was der Nebenmann sang. So begannen wir, fast im Flüsterton zu singen und konzentrierten uns lediglich auf den Text. Als sogenannter ›Lehrmeister‹ sagte ich ihnen immer wieder: ›Kinder, die Stimmen habt ihr doch, also keine Angst, sie werden auch zu hören sein, wenn ihr lernt, deutlich die Worte auf den Noten zu bilden‹; wie gesagt ein mühsamer Vorgang. Wir brauchten Monate, bis wir die ersten drei, vier Sachen einstudiert hatten.

Daß eine große Arbeit vor uns lag, war uns schon vorher klar, aber wie ungeheuer sie wirklich sein würde, ahnten wir nicht, und ein paarmal waren wir nahe dran, aufzugeben. Es war ja alles Neuland für uns. Dabei half uns das ständige Anhören der Revellers-Platten, denen wir die Art der Tongebung abzulauschen versuchten.«

ROBERT BIBERTI: »Ja, diese Platten waren unsere Richtschnur, sie waren das, was zu erreichen, oder wenigstens teilweise zu erreichen unser höchstes Ziel war.

Immer wieder haben wir die Platten auf unseren Proben gehört und waren oft sehr bedrückt, manchmal sogar verzweifelt, weil wir einfach wußten: Das, was wir hier machen, ist noch himmelweit von dem entfernt, was auf diesen Platten zu hören ist.«

HARRY FROMMERMANN: »Aber bei alledem mußten wir natürlich sehr darauf achten, daß wir keine Kopie der Revellers werden. Die Grundlage dazu versuchte ich schon in meine Arrangements zu legen, in dem ich mir als sogenanntem Nicht-Sänger selbst eine fünfte Stimme in die Partituren schrieb, eine Stimme, die durch die Imitation einer gestopften Trompete zum Beispiel unserem Vortrag komische Akzente aufsetzte und musikalisch belebend wirken sollte. Also weg vom Quartett der Revellers hin zum Quintett. Denn die Idee war zwar, eine ähnliche Gruppe hier in Deutschland aufzubauen, aber sie sollte kein Abklatsch sein.«

ROBERT BIBERTI: »Die Wirksamkeit der Revellers, unerhört genau und fantastisch rein, reichte jedoch nur für zehn, fünfzehn Minuten vielleicht, und nicht für ein ganzes Konzert. Sie waren unglaubliche Artisten und Genausinger, denen aber nur ein enger Bereich zur Verfügung stand. Sie hätten beispielsweise nie ein deutsches Volkslied singen können, weil der Stimmklang nicht dazu paßte. Sie kannten nur Jazz, Jazz, Jazz. Aber im Rahmen ihrer Spezialarrangements, in einem klaren, von jeder Nebenerscheinung, jeder Nebenwirkung befreiten Gesang waren die Revellers unübertrefflich.

Und nur sehr, sehr langsam kamen wir dazu, durch die Verwendung unterschiedlicher Stilelemente, von ihrer Art des Vortrages loszukommen. Unser Ziel war es, alles zu singen, alles ›Zwischen Brahms und Blues‹ wie wir später eines unserer Konzerte nannten. Aber noch Jahre, nachdem wir unser Ziel erreicht hatten, haben wir uns manchmal gefragt, wie würden dies oder das die Revellers machen, mit ihren an sich angenehmen, gut sitzenden, aber doch durch die englische Sprache etwas quäkigen Stimmen.

Damals jedoch, am Beginn unserer Proben, haben wir, wie die Revellers, nur Englisch gesungen. Teilweise taten wir das, weil wir dachten, es ließe sich dadurch besser verkaufen. Denn es war auch schon damals Mode, das Englische.

Nachdem wir einige Wochen probiert hatten, merkten wir, daß wir so nicht weiter kamen. Uns fehlte der Mann am Klavier, der begleitende Pianist, der zugleich auch die musikalische Leitung übernehmen konnte. Harry Frommermann war zwar unerhört musikalisch, er machte interessante Arrangements und gab sich dabei viel Mühe, aber er war doch kein ausgebildeter Musiker. Dazu kam, daß er seine Partituren erst für vier, dann für fünf Stimmen geschrieben hatte, jedoch nie eine Klavierbegleitung. Wir mußten also einen Pianisten finden, der in der Lage war, die Sachen sofort nur durchs Gehör zu übernehmen und quasi als sechste Stimme das Klavier einzusetzen.

Da brachte Ari eines Tages, Anfang März 1928, einen jungen Pianisten mit, Erwin Bootz. Ari kannte Bootz von der Staatlichen Hochschule für Musik, an der sie beide studierten. Bootz hatte gerade die Meisterklasse für Piano mit Erfolg beendet. Ari sprach mit ihm und überredete ihn, uns einmal vorzuspielen und wir merkten schnell, nachdem er ein bißchen am Klavier fantasiert hatte, was wir da mit ihm gewinnen. Er war schon damals, mit 21 Jahren, ein Pianist, dem man eine gewisse Konzertreife zuerkennen mußte. Seine Eltern hatten ein großes Schallplattengeschäft in Stettin. Er war also aufgewachsen mit Schallplatten, besonders von Pianisten der damaligen Zeit, und er spielte diese Platten auch selbst nach. Er spielte sie mitunter so nach, daß sie vom Original nicht zu unterscheiden waren. Man konnte geradezu von einer genialischen Begabung sprechen.«

HARRY FROMMERMANN: »Erwin konnte Liszt spielen, er konnte Jazz spielen, er konnte Wagner spielen, er konnte alles, was er wollte. Er konnte orchestral spielen und zugleich hatte er eine ›hüpfende Linke‹, die die Grundlage für den Jazz ist. Er spielte fantastisch leicht, wie mit Katzenpfötchen. Als wir ihn hörten, wußten wir sofort: Der ist es! – So übernahm Erwin Bootz jetzt das Zepter und wir begannen die Arbeit von neuem.«

ERWIN BOOTZ: »Ja, und dann fing ich an, mit ihnen zu probieren, und war zunächst einmal sprachlos, weil alle Arrangements so ziemlich zwölf Minuten lang waren. Harry hatte alles, was ihm an Zitaten eingefallen war, verschwenderisch hineingestreut. Da gab es Modulationen von einer Tonart in die andere, das begann mit einem Anfangsmotiv aus dem ›Fliegenden Holländer‹, ging über in ein harmloses Lied, dann kam ein Jig Walk usw. usw. usw. Also, es war ganz toll, was er da alles reingezaubert hatte. Ja, und dann ging ich an die Arbeit und habe erstmal vieles von dem wieder rausgeschmissen. Harry war wirklich ein geborener Musikant, und er hatte auch hübsche Einfälle, aber er kannte eben das Handwerk nicht. Das hat er erst nach und nach von mir gelernt, also unter meiner Anleitung. Und dann hat er sehr gute Arrangements gemacht, wirklich sehr gute, denn für mich wäre das viel zuviel gewesen. Alles allein machen zu wollen, dazu war ich zu faul. Außerdem hatte er wirklich schöne musikalische Einfälle, die sehr gut zu gebrauchen waren. Die Klavierbegleitung haben wir aber auch später nie aufgeschrieben. Das besprachen Frommermann und ich, und dann setzte ich es nach Gehör auf das Klavier um.

Nun kam folgendes hinzu: Kurz nachdem ich zu der Gruppe gestoßen war, sollten wir das erste Mal vorsingen, und zwar in der

›Scala‹. Die ›Scala‹ war das größte und wichtigste Varieté-Theater Berlins und damit von ganz Deutschland. Ende März gingen wir also dahin und sangen dem damaligen Direktor Marx und zwei, drei anderen Herren vor.«

ROBERT BIBERTI: »Es war eine Niederlage ersten Ranges. Wir standen in unseren Straßenanzügen auf der riesigen Bühne, die Portalöffnung war ungefähr 25 Meter breit, und über uns brannte eine einsame Arbeitslampe von tausend Watt. Nichts klappte mehr. Wir sangen völlig auseinander. Es war nur noch ein Sammelsurium von unverständlichen Worten und ununterscheidbaren Stimmen. Wir hörten das Piano nicht mehr, keiner achtete mehr auf den anderen. Es war schrecklich!«

ERWIN BOOTZ: »Leschnikoff sang zum Beispiel das hohe ›C‹ viel höher als Caruso, um mir den alten Scherz zu erlauben. Das heißt, er wich immer nach oben aus und hat es erst viel später gelernt, sauber zu singen. Und mit den anderen ging es nicht viel besser. Dazu kam, daß sie alle Bewegungen von rührendem Ungeschick machten. – Wir hatten eben unter diesen Umständen noch nie probiert, und der weite, hallende Raum brachte uns völlig durcheinander. Außerdem dauerte jede einzelne Nummer viel zu lange.

Nach einer Pause sagte dann der Direktor Marx: ›Vielen Dank fürs Vorsingen, meine Herren, aber das ist wohl mehr etwas für ein Beerdigungsinstitut. Wir haben hier aber ein Vergnügungsetablissement. Wenn Sie wollen, dann kommen Sie doch in einem Jahr mal wieder.‹ Ja, da standen wir nun da, ganz bedeppert und belämmert, ließen die Köpfe hängen und waren sehr niedergeschlagen. Wir gingen dann gegenüber in die sogenannte ›Kleine Scala‹, ein Artistenlokal, und sprachen uns gegenseitig Trost zu. Und da sagte schließlich Biberti: ›Herrschaften, Rückschläge werden wir immer wieder haben. Ich hab sie x-mal gehabt im Leben in dieser Hinsicht, mit Theatern und Kollegen und so weiter. Laßt uns jetzt nicht auseinandergehen. Jetzt wird feste geprobt. Wir werden diese ganzen Fehler beseitigen. Wir werden es schaffen, da gibt es gar keinen Zweifel.‹«

ROBERT BIBERTI: »Ja, und ich hatte das Glück, mit vernünftigen Leuten zu reden, die das einsahen und weiterprobten. Umsonst probierten sie und schlugen sich die Nächte um die Ohren. Denn wir alle hatten trotz unserer Katastrophenstimmung mehr oder minder im Unterbewußtsein begriffen, daß das, was wir machten, etwas völlig Neues war und daß sich dieses Neue eines Tages gut verkaufen lassen mußte. Und wie wir wissen, war diese Spekulation richtig.«

Bevor sie jedoch ihre Probenarbeit wieder aufnahmen, versammelten sich Frommermann, Steiner, Biberti, Leschnikoff und Nußbaum am 1. April 1928 in der Wohnung von Bibertis Eltern, gaben sich den Namen ›Melody Makers‹, gründeten eine Gesellschaft bürgerlichen Rechts und machten einen Vertrag, in dem Harry Frommermann und Theodor Steiner als Inhaber der Truppe genannt wurden. Der Vertrag war vorerst auf ein Jahr begrenzt. Als anteilige Gage war darin für jeden ein Sechstel der Netto-Einnahmen vorgesehen. 13 weitere Paragraphen regelten die restlichen Einzelheiten des Vertrages. So wurde z. B. im § 6 festgelegt, daß die Nichtanwesenheit bei Proben mit 10 % einer Tagesgage bestraft werden sollte, während das schuldhafte Fehlen bei Auftritten für den Betreffenden die Übernahme einer Konventionalstrafe, sowie 5 % der Einnahmen kostete. Theodor Steiner erinnert sich Jahrzehnte später an diese erste Gesellschafterversammlung in einem Brief an Frommermann. Er schreibt: »Während wir die Einzelheiten des Vertrages besprachen, saß Bobs Mutter mit einer Bekannten im Nebenzimmer und ich hörte, wie diese Frau der Mutter von Biberti zuflüsterte: ›Das sind ja lauter Juden!‹ Worauf Bobs Mutter sie mit einem ›Psst‹ ermahnte, leiser zu sprechen.«

Aber ein anderes Problem mußte gelöst werden. Das gescheiterte Vorsingen in der ›Scala‹ hatte gezeigt, daß das winzige Atelier von Frommermann für die Proben völlig unzureichend war.

Kurze Zeit versuchte man es in dem möblierten Zimmer von Erwin Bootz, aber schon bald warf die Wirtin sie wegen ›Lärmens‹ hinaus. Da fand Harry Frommermann durch einen glücklichen Umstand einen Ausweg.

ARI LESCHNIKOFF: »Eines Tages kommt Harry mit eine dicke Mädel an. Sympathisch, aber korpulent, das können Sie sich nicht vorstellen! – Das war Jester, die Tochter von Asta Nielsen.«

Die Dänin Asta Nielsen war eine der beliebtesten und erfolgreichsten Schauspielerinnen der Stummfilmzeit. Sie galt als eine der ersten Filmgöttinnen, nicht nur in Deutschland. Von großer Zartheit, starker Ausdruckskraft und mit ausdrucksvollen dunklen Augen war sie in der Art ihrer Darstellung ihrer Zeit weit voraus.

ARI LESCHNIKOFF: »Und Harry erzählte Jester von unserem Problem, einen Probenraum zu finden. Wir sangen Jester alles vor, was wir gelernt hatten, dann ging sie zu ihrer Mutter und erzählte ihr davon. Schließlich hat uns Asta Nielsen zum Abendbrot eingeladen, dann haben wir wieder gesungen, sie fand es wunderbar, wunderbar, und ihre Tochter sagte: ›Ja, und jetzt haben sie keinen Platz mehr, um zu studieren. Kannst du ihnen nicht helfen?‹ – Da nahm Asta Nielsen einen Schlüsselbund und sagte zu Harry: ›Hier habt ihr die Schlüssel für meine Wohnung. Da drüben ist der Musiksalon. Er ist für euch da.‹ – Das war in der Kaiserallee, nicht weit von der bulgarischen Botschaft.«

ROBERT BIBERTI: »Wir gingen in den Salon, dort stand ein herrlicher Flügel, ein Steinway selbstverständlich, und dort durften wir nun spielen und singen, so leise und laut wie wir wollten. Es war eine riesige Wohnung, die durch Teppiche, Plüsch und Vorhänge so abgedichtet war, daß sich niemals jemand beschwerte, wenn wir sechs Mann dort oben übten, oft mitten in der Nacht bis um 2 oder 3 Uhr. Das war eine andere Sache als in dem jämmerlichen ›Atelier‹ von Harry, mit dessen Schindergaul von Klavier.

Wir waren häufig gezwungen, uns auch nachts in dieser sehr, sehr schönen Wohnung von Asta Nielsen zu treffen, wenn andre Leute bereits der Ruhe pflegten. Denn tagsüber hatten die meisten von uns eine andere Beschäftigung, sei es als Chorsänger oder in kleinen Rollen, oder auch mal als Angestellter. In dieser Zeit der Not nahm man alles mit, was kam. Wir mußten doch leben. Und so begannen wir oft erst nachts nach zwölf Uhr mit der Probe und haben Asta Nielsen, diese so hilfsbereite Frau, fast nie gesehen. Sie schlief einige Zimmer weiter und soll manchmal ihre Schlafzimmertür offenstehen gelassen und uns zugehört haben, wenn wir da bis 3 Uhr früh probten. Aber sie ließ sich nie blicken, diese Künstlerin, diese Göttin des Stummfilms. Göttinnen bleiben eben unsichtbar.«

ERWIN BOOTZ: »Wir haben nicht ganze Nächte probiert, das ist eine liebenswürdige Übertreibung von Bob. Wir waren sehr fleißig. Das waren wir. Wir haben wirklich zu allen möglichen Zeiten probiert. Wir machten meistens zwei Proben am Tag. Aber nicht nachts. Das, was wir in den Nächten probierten, hatte mit Arbeit oder ähnlichen Dingen nicht das geringste zu tun. Jedenfalls kann ich mich nicht erinnern. Vielleicht haben die anderen aus purer Begeisterung heimlich ohne mich probiert. Das kann ja sein, obwohl ich es für unwahrscheinlich halte. Ich habe mir jedenfalls meine Abende nicht nehmen lassen. Wozu denn auch? Es war ja am Tag Zeit genug, zum Probieren.«

HARRY FROMMERMANN: »Erwin verwechselt das mit der Zeit, als wir es bereits geschafft hatten. Da konnten wir zu jeder Tageszeit probieren, da waren wir frei. Aber in den Monaten vor unserem ersten Auftritt, als wir noch keinen Pfennig verdienten, haben wir auch spät abends gearbeitet, nachdem die Kollegen ihre Vorstellungen beendet hatten. Und bei Asta Nielsen konnten wir eigentlich nur probieren, wenn sie nicht in Berlin war, wenn sie zum Beispiel außerhalb filmte, oder während ihrer langen Ferienzeit im Sommer 1928. Oft trafen wir uns darum immer noch bei mir im Atelier. Mittags gab es dann bei ›Aschinger‹ für 40 Pfennig eine Terrine Erbsensuppe mit Speck, inklusive frischer Brötchen, die frei waren, dann gings wieder ins Atelier zurück, wo wir alle auf der breiten Couch oder auf dem Fußboden Siesta hielten. Mit der Erbsensuppe im Magen war an Singen nicht zu denken.«

ROBERT BIBERTI: »Es mußte viel probiert werden, mindestens vier Stunden am Tag. Und wenn ich sage, vier Stunden, so ist das wirklich viel. Denn diese Proben waren äußerst intensiv. Wir wußten genau: Wir kommen nie zum Ziel, wenn nicht die absolute Tongenauigkeit erreicht werden würde, die einen Akkord erst wirksam macht, und die es aber bisher noch nie im Quartettgesang gegeben hatte.

Jedes Orchester konnte so funktionieren, denn Instrumente sind willig, da sind Töne schon drauf, aber die menschliche Stimme ist in gewissem Sinne unbeweglich und muß erst dazu trainiert werden, wie ein Instrument zu reagieren, mit sechzehntel und zweiunddreißigstel Noten, mit Sprüngen und Intervallen. Und das oft in einer Schnelligkeit, die es im Gesang vorher nicht gegeben hat und die wohl auch nicht verlangt wurde.

Aber nicht nur jede einzelne Stimme mußte zu einer solchen Geschmeidigkeit erzogen werden, sondern auch der Gleichklang von mehreren Sängern. Jeder Tonwechsel, auch der schnellste, mußte synchron erfolgen. Das war das Wichtigste.«

HARRY FROMMERMANN: »Wichtig war auch, daß alle wie aus einem Guß sprachen, daß wir lernten, synchron zu artikulieren, und jedes Wort von uns fünfen so gesprochen wurde, daß es selbst im größten Saale jeder verstand. Jede Stimme wurde einzeln probiert. Die anderen hörten zu und deren Gehör und Empfindsamkeit wurden dadurch ständig geschärft. Es kam darauf an, auch die geringsten Unterschiede in Stimmstärke und Stimmhöhe auszumerzen. Dazu bedurfte es aber einer gewissen Entpersönlichung der Stimme, das heißt, keiner konnte voll aussingen. Der Gesang mußte so verhalten vorgetragen werden, daß er immer menschlich blieb, biegsam, nachgiebig und schnell wechselnd in Tonhöhe und Rhythmus. Genauso war es aber notwendig, daß wir klanglich nicht vom Klavier zugedeckt wurden. Also mußte sich auch Bootz zurückhalten. Große Klaviersolos zu spielen, war nicht drin. Er hätte uns glatt übertönt. So begleitete er uns mit Katzenpfötchen, wir hörten ihn, er hörte uns und ganz allmählich begann sich ein eigener Ensembleklang zu formen. Tag für Tag wurde das, was wir sangen, etwas kultivierter.«

ROBERT BIBERTI: »Durch das ständige Abhören und das Durchprobieren erst einzelner, dann von zwei und drei Stimmen, z. B.

Erster und Zweiter Tenor, dann Baß und Bariton usw. schärfte sich der Sinn für den Ausgleich, für die Harmonieführung und die Genauigkeit der Stimmhöhe immer mehr. Das alles vollzog sich im Laufe von weiteren vier Monaten, in denen mit großer Intensität und mit merkbaren Fortschritten gearbeitet wurde.«

HARRY FROMMERMANN: »Das Geheimnis des Zusammenklangs war entscheidend für den späteren Erfolg, daran feilten wir unablässig, um eine gewisse Leichtigkeit, einen bestimmten Charme herauszuarbeiten. Wichtig war, daß es nicht einstudiert klang, sondern wie aus dem Ärmel geschüttelt. Man durfte die Schwierigkeiten nicht hören, die darin steckten, so zu singen. Und von der ersten Probe an, am 16. Januar 1928, dauerte es fast acht Monate, bis wir es im August endlich wagten, einem Agenten vorzusingen. Und keiner hatte bisher etwas verdient dabei.«

ROBERT BIBERTI: »Einige Wochen zuvor aber, am 17. Mai 1928, gab es noch einen Wechsel im Ensemble. Von Anfang an hatte ich gesehen, daß der Bariton Theodor Steiner für das, was wir erreichen wollten, ungeeignet war. Es gelang ihm nie, wirklich rein zu singen. Er sang immer ›in die Ritzen‹, wie man so sagt. Andererseits verstand sich Steiner als einer der beiden Gründer und ich war da erst später hineingeschneit. So sagte ich vorsichtig zu Frommermann – ich war ja neu und wollte da nicht gleich mit der Faust auf den Tisch schlagen – ich sagte: ›Wissen Sie, Harry, dieser Mann scheint mir nicht taktfest zu sein und für die Ansprüche, die wir stellen, nicht verwendbar. Mit ihm werden wir es nie schaffen.‹

Aber Frommermann hatte selbst schon begriffen, daß Steiners Mittel nicht ausreichten. Und so gingen wir auf die Suche nach einem neuen Bariton. Wir haben alle möglichen ausprobiert, alle möglichen Baritone, aber keiner war der richtige, bis uns Ari Leschnikoff schließlich auf einen polnischen Sänger aufmerksam machte, der mit uns im Chor des ›Großen Schauspielhauses‹ gesungen hatte: Roman Cycowski. Er hatte eine prachtvolle, kräftige, warme, gesunde Stimme, war von hoher Musikalität und sang fließend Noten vom Blatt. Man mochte nicht aufhören, ihm zu lauschen.«

Roman Cycowski: »Ja, Ari Leschnikoff hat mir von der Gruppe erzählt: ›Komm doch mal mit‹, sagte er, ›du bist doch sehr musikalisch. Guck doch mal da rein‹ und so. – Ja, und dann bin ich mitgegangen und hab dort was improvisiert, Jazz. Ich liebte Jazz nicht, weil ich doch Opernsänger gewesen war, aber sie wollten mich unbedingt haben. Sie redeten alle auf mich ein. Ich zögerte. Ich wollte zur Oper zurück und weiter daran studieren. Aber sie sagten mir, hier kannst du viel verdienen. Und da hab ich mir gedacht, ich muß ja nicht ewig bleiben bei der Gruppe. Ich werde das Geld sparen und nach zwei, drei Jahren geh ich zurück zur Oper. Ich habe nicht gewußt, daß sich die Sache so gut entwickeln würde. Später kam dann Hitler, ich mußte raus aus Deutschland und habe die Idee, wieder zur Oper zu gehen, aufgegeben. So kam es, daß ich damals im Mai 1928 doch zustimmte und ich fing an, mit ihnen zu probieren. Es war sehr schwer für mich. Ich war der einzige mit einer großen Stimme und mußte sie fortwährend zurückhalten. Leschnikoff hatte eine wunderschöne Stimme, wie Seide, aber dünn wie ein Hauch. Und wenn er piano sang, mußte ich noch leiser singen.

Als ich zu ihnen kam, hatten die anderen ja schon lange probiert und ich habe dann das, was sie sich in mehreren Monaten erarbeitet hatten, in wenigen Wochen gelernt, – diesen Jiggwalk und die anderen Jazzsachen.«

Im August war es endlich soweit, daß sie sich ein zweites Mal an ein Vorsingen wagten.

Harry Frommermann: »Nun, als wir nach acht Monaten Arbeit einigermaßen Schliff hatten, bat ich den Künstleragenten Bruno Levy, einen entfernten Verwandten von mir, zu einem Vorsingen. Er kam in die Wohnung von Asta Nielsen, wo wir die letzte Zeit probiert hatten und hörte sich unbewegten Gesichtes, Zigarre rauchend, unser erstes Lied an. Wir schwitzten wie verrückt vor Hitze und Aufregung – es war wie gesagt ein Tag im August – und als wir eine kleine Pause machten, fragte er: ›Und was habt ihr noch?‹ – Also sangen wir noch ein Lied und dann noch eines. Er rührte sich nicht, guckte uns nur durch seine dicke Brille an und fragte immer wieder: ›Na, und nu? Is das alles?‹ – bis schließlich das kleine Repertoire, das wir damals beherrschten, abgesungen war und wir atemholend und schwitzend herumsaßen. Ohne irgend etwas über unsere Darbietung zu sagen, ging Bruno Levy plötzlich zum Telefon und ließ sich mit Eric Charell verbinden – dringend: ›Herr Charell? – Ja, hier ist Levy. – Ich habe eben eine Gesangsgruppe gehört. Die sind ja besser als die Revellers. – Ja, noch nie aufgetreten. – Nee, ganz neu für Deutschland. Die ‚Melody Makers'. – Ja, wir kommen sofort rüber.‹ Wir sahen uns verdutzt an. Daß er uns bei Charell anbietet, wo einige von uns noch immer in dem riesigen Chor sangen, war unvorstellbar. Aber nicht nur das, Charell war der größte Revuekönig, den es damals gab. Und dort sollten wir jetzt noch einmal vorsingen? Wir konnten es schon nicht fassen, daß unser Agent uns für gut befunden hatte – und nun Charell? Aber Bruno Levy packte uns in zwei Taxis und wir fuhren schnell in die Stadt. Wir kamen in das damalige ›Große Schauspielhaus‹ in der Friedrichstraße und mußten an diesem heißen Tag unser kleines Repertoire ein zweites Mal vorsingen. Das Wunder trat ein, und Charell bot uns sofort einen Vertrag an, durch den meine Kollegen, die dort noch als Chorsänger engagiert waren, weit mehr als bisher verdient hätten. Levy aber winkte ab, er fand es zu wenig und sagte: ›Geht doch mal in die Kneipe rüber und trinkt ein Bierchen. Das wird euch sicher erfrischen. Ich verhandle hier inzwischen weiter. Ich komm dann gleich nach.‹ – Wir gingen also, tranken unser Bier, und nach einem Weilchen kommt Levy und sagt: ›Also, Charell will nicht mehr zahlen. – Wißt ihr, was wir jetzt tun? Wir geh'n rüber zur Haller-Revue. Haller hat auch gerade mit den Proben begonnen und engagiert neue Leute.‹ – Haller war die große Konkurrenz von Charell. Sie liebten sich wie Katz und Maus. Die Vorstellung, nun auch noch mit Haller zu verhandeln, nur um den Preis bei Charell hochzutreiben, war fantastisch. – Gesagt, getan, wir gingen die paar Schritte zum damaligen Admiralspalast, wo Levy sich bei Haller melden ließ. Wir setzten uns ganz ruhig hinten in die letzte Reihe im Parkett, und sahen zu, wie sich die verschiedensten Leute bei Haller vorstellten und sich um ein Engagement bewarben. Da öffnete sich nach einer Weile eine der Parkett-Türen und ein Messenger-Boy kam herein. Das waren Jungens in einer roten Uniform, die auf einem Fahrrad innerhalb Berlins mit einer Nachricht von einer Agentur zur anderen, von einer Firma zur anderen fuhren. Dieser Messenger-Boy hatte einen Brief in der Hand und fragte:

›Ist hier ein Herr Levy?‹ – ›Ja!‹ – Levy springt auf und geht ins Vestibül. Wir alle wie verrückt hinter ihm her. – Levy reißt den Brief auf und sagt: ›Ob ihr es glaubt oder nicht, der Brief ist von Charell. Jetzt habe ich ihn, wo ich ihn haben wollte. Ich wußte vorher, daß er uns nachspionieren würde. Nun seid mal ruhig, daß ich euch den Brief vorlesen kann.‹ – Und er las vor: ›Herr Levy! – Wenn Sie die Leutchen bei Haller vorsingen lassen oder sogar einen Kontrakt unterschreiben, dann mache ich Sie und die jungen Leute, von denen einige bei mir noch unter Vertrag stehen, für die Zukunft unmöglich. – Ich verdopple mein Angebot. – Unterschrift: Charell.‹

Also liefen wir sofort wieder zurück ins Große Schauspielhaus, es dauerte zehn Minuten, dann hatten wir einen Vertrag für die Revue ›Casanova‹ in der Tasche, mit 100 Mark täglich – das waren 16 Mark pro Mann – also für jeden von uns 500 Mark im Monat.«

ROBERT BIBERTI: »Ja, es war wirklich ein ungeheures Glück. Von einem Tag auf den anderen sollten wir 500 statt 180 Mark im Monat verdienen. Dazu kam die uns in dem Vertrag ausdrücklich zugestandene ›Pendelerlaubnis‹. Das heißt, wir erhielten das Recht, außerhalb der Zeiten, die wir für die Proben und Vorstellungen bei Charell zur Verfügung stehen mußten, auch anderswo aufzutreten.

Als wir von Charell engagiert wurden, hatten die Proben für die Revue schon begonnen, denn bereits am 1. September sollte Premiere sein. ›Casanova‹ war eine Operette von Johann Strauß, die Ralph Benatzki in Revueform bearbeitet hatte. Michael Bohnen, der große Tenor, sang die Titelpartie. Unsere Auftritte waren als ›entre acte‹, also als Zwischenmusiken vorgesehen. Während der Umbauten zwischen den einzelnen Umzügen sollten wir einmal als spanische, dann als italienische und schließlich als böhmische

Musikanten auftreten in unserer Art, mit unseren Arrangements Solo-Einlagen haben und immer im entsprechenden Kostüm.«

HARRY FROMMERMANN: »Eines Morgens, als wir gerade dabei waren, das italienische Intermezzo zu probieren, kam Charell mit seinen beiden Autoren Schanzer und Wehlisch in unseren Probenraum. Sie hatten sich Gedanken über unseren Namen gemacht. Charell erschien er zu zahm. Er meinte: ›Nein, nein, Kinder, Melody-Makers, das klingt viel zu nüchtern. Es müßte etwas sein, was Eure Komik und Eure Melodik unterstreicht und in eins zusammenfaßt. – Wie wär's mit COMEDIAN HARMONISTS? Das klingt lustig und harmonisch, das klingt nach Komödie und Harmonie, nach harmonischem Gesang.‹ – Wir haben nicht ›Nein‹ gesagt und so ist der Name COMEDIAN HARMONISTS entstanden. Mit ihm hatten wir Premiere, machten mit ihm Karriere und er blieb uns erhalten, bis 1935, bis zu unserem Verbot in Deutschland.«

Die ersten Erfolge
(1928 und 1929)

>»*Ich hab für dich 'nen Blumentopf,*
>*'nen Blumentopf bestellt,*
>*und hoff, daß dir der Blumentopf,*
>*der Blumentopf gefällt.*
>*Es ist der schönste Blumentopf,*
>*der schönste auf der Welt.*
>*Drum gieß mir meinen Blumentopf,*
>*daß er sich lange hält.*«

Musik und Text: ERWIN BOOTZ
– Aufnahme der COMEDIAN HARMONISTS am 23. Mai 1930

v.l.n.r.: *Erwin Bootz, Ari Leschnikoff, Erich Collin, Harry Frommermann, Roman Cycowski, Robert Biberti*

Am 1. September 1928 hatten die COMEDIAN HARMONISTS ihr Debüt. An diesem Tag hatte die Charell-Revue ›Casanova‹ Premiere. Sie wurde ein großer Erfolg bei Publikum und Presse.

Die COMEDIAN HARMONISTS traten, wie gesagt, nur in den Zwischenakten auf.

ROBERT BIBERTI: »Ich weiß nur, daß wir damals noch schrecklich sangen, schrecklich. Es war aber auch sehr schwierig, da wir ja auf den Proben immer in unmittelbarer Nähe des Flügels sangen und somit den Klang des Instruments im Ohr hatten. Im Großen Schauspielhaus war das jedoch nicht möglich. Wir standen oben auf der riesigen Bühne und Erwin am Flügel saß unten, viele Meter entfernt, im Orchestergraben. Das war für uns ein großes Handikap, es fiel uns schwer, uns durchzusetzen, und so kam es, daß die italienische und die spanische Nummer so gut wie keinen Applaus brachten, dafür um so mehr der böhmische Auftritt. Da konnten wir endlich ein wenig komisch sein, wenn es uns auch schwerfiel, denn durch die vorherigen schwachen Nummern waren wir ziemlich bedrückt. Aber – o Wunder – die letzte brachte uns etlichen Applaus ein. Wir sprangen hinter der Bühne meterhoch, umhalsten uns und waren sehr, sehr glücklich.«

HARRY FROMMERMANN: »In einer der Logen ganz vorn saß Bruno Walter, der berühmte Mozart-Dirigent. Und sogar er klatschte. Wir verbeugten uns zu seiner Loge hin, unsere Herzen stiegen höher, unsere Stimmung war ganz wunderbar und Erwin Bootz meinte: ›Ja, Kinder, es kann nun sein, wie es will, aber: die Leute haben geklatscht. Es hat ihnen gefallen und das ist ja doch ein ganz schöner Erfolg.‹

Insgesamt waren wir sechs Monate bei Charell im Großen Schauspielhaus. Jeden Abend sahen uns dort 3500 Menschen, mittwochs und samstags gab es Nachmittagsvorstellungen. Und wenn man das alles zusammenzählt, dann haben uns gleich zu Beginn fast eine Million Menschen gesehen.«

ROBERT BIBERTI: »Von diesem ersten Auftreten an war der Erfolg der COMEDIAN HARMONISTS gesichert. Das ist keineswegs selbstverständlich, denn die Zwanziger Jahre waren für junge Künstler meistens nicht so golden, wie es uns die Legende weiszumachen versucht. Gewiß, viele Künstler haben damals ihre erfolgreiche Laufbahn begonnen, unzählige andere aber führten zur gleichen Zeit einen verzweifelten Existenzkampf. Zusammenbrüche, Pleiten und Selbstmorde rissen nicht ab. Viele bewährte Theaterdirektoren mußten aufgeben, gerieten in Not und Schulden und in Vergessenheit. Bei allem Glanz war es, mit wenigen Ausnahmen, ein Theater des erbarmungslosen Kampfes, oft sogar ein Theater der bittersten Not. – Vielleicht war es deshalb so gut.«

ROMAN CYCOWSKI: »Da fällt mir eine Geschichte ein, die mich gleich nach der Premiere von ›Casanova‹ in Schwierigkeiten brachte.

Als wir den Vertrag bei Charell machten, hatte ich bereits eine Verpflichtung als Kantor zu den Hohen Feiertagen an der Synagoge von Breslau. Also ging ich zu Charell und bat ihn, mir für die Feiertage freizugeben. Ich sagte ihm: ›Die Leute erwarten mich dort. Als ich vor Monaten das Engagement abschloß, wußte ich noch nicht, daß ich jetzt bei Ihnen sein werde. Ich habe auch schon einen Bariton, der mich vertreten kann. Lutz ist sein Name. Ein Mann, mit dem ich schon viel gearbeitet habe in Kinos, bei Stummfilmen. Bitte!‹ Ich glaubte, Charell würde mir, weil er auch Jude war, ohne weiteres freigeben, aber er lehnte ab. – Nun hatte Lutz meinen Part schon gelernt, es war ja eine Nebenrolle. Und dann verlangten die Leute in Breslau, ich soll einen Tag früher kommen für eine Probe, der Organist hätte das gewünscht. Da bin ich ohne Erlaubnis gefahren, Lutz hat für mich gesungen und ich mußte 500 Mark Konventionalstrafe zahlen. 125 Mark bekam ich in Breslau und der Rest wurde mir im Großen Schauspielhaus abgezogen. Aber ich habe es gerne bezahlt. Ich wollte die Leute in Breslau nicht enttäuschen. Zwei Jahre später haben wir dann dort das erste Konzert gegeben, es war ausverkauft. Und viele Leute, die dahin kamen, kannten mich noch von früher.«

ROBERT BIBERTI: »Trotzdem war Charell ein Glücksfall für uns. Dort verdienten wir jetzt 500 Mark statt 180 im Monat, hinzu

... es kann nun sein wie es will, aber: die Leute haben geklatscht ...

kam, daß wir die sogenannte ›Pendelerlaubnis‹ im Vertrag hatten, das heißt, daß wir neben unseren Auftritten im Großen Schauspielhaus noch in anderen Häusern singen durften. Zwar mußten wir uns Charell gegenüber verpflichten, dort andere Lieder zu Gehör zu bringen, als bei ihm, aber das konnten wir guten Gewissens unterschreiben.

Der erste, der uns engagierte, war Kurt Robitchek, der Direktor des ›Ka-de-Ko‹, des ›Kabarett der Komiker‹. Am 16. Oktober 1928 begann dort unser erstes Gastspiel, angekündigt als die ›Comedian Harmonists, die deutschen Revellers, mit Genehmigung des Großen Schauspielhauses‹. Von da an wechselten wir jeden Abend nach der Vorstellung von ›Casanova‹ das Kostüm, zogen unseren Smoking an, tingelten zum ›Ka-de-Ko‹, sangen dort ein paar Liedchen und manchmal sogar in einem dritten Haus, wo wir zwar etwas weniger verdienten, aber manchmal kamen wir auf 50 Mark pro Abend für jeden von uns, was damals enorm war! Denn nach dem ›Ka-de-Ko‹ meldeten sich andere Lokale, wie ›Valencia‹, ›Barberina‹, ›Bajadere‹, die ›Regina‹ und die ›Königin-Bar‹. Das waren Nachtclubs. Und überall waren wir beliebt. Diese Auftritte sahen so aus, daß wir uns in die Mitte des Parketts stellten, es gab keine Guckkastenbühne, was sehr unangenehm war, sondern um uns herum saßen essende und trinkende Männer und Weiber, die auch gar nicht den Mund hielten, wenn wir sangen. Das erste Lied, das wir uns einstudiert hatten, war: ›Ich küsse Ihre Hand, Madame‹, dann kam: ›So blue‹, ›Jigg-Walk‹, ›Ich hab ein Zimmer, gnädige Frau‹ und ›Du hast mich betrogen – ach, das tut mir so weh!‹ Und dazu hatte Erwin Bootz noch eine Auftrittsnummer komponiert: ›Ich glaub, ich hab mich verliebt‹ – sehr rasant, sehr schmissig. – Ja, das waren unsere ersten Lieder, fast alles Schmarren, aber wirksam. Wir merkten schnell, wofür das Publikum empfänglich war.

Bald waren wir völlig ausgebucht. Abends waren wir bei Charell, dann ging es in die Nachtclubs und tagsüber probierten wir für unsere ersten Schallplattenaufnahmen. Denn es dauerte gar nicht lange, da machten wir unseren ersten Vertrag mit einer Plattenfirma, der Lindströmgesellschaft ›Odeon‹. Noch während unserer Probenzeit hatten wir dort am 10. Mai unsere ersten Testaufnahmen gemacht. Die Verbindung zu Odeon war durch Erwin Bootz zustande gekommen, dessen elterliches Geschäft in Stettin ein Großabnehmer von Odeon-Platten war. Und solch angesehenen Kunden tat man auch gern mal einen Gefallen. Nachher gingen die Dinger weg wie warme Semmeln, da freute man sich bei der Odeon, einen Vertrag mit uns zu haben.«

ERWIN BOOTZ: »Wenn man heute diese ersten Aufnahmen hört, muß man sich die Ohren zuhalten. Wir sangen damals noch ganz unausgewogen und roh. Dazu kam, daß sie noch rein akustisch aufgenommen wurden. Da gab es den riesigen Trichter, in den man hineinsingen mußte. Wir wurden so hintereinander und übereinander aufgebaut, daß der Trichter jeden von uns erfaßte. Daneben stand ein alter Aufnahmeleiter, der die Maschine mit der dicken Wachsplatte bediente, der alte Dagerz, ein Mann von fast 70 Jahren, ungerührt, was auch immer kam. – ›Aufnahme‹, sagte er dann und richtete den Trichter auf uns, wir sangen und wenn wir fertig waren, drehte er den Trichter um und sagte: ›Ende der Aufnahme.‹ Völlig spannungslos. Nun konnte man jedoch die Aufnahmen, die man eben gemacht hatte, nicht abhören. Denn wenn man die Wachsplatte abspielte, war sie vernichtet und für Preßzwecke nicht mehr zu gebrauchen. Also mußten wir alle Aufnahmen auf Verdacht machen, manchmal sogar zwei oder drei verschiedene Versionen, von denen dann je eine Probepressung erfolgte. Und aus diesen Probeplatten suchten wir schließlich die endgültige Fassung heraus. – Ja, wenn wir damals, also Ende der Zwanziger Jahre, schon das Tonband gehabt hätten – das man in aller Ruhe besingen, abhören, cutten und nochmals abhören kann, bevor es auf eine Platte übertragen wird –, dann wäre das eine ungeheure Erleichterung für uns gewesen, denn manchmal war es schon qualvoll, eine solche Aufnahme zu machen, ohne zu wissen, wie es klingt und immer in der Angst, daß einer von uns einen Fehler macht, aus Nervosität zum Beispiel und alles ist verdorben.«

ROMAN CYCOWSKI: »Ja, wir haben diese Platten gemacht, weil wir hungrig waren auf Geld. Das war neu für uns. – Aber so haben wir auch entdeckt, was uns fehlt. Wir haben uns die Platten angehört und haben gemerkt: Oh, das ist nicht gut! Das müssen wir ausbessern, das müssen wir so machen und das so. Und so haben wir gelernt. Später haben wir sogar von jedem Lied zuerst eine Platte gemacht, denn damit konnten wir uns kontrollieren. In den sechs Monaten, die wir bei Charell waren, hat die Odeon 23 Titel mit uns aufgenommen, alle noch mit Nußbaum als Zweitem Tenor. Später haben wir dann gewünscht, wir hätten sie besser nicht gemacht. Wir waren noch lange nicht perfekt. Jeden Monat haben wir zwei, drei Platten fabriziert, und alle 14 Tage gab's 400 oder 500 Mark. Es war ein großer Fehler, denn wir steckten noch in den Kinderschuhen.

Am 31. Oktober 1929 machten wir dann einen Exklusiv-Vertrag mit der Electrola, der noch heute gültig ist. Nachher, als wir groß waren, hat die Odeon die alten, schlechten Platten auf den Markt geschmissen, bis ihnen die Elektrola für viel Geld die Rechte abkaufte und die alten Matrizen vernichtete.«

Nach diesem Lizenz-Vertrag mit der Electrola verpflichteten sich die COMEDIAN HARMONISTS, im Jahr mindestens 20 Titel aufzunehmen und bekamen dafür von jeder verkauften Platte erst 5 %, ab 1932 sogar 7,5 % vom Verkaufspreis. Insgesamt wurden von den COMEDIAN HARMONISTS bei der Odeon 24 Platten und bei der Electrola von 1929 bis 1935 62 Platten, zusammen also 152 Titel aufgenommen.

ROMAN CYCOWSKI: »Damals probierten wir noch oft in der Wohnung von Asta Nielsen, bis Harry eines Tages eine andere Liebe fand und Schluß machte mit der dicken Jester. Seine neue Freundin hieß Erna, doch wir nannten sie immer nur ›Mausi‹. Oh, wie war er verliebt in sie! – Sie wollte Schauspielerin werden, und ein bißchen gesungen hat sie auch. Sie war eine intelligente Frau, aber zu stark für Harry. Sie hat ihn beeinflußt, und vieles im Leben von Harry wäre besser geworden ohne sie. – Es gibt solche Menschen, denen rinnt das Geld durch die Finger. Es gibt solche Menschen, und sie war eine von denen.«

Harry Frommermanns spätere Frau, die seit ihrer Scheidung von ihm den Namen Marion Kiss trägt, beschreibt das Kennenlernen von Harry so:
»Eigentlich komme ich aus Hannover. Anfang 1929, als ich Harry traf, ging ich in Berlin auf eine Schauspielschule. Ich hatte damals einen Bekannten, der sich in mich verliebt hatte, aber er war jünger als ich. Er war das, was man in Berlin einen ›Kümmerer‹ nennt. Wenn ich zum Beispiel nicht mit meinem Geld auskam, dann lieh er mir welches und wenn er auch keins hatte, brachte er meine Schmucksachen aufs Pfandhaus und hat sie später wieder eingelöst. Und dieser ›Kümmerer‹ wohnte in der gleichen Wohnung wie Erwin Bootz. Es kann sogar sein, daß Harry zu dieser Zeit dort auch ein möbliertes Zimmer hatte. Die Wirtin war eine Bohemien, man konnte bei ihr machen, was man wollte.

– Irgend jemand hatte Geburtstag, kann sein, daß Harry es war, und mein ›Kümmerer‹ bat mich, mitzukommen. Es waren viele Leute da, auch alle COMEDIAN HARMONISTS. So lernte ich den ›kleinen Frommermann‹, wie ich Harry nannte, kennen. Ich weiß nur, daß er damals sehr frech war und gleich ein ›date‹ haben wollte, was mir weniger gefiel, denn ich hatte gerade eine sehr komplizierte Affäre, die auch schrecklich endete. Dadurch kam es, daß ich Harry anfangs nur zufällig traf und dann, nach dem Ende ihres Gastspiels bei Charell, lange Zeit nicht mehr. Ich glaubte, sie seien auf Tournee, aber das war ein Irrtum.«

Was war geschehen? – Nach der letzten Vorstellung von ›Casanova‹ am 29. Februar 1929 folgte ein kurzes Gastspiel im Hansa-Theater, Hamburg, einem sehr bekannten Varieté. Dann trat eine Pause ein. Die Ursache dafür war ein unangenehmer Streit mit dem bisherigen Zweiten Tenor Walter Nußbaum.

MARION KISS: »Plötzlich traf ich Harry auf der Straße wieder. Es ging ihm sehr schlecht. Aus irgendeinem Grunde konnten sie nicht auftreten. Ich weiß nicht, wovon sie da gelebt haben, aber sie hatten kein Geld und Harry ging es wirklich sehr schlecht. Er war sehr klein und nett. Wir gingen in ein billiges Café und ich merkte, daß er nicht mehr rauchte. Ich wußte, daß er ein starker Raucher war und bot ihm eine Zigarette an. Aber er lehnte ab, er behauptete, er hätte sich das Rauchen abgewöhnt. – Wie ich dann später erfuhr, hat er es sich abgewöhnen müssen, weil er nicht einmal mehr das Geld für Zigaretten hatte. Als ich dann herausfand, wie schlecht es ihm ging, hab ich ihm Geld geliehen, für kurze Zeit. Später hat er es mir dann wieder schön zurückgezahlt. – Und von dem Moment an waren wir wirklich sehr befreundet und mehr als befreundet.«

Der wirkliche Grund für die zweimonatige Pause läßt sich heute nicht mehr feststellen. Jedes der Mitglieder der COMEDIAN HARMONISTS hat eine andere Version. Fest steht nur, daß es in dieser Zeit einen Wechsel im Ensemble gab, den letzten. Obwohl man einerseits schon die ersten kleinen Erfolge hatte, andererseits aber

noch mitten im Aufbau eines Repertoires war, trennte man sich Anfang März 1929 von dem Zweiten Tenor, Walter Nußbaum. Aber auch über die Gründe, die zu dieser Trennung führten, gibt es sehr unterschiedliche Erinnerungen. Biberti spricht davon, daß Nußbaum die Gruppe wegen hoffärtigen Verhaltens verlassen mußte:
»Es war sein negatives Wesen, nicht seine Stimme, die ihn ausschloß. Er war menschlich nicht angenehm und, wie gesagt, ein Quengler.« Und da zeichnete sich dann sehr schnell ein Bruch mit den anderen ab.

ERWIN BOOTZ: »Es hatte aber auch musikalische Gründe. Seine Stimme, an und für sich wohlklingend und weich, war nicht zuverlässig. Sie fing zu oft an zu wackeln, und man konnte sich nicht stimmlich auf ihn verlassen. Was wir brauchten, war ein Tenor zur Entlastung von Leschnikoff, einen, der einen großen Teil der weniger tenoralen Lagen übernehmen konnte. Wobei noch zu sagen ist, daß die Stimme des Zweiten Tenors in einem Sextett, besonders im Hinblick auf das Formen und Halten von Harmonien, beansprucht wird. Er tritt weniger solistisch hervor, aber durch seine zweite Stimme trägt er sehr dazu bei, daß die Akkorde, die Harmonien wirksam werden. Und dazu bedarf es einer besonderen musikalischen Einfühlungsgabe.

Ich habe dann Erich A. Collin vorgestellt, den ich von der Hochschule für Musik kannte. Er war dort in der Opernklasse, hatte Gesang und Geige studiert und war für den Posten des Zweiten Tenors wie geschaffen, zumal er ungewöhnlich musikalisch war. Er hatte eine flach temperierte Stimme, die aber für unseren Zweck genau das richtige war, weil sich nicht zwei ausdrucksstarke Timbres um den Vorrang stritten, sondern der Zweite sich wunderbar dem Ersten Tenor und den anderen Stimmen einfügte. Dazu besaß Erich durch seine Erziehung eine Liedkultur und eine musikalische Bildung, die die anderen in diesem Maße nicht hatten. Neben dem Studium war er bereits in verschiedenen kleinen Operetten aufgetreten, als Buffo. Er sah gut aus und hatte als Sohn eines berühmten Berliner Kinderarztes eine ausgezeichnete Erziehung genossen. So beherrschte er zum Beispiel sechs Sprachen.«

Roman Cycowski: »Er hatte schon sieben Semester Medizin studiert, bevor er sich entschloß, Sänger zu werden, anstatt Doktor. Er hat sich wirklich in die Musik verliebt.«

Damit waren die Comedian Harmonists endlich komplett. Der Altersunterschied zwischen ihnen war groß. Der Älteste, Ari Leschnikoff, war 1929 zweiunddreißig Jahre alt und Erwin Bootz als Jüngster zweiundzwanzig Jahre. Diese 10 Jahre Unterschied spielen in jenem Lebensalter eine erhebliche Rolle und führten auch zu starken Spannungen innerhalb des Ensembles. Nach ihrem Gesellschafter-Vertrag waren alle sechs gleichberechtigt, sowohl bei der Aufteilung der Einnahmen, als auch bei Entscheidungen jeglicher Art, die die Gruppe betrafen und gemeinsam beschlossen werden mußten.

Schon frühzeitig ergab sich aber auch eine Arbeitsteilung unter den einzelnen Mitgliedern: Harry Frommermann und Erwin Bootz schrieben, jeder für sich natürlich, die neuen Partituren, Bootz hatte dazu noch die musikalische Leitung des Ensembles.

Ari Leschnikoff kümmerte sich vor allem um die Garderobe der Sänger:

»Als Offizier war ich darin sehr streng erzogen. Vor jedem Konzert habe ich dafür gesorgt, daß alles korrekt war, die Fracks und die Hosen gebügelt, die Hemden sauber und gebügelt, alles tipptopp. Immer habe ich kontrolliert: Ein schmutziges Hemd: 10 Mark Strafe.«

Erwin Bootz: »Erich Collin, der sehr sprachbegabt war – er beherrschte sechs Sprachen – und gut maschineschreiben konnte, übernahm bald die geschäftliche Korrespondenz und die Reiseplanungen. Er hat viel für das Ensemble getan. Und Biberti schließlich trat bei Gagenverhandlungen – redegewandt wie er war – als Sprecher des Ensembles auf. Er setzte unsere Forderungen durch, nachdem die Sache entriert war. Das konnte er sehr gut. Er war ein guter Organisator, ein Mann der geschäftlichen Standhaftigkeit. Aber auch innerhalb der Gruppe eroberte er sich schrittweise eine Sonderstellung.«

Harry Frommermann schrieb ihm Jahrzehnte später in einem Brief:

»Natürlich haben wir menschlich und beruflich unerfahrenen jungen Leute Deine überlegene Reife anerkannt. Ich war nie ein Personalmanager. Und gegen Dich ein unbeschriebenes Blatt. Du hingegen hattest Erfahrung und wußtest sie richtig einzusetzen, um die Disziplin im Ensemble hochzuhalten.«

Robert Biberti sieht das heute so:
»Wenn ein Kollektiv wie das unsere sich für lange Zeit zusammenschließt, so kann es gar nicht anders sein, als daß sich irgendeiner von ihnen mit der Zeit als Führer, als Leiter herauskristallisiert, mehr oder minder von den anderen akzeptiert. Eben als der Mann, auf den man alles abladen kann. Ich will nicht sagen, daß ich dabei immer gerecht war und einfallsreich, aber, wie gesagt, einer muß der Deibel sein.

Und so war eine Absprache getroffen worden, daß ich, immer innerhalb der Gleichberechtigung natürlich, eine Sonderstimme hatte, die aber bei wichtigen Entscheidungen selbstverständlich von der Mehrheit des Ensembles getragen werden mußte.«

ERWIN BOOTZ: »Er hat keine Vollmachten gehabt. Er ist in jeder Hinsicht einer von sechs gewesen, mehr nicht. Eine winzige Vollmacht, wenn man es überhaupt so nennen will, hatte ich und zwar bei Programmüberlegungen und solchen Dingen. Da hatte ich eine Extrastimme. Sonst waren wir sechs immer gleichberechtigte Mitglieder.«

ROBERT BIBERTI: »Selbstverständlich hatten wir Differenzen, starke sogar. Auch Zusammenstöße aus künstlerischen, persönlichen und sonstigen Gründen. Aber der Zusammenhalt der Truppe war garantiert durch das hohe wirtschaftliche Niveau jedes einzelnen. Wenn da einer ausgestiegen wäre – schön, er hätte weitermachen können, aber keinesfalls auf dem Niveau, das wir uns langsam erobert hatten. Das war die Klammer, die uns zusammenhielt. Aggressionen gab es immer, aber sie haben nie den Bestand des Ensembles gefährdet, niemals. Es mag vorgekommen sein, daß der eine oder andere sich zurückgestellt fühlte, aber ich war immer darauf bedacht, daß kein Star in der Truppe entsteht, denn das wäre der Tod gewesen. Dadurch, daß der eine oder andere glaubte, wirksamer zu sein als die anderen und daraus eingebildete Rechte herleitete, wäre der Zusammenhalt zerstört worden auf Dauer. – Nein, nein, unser Team schwamm sozusagen in einem einsamen Boot, da konnte keiner aussteigen und da wollte auch keiner aussteigen.«

ERWIN BOOTZ: »Ja, das stimmt, Biberti hat das Ensemble zusammengehalten, das darf ihm keiner absprechen. Er hat alle Zwistigkeiten, alle Geltungsbedürfnisse – außer dem seinen – in die Schranken gewiesen, und es könnte schon sein, daß ohne ihn das Ensemble sich möglicherweise zerstritten hätte und nicht zusammengeblieben wäre.«

ROMAN CYCOWSKI: »Er hat nun mal einen guten ›Bregen‹ gehabt, ein gutes Gehirn. Und er war immer ehrgeizig, er wollte immer der Führer sein, der geschäftliche Führer. Wir sollten ihm alles anvertrauen. Eines Abends bin ich mit ihm spät nach der Vorstellung zum Hotel gegangen. Das war in Leipzig. Wir haben darüber gesprochen, ich hab ihm gesagt: ›Bob, ich gebe dir mein Vertrauen – für ein Jahr. Ich weiß, daß du tüchtig bist, daß du ehrgeizig bist, mehr als die anderen, mehr als ich. Ich gebe dir ein Jahr und ich werde zusehen, daß die anderen das auch tun. Aber nur für ein Jahr. Und da werden wir ja sehen, wie das mit dir geht.‹ – Da war er sehr zufrieden und dann ist es dabei geblieben. Er hat es sehr gut gemacht, der Bob, das muß man ihm lassen. Er hat einen guten Kopf gehabt und Tag und Nacht gegrübelt, wie wir weiterkommen. Aber trotzdem hatte jeder das gleiche Recht, und wenn wir abgestimmt haben, hat die Mehrzahl gewonnen. Da konnte er machen, was er wollte. Obwohl er von Natur aus ein kleiner Diktator war.«

ROBERT BIBERTI: »Agenten hatten wir keinen. Es erwies sich auch immer wieder, daß wir das selber am besten machten. So zahlten wir auch keine Provisionen. Außerdem sind Agenten nicht derart an einem interessiert, daß sie sich um die Weiterentwicklung ihrer Schützlinge kümmern, sondern sie wollen jedes Engagement erst einmal Knall und Fall unterschrieben haben, kassieren ihr Geld und alles andere ist ihnen dann wurscht. Ich habe in einzelnen Fällen mehr herausgeholt, durch persönlichen Einsatz, als das einem Agenten gelungen wäre. Anfangs kamen die Angebote natürlich nicht so zahlreich, und da mußten wir uns schon etwas einfallen lassen, um die Varieté-Direktoren von der Wichtigkeit unserer Existenz zu überzeugen. Und wenn dann einmal einer von ihnen anrief, und wissen wollte, was die Truppe kostet, dann waren wir sehr darauf bedacht, daß unser ›Büro‹, also dort wo wir tagsüber hausten, daß es dort möglichst lärmvoll zuging. Sobald das Telefon klingelte, improvisierten wir ein allgemeines Stimmengewirr, einer hieb wie wahnsinnig auf die Tasten der Schreibmaschine, ohne jedoch etwas zu schreiben, nur damit es ordentlich klapperte. Und es klang so, daß der jeweilige Anrufer geglaubt haben muß, er sei mit dem Dispositionsbüro eines gigantischen Konzerns verbunden. Und tatsächlich hatte es oft den gewünschten Erfolg.«

ROMAN CYCOWSKI: »So kam es, daß die Zwangspause im Frühjahr 1929 nur kurz war. Am 16. Mai begannen wir ein Engagement an dem Kölner Varieté ›Groß-Köln‹. Und dort habe ich dann meine Frau kennengelernt. Vier Jahre davor war ich schon einmal verlobt, aber das ging auseinander, meine erste Verlobte konnte sich nicht mit meinem Beruf abfinden. Und wie ich nun wieder nach Köln kam, wollte ich unbedingt ihre Familie besuchen, also die Mutter und den Bruder. Sie freuten sich sehr, mich wiederzusehen und luden mich zu einer Gesellschaft, einer Privatparty ein. – Ja, und da habe ich Mary zum ersten Mal gesehen und hab mich sofort in sie verguckt. Wir haben gesprochen und haben getanzt, und da war auch noch Collin dabei, der hatte sich auch ein bissel in die Mary verliebt. Aber nachdem ich mit ihr getanzt hatte, sagte er zu mir: ›Die meint dich.‹ – Die Worte werde ich nie vergessen: ›Die meint dich.‹ – Das war sehr ermutigend, nicht wahr? Sie hat sehr gut ausgesehen. Ich finde, sie sieht heute noch gut aus für ihr Alter, aber als junges Mädchen war sie wunderschön. Und vor allem ihr Charakter, der hat mir gut gefallen. Sie war ein bißchen schüchtern und ruhig, fast still, mit einer kleinen weichen Stimme, die hat sie heute noch. – Sie war jung und ich war jung, ich war 26 damals. Ich war frei, ich war Junggeselle, – ja, und da haben wir eines Tages davon gesprochen, daß sie bald nach Berlin kommen soll. Weil wir doch anschließend ein Gastspiel an der Berliner Scala hatten. Und nach ein paar Wochen ist sie dann auch tatsächlich nach Berlin gekommen und hat dort eine kleine Wohnung gemietet. Sie wollte auf eine Modeschule gehen und Designerin für Kleider und Hüte werden, denn dafür hatte sie viel Talent.«

ROBERT BIBERTI: »Also, was unser erstes Engagement an der Berliner Scala betrifft, so begann das mit einer Katastrophe. Trotz unseres Versagens beim ersten Vorsingen im Jahr vorher, bekamen wir 1929 einen Vertrag für einen Monat. Am 1. Juni hatten wir nachmittags die erste Vorstellung. Am Morgen desselben Tages brachten wir unsere Fräcke in die Garderobe, hatten eine kurze Stellprobe und gingen wieder nach Hause. Als wir dann am Nachmittag zur Vorstellung kamen und uns umziehen wollten, mußten wir feststellen, daß drei der Fräcke gestohlen worden waren. Das Stück für 360 Mark. – Wir wollten also nicht auftreten und baten darum, für zwei, drei Tage Luft zu haben, um uns neue Fräcke zu beschaffen. Das aber wurde von der Direktion abgelehnt: ›Entweder Sie treten heute auf oder Ihr Engagement ist beendet.‹ – So baten wir, daß man vor unserem Auftritt ansagen solle, man hätte uns die Fräcke gestohlen. – Auch das wurde abgelehnt: ›In der Scala wird nicht gestohlen.‹ – Also setzten wir uns in zwei Taxen, fuhren zu einem Leihinstitut und traten am Abend in geliehenen Kellnerfräcken auf. Nur Erwin Bootz und ich waren die einzigen, die ihren eigenen Frack anhatten. Wir sahen aus wie die Götter gegen die anderen: Erich Collin trug eine Kellnerjacke, hatte aber keine passende Hose bekommen. Also borgte ich ihm eine dunkle Hose von mir. Im Scheinwerferlicht der Bühne stellte sich dann heraus, daß diese Hose dunkelblau war! Die Zuschauer müssen gedacht haben, wir wären Verrückte, die da auftraten. So was von Schießbudenfiguren hatte man in der Scala noch nicht gesehen! Unsere Leistung war natürlich dementsprechend.«

ROMAN CYCOWSKI: »Ich bin heiser geworden an dem Abend, heiser vor Aufregung. Ich konnte nicht singen. – Und wir waren sehr entmutigt. Das zog sich durch das ganze Engagement hin, das war nicht mehr zu reparieren. Im Juli und August traten wir dann im ›Blauen Vogel‹ und in der ›Plaza‹ auf, bis uns schließlich Mischa Spolianski engagierte, Mischa Spolianski, genannt Moische Mozart, einer der ideenreichsten und witzigsten Komponisten im damaligen Berlin.«

HARRY FROMMERMANN: »Spritzig wie kaum jemand. Er hatte gerade die Musik zu der Revue ›Zwei Krawatten‹ geschrieben, nach einem Buch von Georg Kaiser. Da sollten wir mit Hans Albers, Rosa Valetti, Marlene Dietrich und anderen Stars auftreten und neben einigen kleinen Rollen ein paar spritzige und einige schöne melancholische Lieder singen, a cappella, weil wieder einmal kein Flügel auf der Bühne stehen konnte und Bootz unten im Orchester saß. – Am 6. September hatten wir Premiere. Am nächsten Tag konnten wir im 8-Uhr-Blatt, einer Berliner Tageszeitung, in einer Kritik von Felix Holländer lesen: ›Den größten Beifall des Abends aber heimsten die COMEDIAN HARMONISTS ein. Stürme der Begeisterung erzwangen immer neue Zugaben.‹ – Über Marlene Dietrich aber schrieb er in der gleichen Kritik: ›Mit ihren schlanken, kerzengraden Beinen ist sie für eine Revue wie geboren. Es wäre unbescheiden, von ihr auch noch schauspielerisches Talent zu fordern. Gott ist weise und gerecht. Er verteilt seine Gaben.‹«

Doch nicht nur bei ›Zwei Krawatten‹ erhielten sie gute Kritiken. Die Presse meinte es von Anfang an gut mit ihnen. Bereits ein Jahr zuvor, bei ihrem Debüt in ›Casanova‹ schrieb man: »Die wandlungsfähigen COMEDIAN HARMONISTS, als hübsche Nouveauté, kommen in wechselnden Verkleidungen auf die Bühne und deuten als lebende Regiebemerkungen auf folgende Szenen hin ... Hingehaucht, hingeweht, als blättere man in einem Band alter Kostümstücke.« Bereits im Herbst 1928, im ›Kabarett der

Komiker‹, wurden sie dann schon nach der Vossischen Zeitung: »... stürmisch bejubelt.« In Hamburg sind sie eine Erscheinung der Jazz-Zeit, die die verschiedensten Instrumente eines neuzeitlichen Orchesters nur mit ihren Stimmen bewältigen. In Köln ›pflegen sie den Kunstgesang im Rhythmus unserer Zeit‹, ›sind eine Musiksensation‹ und erhalten ›Stürme des Beifalls‹. Der Kölner Anzeiger schreibt: »Sie sind der Clou des Abends, von Kennern wie Laien gleichermaßen bewundert. In den Männergesang bringen sie mit ausdruckstarkem Humor, mimischen Spielereien und feinster Stimmkultur ihre bewußt individuelle Note. Ganz modern, ganz eigenartig bewahren sie in gewissermaßen komischer Ehrfurcht alte Tradition. Immerhin, eine seltene Leistung.« Und über ihren Auftritt in der Berliner Scala las man: »Sie sind die besten Jazz-Sänger, die wir bisher gehört haben«, und: »Die große Nummer in der Scala wird von sechs Smokings und einem Flügel dargestellt. – Sie ergriffen den Jazz beim Schopfe ... Man braucht keinen Kaffeesatz, um diesen ›Kleinen Revellers‹ eine erhebliche Zukunft zu prophezeien. – Jazzgesang in Vollendung.«

ROBERT BIBERTI: »Zur gleichen Zeit kamen auch die Revellers nach Berlin und traten in der Scala auf. Nach ihrer Premiere haben wir dann ein Treffen mit ihnen arrangiert. Wir trafen uns im 1. Stock der Scala und haben uns gegenseitig etwas vorgesungen. Die haben ganz komisch geguckt und sie hörten sehr schön hin auf das, was wir sangen.

Nach den allabendlichen Vorstellungen von ›Zwei Krawatten‹ wurde nun wieder viel gependelt, darunter auch in der ›Katakombe‹, dem literarischen Kabarett von Werner Finck. Und am 18. Dezember 1929, um 18 Uhr 50 hatten wir in der ›Funkstunde‹ unseren ersten Auftritt im Radio. Die Senderäume waren damals noch im sogenannten Voxhaus, einem großen Geschäftshaus am Potsdamer Platz, oben im dritten Stock. Das Studio war plüschverhangen und in der Mitte des Raumes stand ein mächtiges Marmormikrophon, darüber hing ein rundes Instrument mit einem großen Zeiger, den man ständig im Auge behalten mußte. Er zeigte die jeweilige Lautstärke des Vortragenden an und man mußte diese ununterbrochen so regeln, daß er nicht über eine deutlich sichtbare Marke ausschlug. Wir sangen elf Lieder und jede einzelne Nummer wurde von Willi Schaeffers als Conférencier angesagt. Die erste Sendung war so erfolgreich, daß wir später, wohin wir auch kommen sollten, ob nach Königsberg, Frankfurt am Main, Schlesien oder ins Saarland, sofort im Rundfunk auftraten.«

Im Dezember brachte dann das Schauspielhaus in Leipzig ebenfalls die Spoliansky-Revue ›Zwei Krawatten‹ heraus und verpflichtete dafür aus Berlin die COMEDIAN HARMONISTS, die hier, zu den für die Revue komponierten Liedern, zusätzliche Einlagen sangen.

ROMAN CYCOWSKI: »Wir haben einige Extras gebracht, und am Schluß sangen fast eine halbe Stunde lang nur noch die COMEDIAN HARMONISTS. Wir haben gesungen, was wir wollten: Schlager, Volkslieder, Jazz und ganz verrückte Sachen. Ich zum Beispiel, ich habe Opernparodien gebracht, den Bajazzo unter anderem. Vieles ohne jede Probe. Wir sind richtig übermütig geworden und die Leute haben uns das Haus eingerannt.«

Die Leipziger Zeitung schrieb: »Vom Gesang der Schauspieler kann man nicht viel verlangen, deshalb kam Mischa Spoliansky auf eine glänzende Idee. Er komponierte für die COMEDIAN HARMONISTS, nach Art berühmter Grammophon-Aufnahmen, Vokalimitationen vieler Instrumente bis hin zur Wurlitzer Orgel. Da vergißt man Handlung und Theater und fordert begeistert Zugaben ... Sechs weiße Negerlein geleiten uns durch neue Bühnenwerke deutscher Dichter. Wir vergessen alles andere um ihretwillen, endlose Beifallsstürme folgen jedem ihrer Solos, kein Wort des Lobes ist zuviel, sie singen begeisternd schön.«

In diesen ersten eineinhalb Jahren waren die COMEDIAN HARMONISTS nur in Revuen als Einlagen und in verschiedenen Variétés und Nachtclubs mit drei, vier Liedern als eine Nummer unter mehreren aufgetreten. Der Erfolg von Leipzig machte ihnen Mut, nun ein abendfüllendes Programm zusammenzustellen. Ihr Repertoire war in den vergangenen Monaten erheblich gewachsen, die Sicherheit in ihrem Auftreten ebenfalls. Die Idee, eigene Konzerte zu bestreiten nahm feste Gestalt an.

Roman Cycowski: »Das hatten wir schon lange geplant: Eines Tages wollten wir Konzerte machen, denn das war etwas, was uns emportragen sollte, auf ein höheres Niveau. Darauf haben wir hingearbeitet. Doch wir brauchten dafür ein großes Repertoire. Jeden Tag haben wir geprobt, meistens zweimal am Tag, die ganze Woche hindurch. Denn für die Bühne mußten wir länger proben, weil dort viele Extempores vorgesehen waren. Man mußte alles auswendig können und nicht mehr an die Musik denken, um frei zu sein, um sich bewegen zu können.

Morgens um halb zehn begannen wir zu arbeiten und waren sehr strikt mit dem pünktlichen Beginn. Wenn einer zu spät kam, mußte er Strafe zahlen: die ersten fünf Minuten 3 Mark, die nächsten 5 Mark und so weiter. Das Geld kam in eine Sammelkasse und am Ende der Spielzeit haben wir das dann immer gemeinsam verputzt. Sehr oft ist Bootz zu spät gekommen und immer unausgeschlafen. Weil: Für ihn hat das Geld nie eine Rolle gespielt. Und dann Collin: Einmal kam er im Pyjama. Er ist im Schlafanzug auf die Straße, hat ein Taxi genommen und kam eine Stunde zu spät: 30 Mark Strafe.

Fast alle unsere Nummern waren sehr kurz, höchstens dreieinhalb Minuten, wegen der Länge der Platten. Das hieß, daß wir mindestens 20 Lieder beherrschen mußten, um den Rahmen eines Konzertes zu füllen. Dazu kamen noch die Zugaben, mit denen wir todsicher rechnen konnten und die wir in die Gesamtanzahl eines Abends einplanen mußten. Ein Konzert sollte knapp zwei Stunden dauern, das bedeutete mindestens 28 bis 30 Nummern. Später bauten wir dann verschiedene Programme auf, so daß wir am Ende, also 1935, ein Repertoire von über 200 Titeln hatten.«

Robert Biberti: »Nun hatten wir von Leschnikoff als höchsten Tenor bis zu mir als tiefem Baß einen Klangkörper, wie es ihn nur selten gab. Hinzu kommt, daß die einzelnen Stimmen auch in der Lage sein mußten, solistisch hervorzutreten, um das Programm aufzulockern, interessant zu machen. Dazu kam die Vielseitigkeit des Repertoires: Neben Volksliedern, Klassikhits, Tonfilmmelodien, Schlagern der Zeit sangen wir auch Chansons, kabarettistisch-parodistische Lieder und sogenannte Nonsens-Songs, also Nummern sehr verschiedener Art.

Besonders wichtig war die Auftrittsnummer. Darauf kam es an. Durch die erste Nummer mußte das Publikum für uns eingenommen werden. Alles andere war dann leichter und sozusagen schon von vornherein ›vergoldet‹. Das ist eine alte Wissenschaft: Die erste Nummer muß gleich knallen, und wenn wir dann ›Veronika, der Lenz ist da‹, oder ›Wochenend und Sonnenschein‹ sangen – da hatten wir das Publikum und konnten nachher singen, was wir wollten.

Das wichtigste war eben die Programmgestaltung. Denn wenn sechs Männekens nackt und bloß auf der Bühne stehen und müssen ihr Publikum zwei Stunden lang unterhalten, dann kommt es sehr auf die Auswahl und die Folge der einzelnen Sachen an. Das muß so geschickt gerichtet werden, daß immer wieder eine Steigerung entsteht: Jeder Abend sollte vier Teile haben: Im ersten Teil kamen unsere sogenannten Glanzklamotten, dazu noch eine dolle Zugabe. Der zweite Teil war etwas besinnlicher, mit lyrischen Sachen, mit Volksliedern und Charakterstücken von Brahms, Rossini oder Kreisler u. a. Übrigens, die Charakterstücke, wenn wir sangen: ›Die Liebe kommt, die Liebe geht‹, dann traf das die Leute völlig unerwartet und brachte uns große Erfolge ein, weil dieser Musikstil ein ziemliches Können erfordert, von der Stimmführung her, vom Geschmack, vom Arrangement, von der Bewegung – alles mußte stimmen. Danach war Pause, dann kamen einige Instrumentimitationen und am Ende Schlager und Jazz.«

ROMAN CYCOWSKI: »Ich persönlich liebte die deutschen Volkslieder am meisten. Ich liebte Mozart, Brahms und vor allem ›In einem kühlen Grunde‹ und ›Guter Mond, du gehst so stille‹. – Das konnte uns keiner nachmachen und die Musik war so schön, so zart – wunderbar. Sie versetzte mich in eine Stimmung, daß ich mir sagte, ja, das ist Kunst. Das kann keiner so machen, die Revellers nicht, keiner.

Die Auswahl erfolgte nach den Kriterien Schönheit, Gefälligkeit und Erfolg. Wir haben uns zusammengesetzt und beraten, was wir auswählen wollten. Jeder hat seine Vorschläge gemacht und dann wurde abgestimmt, sollen wir diese Nummer machen oder diese? Manche Songs waren so populär, da gab es keinen Zweifel, aber manchmal gab es auch heftige Diskussionen. Jemand sagte: ›Nein, das sollten wir nicht machen, ich hab schließlich mehr Erfahrung als Du!‹ Da ist dann oft die Mutter von Biberti dazwischengekommen und hat Frieden gestiftet. Sie hat eine wunderbare Art gehabt. Und wenn wir uns entschieden hatten, war die Frage, wer das arrangieren soll, Harry oder Bootz. Natürlich, Bootz hat sich immer die besten Sachen herausgesucht, weil er ja der musikalische Leiter war. Und Harry bekam alles, was Bootz nicht machen wollte, also die undankbaren Sachen, die, bei denen man nicht im voraus wußte, ob sie ein Erfolg werden würden.«

ERWIN BOOTZ: »Damals war das aber noch nicht konzertreif, was wir da machten. Das kam erst mit der Gewöhnung, ganz allmählich. So unbewußt, wie es mir geblieben ist, war es auch für die anderen. Sie lernten miteinander zu atmen, aufeinander zu achten, aufeinander zu hören. Sie lernten, selbst die kleinsten Mängel zu regulieren. Sie sagten: ›Das darfst Du aber nicht machen, weil ich gerade das oder das tue.‹ – Was nun aber die Gesten und Bewegungen betrifft, die ja eine recht lustige Zugabe zu dem gesanglichen Vortrag waren, so gab es dafür keine Extraproben. Die wurden nicht inszeniert, sondern ergaben sich aus den verschiedenen Talenten. Hier war ein großes Maß an Improvisation. Und wenn da mal jemand über die Stränge schlug, was bei einigen leicht passieren konnte, wurde einfach bestimmt, daß derjenige es unterlassen sollte. Es wurde ausgemerzt und fertig.«

HARRY FROMMERMANN: »Das war meines Wissens anders. Wo es angebracht war, und wir eine banale Nummer zu entbanalisieren suchten, geschah das meistens schon in der Partitur. Das Arrangement entstand also, bevor es niedergeschrieben wurde. Wir stellten uns vor, das müßte so vor sich gehen, daß wir an dieser Stelle ein Dienerchen machen oder einen Knicks, wenn es sich um den Text eines Mädchens handelt, irgendeine komische Geste, die die Banalität, die in so einem idiotischen Schlager steckt, ironisierte. Wobei zu sagen ist, daß wir diese Schlager oft ausgewählt haben, weil sie so blöd waren wie: ›Ich hab für dich 'nen Blumentopf, 'nen Blumentopf bestellt. Es ist der schönste Blumentopf, der schönste in der Welt. Drum gieß mir meinen Blumentopf, daß er sich lange hält.‹ – Oder: ›Der Onkel Bumba aus Kalumba tanzt 'n Rumba.‹ Da haben wir Tanzbewegungen gemacht, wir haben gewackelt, wie die Damen mit dem Allerwertesten, haben die Augen verdreht und dann kamen die Synkopen. Natürlich war das kein Jazz aus New Orleans, es war dem deutschen Geschmack angepaßt. Und was die Mimik betrifft, so kann man von einem Sänger, der sich einmal für die Oper vorbereitet hatte, nicht verlangen, daß er plötzlich urkomisch wirkt. Aber wenn man sechs Männer nebeneinander stellt und in zurückhaltender Art andeuten läßt, wie idiotisch, wie banal die Worte sind, die sie gerade singen, indem sie sie persiflieren, dann hat das schon eine sehr reizvolle Wirkung.«

ROMAN CYCOWSKI: »Dazu kam, daß Leschnikoff, wie alle Tenöre der Welt, sehr anfällig für gewisse Ausrutscher war. Und einer, der solche Patzer sozusagen vorahnte und stimmlich und mimisch auffing, bevor sie für das Publikum hörbar wurden und störten, war Harry Frommermann. Harry war ein sehr talentierter Junge. Und im Grunde sagen das sogar Leute wie Bootz und Biberti. Heute sagen sie es, damals haben sie es nicht richtig begriffen. Harry war der einzige von uns, der unterdrückt worden ist, von Biberti und Bootz. Bob war ein Komiker. Und wenn Harry auf der Bühne stand, hat er sich vergessen und war wirklich sehr komisch. Bob war auch sehr komisch und da war zwischen den beiden immer Konflikt.

Manchmal habe ich Biberti zur Rede gestellt, ich sagte: ›Was willst du von ihm, was quälst du ihn so? Er tut doch seine Pflicht.‹ – ›Er ist dumm‹, war seine Antwort, ›er übertreibt seine Komik auf der Bühne.‹ – Ja, Bob war eben auch Komiker.

Aber Harry ist auch von Bootz unterdrückt worden. Bootz hat

... Bob war auch sehr komisch, und da war zwischen den beiden immer Konflikt ...

ihn immer kritisiert, daß er harmlose Fehler in den Partituren mache, Fehler, die keine waren, denn in der Jazzmusik gibt es diese Fehler nicht. Da muß nicht gleichzeitig eine Stimme fallen oder steigen, wenn die andere steigt oder fällt, diese Harmonien gibt es im Jazz nicht. Bootz hatte eben die europäische Harmonielehre studiert.«

ERWIN BOOTZ: »Generell muß ich sagen, daß ich damals sehr unter dem Einfluß von Biberti stand. Und so sind viele Fehlurteile gefällt worden von mir. Harry war ein weicher, gutmütiger Mann, der im Ensemble ziemlich zu leiden hatte. Heute sehe ich das anders als damals. Harry konnte zum Beispiel manches singen, wenn auch nicht viel, aber er imitierte sehr schön Instrumente und lernte, zunächst unter meiner Anleitung, sehr gut zu arrangieren. Als wir uns Jahrzehnte später wiedersahen, fragte er mich: ›Sag mal, du hast mich damals durch deine scharfe Kritik in der Arbeit sehr gequält. Ich hab wirklich darunter gelitten. – Warum hast du das getan?‹ – Ich antwortete: ›Lieber Harry, der Mann, der dich damals gequält hat, der ist längst tot. Das war ein unreifer, junger Bengel, der nicht gelernt hatte zu wissen, wie man mit anderen Menschen umgeht. Nimm das als meine Entschuldigung, es tut mir sehr leid.‹«

Harry Frommermann selbst erinnert sich daran so:
»Trotz meiner Ideen und meiner Musikalität hatte ich Erwin gegenüber immer große Minderwertigkeitsgefühle, ja, Komplexe. Immerhin hatte er im Gegensatz zu mir ein abgeschlossenes Musikstudium. Diese Komplexe brachten mich dazu, Erwins Theorielehrer, Prof. Schrattenholz, meine Partituren zur Begutachtung vorzulegen. Daraufhin schenkte der mir aus seiner Bibliothek ein Lehrbuch der Musiktheorie mit einer Widmung und sagte, ich könne bei ihm nichts mehr lernen.«

ROMAN CYCOWSKI: »Ja, sie haben ihn behandelt wie einen kleinen Jungen. Er hat alles mögliche versucht, aber es war nichts zu machen. Sie haben ihn nicht hochkommen lassen. Manchmal hat er sogar daran gedacht, es aufzugeben und Musik zu studieren. Aber es war nichts zu machen. Er hat die COMEDIAN HARMONISTS geliebt, er hat geliebt, auf der Bühne zu stehen und seinen Unfug zu machen, seine Faxen, von denen der Musikkritiker Stuckenschmidt einmal geschrieben hat, sie seien ›Pfeffer und Salz des Ensembles‹. – Er war der Kreativste von uns. Ich hab ihm einmal gesagt: ›Du warst die COMEDIAN HARMONISTS.‹ Und so war es auch.«

Im Winter stellten sie ihre erste Tournee zusammen, die sie ›Tempo-Varieté‹ nannten. Sie führte durch ganz Deutschland, in viele Städte, wo man sie noch nicht kannte. Das war riskant, weil sie als verantwortliche Unternehmer die Mieten für die Säle oder Theaterräume selbst zahlen mußten, denn niemand wollte die Kostengarantien für die noch relativ unbekannte Gruppe übernehmen. Und da sie anfangs auch kein ausreichendes Repertoire einstudiert hatten, engagierten sie Kurt von Wolowski, einen

Tempo-Varieté im „Schauspielhaus"

Sehr oft wird sich das „Schauspielhaus" die von den „Zwei Krawatten" her schon rühmlichst bekannten „Comedian Harmonists" nicht zu einer Varieté-Vorstellung einladen dürfen, sonst wird das Haus in Trümmer gestampft. Diesmal fiel den Besuchern des Parketts schon der Stuck auf die Köpfe, so raste und trampelte das Publikum, das trotz der vormittäglichen Stunde in hellen Haufen gekommen war. Es wollte sein Opfer haben und erzwang sich Wiederholungen. Schon, als es die Leistungen der sechs Musiker nur konserviert, nur von der Schallplatte hörte, setzte es mit dem Beifall ein.

Fred A. Colman hieß der Herr, der uns die abenteuerliche, spannende und nach Gebühr sentimentale Geschichte der sechs Musketiere, Pardon, sechs Musiker, vortrug und der dartat, wie sie sich für Lebenszeiten verbündet haben. Dann sangen sie ihre Songs. Wunderbar ausgeglichen, wunderbar süß, wunderbar witzig, jedem saß der Schelm im Nacken und jeder legte sein Herz in seine Stimme. Die Schlager wurden zu Kunstwerken, einerlei, ob es die „Spanische Serenade" war, oder „Wie wundervoll küßt Annemarie" oder „Chiquita". Ihre Rhythmik war straff wie Stahl und ihr Gesang lauter wie Gold. Wer trägt uns einen „Spiritual" so vor wie sie?! Wer singt mit solcher Grazie, mit solch verhaltener Innigkeit einen Walzer von Strauß?! Wir wußten, daß die Jazz-Instrumente es gelernt haben, menschliche Stimmen zu imitieren, von den „Comedians" erfuhren wir, daß die Jazz-Singer entzückend parodierend Jazz-Instrumente nachzuahmen verstehen.

Sie hatten uns auch Charlie D'Argonie mitgebracht, der seine fabelhaften Grotesktänze steppte und akrobatisierte und, statt der erkrankten Dolly Haas, Lu Basler, eine gertenschlanke Diseuse aus der „Katakombe". Halb Cowboy, halb Apache, trat sie auf und trug eine Ballade von Mehring vor, mit prachtvoll abgestimmtem Rhythmus, mit verwegenster Betonung, mit reinstem Gefühl. Sie führte in eine tragische Stevenson-Welt mit erotisierter Würze.

Die „Comedian Harmonists" musizierten zwei Stunden lang, ihr vergnügter Pianist, Erwin Bootz, begleitete und trug ebenso brillant eine eigene Bearbeitung des „Donau-Wellen-Walzers" vor.   E. L.

... das war unser Durchbruch. Er kam schlagartig, mit lautem Knall und in einem ganz ungeheuerlichen Ausmaß...

Reinhardt-Schauspieler, der die Ansage und eine Solo-Einlage als Rezitator bestritt und Blandine Ebinger als Diseuse. Später traten auch Lu Basler und Lina Carstens wechselweise mit eigenen komischen Parodien auf.

Das erste Konzert fand am 26. Januar 1930 im Leipziger Schauspielhaus statt.

ERWIN BOOTZ: »Das war unser Durchbruch. Er kam schlagartig, mit lautem Knall und in einem ganz ungeheuerlichen Ausmaß. Wir erlebten einen Applaus, den wir vorher noch nie gekannt hatten. Und zwar ganz unerwartet. Da wurde plötzlich geschrien, getrampelt – wir hatten Angst, das Haus kam runter!«

Und die ›Leipziger Neueste Nachrichten‹ schrieben: »Sehr oft wird sich das Leipziger Schauspielhaus die COMEDIAN HARMONISTS nicht zu einer Varieté-Vorstellung einladen, sonst wird das Haus vor Begeisterung in Trümmern gestampft. Jeder einzelne Schlager wurde mit geradezu lawinenartigem Beifall des ausverkauften Hauses beantwortet.«

ARI LESCHNIKOFF: »Dieses Schreien, dieses Toben des Publikums, also ich war, ich war baff. Ich konnte kein Wort... nur Tränen. Ich habe geweint, vor Freude! Wirklich, ich höre es noch heute, dieses: ›Leschnikoff, noch mal, sing noch mal ‚Chiquita'‹ – und wir sangen das ganze Lied noch mal. Und ganz zum Schluß ist ein sehr, sehr hoher Ton und ich halte ihn und halte ihn und halte, halte – sehr hoch und pianissimo. – Und dann wieder dieses Trampeln und Schreien. – Ich habe gesungen für die Menschen mit Herz und Verstand und habe ihnen durch meinen Gesang Zufriedenheit gegeben, ich habe sie glücklich gemacht.«

ROBERT BIBERTI: »Später hatten wir in Leipzig noch viele Konzerte, ich weiß nicht, wie viele im Jahr. Sie waren in zwei Stunden ausverkauft. Eine Zeitungsnotiz genügte: ›Die COMEDIAN HARMONISTS kommen!‹ – Keine Reklame, nichts – wir waren sofort ausverkauft.

Nach diesem ersten, riesigen Erfolg in Leipzig ging es dann anschließend noch nach Stettin, Dresden, Erfurt, Gera, Weimar, Plauen, Mannheim, Frankfurt am Main, Baden-Baden und Darmstadt. In manchen Orten wurden unsre Gesichter lang, wenn der Zuschauerraum leer war und wir trotzdem unsre Saalmiete bezahlen mußten. Aber allmählich wurde unser Name mehr und mehr bekannt.«

Die besten Jahre

(1930 bis 1932)

»In einem kühlen Grunde,
da geht ein Mühlenrad.
Mein Liebchen ist verschwunden,
das da gewohnet hat.
Mein Liebchen ist verschwunden,
das da gewohnet hat.

Sie hat mir Treu versprochen,
gab mir ein Ring dabei.
Sie hat die Treu gebrochen,
das Ringlein sprang entzwei.

Hör ich das Mühlrad gehen,
ich weiß nicht, was ich will.
Ich möcht am liebsten sterben,
da wärs auf einmal still.«

Von GLUCK/EICHENDORFF
– Aufnahme der COMEDIAN HARMONISTS am 7. Januar 1932

...aber allmählich wurde unser Name mehr und mehr bekannt...

Im September 1930 traten die COMEDIAN HARMONISTS zum letzten Mal in einer Theaterinszenierung auf, in der Revue: ›Wie werde ich reich und glücklich‹ von Mischa Spoliansky und Felix Joachimsen, wieder im Leipziger Schauspielhaus. Harry Frommermanns Freundin Erna begleitete die Truppe in jener Zeit bereits ständig.

MARION KISS: »Während der Proben im August ging ich immer mit ins Theater und schaute zu. Und kurz nach der Premiere am 6. September wurde eine der Schauspielerinnen krank. Es war auch kein Ersatz da und die nächsten Vorstellungen hätten ausfallen müssen. Und obwohl Harry sehr dagegen war, daß ich Schauspielerin bleibe, hat er mich in diesem Fall gebeten, diese Rolle zu übernehmen. Ich hatte ja auf den Proben oft genug zugesehen, dann haben wir die ganze Nacht hindurch gearbeitet, Harry und ich, und mir die Rolle einstudiert. Morgens gab es eine kurze Probe von 10 Minuten und schließlich bin ich fünf- oder sechsmal aufgetreten, bis die andere wieder gesund war. Das war meine letzte Rolle.«

Danach setzten die COMEDIAN HARMONISTS ihre Gastspiele in den verschiedenen deutschen Städten fort und im November 1930 waren sie zum ersten Mal im Ausland, im Amsterdamer Cabaret ›La Gaité‹.

Überall, wo sie hinkamen, sangen sie auch im Radio und machten in schöner Regelmäßigkeit fast jeden Monat eine neue Schallplatte.

HARRY FROMMERMANN: »Und im Sommer 1930 kam dann auch der Film. Der erste hieß ›Gassenhauer‹. Es war einer der ersten Tonfilme überhaupt. Regie führte Lupu Pick und wir haben darin nur unsichtbar gesungen.

Wir kamen mit unseren fertigen Arrangements ins Atelier, stellten uns neben die Kamera und sangen. Und die Schauspieler wie Hans Deppe, Ernst Busch oder Wolfgang Staudte machten vor der Kamera synchron dazu stumme Mundbewegungen. Denn das, was man heute unter Synchronisation versteht, gab es damals noch nicht. Es war eben in der allerersten Tonfilmzeit. Die Schauspieler mußten sich ebenfalls Text und Melodien einprägen, damit ihre Lippenbewegungen den unseren glichen. Und es hat auch ziemlich lange gedauert, bis alles im ›Kasten‹ war; d. h. das Bild belichtet und die Töne auf dem sogenannten Stille-Band, einem Metalldraht, auf dem sie magnetisch aufgenommen wurden. Der Film spielte vornehmlich auf Hinterhöfen, daher auch der Titel ›Gassenhauer‹. Die Schauspieler traten als Hofsänger auf, singend und um Almosen bettelnd. Collin hatte die Texte für die Lieder geschrieben und dabei dem Volk so richtig aufs Maul geschaut. So heißt es z. B. in der ›Hofserenade‹: ›Er zog zu Haus die Stirne kraus. Wie bist du leer, geliebtes Vaterhaus‹ also ganz im Ton der sogenannten Küchenlieder. Und dann heißt es weiter: ›Oh, Väterlein, oh, Mütterlein, ihr werdet nie mehr, nie mehr bei mir sein!‹

Und dann begannen wir, Instrumente zu imitieren, die Drehorgel, eine Klarinette und was nicht noch alles.

Gleich nach dem ›Gassenhauer‹ meldete Erich Pommer sich von der Ufa. Erich Pommer war ein gewaltiger Mann. Vor jedem seiner Filme stand: ›Erich Pommer präsentiert.‹ Er hatte uns in dem Lupu-Pick-Film gehört, und verpflichtete uns für ›Die drei von der Tankstelle‹, wo wir zum ersten Mal richtig zu sehen waren. Neben Willy Fritsch, Lilian Harvey, Heinz Rühmann und Olga Tschechowa. In den Jahren 1931 bis 33 holte uns Pommer noch für sieben weitere Filmproduktionen: ›Ihre Hoheit befiehlt‹ (Januar 31) mit Käthe von Nagy, Willy Fritsch, Paul Hörbiger; ›Der ungetreue Eckehardt‹ (Februar 31) mit Ralph Artur Roberts, ›Bomben auf Monte Carlo‹ (Juli 31) mit Hans Albers, Heinz Rühmann und Peter Lorre, ›Der Sieger‹ (Dezember 31) mit Hans Albers, ›Die Galavorstellung der Fratelinis‹ (August 32) mit Alfred Abel, Olga Tchechowa und Max Adalbert; ›Ich bei Tag und du bei Nacht‹ (September 31) mit Willy Fritsch und Käthe von Nagy; und im März 1933 ›Kleiner Mann, was nun?‹ mit Herta Thiele, Viktor de Kowa und Theo Lingen. Daneben machten wir 1932 und 33 noch drei weitere Filme, in denen wir allein zu sehen und zu hören waren und unsre Lieder sangen.«

ERWIN BOOTZ: »Ja, und dann kam der Tag, an dem ich die COMEDIAN HARMONISTS verließ. Das war im Mai 1931. Ich wollte endlich auf eigenen Beinen stehen. Dazu kam, daß Biberti sich immer mehr in den Vordergrund spielte. Und als er mir in einer Auseinandersetzung sagte: ›Wenn du so weitermachst, wirste noch in 'ner Kneipe spielen‹ – meinte ich: ›Das werden wir ja sehen!‹ Das nächste, was ich tat, war, daß ich mir einen wirkungsvollen Auftritt als Pianist im ›Kabarett der Komiker‹ zurechtmachte und gleich darauf im Wintergarten einen zweiten für 80 Mark pro Abend. Vor allem aber hatte mir Robert Siodmak angeboten, für seinen Film ›Abschied‹ die Musik zu schreiben. Außerdem spielte ich darin auch eine Rolle, einen Pianisten, der in jener Pension wohnt, in der der Film spielt. Und so sah man mich immer wieder am Klavier sitzen. Denn früher glaubte man, die Musik in einem Film noch irgendwie realistisch begründen und zeigen zu müssen, wo sie herkommt.«

MARION KISS: »Ja, er hat gedacht, jetzt kommt er ganz groß raus, als er die COMEDIAN HARMONISTS aufgegeben hatte. Und als Ersatz kam Walter Joseph, der aber nicht lange bei ihnen blieb. Er war ein guter Pianist, aber für die CH nicht so sehr geeignet, denn in einem Sextett muß der Pianist quasi die sechste Stimme sein und Walter Joseph blieb immer Walter Joseph, der große Pianist. Das war falsch. Außerdem sah er nicht sehr attraktiv aus.

Und Harry hatte viel zu tun, um ihn in die Arrangements einzuweisen.«

Aber auch ohne Bootz gingen die Konzerte weiter. Es kamen so viele Angebote, daß manche abgelehnt werden mußten, um das Repertoire in den betreffenden Städten nicht zu oft zu wiederholen. Deshalb beschloß das Ensemble, höchstens 15 Tage im Monat unterwegs zu sein, fünf Tage waren für Plattenaufnahmen, Auftritte im Rundfunk und Dreharbeiten in Filmen vorgesehen und die restlichen zehn Tage wurde eisern geprobt. Die Konzertunternehmer stimmten ihre Tourneen darauf ab, und sie konnten es ohne Risiko tun, denn wohin die COMEDIAN HARMONISTS jetzt auch kamen, überall war eine solche Nachfrage nach ihnen, daß die Karten für ihre Konzerte sofort, nachdem die Plakate an den Säulen hingen, ausverkauft waren.

Die Schwester des Zweiten Tenors, Annemarie Collin, erinnert sich:
»Meine Mutter und meine Schwester waren mit Erichs Entscheidung, zu den COMEDIAN HARMONISTS zu gehen, gar nicht einverstanden. Sie fanden, das wäre so etwas wie ein Zirkusclown und das sei doch nicht ganz das richtige in unserer Familie. Sie wollten, daß er als Solist auftritt und klassische Musik vorträgt. Aber dazu hatte Erich wohl zuviel Humor. Außerdem kam der Erfolg so schnell und stark, daß er schon darum nie die Absicht hatte, etwas anderes zu versuchen. Ich selbst fand es nicht so aufregend, was sie da machten. Aber sie waren die ersten und hatten alles so perfekt ausgearbeitet, daß die Leute fantastisch reagierten und sie am Abend eine Zugabe nach der anderen geben mußten. Einmal habe ich sie zum Konzert nach Breslau begleitet und dort hat mir der Veranstaltungsleiter gesagt, daß in diesem Konzertsaal seit Caruso, also seit 1913, nie wieder ein solcher Erfolg gewesen sei, wie bei den COMEDIAN HARMONISTS.

Ja, sie sind ständig gereist. Sie haben immer aus dem Koffer gelebt, und das war ziemlich schwierig. Einmal haben sie mich gefragt, ob ich nicht ihre Sekretärin sein wolle. Doch dazu hatte ich keine Lust. Trotzdem habe ich sie manchmal auf ihren Reisen begleitet. Ich erinnere mich noch, wie wir nach München gefahren sind. Da sollten sie konzertieren. Damals fuhr man meistens noch mit der Eisenbahn. Und kaum saßen sie im Zug, da stellten sie auch schon ihre Koffer zusammen und haben angefangen, Karten zu spielen. Das ging sehr schnell. Wir waren kaum zwei Minuten im Abteil, und schon spielten sie Karten. Denn sie hatten immer ein Coupé für sich.«

Marion Kiss: »Auf den Tourneen hat Harry meistens neue Partituren geschrieben, sogar während der Fahrten. Er brauchte ja kein Instrument und es war wichtig, daß ständig musikalischer Nachschub kam. Manchmal sind wir aber auch mit unserem Wagen gefahren. Das war ein altes, nichtsnutziges Ding, den wir den ›blauen Pfeil‹ nannten, weil er angestrichen war, wie ein alter preußischer Briefkasten.«

Roman Cycowski: »Einmal fuhren wir alle mit der Eisenbahn zu einem Konzert. Ich kann mich nicht mehr erinnern, in welcher Stadt es war. Es war mitten im Winter und sehr frostig. Aber Mausi überredete Harry, den Wagen zu nehmen. Es war ein alter, amerikanischer Chevrolet. Dann ist ihnen der Reifen geplatzt, oder was weiß ich, und dadurch sind sie über eine Stunde zu spät gekommen. Das Konzert war ausverkauft und die Leute mußten eine ganze Stunde warten, bis wir anfangen konnten. Das war sehr dumm. Er hat dann viel zu hören bekommen von uns, besonders von Biberti.«

Robert Biberti: »Ein andermal gastierten wir in Plauen, einer kleinen Stadt in Sachsen. Wir wohnten da im Hotel am Marktplatz und sahen auf der anderen Seite des Platzes viele Leute in ein Haus rennen und dachten, die gehen sicher in unser Konzert. Also zogen wir unsere Fräcke an und gingen so, wie wir waren, in jenes Haus und zwar in irgendeinen Nebeneingang. Von dort kam man sofort auf die Bühne, also die Hinterbühne. Und wie wir da so stehen, kommt ein Mann auf uns zu und fragt im reinsten Sächsisch: ›Was machen Sie denn hier?‹ – ›Na, hören Sie mal, was wir hier machen. Wir treten hier gleich auf.‹ – ›So? Wieso denn?‹ – ›Na, hören Sie mal, wieso! Weil wir hier ein Konzert haben. Wir sind die COMEDIAN HARMONISTS.‹ – ›Wer??‹ – Ich schon etwas erregt: ›Wir sind die COMEDIAN HARMONISTS!! Wir treten hier jetzt auf!‹ – ›Nee‹, sagt der, ›Sie, Sie haben hier nich ufzutreten und des is och nich Ihr Gonzert. Wenn Sie hier uf de Bühne wolln, denn müssen Se erstmal 'ne Genehmigung von unserm Vorstand haben. So. Und nu rat ich Ihnen, ganz schnell zu verschwinden!‹ – Tatsächlich waren wir in irgendeine Vereins-Sitzung geraten. Also nichts wie da raus und weiter suchen. Und wir mußten noch ein ganzes Stück die Straße runter, immer im Frack, was ziemliches Aufsehen erregte. Es war dann schon kurz vor acht, als wir endlich den richtigen Saal gefunden hatten.«

HARRY FROMMERMANN: »Anfang 1931, also zur Zeit, als Bootz nicht bei uns war, besuchte uns ein Dr. de Koos, ein holländischer Konzert-Agent. Er machte uns ein verlockendes Angebot: Willem Mengelberg, einer der größten Dirigenten Europas, feiere am 29. März seinen sechzigsten Geburtstag. Mengelberg, dieser weltbekannte Interpret klassischer Musik, hatte sich in unsre Art zu singen, vernarrt, und besaß viele unserer Platten. Nun hatte sich der ›Mengelberg-Freundeskreis‹, darunter Bankiers und andere gut situierte Leute zusammengetan, um ihn zu seinem Geburtstag mit einem kleinen Konzert der COMEDIAN HARMONISTS zu überraschen. Wir bekamen für diesen Auftritt eine großzügige Gage und natürlich alle Spesen erstattet und trafen am Abend des 29. März in Amsterdam ein. So unauffällig wie möglich gingen wir ins Amstelhotel, wohin Mengelberg alle Musiker des ›Concert-Gebouw-Orchesters‹, den Chor und den Freundeskreis eingeladen hatte. Ohne vorher angesagt zu werden, bauten wir uns in einer zunächst noch dunklen Ecke auf und sangen plötzlich los. Die Scheinwerfer gingen an und die ganze Gesellschaft drehte sich verblüfft zu uns um. Es war ein prächtiges Gefühl. Und ich vergesse nie die glänzenden Augen Mengelbergs, wie er uns später umarmte.

Hier vor diesem musikverständigsten Publikum, das man sich nur denken konnte, feierten wir einen nie erträumten Erfolg, dem sich eine Reihe von Konzerten in Holland anschloß. Alles durch die Vermittlung von Dr. de Koos. Unsere internationale Karriere hatte begonnen. Bald waren wir in ganz Europa auf Tournee.«

ROBERT BIBERTI: »Frommermann war recht geltungsbedürftig, in dem Sinne, daß er seine Gestik als Spaßmacher ständig überzog. Und so kam es, daß mich die Kollegen auf jener Fahrt am 29. März von Berlin nach Amsterdam zu Mengelberg im Speisewagen zu überreden versuchten, Frommermann aus dem Ensemble zu entfernen. Harry selbst war natürlich nicht dabei, auch Bootz nicht. Denn es war ja die Zeit von Walter Joseph. Sie wollten sich von Harry trennen, weil seine Faxen nicht zu unserem konzertanten Auftreten passe. Natürlich war da nichts mit mir zu machen. Obwohl ich Harry nicht gerade ins Herz geschlossen hatte, aber es gibt Sachen, die darf es einfach nicht geben. Und so sagte ich: ›Das schlagt euch aus dem Kopf, das ist ausgeschlossen, Harry bleibt im Ensemble.‹«

MARION KISS: »Das glaub ich nicht, daß Bob Harry aus reiner Menschenfreundlichkeit geholfen hat. Was hätten sie ohne seine Partituren machen wollen? – Und vor allem haben sie ihm kein Wort davon gesagt. Ich hörte durch Zufall davon und zwar durch eine Gruppe, die sich nach den COMEDIAN HARMONISTS gegründet hatte und versuchte, sie zu kopieren. Ich glaube, die nannten sich die ›Kardosch-Sänger‹. Ich saß in einem Café, und da kam einer von der anderen Gruppe an den Nebentisch. Er wußte nicht, daß Harry und ich uns kannten. Und er sagte zu seinen Freunden: ›Wir werden wahrscheinlich einen Neuen bekommen, den Harry Frommermann. Die COMEDIAN HARMONISTS wollen ihn raussetzen.‹ – Und da bin ich sofort zu Harry und hab gesagt: ›Harry, du mußt dich jetzt furchtbar zusammennehmen. Tu so, als hättest du nichts von dieser Intrige gehört und mach dich praktisch unentbehrlich.‹ Ich hab ihm gesagt, wenn man etwas halten und erreichen will, muß man sich unentbehrlich machen.

Und dann hat Harry Tag und Nacht geschrieben. Ich habe einen Kaffee nach dem anderen gekocht, und Harry schrieb seine Partituren, ohne Piano, einfach so aus dem Kopf. Manchmal ganze Nächte hindurch. Dann ging er morgens zur Probe, und nachmittags schlief er endlich ein paar Stunden. Er hat unerhört gearbeitet. Zum Beispiel, wenn wir im Sommer Ferien hatten, fünf, sechs Wochen meistens – die anderen sind weggefahren und haben ihren Urlaub genossen. Wir sind auch weggefahren, aber wo wir auch waren, Harry hat immer nur geschrieben und geschrieben, lauter Partituren für die nächste Saison.

Heute denk ich manchmal, das war die beste Tat meines Lebens, daß ich Harry damals geholfen habe, bei den COMEDIAN HARMONISTS zu bleiben. Vielleicht war das wirklich eine gute Tat.«

HARRY FROMMERMANN: »Anfang 1932 fragte unsere Plattenfirma, die Electrola, bei uns an, ob sie uns nicht einen Abend in der Berliner Philharmonie arrangieren sollten. Eine Idee, die uns zuerst unfaßbar erschien: Was, in der Philharmonie, in diesem Tempel der seriösen Musik? Das geht doch nicht, daß wir dort mit wippenden Knien den Rhythmus unterstützten, wenn wir sangen, und uns wiegten und irgendwelche Grimassen schnitten. Das in der Philharmonie? – Damals, Anfang der dreißiger Jahre, galt es als undenkbares Wagnis. Aber die Electrola beruhigte uns: Selbstverständlich, in Amerika gäbe es schon lange, daß Orchester, wie das von Paul Whiteman und Ensembles, wie die Revellers in seriösen Konzertsälen auftraten. Warum also nicht auch wir? – Für mich sollte das ein besonderes Erlebnis werden. Hatte ich doch an diesem für mich ›heiligen‹ Ort meine ersten musikalischen Eindrücke erhalten, wenn mein Vater mich als Kind mit in die Proben von Arthur Nikisch nahm, und ich dabei mitten im Orchester der Philharmoniker saß. Und nun sollte meine bescheidene Idee es wert sein, dort gehört zu werden?

An dem Abend war der große 2700 Menschen fassende Saal bis auf den letzten Stehplatz ausverkauft. Es sollen sogar Hörfreudige, die keine Karten mehr bekommen konnten, draußen im Vestibül gestanden haben, um, wenn auch sehr gedämpft, durch die geschlossenen Türen mitzuhören.

Vor unserem Auftreten spielte die Electrola eine Platte von uns. Das Grammophon stand in einer Ecke des Podiums und wurde durch Lautsprecher verstärkt. Dann traten wir im Gänseschritt schnell auf, wie es unsere Gewohnheit war, und wurden mit großem Applaus empfangen. Wir bibberten ziemlich dabei, aber der Saal war voll. Trotz unserer Ängste hatten wir natürlich durch unsre vorherigen Konzerte genügend Sicherheit entwickelt, daß wir unser Lampenfieber überspielen konnten. Es war ein unglaubliches Gefühl, vor einem solchen Publikum und solchen Kritikern zu singen.

Und so kam es, daß dieser Abend in der Philharmonie eine Berliner Sensation wurde. Die Presse war großartig, auch die sogenannte ernste Kritik. Sie tanzten, wie jemand so hübsch sagte, auf ihren Schreibmaschinen, sogar Leute wie Stuckenschmidt, und wir waren sehr stolz, daß so jemand in der ersten Reihe saß, um uns zu hören und zu beurteilen.«

ROBERT BIBERTI: »Dieses Konzert hatte den großen Vorzug, daß wir dadurch den sogenannten Kunstschein bekamen. Dieser Kunstschein wurde vom Kultusministerium ausgegeben an Künstler, an Kollektive und Ensembles, die in gewissem Sinne ernsthaft volksbildend waren. Er war gültig für ganz Deutschland und veranlaßte die einzelnen städtischen Behörden, die bisher wesentliche Anteile unserer Einnahmen als Vergnügungs-Steuer einkassiert hatten, sich nun mit drei oder fünf Prozent der Brutto-Summen zu begnügen. Die Folge war, daß wir nicht mehr zu tingeln, zu pendeln brauchten. Die Konzertagenturen rissen sich um uns und unsere Preise stiegen. Bald hatten wir bis zu 150 Konzerte im Jahr. Allein im Deutschen Reich.

Durch unsere Erfolge ermutigt, entstanden in jener Zeit auch andere Gesangsgruppen, die uns nachzuahmen suchten. So zum Beispiel die ›Abels‹, die ›Kardosch-Sänger‹, und wie sie alle hießen. Manche gingen sogar soweit, sich ähnlich klingende Namen zuzulegen, wie die ›Harmonie-Sänger‹, die ›Harmonisten‹ u.a.m. Sie alle wurden aber nie eine ernsthafte Konkurrenz für uns.«

ROMAN CYCOWSKI: »Vielleicht darum, weil niemand so schwer gearbeitet hat wie wir. Es ist nicht von allein gekommen, es ist wirklich nicht von allein gekommen. Immerzu haben wir an uns gearbeitet, wie die Akrobaten, jahrelang. Und obwohl wir so ver-

... was, in der Philharmonie, in diesem Tempel der seriösen Musik? ...

schiedene Charaktere hatten, waren wir uns in der Arbeit einig: Das Wichtigste waren die COMEDIAN HARMONISTS, nicht Biberti, nicht Cycowski, nicht Frommermann und nicht Collin – nur: die COMEDIAN HARMONISTS.

Deshalb haben wir als Menschen gut harmonisiert und sind auch fast immer gut miteinander ausgekommen. Manches Mal gab es natürlich auch Auseinandersetzungen, aber das muß schließlich auch sein. Man kann nicht immer nur ja sagen und ja sagen, nicht wahr?«

HARRY FROMMERMANN: »Wie gesagt, nicht nur in allen Städten Deutschlands waren wir nun regelmäßig zu Gast, sondern auch im Ausland. Nach dem Erfolg bei dem Mengelberg-Jubiläum waren wir zuerst in Amsterdam, Rotterdam, Den Haag und Scheveningen, dann aber bald auch in den kleineren Orten. Es gibt kaum eine Stadt in Holland, in der wir nicht aufgetreten sind. Darauf

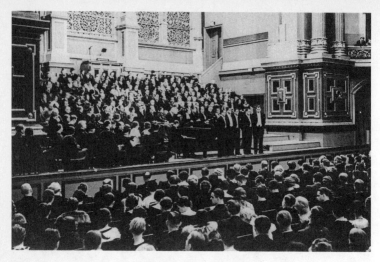

... das geht doch nicht, daß wir dort mit wippenden Knien den Rhythmus unterstützen ...

folgten Tourneen in die skandinavischen Länder Dänemark, Schweden, Norwegen, wo wir auch sehr beliebt waren, und schließlich nach Belgien, Frankreich, die Schweiz, die Tschechoslowakei, Ungarn und Italien.

Wir waren in Oslo, Bergen, Stockholm, Kopenhagen, Budapest, Prag, Wien, Innsbruck und in Italien bis runter nach Neapel.«

ROMAN CYCOWSKI: »In Italien hatten wir zuerst ein wenig Angst, denn bei unserem ersten Auftritt in Milano haben wir die Ouvertüre zum ›Barbier von Sevilla‹ vorgetragen. Wir fünf markierten nur mit unseren Stimmen ein ganzes Orchester. Und wir hatten Sorge, die Italiener glaubten, wir wollen uns über ihren Rossini lustig machen. Aber es kam ganz anders. Wir mußten dieses Stück gleich mehrfach wiederholen. ›Da capo! – Da capo!!‹ riefen sie immer, und beinahe wäre der Rang eingebrochen, so haben sie getobt.«

Und Erwin Bootz, der seit dem Konzert in der Philharmonie wieder zu den COMEDIAN HARMONISTS zurückgekehrt war, berichtet:

»Natürlich mußten wir dann auch in den verschiedenen Sprachen singen und unser Repertoire auf das jeweilige Land umgestalten.

Und schließlich nahmen wir viele unserer Erfolge sogar in französischer und englischer Sprache auf Schallplatten auf:

›Voilà, les gars de la marine‹, das ist die französische Version von ›Das ist die Liebe der Matrosen‹, wurde in Frankreich so eine Art zweiter Nationalhymne, und wir verkauften dort weit über zweihunderttausend Platten. Einmal, als wir im ›Théâtre Champs Élysées‹ auftraten, haben wir nach der Vorstellung in der Nacht noch ein zweites Gastspiel gegeben, und zwar in einem Pariser Bordell. Ich weiß nicht mehr, von wem die Anregung kam. Möglicherweise von unserem Veranstalter. Jedenfalls sagte jemand von uns: ›Kinders, laßt uns doch mal einen Spaß machen. Gehen wir doch da mal hin.‹ Und so fuhren wir zur Rue Blondel 35 und jemand rief: ›Mesdames, Salon!‹ – Und dann

... *da capo riefen sie immer, und beinahe wäre der Rang eingebrochen* ...

kamen die Mädchen, zum Teil recht unattraktiv, aber auch ganz nette dabei. Sie kamen also mit Diensteifer herein, aber wir erklärten ihnen, daß wir ihre professionellen Künste gar nicht in Anspruch nehmen, sondern uns nur ein bißchen amüsieren wollen. Wir hatten vor, nur eine Flasche Champagner oder Wein mit ihnen zu trinken und ihnen selbstverständlich alles zu bezahlen, auch den Verdienstausfall. Gott sei Dank sprach einer von uns sehr gut französisch, Erich Collin. Und dann wurde das dort noch furchtbar gemütlich. Wir sangen ihnen etwas vor, sie waren ganz begeistert und schließlich spielte ich in diesem ›wie – soll – man sagen – Haus‹ zum Tanzen auf. Wir tanzten und tranken und die Mädchen machten auch einige erotische Kunststückchen vor, die aber nicht dem Zwecke der Animation dienen sollten, sondern nur zur Belustigung, und schließlich sangen wir gemeinsam mit ihnen: ›Amusez-vous, foutez-vous tous. La vie entre nous est si breve.‹ Und wenn heute jemand von mir sagen sollte, ach der, der hat ja schon mal in einem Bordell gespielt – so muß ich das leider bestätigen. Überhaupt haben wir auf den Reisen ständig etwas erlebt. Allein die Zugfahrten! Grundsätzlich nahmen wir den letzten Zug, den wir kriegen konnten, und manchmal ging unsre Frechheit soweit, daß wir an dem betreffenden Ort keine Zeit mehr zum Umziehen hatten. Das taten wir dann auf der Fahrt von Berlin zu dem Bestimmungsort auf einer Zugtoilette. Und die Mitreisenden sahen erstaunt einen nach dem anderen von uns im Tagesanzug darin verschwinden und im Frack wieder herauskommen.

Einmal fuhren wir nach Kopenhagen. Als wir dort ankamen, sagte ich zu Biberti: ›Bob, guck mal, was ist denn hier los? Wir sollen doch hier ein Konzert haben, im ‚Tivoli‘. Ich sehe gar keine Plakate. Überhaupt nichts. Es gibt ja keine Reklame.‹ Ja, das war merkwürdig. Hoffentlich hatten wir uns nicht im Datum geirrt, oder so etwas. Also riefen wir bei den Gebrüder Hansen an, die uns in Dänemark vertraten. Bob war ganz aufgeregt, als er nachfragte und da bekam er die lakonische Antwort: ›Ja, was wollen Sie denn? Es ist ausverkauft, restlos ausverkauft. Was sollen wir da denn noch Reklame machen? Für ein ausverkauftes Konzert?!‹ – Ja, das konnte uns passieren.«

Die genaue Höhe der Gesamteinnahmen der COMEDIAN HARMONISTS läßt sich heute nicht mehr feststellen. Allerdings gibt es einige Zahlen, die Rückschlüsse auf die wahrscheinlichen Einkünfte geben.

So ist z. B. eine Aufstellung ihrer Lizenzeinnahmen aus dem Plattenverkauf vom August 1928 (der ersten Platte bei Odeon) bis zum April 1935 (der letzten Aufnahme der Original-Gruppe bei der Electrola) erhalten geblieben. Die Endsumme aller Zahlungen an die COMEDIAN HARMONISTS lautet: 112.178,57 Mark. Die Haupteinkünfte mit rund 25.000 Mark jährlich lagen zwischen 1931 und 1934.

ROBERT BIBERTI: »Die weitaus größte Einnahmemöglichkeit aber war durch die Konzerte gegeben. Da kam nichts mit. Wenn ich jetzt sage, die Konzerte brachten das Zehnfache, das ist wahrscheinlich noch unterschätzt. Denn sie haben uns bis zu 3000 Mark am Abend gebracht. Für die damalige Zeit ein enormes Geld. Wir haben wirklich viel verdient. 1928 bei Charell, fing es für jeden von uns mit 500 Mark im Monat an. Und das steigerte sich dann manchmal bis auf 7000 und 8000 Mark. Das war die Spitze. 8000 Mark in einem Monat für jeden von uns, das war die Spitze.«

ROMAN CYCOWSKI: »40.000 Mark hab ich im Jahr versteuert. Jeder einzelne von uns. Das nicht gerechnet, was wir im Ausland verdienten. Denn das haben wir der Steuer gar nicht angegeben. 40.000 Mark, allein in Deutschland, und wenn es hochkam, zahlten wir vielleicht zehn Prozent davon an Steuern. Ein Viertel Pfund Leberwurst kostete damals 12 Pfennig und für zwei Mark bekam man im Wirtshaus schon eine gute Mahlzeit. Wir verdienten wie wahnsinnig und zahlten in einer mittleren Stadt, wie zum Beispiel im Schloß-Hotel in Stuttgart, für ein Einzelzimmer mit Bad und Frühstück fünf Mark. Das teuerste waren die ›Vier Jahreszeiten‹ in Hamburg mit acht Mark. Und wir verdienten manchmal dreitausend Mark am Abend.«

ROBERT BIBERTI: »Wir verdienten und verdienten und um uns herum war Elend. Die Arbeitslosigkeit wurde immer größer.

Überall bettelten sie einen an um zehn oder zwanzig Pfennige. Auch Künstler und Musiker. Es war schon fast quälend, dieser unglaubliche Unterschied zwischen uns und diesen anderen. Und ob man mir das glaubt oder nicht, aber ich hatte schon damals eine Unruhe, daß diese Diskrepanz in den Verdienstmöglichkeiten, daß die irgendwann einmal zur Katastrophe führen würde. In dieser Zeit der Not waren wir an der Spitze. Denn es gab damals eigentlich nur drei Gruppen, die immer ausverkaufte Häuser hatten: Das waren die Berliner Philharmoniker, das waren die Don-Kosaken und die COMEDIAN HARMONISTS. Und so kam es, daß ich in unserer Familie der Erste war, der nach über dreißig Jahren bitteren Lebens wieder zu einem Vermögen kam.

Eigentlich waren wir immer eng beisammen. Nach den Vorstellungen gingen wir zusammen essen, wir wohnten immer in den gleichen Hotels, wir reisten zusammen, oft auch privat, und zeitweise haben wir sogar zusammen gewohnt. Im Sommer machten wir regelmäßig zwei bis drei Monate Ferien, denn Juni, Juli und August ist die tote Zeit im Konzertleben.

Und oft sind wir dann gemeinsam in Urlaub gefahren. Auch mit den Frauen, die sich mehr und mehr dazugesellten. Denn mit unserem beruflichen und materiellen Aufstieg kam auch der Erfolg bei den Damen. Jeder kaufte sich ein Auto und war mit einer mehr oder minder attraktiven Frau befreundet oder verheiratet, und so kam es, daß wir manchmal zwölf Personen waren, wenn wir auf Reisen gingen. Auch meine Mutter kam oft mit, die ja die Schwierigkeiten unseres Berufes besser als jeder andere kannte. Meine Mutter als Musikerin war sehr berührt davon, daß nun ihr Söhnchen dasselbe machte, was Jahrzehnte vorher sein Vater begonnen hatte. Und wenn wir bei mir zu Hause probierten, gab es keine Probe, wo sie nicht im Nebenzimmer saß und durch einen Vorhang zuhörte, wie wir sangen und studierten. Denn 1931 hatte ich eine sehr große Wohnung in der Carmerstraße gemietet, eine Achtzimmerwohnung von 270 qm Wohnfläche, mit einem Probenraum für die COMEDIAN HARMONISTS und einem Büro für eine Angestellte und unseren Sekretär von Gräfe. Dieses Büro mit den Angestellten war besonders wichtig, weil wir doch ständig unterwegs sein mußten.«

MARION KISS: »Der Erfolg ist uns allen ein bißchen in den Kopf gestiegen. Wir waren sehr jung. Und bis auf Bootz, dem es immer schon finanziell gut gegangen war, hatten wir anderen vorher kein Geld gehabt. Und so ist es uns in den Kopf gestiegen.

Wenn sich zum Beispiel der Leschnikoff irgend jemandem vorstellte, selbst auf der Straße, einem wildfremden Mann, dann sagte er immer: ›Gestatten, Leschnikoff, COMEDIAN HARMONISTS!‹ Manche Leute haben nicht gewußt, wer das ist und haben ihn blöd angeguckt. Aber Ari hielt sich für den Größten. Auch mit den Mädchen haben sie es sehr leicht gehabt. Sie waren alle ein bißchen leichtsinnig. In jeder Stadt ein anderes Mädel, das bringt der Beruf so mit sich. Mein Mann auch, und wie! Nur hat er es mir immer verschwiegen. Aber er konnte nicht gut lügen, irgendwie hab ich es doch herausgefunden.

... »voilà, les gars de la marine« wurde in Frankreich so eine Art zweiter Nationalhymne

Wir haben nie gespart. Harry war leichtsinnig und ich war leichtsinnig. Wir mußten die schönste Wohnung haben, und wenn wir es nicht bar hatten, wurde auf Pump gekauft. Und natürlich mußte auch sofort ein Wagen her. Erst war es nur ein gebrauchter Chevrolet, der berüchtigte ›Blaue Pfeil‹, von dem ich schon erzählte. Dann kam ein nagelneuer Auburn, den wir nicht bezahlen konnten, und so haben wir dafür einen Wechsel unterschrieben. Wir verdienten wie wahnsinnig, aber Geld haben wir nie gehabt. Wir waren immer im Druck, Harry und ich. Wir sind nicht mal in Nachtlokale gegangen, oder so, nein, nein, ich weiß selber nicht, wo es geblieben ist. Aber es wäre ja doch alles verlorengegangen. Und so haben wir gut gelebt und es war wunderschön.

Geheiratet haben wir als erste: am 15. Mai 1931. Unsere Hochzeit war sehr komisch. Wir hatten es schon vorher ein paarmal versucht, aber nie geschafft, zum Standesamt zu kommen. Immer war irgendein Konzert oder ein Gastspiel dazwischen gekommen. Aber an dem 15. Mai hat es endlich geklappt. Wir sind morgens ganz früh zum Standesamt. Kirchlich kam sowieso nicht in Frage, da ich doch Protestantin bin und Harry Jude war. Also gab es nur standesamtliche Trauung, zwei Freunde waren Zeugen, dann folgte ein kleines Essen und anschließend fuhren wir sofort nach Hannover, weil dort am Abend ein Konzert war. Am nächsten Tag fuhren wir in eine andere Stadt und so ging es weiter. Eine Hochzeitsreise im üblichen Sinne haben wir nie gehabt. Wir kamen einfach nicht dazu. Übrigens, wenn ich jetzt gesagt habe, daß mein Mann Jude war, so war mir das 1931 gar nicht bewußt. Das ist mir erst später klargeworden, eben, als die Nazis kamen. Vorher hat sich niemand dafür interessiert.«

ARI LESCHNIKOFF: »Ach, Harry und seine Frau Mausi. Sie hat ihm den letzten Pfennig abgenommen. Aber, wissen Sie, wenn der Mensch vorher kein Geld gehabt hat, und auf einmal hat er so vieles, dann kann er es nicht bei sich behalten. Wir haben wunderbar gelebt, jeder nahm sich eine schöne Wohnung, kleidete sich nach der letzten Mode und kaufte sich ein Auto. Ich hatte den schönsten Wagen von uns allen, einen Hudson-Kabriolett. Aber sonst war ich der Sparer, ich habe mein Geld zusammengehalten. Ich habe gespart, wo ich konnte und kaufte mir später davon ein großes Mietshaus in Sofia.

Meine erste Liebe war ein Mädel aus Danzig. Das war noch, bevor ich zu den COMEDIAN HARMONISTS kam. Sie fragte mich, wo die Kantstraße ist. Und ich ging mit ihr, um es ihr zu zeigen.

Da sprach ich schon etwas deutsch und fragte sie: ›Sagen Sie mal, können wir uns nicht wiedersehen?‹ – ›Aber gern. Was machen Sie? Sind Sie Ausländer?‹ – ›Ja, ich bin Bulgare und ich studiere hier Gesang‹ – ›Ach, da sind wir ja Kollegen. Ich bin hier auf dem Konservatorium und studiere Klavier.‹

Sie hieß Ella. Wir trafen uns ein paarmal und dann wollte ich sie heiraten. Aber die Eltern waren dagegen, vor allem die Mutter. Sie wollte keinen Ausländer als Schwiegersohn. – 1931 hatten wir unser erstes Konzert in Danzig und da trafen wir uns wieder. Sie war verheiratet, aber sie kam alleine zum Konzert. Wir haben uns umarmt und viel erzählt und dann fuhr ich wieder weg. Wiedergesehen haben wir uns nie.

Meine erste Frau habe ich in Leipzig kennengelernt. Wir hatten dort ein Gastspiel in ›Zwei Krawatten‹. Und da war sie jeden Abend in der Loge. Sie war sehr, sehr hübsch. Und so habe ich der Garderobenfrau meine Visitenkarte gegeben mit der Bitte um ein Rendezvous. Aber ich bekam keine Antwort. Einige Zeit später fahre ich in Berlin durch die Tiergartenstraße zu einer Schallplattenaufnahme. Da hatte ich schon den kleinen, offenen Hudson. Auf einmal muß ich halten und zwar direkt neben der englischen Botschaft. Und plötzlich kommt sie mir entgegen und geht in das Haus. Ich habe sie sofort erkannt. Was sollte ich da machen? Zuerst mußte ich zur Electrola, aber gleich nachdem die Aufnahmen fertig waren, bin ich wieder zurück zur Botschaft. Und tatsächlich kommt sie bald darauf mit einem anderen Mädchen heraus. Sie guckt mich an, wird ganz rot und ich sage: ›Wir kennen uns Mademoiselle.‹ – ›Ich spreche sehr schlecht Deutsch.‹ – ›Das macht nichts, ich auch.‹ – Ich hatte gedacht, sie wäre eine Französin, aber sie kam aus England. Der Vater war Franzose, die Mutter Irin. Sie hieß Delphine. Wir trafen uns im Hotel Eden zum Fünfuhrtee. Sie kam mit ihrer Kusine und bei mir sind Harry und Mausi mitgekommen. So haben wir uns kennengelernt. Wir haben uns unterhalten und getanzt und einen Monat später war sie meine Frau.«

MARION KISS: »Ja, Delphine war eine Engländerin, eine kleine Tänzerin, die mit den Tiller-Girls aufgetreten ist. Bildhübsch, mit langen, roten Locken, ein entzückendes Gesicht, ein süßes, kleines Ding und sie hatte echte rote Haare. Ich habe in ihrem Badezimmer nachgeschaut. Ich muß gestehen, ich wollte die rote Farbe finden. Man konnte sich nicht vorstellen, daß das Natur sein sollte. Aber es war tatsächlich echt, wunderschön, mit langen Wellen. Ein entzückendes Mädel, das überhaupt kein Deutsch konnte.

Ari benutzte oft den Ausdruck: ›Das finde ich zum Kotzen!‹ – da hat sie ihn gefragt, was das heißt, und er hat es ihr erklärt. Aber nicht richtig. Er umschrieb es nur mit: ›Nein, danke, das mag ich nicht.‹ – Eines Abends sind sie irgendwo zum Essen eingeladen, und Delphine wird etwas angeboten, was sie nicht mag, und da sagt sie: ›Tut mir leid, das kann ich nicht essen, das finde ich zum Kotzen.‹ – Sie hat natürlich keine Ahnung gehabt, was sie da sagt. Sie haben bald nach uns geheiratet, und gleich darauf sind die COMEDIAN HARMONISTS auf Konzerttour gegangen, und da hat Ari sie zu mir gebracht. Er wollte nicht, daß sie allein war. Ich hab sie schrecklich gern gehabt. Ich hab sogar versucht, ihr etwas Deutsch beizubringen. Ich hab ihr erklärt: ›Du kannst nicht zu allen Leuten ‚du‘ sagen. Nur zu Verwandten oder Freunden, mit denen man Brüderschaft getrunken hat, sonst sagt man ‚Sie‘.‹

Als Engländerin kannte sie doch nur das ›You‹. Darauf siezte sie uns dann alle, sogar die Hunde: ›Das dürfen Sie nicht‹, sagte sie zu unserem Terrier. Ach Gott, die Arme. Ich weiß noch, wie sie mir einmal sagte: ›Also, wenn der Ari mich betrügt, dann ist das das Ende meines Lebens!‹ Und der Ari hat sie bei jeder Gelegenheit, wo er nur konnte, betrogen, obwohl sie bildhübsch war und er sie sehr gerne hatte.

Ari Leschnikoff war der Reichste von uns allen. Er hatte immer Geld. Allerdings gab er es auch nicht aus. Das Auto war, glaube ich, sein einziger Luxus. Er hatte nie eine Wohnung und wohnte immer möbliert, auch mit seiner Frau, so billig wie möglich.

Der dritte, der heiratete, war Erich Collin. Seine Frau Fernande lernte er in Frankfurt am Main kennen. In einer Künstlerbar. Zusammen mit Erwin Bootz, der dort auch seine Frau Ursula getroffen hat. Ihre Eltern waren Deutschfranzosen, lebten damals aber in Frankfurt. Sie hat auch einen Beruf gehabt, ich glaube, sie war Damenschneiderin. Aber als sie Erich heiratete, gab sie es sofort auf. Als sich die beiden kennenlernten, waren die COMEDIAN HARMONISTS schon sehr bekannt. Ich glaube, Erich hat sie geheiratet, weil ihn seine Mutter dazu getrieben hat. Sie wollte ihn untergebracht wissen. Und da hat er sich Nante ausgesucht, wie sie bei uns hieß. Es gibt Leute, über die man nicht gern spricht. Wir haben immer gesagt: ›Stille Wasser sind tief.‹ – Mehr möchte ich nicht sagen.«

Die Witwe von Erich A. Collin, Fernande, lebt heute in Los Angeles. Sie erinnert sich:

FERNANDE COLLIN-CURRIE: »Ja, die COMEDIAN HARMONISTS hatten ein Konzert in Frankfurt, und ich bin mit meinem Bruder und meiner Schwester dorthin gegangen. Anschließend saßen wir noch in einem Nachtclub. Und dort habe ich Erich getroffen. Es war wirklich Liebe auf den ersten Blick. Er war nett, gutaussehend und sehr intelligent. Er war schön, von innen und außen. Das ist Anfang 1931 gewesen. Am nächsten Tag fuhren sie schon weiter und danach haben wir korrespondiert, bis sie wieder für ein paar Tage nach Frankfurt kamen. In der Zwischenzeit hatte sich Erich entschlossen, mich zu heiraten. Die Hochzeit fand in Frankfurt statt, in einem Hotel, an dessen Namen ich mich nicht mehr erinnere. Es gab auch nur eine kleine Feier mit den beiden Familien. Und noch am gleichen Abend fuhren wir in die Flitterwochen nach Paris. Von dort aus mußten wir sofort nach Holland, weil da eine neue Konzerttour begann. In Scheveningen trafen wir mit den anderen zusammen. Sie hatten eine erste Probe im Hotel und ich blieb unten in der Halle sitzen und wartete, daß mich Erich anschließend dort abholt. Ja, und nach der Probe kamen sie alle nach unten, ich saß da und las, und sie gingen, ohne mich zu beachten, an mir vorbei nach draußen, auch Erich. Er ignorierte mich völlig. – Ich war natürlich sehr aufgeregt. Ich war noch sehr jung, und ich glaubte, das sei das Ende. So lief ich stundenlang in Scheveningen herum. Erich war in der Zwischenzeit wieder ins Hotel gekommen, hatte sich natürlich daran erinnert, daß er eine Frau besaß, aber ich war nicht da. Sie haben dann, glaube ich, die Polizei angerufen und waren alle sehr aufgeregt, bis ich mich schließlich entschloß, ich gehe zurück. Aber Erichs Vergeßlichkeit hat mir das ganze Leben zu schaffen gemacht.«

ROMAN CYCOWSKI: »Nante war ein liebes Mädchen und eine sehr, sehr liebe Frau. Sie war vielleicht die charmanteste von allen. Wir waren viel mit Erich und ihr in Berlin zusammen, auch noch, als ein Jahr später ihre Tochter Susan geboren wurde. Ich glaube, daß besonders Erichs Mutter glücklich über diese Heirat war, denn er war weiß Gott kein Finanzgenie und brauchte jemanden, der auf ihn aufpaßte.

Aber auch Erwin Bootz lernte, wie gesagt, seine Frau in diesem Nachtclub in Frankfurt kennen. Ursula war die Tochter des Bildhauers Benno Elkan, der schon 1933 ausgewandert ist. Sie war ein feines Mädchen und wirklich sehr intelligent.

Collin konnte nicht verstehen, weshalb sie Erwin geheiratet hat. Der Kontrast war sehr stark. Dazu kam, daß Ursel Jüdin war, und die Mutter von Erwin Antisemitin. Also war sie gegen die Heirat. Die Elkans waren ziemlich deutsch assimiliert und hatten mit unserer Religion nichts zu tun. Aber seine Mutter hätte am liebsten ›nein‹ gesagt. Und Collin hat es Ursel nie vergeben, daß sie Erwin geheiratet hatte.

Trotzdem war Bootz ein guter Ehemann für sie, obwohl er ein bißchen zynisch war. Ebenso wie Biberti, machte er sich gern über die Frauen seiner Kollegen lustig. Aber im Grunde genommen war er anständig.«

ERWIN BOOTZ: »Meine Frau war noch jünger als ich, aber sie war viel weiter entwickelt. Sie hatte aber auch einen kürzeren Weg. Sie kam aus einer Künstlerfamilie und hatte schon vieles mit in die Wiege bekommen, was ich mir erst mühsam erwerben mußte. Jedenfalls war ich damals noch schrecklich unreif.

Zu unserer Hochzeit habe ich mir den Luxus erlaubt und habe uns eine Drei-Zimmer-Wohnung von einem Architekten einrichten lassen, von Professor Rosenbauer aus Stettin. Der hat alles sehr schön gemacht und die Sachen haben ewig gehalten, bis lange nach dem Zweiten Weltkrieg. Die Kapok-Plüsch-Vorhänge habe ich heute noch. Und einen Wagen hatten wir natürlich auch, einen Achtzylinder-Horch. Ein Wagen, der damals schon einen Spargang besaß.«

Auch Robert Biberti lernte seine spätere Frau kennen:
»In Babelsberg. Sie war eine sogenannte Kleindarstellerin und stand, entzückend angezogen für irgendeinen ungarischen Spielfilm, in der Ufa-Kantine von Babelsberg. Sie setzte sich nicht hin, weil ihr Kostüm das nicht gestattete, aber sie sah zauberhaft aus und beeindruckte mich sehr. In einer Ecke der Kantine saßen die Geschwister Hedi und Margot Höpfner, die damals beliebten Tanzzwillinge, mit denen ich gut bekannt war. Ich ging zu ihnen und fragte sie, wer das denn ist, die da hinten steht und so reizend vor sich hinlächelt. Und da sagte mir eine der Schwestern: ›Ach, das ist nur eine Statistin.‹ – Das mit der ›Statistin‹ mißfiel mir. Was heißt denn das: Nur 'ne Statistin? – Jedenfalls kamen wir ins Gespräch, befreundeten uns und waren dann aber erst noch mehrere Jahre liiert, bis wir 1942, also mitten im Kriege, heirateten. 34 Jahre bin ich mit Hilde zusammengewesen bis zu ihrem Tode 1966, und wir haben ganz Europa, Asien, Amerika und Afrika bereist, alles privat. Allein in Ägypten und Palästina sind wir mehrere Male gewesen. Sobald wir frei hatten, waren wir unterwegs. In Europa mit dem großen Buick und nach Übersee auf den herrlichen Passagierdampfern jener Zeit. Und immer war Hilde bei mir, schön, groß, dekorativ, mit wundervollen Beinen. Sie war, wie man so sagt, der Typ einer Dame. Und wohin ich auch kam, immer war es angenehm für mich, sie als Begleiterin bei mir zu haben.«

ROMAN CYCOWSKI: »Ja, wir haben gut gelebt, das ganze schöne Geld – wie gewonnen, so zerronnen. Auch ich hab mir eine kleine Wohnung genommen mit Mary, wir haben einen Wagen gehabt, einen Ford, wir haben Parties gegeben, Leuten Geld geborgt und dadurch das Geld verloren, nur durchs Weggeben. Dann hab ich auch ein bißchen meine Eltern in Lodz unterstützt. Ich wollte ihnen etwas von dem zurückzahlen, was sie mir gegeben hatten. Ich wünschte, ich hätte mehr getan. Immer, wenn ich konnte, schickte ich ihnen ein paar tausend Mark und immer war es ihnen zuviel.«

Marion Kiss: »Der Roman ist ein praktischer Mensch gewesen. Er hatte eine ganz gute Idee. Er kaufte Mary ein Bonbongeschäft. Aber Mary war keine Geschäftsfrau, genau wie ich. So ging der Laden kaputt, und Harry brachte ständig gewaltige Tüten mit Bonbons nach Hause, die ich dann alle aufgegessen habe.«

Roman Cycowski: »Wir sind die ganze Zeit herumgereist. Und darum ist Mary eine Zeitlang wieder zu ihren Eltern nach Köln gefahren, aber nach einem Jahr kam sie wieder und dann haben wir vom Heiraten gesprochen. Weil ich doch aber religiös bin, hab ich sie gefragt: ›Möchtest du zum Judentum übertreten? Denn wenn wir heiraten, müßtest du eine Jüdin sein.‹ – Das war Ende 1932. Da sagte sie, sie will sich das überlegen. Sie wollte nicht hypokritisch sein, also heuchlerisch. Sie sagte: ›Wenn ich es tue, wenn ich übertrete, dann will ich es auch glauben.‹

Und sie hat sich's überlegt und nach ein paar Wochen hat sie gesagt: ›Ja, wir heiraten. Und ich will auch eine Jüdin werden.‹

Ja, das war im Jahr 1933 und Ende Januar ist Hitler gekommen und dann durften wir in Deutschland nicht mehr heiraten. Doch davon später mehr.«

Schwanengesang
(1933 und 1934)

> *»Ein neuer Frühling wird in die Heimat kommen,*
> *schöner noch, wie's einmal war;*
> *ein neuer Frühling wird in die Heimat kommen,*
> *alles wird so wunderbar.*
> *Und man wird wieder das Lied der Arbeit singen,*
> *grade so, wie's einmal war.*
> *Es geht im Schritt und Tritt*
> *auch das Herz wieder mit –*
> *Und dann fängt ein neuer Frühling an.«*
>
> Von ENGELBERGER/MEISEL/ROTTER
> – Aufnahme der COMEDIAN HARMONISTS am 29. September 1933

Am 30. Januar 1933 kamen in Deutschland die Nationalsozialisten an die Macht.

Es war zugleich die Zeit der größten Erfolge der COMEDIAN HARMONISTS, obwohl die Hälfte von ihnen Juden waren.

1933 gaben sie mehr Konzerte als jemals zuvor: einhundertfünfzig.

ROBERT BIBERTI: »Ich muß dazu sagen, daß diese Konzerte im Jahre 1933 übervoll waren. Selbst in dem abgelegensten Nest wußte das Publikum, wer wir waren und es konnte sicher sein, daß es bei uns nichts von Propaganda und nazistischen Ideen anzuhören brauchte. Unser Liedgut war auch gar nicht geeignet, Tendenzen in jenem plötzlich geforderten Sinne zu folgen, und unser kleiner Vortrag natürlich noch weniger. Das war den Leuten klar. Sie konnten sich hinsetzen und amüsieren und zwei Stunden nett verbringen. So wurde es fast eine Protesthandlung,

v.l.n.r.: *Robert Biberti, Erich Collin, Roman Cycowski, Erwin Bootz, Ari Leschnikoff, Harry Frommermann*

in unsere Konzerte zu kommen, weil wir die einzigen waren am deutschen Musikhimmel, die es sich leisten konnten, auf den ganzen nationalen Rummel zu verzichten. Das wußten die Leute und fühlten sich bei uns sozusagen fern aller Politik.

So hätten wir glücklich und zufrieden sein können, wenn wir nicht schon in diesen ersten Monaten nach der ›Machtübernahme‹ die ersten Zeichen von Behinderungen und beginnenden Schikanen gespürt hätten.

Eigentlich begann das schon Ende 1932, also Wochen, bevor Hitler an die Macht kam. Bestimmte Organisationen, zum Beispiel Rundfunkanstalten, engagierten uns nicht mehr.

So machten wir eine Tournee durch Württemberg, hatten einen Tag in Stuttgart frei und boten uns an, wie in den Jahren zuvor, im dortigen Sender zu singen. Natürlich wurde nicht offen gesagt, weshalb wir kein Engagement bekamen. Es hieß nur: ›Leider sind wir nicht in der Lage, Sie zu verpflichten, weil es bei uns bereits eine Truppe ihres Genres gibt, die wir bedauerlicherweise ebensowenig beschäftigen können.‹

Wie schon berichtet, hatten wir 1932 vom Kultusministerium den so begehrten Kunstschein bekommen, der uns von dem größten Teil der überall fälligen Vergnügungssteuer befreite. Ab Mitte 1933 aber gab es jetzt Fälle, wo sich die betreffenden Amtsstellen nicht mehr um diese Befreiung kümmerten, selbstherrliche Nazibehörden, wie in Hannover oder Bayreuth, die plötzlich 40 Prozent unserer Gesamteinnahmen verlangten und damit Gastspiele von uns unmöglich machten. Solche willkürlichen Maßnahmen in einzelnen Orten kamen einem Verbot schon ziemlich nahe. Auch wenn es nicht offen ausgesprochen wurde, so war es doch mit der Zeit wirksam: Engagiert nicht die COMEDIAN HARMONISTS, diese Judenbande.«

ROMAN CYCOWSKI: »Am 7. Februar, also eine Woche nach Hitlers Machtantritt, hatten wir eine Platten-Aufnahme bei der Electrola. Und dort empfing uns ein Mann, ein Aufnahmeleiter, dessen Namen ich vergessen habe, mit dem Hakenkreuz am Revers. Vorher hat er immer ganz anders geredet. Aber auch hier bei den Plattenproduktionen hatten wir mehr Aufnahmen als je zuvor. In den zwei Jahren bis zu unserem Verbot, also vom Februar 1933 bis Februar 1935, nahmen wir insgesamt 58 neue Titel auf, das sind fast 40 Prozent aller Platten, die wir jemals mit der Original-Gruppe gemacht haben.

Allerdings muß ich zugeben, daß wir anfangs auch ein wenig mit den Wölfen zu heulen versuchten. So hatten wir zum Beispiel in Finsterwalde ein Konzert im Freien, ich glaube für 6000 Menschen. Als wir auftraten, haben in den ersten Reihen nur SA-Leute gestanden, und da haben wir mit Heil Hitler gegrüßt, die ganze Gruppe, einschließlich von uns drei Juden. Und hinter uns hing ein großes Bild von Hitler. Die ganze Zeit, während wir sangen, hing es hinter uns.«

ERWIN BOOTZ: »Einmal, in Nürnberg, wo sonst, würde Felix Holländer gesagt haben, wollte uns der Gauleiter sprechen. Wir hatten natürlich alle mächtige Manschetten. So was kann ja werweiß-wie ausgehen. Schließlich waren wir damals schon ein wenig personae ingratae, nicht? Also führte man uns zu Julius Streicher, der nicht nur der Gauleiter von Franken war, sondern auch den berüchtigten ›Stürmer‹ herausgab. Der stand da mit offenem Ledermantel und innen hing eine Reitpeitsche am Koppel und bestellte sich bei uns: ›Grün ist die Heide‹ – das sollten wir singen,

> ›Grün ist die Heide, die Heide ist grün,
> aber rot sind die Rosen, eh' sie verblühn.‹

Das entsprach seinem musikalischen Geschmack. Aber wir hatten so etwas nicht in unserem Programm und mußten dem Gauleiter leider absagen. Wir haben überhaupt, glaube ich, keine Konzessionen an den Zeitgeist gemacht. Manche behaupten, unser Lied ›Ein neuer Frühling wird in die Heimat kommen‹, das wir am 29. September 1933 aufgenommen haben, sei ein Anpassungsversuch gewesen und als Marschlied für den neugeschaffenen Reichsarbeitsdienst gedacht. Wir haben das aber nicht so empfunden. Für uns war diese Platte eine Hoffnung, mit der wir ausdrücken wollten, daß die vergangenen Zeiten zurückkehren. Denn der Textdichter war ja ein Jude, es war Fritz Rotter. Nein, nein, das Lied war keine Konzession.«

Möglicherweise irrt sich Erwin Bootz, denn der Text dieses Liedes stammte vielleicht doch von W. Schaeffers, vermutlich Willi Schaeffers, dem Kabarettisten, der sich mit den Nazis arrangiert hatte.

ROBERT BIBERTI: »Die Zustände waren allgemein bedrückend. Sie belasteten uns auch ein wenig, aber so recht mitbekommen, was da los war, haben wir nicht. Auch ich, ein politisch nicht unerfahrener Mensch, habe mich nicht davon beeindrucken lassen, daß – schon vor 1933 – in den Geschäften Broschüren wie etwa ›Juden raus‹ auslagen. Ich habe das gesehen und hab mir nichts weiter dabei gedacht, bis das dann im Januar 1933 losging. Ich habe diese Dinge einfach nicht zur Kenntnis genommen, zu meiner Schande muß ich sagen. Und danach auch nicht. Wir waren zwar in Sorge, aber es war nicht so, daß wir Tag und Nacht darüber sprachen. Wir haben die Nazis nicht ernstgenommen, wie so viele. Wir sprachen davon, was so alles passierte, an Pöbeleien und Anrempeleien auf der Straße, aber wir gingen darüber hinweg, weil wir glaubten, daß wir außerhalb dieser Geschehnisse bleiben würden als sehr bekannte Truppe, der auch das Ausland offenstand. Wir haben uns nicht viele Gedanken gemacht, dummerweise. Wir haben die ganze Sache auf die leichte Schulter genommen, trotz der Warnzeichen. Denn wir merkten allenthalben, daß sich immer mehr Schreiber, Filmemacher, Intendanten, Veranstalter nazistisch ausrichteten und daß sie anfingen, vorsichtig zu sein in bezug auf Engagements, denn man wußte ja nie, was noch kommt.«

ROMAN CYCOWSKI: »Also, wenn ich ehrlich bin, ich hab sehr wenig gemerkt. Auch als Jude. Ich persönlich habe nicht viel unter dem neuen Regime, dem Naziregime, zu leiden gehabt. Fast gar nicht. Ich bin genauso frei herumgefahren wie vorher, wir sind ins Ausland gegangen, wieder zurückgekommen und haben Geld herein gebracht. Geld mit herausnehmen durfte man allerdings nicht. Einmal hab ich sogar etwas zurückbekommen. Ich hatte zuviel Steuern bezahlt und da ist eines Tages der Briefträger gekommen und hat mir tausend Mark gebracht. Ja, ja, man war immer sehr korrekt in Deutschland. In den Sommerferien 1933 haben wir noch mit Biberti und seiner Mutter eine Nordlandreise gemacht, mit der ›Monte Rosa‹ für fünf Wochen bis nach Spitzbergen. Mary und ich waren damals immer noch nicht verheiratet, ein Jude und eine Christin, das wäre schon nicht mehr möglich gewesen. Und so hatte ich mit Bob eine Kabine und seine Mutter mit Mary. Das war eine interessante Reise. Schade, daß es nicht so weitergehen konnte, daß das alles abbrach, unsere Freundschaft und das alles.

Aber langsam begriffen wir, was kommen wird. Wir ahnten, daß die Gruppe nicht mehr lange in Deutschland existieren würde und daß wir eines Tages ins Ausland gehen müßten. Und darum habe ich Mary nach London geschickt zu Verwandten von mir. Da hat sie Englisch studiert. Und da habe ich gewohnt bei der Familie Nathan. Das war ein Weingroßhändler, der dem Kaiser seinerzeit Wein geliefert hatte. Er kannte auch die ganze Kaiserfamilie. Er war ein alter Mann und sehr assimiliert. Seine Frau war Nichtjüdin. Wenn er nicht den Namen gehabt hätte, niemand hätte ihn für einen Juden gehalten.

Eines Tages kam ich von einem längeren Gastspiel nach Hause und wir kamen so ins Gespräch. Und ich sagte: ›Wer weiß, wie's kommen wird, Herr Nathan, aber es wird nicht gut sein für die Juden in Deutschland. Gehen Sie nach Palästina.‹ – Da hat er gesagt: ›Was denken Sie? Bin ich ein Zionist? Ich bin ein deutschnationaler Jude. Ich bin hier geboren und ich will auch hier sterben.‹ – Einen Monat später ist er krank geworden. Warum? Er hatte viele Freunde, die bei ihm getrunken haben, die ihm Geld schuldeten, für ihn viel Geld. Er war kein reicher Mann. Und wenn er jetzt auf die Straße kam, und sie begrüßen wollte: ›Guten Tag, wie geht's?‹, dann haben die ihm nicht geantwortet, sie haben ihn nicht einmal gesehen, einfach ignoriert. Manche sind sogar auf die andere Straßenseite gegangen, wenn sie ihn bemerkten. Der Mann ist gestorben, nach ein paar Wochen. Und dann hat seine Frau Leute angerufen, die ihm Geld schuldeten. Sie sagte: ›Ich kann meinen Mann nicht begraben, ich habe kein Geld. Sie schulden uns doch so und so viel, bitte, geben Sie mir etwas davon.‹ – Keiner hat ihr was gegeben. Einer hat sogar gesagt: ›Lassen Sie ihn doch verrotten!‹ – Und das war einer, der ihm mal einen Brief geschrieben hat, er wäre ihm dankbar für sein ganzes Leben, weil er so gut zu ihm gewesen war.

So ist das gegangen. Ich war bei seinem Begräbnis. Er ist verbrannt worden. Und es war kein Rabbiner da, sondern ein christlicher Geistlicher. Der hat das ›Kaddisch‹ gehalten. Das war das Ende von Herrn Nathan. Und so ist es vielen ergangen.«

MARION KISS: »Und doch haben wir es nicht ernstgenommen, lange Zeit. Bis dann so verschiedene Verordnungen herauskamen, daß man dies nicht tun durfte und jenes nicht. Aber auch jüdische Freunde, die wir hatten, meinten, es wird sich wieder geben. Das wird nicht so schlimm werden, wie es gekommen ist. Das wird sich wieder geben.

Wir hatten damals eine große Wohnung in der Zähringer Straße. Und da hörten wir eines Nachts ein furchtbares Schreien.

Natürlich sind wir aufgesprungen und auf den Balkon gelaufen. Die über uns wohnten auch. Und wie wir rüberschauen, da kommen zwei SA-Leute auf der anderen Straßenseite aus einem Haus mit einem Mann, den sie schon halb zerschlagen hatten. Da haben wir unsere Wohnung aufgegeben und eine kleinere genommen, nur zwei möblierte Zimmer bei der Familie Rosenthal. Die wollten auch noch nicht raus. Denn das meiste geschah nicht öffentlich. Und die ganz schlimmen Sachen, die sind ja erst später gekommen. Man hat eben immer gedacht: Wir nicht.«

Am 1. November 1933 gab Goebbels dann die erste Verordnung zur Durchführung des Reichskulturkammergesetzes heraus, nach der sechs verschiedene Kammern, u. a. auch eine Reichsmusikkammer, gebildet wurden. Auf Grund dieser Verordnung mußte jeder deutsche Künstler Mitglied der jeweiligen Kammer sein, um seinen Beruf ausüben zu können. In § 10 hieß es dann: »Die Aufnahme in eine Einzelkammer kann abgelehnt oder ein Mitglied ausgeschlossen werden, wenn Tatsachen vorliegen, aus denen sich ergibt, daß die in Frage kommende Person die für die Ausübung ihrer Tätigkeit erforderliche Zuverlässigkeit und Eignung nicht besitzt.«

In der Praxis hieß das, man konnte jeden, der sich den Weisungen Goebbels nicht fügen wollte, aus dem Bereich des Kulturschaffens ausschalten. Die Eintragung als Mitglied in die einzelnen Fachkammern wurde schlechthin zur Existenzfrage. Wem sie verweigert wurde, und die Gründe dafür bestimmte einzig und allein das Ministerium für Volksaufklärung und Propaganda, der verlor damit das Recht, einen kulturellen Beruf auszuüben.

Die COMEDIAN HARMONISTS stellten selbstverständlich, ebenso wie alle ihre Kollegen, einen Antrag um Aufnahme in die Kammer. Sie waren sicher, daß sie die erforderliche ›Zuverlässigkeit und Eignung‹ lange genug unter Beweis gestellt hatten. Es sollte Monate dauern, bis sie eine erste Antwort bekamen. Aber von der Veröffentlichung jener Verordnung an begannen die Schwierigkeiten auch für sie zuzunehmen. Deutlich wurde es schon Ende November 1933, als sie nach einer Auslandstournee wieder einmal in der Berliner Philharmonie auftraten. Während die ›BZ am Mittag‹ noch davon schrieb: »... daß der Saal ausverkauft war, das Publikum nach und nach in Raserei fiel und eine Panik drohte ...« und von der ›Vollkommenheit eines Ensembles‹ sprach, vom ›schmeichelnden Zauberwerk eines Fünfklangs, der eins geworden ist‹, hieß es im ›Westen‹ vom 3. Dezember 1933: »In der Philharmonie – sangen die COMEDIAN HARMONISTS. Dieselben, die in der marxistischen Zeit mit ihrem widerlichen Gequäke Schlager übelster Sorte mit Vorliebe verbreiteten. Sie haben sich nunmehr auf Volkslieder umgestellt und flugs ein Konzert ›Zum Besten des Winterhilfswerk‹ arrangiert. Das Programm enthielt die ›Schöne Isabella von Kastilien‹ und den ›Onkel Bumba aus Kalumba‹ neben ›In einem kühlen Grunde‹ und ›Guter Mond, du gehst so stille‹. – Da ein solches geschäftstüchtiges Gebaren keine Kritik verdient, begnüge ich mich mit dem reinen Tatbestand, ohne an die Ausführung selbst ein unangebrachtes kritisches Wort zu verschwenden. – Dr. Fritz Stege.«

ROBERT BIBERTI: »Ja, das waren die ersten Wermutstropfen, die auf uns herabfielen. Da haben uns die Presseleute aufs Korn genommen, ganz im Sinne der nazistischen Verseuchung: Da sind Juden auf der Bühne, und die müssen nun schlechtgemacht werden. Das war eine rein zweckgesteuerte Meinungsmache, die aber auf unseren Erfolg gar keinen Einfluß hatte. Der Höhepunkt dieser Kampagne war eine Kritik im ›Fridericus‹, einer rechtsgerichteten Zeitung in Berlin. Dort schrieb ein Herr Daun: ›Gestrig klang auch das sogenannte Konzert jener sechs COMEDIAN HARMONISTS. Die plärrende Jazztechnik, mit der sie einst große Erfolge hatten, bietet uns heute keine Reize mehr. – Diesem Sextett geht ein übertriebener Ruf voraus. Auf Schallplatten und im Rundfunk gefallen sie; treten sie aber persönlich auf, so ist die Enttäuschung nicht gering. Sie erlauben sich zu viele Mätzchen und sind auch allzu selbstbewußt. Viel Krampf und wenig Leistung: So dürfen wir wohl die Ausbeute des Abends nennen. Für eine beträchtliche Weile haben wir genug von dieser Speise! – Nur durch einmütige und unzweideutige Ablehnung kann gewissen Theater- und Konzertdirektionen, die jetzt in ihrem Schaufenster einen Arier stehen haben, sonst aber weiterhin nach ihren jüdischen Grundsätzen mit Kunst handeln, eindringlichst beigebracht werden, daß sie den Geist der neuen Zeit noch immer nicht begriffen und darum möglichst plötzlich – abzutreten haben!‹«

Trotz dieser Angriffe der Nazipresse, die schnell zu erbitterten Haßtiraden übergingen, konnten die COMEDIAN HARMONISTS ihre Gastspiele ungehindert fortsetzen. Roman Cycowski erinnert sich dabei an ein Konzert Anfang 1934 auf dem Panzerkreuzer ›Leipzig‹:

»Wir waren eingeladen, dort zu singen. Der Panzerkreuzer lag in Bremerhaven am Kai. Wir waren im Frack natürlich und es wurde einer meiner schönsten Abende. Die ganze Nacht haben wir dann mit den Offizieren des Schiffes gefeiert. Alle waren wir betrunken. Und Witze haben die da gemacht über Göring, Goebbels und andere. Aber kein Wort über Hitler. Über die anderen haben sie gelacht, über Hitler nicht. Um fünf Uhr morgens haben sie uns zurückgebracht ins Hotel. Das hab ich nie vergessen. – Die wußten, wer wir sind, die wußten, daß drei von uns Juden waren. Aber es war ihnen egal. Es waren keine Nazis. Sie waren deutsche Offiziere, Offiziere der deutschen Marine, gut. – Und einmal haben wir sogar Hitler persönlich erlebt. Das war auf unsrer letzten Tournee durch Deutschland. Wir hatten ein Konzert in Hamburg. Unser Zug sollte gegen halb vier in Berlin abfahren. Also nahm ich mir so um drei ein Taxi zum Bahnhof Friedrichstraße. Aber als wir nach dem Brandenburger Tor in die Straße ›Unter den Linden‹ einfahren wollten, war alles blockiert. Man kam nicht weiter. Ich hab dann der Absperrung erklärt, ich hätte ein Konzert und da haben sie mich durchgelassen und bin zu Fuß zum Bahnhof Friedrichstraße. Und wie ich auf den Bahnsteig komme, seh ich Hitler vor mir. Er stand noch vor dem Zug, aber zwei Waggons weiter. Ich steige also ein und treffe in unserem Abteil noch Leschnikoff und Frommermann. Die anderen, Biberti, Bootz und Collin, hatten es nicht geschafft, zum Bahnhof durchzukommen.

Später sind wir drei dann in den Speisewagen gegangen. Wir haben da in einer Ecke gesessen, Harry mir vis-à-vis, Ari neben mir und ich konnte den ganzen Wagen übersehen. Mit einem Mal kommt Hitler rein! Das heißt, vorher kam die ganze Elite, zuerst Göring, dann Hess und Goebbels, aber der war hinter Hitler. Alle fuhren sie nach Hamburg, weil Hitler dort eine Rede halten sollte. Also, Hitler kommt in den Speisewagen und geht dicht an mir vorbei, ganz dicht. Er hat uns nicht angeguckt, er hat überhaupt keinen Menschen angeguckt, immer nur so über alle hinweg.

Der Mann, natürlich, ich muß es leider zugeben, er war sehr interessant. Er hatte so Basedowsche Augen gehabt, so einen stechenden Blick und sehr ernst, sehr, sehr ernst. Und wie er vorbeiging, schlug mein Herz so laut. Das von Frommermann auch natürlich. – Damals aber war es noch nicht so schlimm. Wir hatten uns schon damit abgefunden, daß die Juden keinen Platz mehr hatten in Deutschland. Aber das war früher schon oft passiert. Vor hundert Jahren und vor zweihundert und dreihundert Jahren, immer wieder Mal. Und in anderen Ländern ebenfalls, in Rußland zum Beispiel und in Polen. Und jetzt war es wieder passiert und so mußte man Deutschland eben verlassen. Wir dachten, vielleicht lassen sie uns noch eine Zeitlang, vielleicht können wir noch etwas dableiben. Aber kein Mensch wußte, was kommen wird, kein Mensch hat sich das vorgestellt.

Natürlich sind wir dann gleich raus aus dem Speisewagen und haben ganz still in unserem Abteil gesessen, bis wir in Hamburg ankamen. Die anderen drei mußten den nächsten Zug nehmen, und so konnte das Konzert erst um halbzehn beginnen, statt um acht. – Ja, das war die Schuld von Hitler.«

Anfang 1934 gingen die COMEDIAN HARMONISTS wieder einmal auf Tournee durch Deutschlands Konzertsäle. Die Konzertdirektionen hatten sie nur noch unter großen Schwierigkeiten auf die Beine stellen können. Die erste Zeit verlief alles reibungslos. Da kam am 6. März ein neuer Erlaß von Goebbels heraus, nach dem alle Personen ein ausdrückliches Auftrittsverbot erhielten, die nicht Mitglied der Reichstheaterkammer oder der Reichsmusikkammer waren. Die COMEDIAN HARMONISTS hatten zwar zu diesem Zeitpunkt noch keine Antwort auf ihre Anträge erhalten, vielleicht auch deswegen, weil nur drei von ihnen Juden waren, und die anderen drei sogenannte ›Arier‹. Möglicherweise hatte man für eine solche ›gemischte‹ Gruppe noch keine Lösung gefunden, anderseits aber konnten sie die notwendig gewordene Mitgliedschaft nicht nachweisen. Das führte dazu, daß ihr Auftritt am 10. März 1934 in Hof kurzfristig verboten wurde. Danach kamen zwei Konzerte in Bamberg und Schweinfurt, die ungehindert über die Bühne gingen. Überraschenderweise geschah in diesen beiden Städten nichts.

Alle Beteiligten waren aufs Äußerste betroffen. Die Konzertunternehmer, brave ›arische‹ Bürger, hatten viel Geld investiert, Säle waren gemietet worden, Plakate und Karten gedruckt. Und durch ein endgültiges Verbot würden auch sie schwer geschädigt.

Was dann geschah, berichtet ROBERT BIBERTI:
»Als wir nach anstrengender Nachtfahrt am 13. März morgens in München ankamen, wartete schon in der Hotelhalle ›Vier Jahreszeiten‹ ein Anruf unserer Konzertdirektion auf uns. Das längst ausverkaufte Konzert in der Tonhalle war von der Gauleitung München verboten worden. Nun ging ein heftiger Kampf los. Unsere Konzertdirektion schaltete einen Anwalt ein, der als sogenannter alter Kämpfer einen gewissen Einfluß hatte. Mit ihm fuhr ich sofort ins Braune Haus, also ins Zentrum der nationalsozialistischen Macht und stieß dort erst einmal auf vollständige Ablehnung. Am späten Nachmittag gelang es uns endlich, die Aufhebung des Verbotes zu erreichen. Dafür wurden uns allerdings Auflagen gemacht: Wir mußten uns verpflichten, nie mehr in München aufzutreten, wir sollten einen Teil der Einnahmen an das Winterhilfswerk abführen, und schließlich hatte der Direktor der Tonhalle dem Publikum vor unserem Auftritt diese Auflagen anzusagen. Es passierte folgendes: Wir stehen, noch ganz benommen, im Künstlerzimmer, gleich neben der Bühne und warten auf unser Klingelzeichen. Da kommt ein Mann herein, aber nicht der Direktor der Tonhalle, und stellt sich als Beauftragter der Gauleitung vor, natürlich in brauner Uniform. Dann läuft er an uns vorbei auf die Bühne, wendet sich an das verblüffte Publikum und sagt sinngemäß etwa folgendes: ›Meine Damen und Herren!

Diese Gruppe der COMEDIAN HARMONISTS tritt heute in München zum letzten Male auf. Und auch das nur durch eine Sondererlaubnis des Gauleiters, obwohl diese Musik nicht mehr im Sinne der Auffassung der Nationalsozialisten akzeptiert werden kann. Diejenigen unter Ihnen, die sich diesem entarteten ‚Kunstgenuß' nicht aussetzen wollen, haben das Recht, sich das Eintrittsgeld an der Kasse wiedergeben zu lassen und friedlich den Saal zu verlassen.‹«

HARRY FROMMERMANN: »Im Saal war daraufhin betretenes Schweigen. Und wirklich standen unter den Blicken des neugierig gewordenen Publikums vier oder fünf Leute auf und verließen den Saal. Der Mann ging ab, und dann war es soweit, daß wir auftreten mußten. Mit welchen Gefühlen ist gar nicht zu sagen. Jedenfalls war uns nicht gut zumute. Mit aufgesetztem Lächeln und zittrigen Knien treten wir auf die Bühne, gehen bis vorn an die

... *und dabei fühlten wir, daß es kein Wiedersehen mehr geben würde* ...

Rampe, stellen uns, wie immer – neben den Flügel und verbeugen uns. Da bricht ein Orkan los – unvorstellbar! Das gesamte Publikum, etwa eintausendsiebenhundert Menschen, erhebt sich, und gibt uns eine Ovation, wie wir sie noch nie erlebt hatten. Das alles geschieht, bevor wir auch nur einen Ton gesungen haben. Die Leute kommen nach vorn, bis an die Bühne, sie jubeln, trampeln und schreien ›Bravo, bravo!!‹ und wir stehn da oben, ich muß schon sagen, wie die begossenen Pudel. Nur langsam beruhigte man sich und das Konzert konnte beginnen.«

ARI LESCHNIKOFF: »Und als wir fertig waren mit dem Konzert, da haben wir ein Lied gesungen, ein Lied, das wir immer zum Schluß sangen, unser Abschiedslied:

> ›*Gib mir den letzten Abschiedskuß,*
> *weil ich dich heut verlassen muß*
> *und sage mir Aufwiedersehn,*
> *auf Wiedersehn, leb wohl!*‹

Und diese letzten paar Worte: ›Auf Wiedersehn, auf Wiedersehn‹, sangen alle im Saale mit, ›Auf Wiederwiedersehn, hier in München!‹ Und dabei fühlten wir, daß es kein Wiedersehn mehr geben würde.«

ROBERT BIBERTI: »Dann gingen wir in unser Hotel, und harrten der Dinge, die da kommen sollten. Und sie kamen dann ja auch. Denn das, was sich in München zugetragen hatte, ging natürlich sofort durch die Nazipresse und wurde allen Leuten bekannt, die daran interessiert waren, uns zu erledigen.

Für eine kurze Zeit erhielten wir aber noch einen gnadenvollen Aufschub. Einige Tage zuvor nämlich, am 7. März, also sofort nach der Veröffentlichung des neuen Goebbelserlasses, hatten wir an die Musikerfachschaft einen Brief geschrieben. Darin hieß es:

›Auf Grund der Verordnung des Ministers Dr. Goebbels vom gestrigen Tage werden dem Ensemble der COMEDIAN HARMONISTS von verschiedenen Seiten Schwierigkeiten hinsichtlich seines Auftretens gemacht.

So hat die Direktion der Scala in Berlin die Absicht geäußert, von dem für April d. J. abgeschlossenen Engagement zurückzutreten, falls eine ausdrückliche Genehmigung für das Auftreten der Comedian Harmonists nicht erbracht werden kann. Ferner hat die Polizeidirektion Hof in Bayern ein auf den 10. März angesetztes Konzert verboten. Wir weisen unter Bezugnahme auf die anliegenden Personalien der einzelnen Mitglieder des Ensembles darauf hin, daß die COMEDIAN HARMONISTS seit mehr als sechs Jahren in der gleichen Zusammensetzung bestehen und daß sie alljährlich in ungefähr 150 Konzerten im Inland und darüber hinaus durch eine große Anzahl von Auslandskonzerten in fast allen europäischen Ländern, sowie in diesem Jahre erstmalig in Amerika sich einen bedeutenden künstlerischen Ruf geschaffen haben.

Das Ensemble hat neben der von Anfang an rein arischen künstlerischen und geschäftlichen Leitung zwei Nichtarier und einen Halbarier. An Ausländern ist neben einem ehemaligen bulgarischen Offizier, der in der deutschen Heeresgruppe Mackensen gekämpft hat, lediglich ein ehemaliger russischer Staatsangehöriger (jetzt staatenlos) beschäftigt. Alle übrigen Mitglieder sind seit Geburt in Deutschland anwesende Reichsdeutsche. An dieser Zusammensetzung kann, abgesehen davon, daß ein Austausch einzelner Mitglieder aus rein menschlichen Gründen nicht zuletzt auch für die arischen Mitglieder des Ensembles eine unbillige Härte bedeuten würde, auch aus künstlerischen Gründen nichts geändert werden. Der Erfolg des Ensembles ergibt sich eben durch die Tatsache einer jahrelangen, ununterbrochenen Zusammenarbeit.

Zur Programmfrage muß noch in diesem Zusammenhange erwähnt werden, daß das Ensemble nachweisbar seit mehr als drei Jahren das Volkslied, den deutschen Walzer usw. ständig in seinem Repertoire führt und somit beim großen Publikum durch Gegenüberstellungen solcher Volkslieder mit leichten Kompositionen ein gutes Stück musikalischer Erziehungsarbeit verrichtet; hierfür liegen zahlreiche Äußerungen der in- und ausländischen maßgebenden Presse vor.

Es gibt somit heute in Deutschland kein Ensemble, das, gestützt auf seine durch die Jahre bewiesenen Erfolge, in der Lage war und ist, beim deutschsprechenden Publikum in außerdeutschen Ländern, wie Tschechoslowakei, Österreich, Schweiz, Elsaß, Holland, Skandinavien usw. gerade durch den Vortrag der Volkslieder, die ständig mit demonstrativen Beifallsstürmen quittiert werden, für deutsche Art zu wirken.

Wir bitten daher, mit Rücksicht auf die oben erwähnten akuten Fälle, die endgültige Auftrittserlaubnis für das Ensemble so schnell wie möglich durch die Aufnahme in die Reichsmusikerfachschaft, die bereits seit längerer Zeit beantragt worden ist, erteilen zu wollen.

Mit deutschem Gruß! Robert Biberti.‹«

Um der Sache noch mehr Gewicht zu geben, sandten alle beteiligten Konzertdirektionen am 9. März 1934 ein Sammeltelegramm an den Präsidenten der Reichskulturkammer, mit der Bitte die Durchführung der seit langem vorbereiteten Tournee zu gestatten, weil sie sonst durch den Abbruch der Konzertreihe zu enormen Verlusten verurteilt waren.

Die Antwort darauf kam am 16. März. Der Beauftragte des Präsidenten der Reichskulturkammer, ein Dr. Schmidt-Leonhardt, schrieb an die Konzertdirektion Erich Knoblauch:

»Die Entscheidung darüber, ob die COMEDIAN HARMONISTS für die Dauer der zur Zeit noch laufenden Verträge trotz der abgelehnten (!) Aufnahme in die Reichsmusikkammer ihre Konzertreise in Deutschland fortsetzen können, hat der Präsident der Reichsmusikkammer zu treffen. Ich habe ihn von Ihrem Telegramm in Kenntnis gesetzt. Ich bitte Sie, die Mitunterzeichner Ihres Telegramms von diesem Bescheid Kenntnis zu geben.«

– Unterschrift –

ROBERT BIBERTI: »In diesem Brief wurde uns also zum ersten Mal schriftlich bestätigt, daß uns die Aufnahme in die RMK verweigert worden war. Zugleich aber traf noch ein andrer Brief ein, ein Schreiben der Reichsmusikkammer, in dem es lapidar hieß: ›Herrn Robert Biberti. – Bezugnehmend auf Ihre an den Herrn Präsidenten der Reichskulturkammer gemachten Eingaben und das heute mit mir geführte Telefongespräch gestatte ich Ihnen, unter Vorbehalt jederzeitigen Widerrufs, Ihre bereits abgeschlossenen Konzerte zu absolvieren.

Mit dem 1. Mai 1934 läuft diese Erlaubnis ab. – Im Auftrage: ...!«« – Unterschrift –

HARRY FROMMERMANN: »Das Resultat war: Wo immer wir hinkamen, überall war die gleiche Einführung durch einen Uniformierten, überall war die gleiche Begeisterung, mit der wir empfangen wurden. Allerdings machten sich da und dort auch schon Störenfriede bemerkbar, die erst ganz leise anklangen, irgendwo hörte man einen plötzlichen Pfiff oder so etwas, oder Rufe von der Galerie, wie ›Aufhören!‹ oder ›Juden raus!‹ Aber sie wurden stets von unseren begeisterten Anhängern niedergezischt. Natürlich waren diese Störungen meistens von den jeweiligen Ortsgruppen initiiert worden, sie kamen aber auch von Leuten, die ganz einfach neidisch auf unsere Erfolge waren und das jetzt lautstark zum Ausdruck bringen konnten. Da gab es Gesangsvereine, zum Beispiel in Bayreuth, wenn die eine Veranstaltung machten, dann waren da vielleicht 27 Leutchen drin und bei uns kamen über fünfzehnhundert. Und solche Leute, die wurden natürlich wütend und sagten sich: Wie ist das nur möglich? Dieses geschmacklich entartete Volk rennt da zu den COMEDIAN HARMONISTS hin und ich mit meinen wunderbaren Liedern sitze da und bei mir ist der Saal nur zu einem Viertel besetzt. Ja, daraus erwuchsen Haßgefühle und schließlich auch Störungen. Anderseits saßen oft in den ersten Reihen SS- oder SA-Führer, denen wir gefielen. Für uns war es natürlich ein schreckliches Gefühl, vor denen auf der Bühne zu stehn und zu singen. Wir wußten ja nie, was geschieht. Aber unsere Verträge mußten wir erfüllen und haben ständig in Angst gelebt.«

ROMAN CYCOWSKI: »Eines der letzten Konzerte hatten wir in Stuttgart, man hatte uns dort schon vor Zwischenfällen gewarnt. Wir sangen in der ausverkauften Liederhalle, vor beinahe tausend Menschen. Und ganz vorn ist die Elite der SA und der SS gesessen, die ganzen Gruppenführer und Sturmführer und wie sie alle hießen. Zunächst ging alles gut. Kurz vor der Pause – wir sangen gerade:

> *Der Onkel Bumba aus Kalumba tanzt nur Rumba,*
> *Die große Mode in Kalumba ist jetzt Rumba,*
> *sogar der Oberbürgermeister von Kalumba*
> *tanzt leidenschaftlich Rumba, Rumba, Rumba, Rumba ...‹*

Da ertönt vom Rang her eine gellende Trillerpfeife. Mitten im Gesang brechen wir ab und Biberti flüstert uns zu: ›Ruhig! – Schön ruhig bleiben! Nicht aufgeregt sein!‹ – Überall erheben sich die Leute, zum Teil sehr wütend, und beschimpfen den Ruhestörer. Vorn in der ersten Reihe, die SA- und SS-Führer drehen sich ein wenig unangenehm berührt um und sehen, wie eine Gruppe von Zuhörern sich im Rang auf einen jungen Menschen stürzt, der eine Pfeife in der Hand hält. Ein junger Kerl, dumm und verblendet, dem man gesagt hatte: Was die COMEDIAN HARMONISTS da machen, ist volksfremd usw. – Auf diesen Burschen stürzen nun die Leute los, und, von der Bühne gesehen, scheint es, als wollten sie ihn in ihrer Empörung ins Parkett hinunter werfen. Wir konnten von Glück sagen, daß es nicht geschehen ist. Denn dieser Vorfall hätte sicherlich genügt, uns wegen ›Erregung öffentlichen Ärgernisses‹ festnehmen zu lassen.

Ordner haben dann den jungen Mann hinausgeführt, die Naziführer in der ersten Reihe drehten sich wieder zu uns um, applaudierten uns demonstrativ, und wir haben weitergesungen:

> *›Was ist denn los in ganz Kalumba mit dem Rumba?*
> *Die Politik ist ganz vergessen in Kalumba.*
> *Man ist vom Rumba ganz besessen in Kalumba,*
> *man steht am Morgen auf*
> *und legt sich abends schlafen in Kalumba*
> *mit dem Rumba, Rumba, Rumba, Rumba!‹*

Die SA wollte keinen Skandal haben. Nach dem Konzert haben sie uns dann noch eingeladen an ihren Tisch und haben Sekt mit uns getrunken, auch mit uns drei Juden. Natürlich saßen wir mit sehr gemischten Gefühlen dabei, aber was sollte man tun? – Das war unser letztes Konzert in Stuttgart, dann war fini.«

HARRY FROMMERMANN: »Diese Störtrupps, diese mehr oder minder gedungenen Rowdies, denen es höllischen Spaß machte, bei unseren Konzerten zu randalieren, wurden immer häufiger. Dagegen kamen wir nicht auf. Auch die Parteibehörden machten uns das Leben immer schwerer. Längst gemietete Säle wurden wenige Stunden vor unsren Auftritten beschlagnahmt, die Besucher standen vor verschlossenen Türen und machten ihrem Unmut erbittert Luft. Alles das war auf die Dauer unhaltbar, und wir waren froh, als die Tournee endlich zu Ende ging. Wir waren für Deutschland erledigt und Deutschland für uns.

Danach konnten wir nur noch im Ausland arbeiten. Das wurde uns von den deutschen Behörden erlaubt. Denn ein endgültiges Verbot war immer noch nicht ausgesprochen worden. Also gestattete man uns, ins Ausland zu reisen und das dort verdiente Geld nach Deutschland einzuführen. Devisen waren bei den Nazis sehr begehrt.«

ROBERT BIBERTI: »Es war ein Schritt, der uns verdammt schwerfiel, der deutsche Konzerthimmel war eigentlich der beste der Welt. Die deutschen Konzertsäle boten die größten Möglichkeiten in künstlerischer und natürlich auch in finanzieller Hinsicht. Aber wir wußten ja, daß es hier nicht weitergeht und sind dann nach Frankreich, Holland, Skandinavien und Italien gegangen. Damit jedoch sanken die Einnahmen in beträchtlichem Maße, oft um 30, 40 Prozent, da das Konzertwesen in diesen Ländern nicht so entwickelt war, wie bei uns in Deutschland. Wir verdienten ein Drittel von dem, was wir vorher hatten.«

Im April 1934 kam es dann zu Streitigkeiten innerhalb des Ensembles. Biberti, als Wortführer der sogenannten ›arischen‹ Mitglieder, und Collin, als Vertreter der jüdischen, suchten am 4. April in Begleitung ihres neuen Sekretärs Fischer-Maretzki einen Anwalt auf und baten um Schlichtung.

Roman Cycowski: »Fischer-Maretzki war ein Aufnahmeleiter bei der Electrola gewesen. Er hatte uns seinerzeit eigentlich dorthin vermittelt. Keiner wußte, daß er Halbjude war. Und er war genau wie Collin christlich erzogen. Als es bei uns zu ernsthaften Auseinandersetzungen kam, war er es, der uns den Anwalt vorschlug.«

Der Name dieses Anwalts ist nicht mehr bekannt. Aber es existiert noch ein Protokoll, das jener an dem bewußten 4. April von dem Gespräch angefertigt hat. Darin heißt es:
»Es erschienen in Begleitung ihres Sekretärs, Herrn Fischer-Maretzki, die Herren
1. Biberti
zugleich als Vertreter der Herren:
Bootz und Leschnikoff (Bulgarischer Staatsangehöriger)
2. Collin
zugleich als Vertreter der Herren:
Frommermann und Cycowski (staatenlos).

Die Herren Biberti und Collin, sowie die von ihnen Vertretenen, sind Mitglieder der unter dem Namen ›Comedian Harmonists‹ bekannten Truppe. Unter den von Herrn Biberti vertretenen drei ›arischen‹ und den von Herrn Collin vertretenen drei ›nichtarischen‹ Mitgliedern sind Streitigkeiten entstanden. Jeder der Erschienenen äußert seinen Standpunkt wie folgt:
1. Herr Biberti: Jedes Mitglied des Ensembles habe unter Einsatz seiner persönlichen und finanziellen Kräfte zugunsten des Ensembles diejenigen Schwierigkeiten aus dem Wege zu räumen, die in seiner Person z. B. nichtarischer Abstammung, verursacht sind. Da die arischen Mitglieder infolge der heute bestehenden Gesetzgebung in Deutschland jede Verdienstmöglichkeit auch dann hätten, wenn sie sich von den nichtarischen Mitgliedern trennen würden, so sei daraus eindeutig das wirtschaftliche Interesse der nichtarischen Mitglieder des Ensembles zu folgern, daß nämlich die Nichtarier die schon oben erwähnten, mit ihrer Person verbundenen, Schwierigkeiten auf eigene Kosten zu beseitigen hätten. Als Beispiel führt Herr Biberti den Fall an, daß beispielsweise ein österreichisches Mitglied infolge der politischen

Konstellation am Auftreten in Österreich verhindert, auf seine Rechnung alle diejenigen Schwierigkeiten beseitigen müßte, so daß ihm das Auftreten ermöglicht würde.

2. Herr Collin führt demgegenüber aus: Die Comedian Harmonists sind eine Gesellschaft bürgerlichen Rechts und arbeiten seit sechs Jahren auf Gedeih und Verderb zusammen. Ein Auftreten der nichtarischen Mitglieder läge gleichmäßig im Interesse der arischen wie der nichtarischen Mitglieder. Man könne nicht sagen, daß lediglich die Nichtarier einen Vorteil davon hätten, wenn sich die Arier für sie einsetzten, der Vorteil sei auf beiden Seiten gleichmäßig verteilt. Nach Ansicht von Herrn Collin spielen die etwa von den Nichtariern zu tragenden Unkosten bei der Beurteilung der Frage keine ausschlaggebende Rolle. Es handelt sich für die von Herrn Collin vertretenen Mitglieder lediglich um eine Entscheidung in moralischer und rechtlicher Hinsicht.

Die Herren Biberti und Collin sind darüber einig, daß ohne Anrufung des Gerichts die Frage von mir entschieden werden soll, wobei sie mir anheimstellen, zur Lösung der Frage den Rat der Herren Professor Fischer und Kuhlenkampff einzuholen. – Berlin, den 4. April 1934.«

Soweit heute noch feststellbar, gab es danach einen kurzen Briefwechsel zwischen Biberti und jenem Anwalt. Die drei ›arischen‹ Mitglieder verfolgten mit ihrer Aktion anscheinend die Absicht, den seit sechs Jahren bestehenden Gesellschafter-Vertrag zu ändern. Sie wollten erreichen, daß die bisherige gleichmäßige Verteilung der Einnahmen durch sechs zu ihren Gunsten aufgegeben wurde und somit die drei jüdischen Kollegen auf gewisse, noch nicht ausgehandelte Prozentsätze ihrer Anteile und damit auf ihre Rechte als Gesellschafter verzichteten.

Nachdem jedoch der Anwalt und seine beiden in dem Protokoll vom 4. 4. 1934 genannten Berater aus Gründen, die heute nicht mehr bekannt sind, davon abrieten, an dem bestehenden Vertrag etwas zu ändern, verlief die Sache im Sande. Jedenfalls ist es darüber zu keinen weiteren Kontroversen gekommen. Vom Mai 1934 an konnten sie, wie schon gesagt, nur noch im Ausland arbeiten.

Robert Biberti: »Wir mußten uns natürlich in vieler Hinsicht umstellen und unser Programm der Mentalität des jeweiligen Gastlandes anpassen. Im allgemeinen gelang das recht gut, besonders in Frankreich, wo wir durch unsere Schallplatten schon gut bekannt waren. Wir sangen übrigens unser ganzes Programm in französischer Sprache und waren sehr stolz, als dann ein Pariser Kritiker nach einem Konzert im ›Théâtre Champs Élysées‹ schrieb: ›Die Comedian Harmonists, ein deutsches Ensemble, mußten erst kommen, um uns die Möglichkeiten der französischen Sprache zu zeigen.‹

Der Geigenvirtuose Yehudi Menuhin, damals gerade 17 Jahre alt, besuchte uns mit seinem Vater und seinen beiden Schwestern, Hjalta und Hefzibar, in der Pause im Konversationszimmer des Konzertsaales und bat uns um ein Autogramm. Auch Sacha Guitry kam in die Vorstellung und lud uns später ins Hotel ›George V‹ ein, wo wir auf seinen Wunsch noch einmal ›Tout le jour, toute la nuit‹ sangen. Dort trafen wir auch Werner Richard Heymann wieder, den Komponisten der meisten Lieder, die wir gesungen haben. Heymann hatte Deutschland bereits für immer verlassen müssen. Und es ging ihm in Paris nicht gut.

Natürlich haben wir auch mit ihm darüber gesprochen, ob wir emigrieren sollten. Gedanken über eine mögliche Auswanderung hatten wir uns schon seit Ende 1933 gemacht, seit wir bei unseren Reisen die ersten Schwierigkeiten bekommen hatten. Aber trotz aller Anpöbeleien und Anmaßungen von Nazis waren wir selbst 1934 immer noch nicht allzu nervös, weil wir ja – wie so viele damals – dachten, noch zwei, drei Monate, und der Spuk ist vorbei. Aber irgendwann begriff man doch, daß die Geschichte länger dauern würde.

Natürlich hatten wir die Absicht zusammenzubleiben. Außerdem glaubten wir, weil wir Devisen nach Deutschland hereinbrachten, würde man uns noch lange gestatten, so weiterzuarbeiten. Frommermann, Collin und Cycowski waren zu jener Zeit die einzigen jüdischen Künstler in Deutschland, die noch arbeiten durften, wenn auch nicht im Land selbst. Das heißt, unsere Plattenaufnahmen konnten wir wie bisher ungehindert weitermachen, da gab es noch keinerlei Beschränkungen. Wir hatten eben ge-

... die »Comedian Harmonists« mußten erst kommen, um uns die Möglichkeiten der französischen Sprache zu zeigen ...

glaubt, wir stehen das durch. Mit der Zeit aber wurde der Gegensatz zwischen den jüdischen Mitgliedern und uns anderen immer offenbarer, insofern, als daß wir die Gruppe hier in Deutschland halten wollten und die anderen drei uns davon zu überzeugen suchten, daß es besser sei, mit ihnen für immer ins Ausland zu gehn. Natürlich war es eine üble Geschichte, dieses ewige bespitzelt werden, selbst in anderen Ländern: ›Singen sie noch immer jüdische Lieder und sind die drei Juden immer noch dabei?‹ – Aber noch waren wir ja nicht gezwungen, uns zu entscheiden.«

MARION KISS: »Einmal hatten wir ein Konzert in der Schweiz. Wir fuhren alle in dem großen Wagen von Biberti nach Bern. Und als wir gerade die Schweizer Grenze passiert hatten, hielt Bob plötzlich an, stieg aus und fing an, wie ein Wahnsinniger zu schreien: ›Diese Schweine! Dieses Hitler-Schwein!! – Endlich kann ich reden, endlich!‹ Und so weiter. Und dann ist er erleichtert wieder eingestiegen und wir sind weitergefahren.«

ERWIN BOOTZ: »Im Sommer 1934 fuhr die Gruppe nach Amerika. Wir wußten ja, daß wir kurz vor dem Verbot standen und mußten einmal sondieren, wo wir auf der Welt vielleicht eine neue Bleibe finden konnten. Es war ja nicht immer so, daß wir uns trennen wollten. Es hätte ja auch sein können, daß wir zusammengeblieben und gemeinsam emigriert wären. Und so fuhren wir also im Juni 1934 auf der ›Europa‹ nach Amerika.

Das war eine ganz unglaublich billige Reise, denn wir hatten einen Empfehlungsbrief von der Reederei, wir zahlten nur die Touristenklasse, hatten aber Zutritt zur ersten Klasse. Für die ganze Fahrt – hin und zurück waren wir immerhin zwölf Tage auf See – zahlten wir ganze 740 Mark.

In New York haben wir dann cirka 30 bis 40 Radiokonzerte u. a. in der City-Hall bei der NBC gegeben, sind aber nur einmal öffentlich aufgetreten. Und zwar wurden wir von der amerikanischen Admiralität eingeladen, ein Konzert auf dem Flugzeugträger ›Saratoga‹ zu geben. Die gesamte Pacific- und Atlantic-Flotte der USA lag vereint auf dem Hudson-River und zwar in einer Ausdehnung von über 40 km. Und alle diese vielen Kriegsschiffe

... und so fuhren wir also im Juni 1934 auf der ›Europa‹ nach Amerika ...

standen in Radioverbindung untereinander. Das war eine tolle Sache. Außer uns traten da noch die Broadway-Sisters und Paul Whitmann auf, der King of Jazz der dreißiger Jahre.«

ROMAN CYCOWSKI: »Ich weiß noch, wie man uns vom Hotel abholte und uns Polizisten auf Motorrädern begleiteten, als ob der Herrgott selbst gekommen wäre. Wir haben unser Programm gesungen, den Donauwalzer und andere deutsche Lieder und dann bekamen wir den gewaltigsten Applaus, den man sich denken kann. Wir hatten ungefähr 85 000 Zuhörer und wie wir zu Ende waren, bekam man als Dank von den unzähligen Schiffen, auf denen man uns zugehört hatte, ein ohrenbetäubendes Sirenengeheul. Das war eine tolle Geschichte.«

ROBERT BIBERTI: »Außer diesem einen öffentlichen Auftritt hatten wir in New York aber nur die schon erwähnten ›Radio-Representationen‹, jeden zweiten Tag sangen wir in der City-Hall mehrere Sachen, die in ganz Amerika ausgestrahlt wurden. Wir bekamen auch viele freundliche Zuschriften, aber das, was wir eigentlich wollten, nämlich uns ein neues Betätigungsfeld schaffen, um eventuell ganz nach Amerika übersiedeln zu können, das klappte nicht. Und zwar wurden wir von der amerikanischen Presse, besonders von dem allmächtigen Hearst-Trust und seinen über 300 Zeitungen abgelehnt, oder besser gesagt, man schwieg uns einfach tot. Man berichtete einfach nichts über uns. Für die kamen wir aus Deutschland, aus dem Nazideutschland. Mehr haben die nicht begriffen, in ihrer Verblendung. Dabei waren wir doch in Not. Drei von uns waren Juden, wir fühlten uns verfolgt, wir wollten uns von dem Geschehen in Deutschland distanzieren und bei ihnen eine neue Existenz aufbauen.«

ROMAN CYCOWSKI: »Nein, nein, nein, davon müßte ich doch was wissen. Tut mir leid, aber Bob sucht einen Ausweg, um sich herauszureden. Heute weiß er, daß er damals einen Fehler gemacht hat, und sucht nun eine Ausrede, intelligent wie er ist, damit man

... in New York haben wir dann cirka 30–40 Radiokonzerte u. a. in der City-Hall bei der NBC gegeben ...

ihm nicht vorwerfen kann, er wäre dummerweise nicht dort geblieben. Ich wünschte, er hätte es getan, denn wir brauchten ihn. Mit seinem Kopf und seinem Können hätten wir draußen noch viel mehr Erfolg gehabt.«

ERWIN BOOTZ: »Biberti wollte zurück. Wir anderen hätten gerne länger bleiben wollen, aber Bob wollte zurück. Schließlich waren wir ja in die Staaten gefahren, um zu untersuchen, ob wir dort die Möglichkeit hätten, zu arbeiten. Und das ist hauptsächlich durch Biberti nicht realisiert worden. Er wollte nach Deutschland zurück. Verständlich, dort hatte er seine alte Mutter, die konnte man nicht mehr verpflanzen. Er hat sie sehr geliebt, und er hing an Deutschland. Er hatte eine schöne, große Wohnung. Und wenn das nicht gewesen wäre, wenn also Bob nicht hätte hierbleiben wollen, dann wäre ich auch mit im Ausland geblieben, vielleicht. Aber Bob plötzlich auf dem trockenen sitzen zu lassen und ohne ihn loszuziehn, das konnte ich nicht, dazu war ich ihm zu sehr verbunden. Ich stand eben damals sehr unter seinem Einfluß und so hat er mich rumgekriegt. Und Leschnikoff hat gesagt: ›Wenn Erwinchen bleibt in Deutschland, dann bleibe ich auch in Deutschland.‹ Der ist also meinetwegen geblieben. Und damit war die Sache eigentlich gelaufen. Aber dann gibt es auch andere Erwägungen, die Bob damals gehabt haben kann: Es emigrierte ja alles, was nicht mehr in Deutschland existieren konnte. Und damit hätten wir doch zu konkurrieren gehabt, nicht wahr? Das hätte also für uns einen schweren, einen sehr schweren Existenzkampf bedeutet.«

ROBERT BIBERTI: »Ich bin oft gefragt worden, zum Teil in einem vorwurfsvollen Ton, warum wir damals nicht emigriert sind. Das Herausgehen aus Deutschland bedingte Ungeheuerliches. Wir drei waren die sogenannten Arier. Wir hätten also entgegen dem Verbot der Reichskulturkammer mit den Juden im Ausland weiterhin Konzerte gegeben und musiziert. Das wurde uns bald streng verboten. Und was wäre geschehen? Uns wäre der Paß entzogen worden. In Deutschland hätten wir dann nicht mehr auftreten können, Geld durfte man nicht mit hinausnehmen, die

Wohnung, alles mußte hierbleiben und nun stehen Sie nackt und bloß in der Fremde. Ja, wovon lebt man da, was stürmt alles auf einen ein: Klappt das mit dem Ensemble oder klappt es nicht? Und selbst wenn, wir wußten doch nicht, was uns in irgendeinem dieser Länder oder in Amerika begegnen würde. Keiner hatte eine Ahnung. Vielleicht wären wir am Ende doch auseinandergegangen. Dann waren wir draußen und hätten nie wieder deutschen Boden betreten dürfen. Die Folgen also waren unabsehbar.

Und dann wäre es ja auch ungeheuer opferreich gewesen. Mein ganzes Vermögen, meine Riesenwohnung in der Carmerstraße hätte ich zurücklassen müssen, und vor allem meine alte Mutter. Sie war damals Anfang siebzig, und ich hätte sie nicht mitnehmen können auf diese mühseligen Reisen. Und mich von ihr trennen, für immer – das war undenkbar. – Nein, nein, ich habe es nach dem Ersten Weltkrieg erlebt, was es heißt, mit einem Fremdenpaß zu leben. Und ich sah ihn, ich sah ihn: Wo immer Sie sich in der Welt befinden und Sie holen das gelbe Ding heraus – nichts als die kalte Schulter. Sie sind ja vogelfrei.

Nein, nein, nein! ›Du hättest auswandern müssen, du hättest das so und so machen müssen‹, – das sind alles große Töne von Leuten, die niemals vor einer solchen Entscheidung standen und stehen werden und die sich jetzt an die Brust schlagen und sagen: ›Ich hätte es gemacht!‹ – Einen Dreck hätten sie gemacht!«

ROMAN CYCOWSKI: »Ja, das stimmt, das mit seiner Mutter glaube ich ihm. Er hat seine Mutter sehr liebgehabt. Aber ein Fehler war es doch.

Dreizehn Wochen waren wir in Amerika. Und auf dem Rückweg hat die ›Europa‹ zwei Tage in London Aufenthalt gehabt. Und Mary war doch dort bei meinen Verwandten. Sie ist zum Schiff gekommen und hat mich abgeholt. Und dann haben wir uns ganz offiziell verlobt. Das war aber meinen Verwandten gar nicht recht. Sie hatten eine Tochter gehabt, Ella, und sie glaubten, daß ich die vielleicht heiraten werde. Und durch meine Verlobung mit Mary waren sie dann ein bißchen mit mir verfeindet und darum ist Mary doch wieder mit nach Berlin gekommen. Das war schon Ende 1934. Ich hatte damals eine kleine, schöne Wohnung in der Xantener Straße. Und wenn ich mal längere Zeit verreist war, wohnte dort ein Freund von mir, Helmut Stefani. Er war ein netter Junge, Autoverkäufer, er hatte mir auch meinen Wagen verkauft, und als ich nun nach über 13 Wochen mit Mary aus Amerika zurückkam, wohnte Helmut auch dort. Gleich nach unsrer Ankunft gehen wir ins Wohnzimmer. Und da sehe ich auf meinem Schreibtisch mitten zwischen der Post und anderen Sachen einen Revolver liegen. Ich rufe Helmut und frage: ›Ist das deiner?‹ – ›Nein!‹ – Und dann erzählt er mir die Geschichte:

Der Revolver gehörte seinem Schwager, also dem Bruder seiner Frau. Der war Adjudant von Röhm gewesen. Und am 30. Juni 1934 hatte Hitler doch die meisten seiner SA-Führer erschießen lassen, auch den Röhm und viele andere. Sein Adjudant aber, der Schwager von Helmut, konnte flüchten. Man hat ihn überall gesucht und darum hatte ihn Helmut in meiner Wohnung versteckt, zwei, drei Wochen lang. Als wir kamen, war er längst wieder weg, nur den Revolver hatte er liegengelassen.

Ich war natürlich sehr erschrocken und sagte zu Helmut: ›Wie konntest du so was tun? Du weißt doch, ich bin Jude. Du weißt, was sie mit mir gemacht hätten, wenn er in meiner Wohnung entdeckt worden wär.‹ – Da hat er sich entschuldigt und hat den Revolver weggebracht. Eines Tages war Helmut verschwunden und bald danach ist ein Kriminalbeamter gekommen und hat mich über Helmut ausgefragt. Was er bei mir getan hätte, ob er mir Geld schulden würde, warum er hier gelegentlich wohnen würde usw. Ich hab natürlich die Wahrheit gesagt, daß ich bis jetzt hier alleine gelebt hätte, als Junggeselle, und daß der Helmut ein sehr netter Mensch sei. Der Beamte ist dann gegangen, mir ist nichts geschehen, aber den Helmut habe ich nicht mehr wiedergesehn.«

Verbot und Trennung
(1935)

»Morgen muß ich fort von hier
und muß Abschied nehmen.
Oh, du allerhöchste Zier,
scheiden, das bringt Grämen.

Daß ich dich so treu geliebt,
über alle Maßen,
soll ich dich verlassen,
soll ich dich verlassen.

Wenn zwei gute Freunde sind,
die einander kennen,
Sonn und Mond bewegen sich,
ehe sie sich trennen.«

Von Fr. Silcher, aus: *Des Knaben ›Wunderhorn‹*,
Aufnahme der Comedian Harmonists
am 13. Februar 1935, neun Tage vor dem endgültigen Verbot

Um die Jahreswende 1934/35 zeigten sich die ersten Auflösungserscheinungen innerhalb der Gruppe.

Robert Biberti: »Das letzte Neujahr haben wir schon getrennt gefeiert. Die früheren Jahreswechsel hatten wir immer gemeinsam verbracht, aber Ende 1934 waren die gegensätzlichen Auffassungen so tiefgreifend, daß der Hang zur alten Geselligkeit nicht mehr bestand. Und dann begann eine diffuse Zeit. Wir warteten förmlich auf den letzten Akt des Geschehens, also auf das Verbot.«

Roman Cycowski: »Ja, es war natürlich ein bißchen traurig. Erstens bin ich in Deutschland erzogen worden. Nicht nur als Sänger, auch als Mensch. Es war meine zweite Heimat geworden. Also, ich rede jetzt nur von mir, nicht wahr? Ich liebte Deutschland sehr. Ich liebte alles, was Deutschland war. Und dann mit einem Male sollte ich das verlassen. Ich war froh, als ich von Polen weggegangen war, aber ich war nicht froh, daß ich aus Deutschland raus mußte. Erst hatten wir immer gehofft, daß es sich eines Tages doch wieder ändern wird. Aber Anfang 1935 hatten wir keine Hoffnung mehr. Da begannen die anderen drei, sich zurückzuziehen und wir Juden haben überlegt, was werden soll. Wir haben dann noch einmal eine große Besprechung in Bobs Wohnung gehabt. Wir haben ihnen gesagt, daß es so nicht weitergehen kann. Überall bespitzelte man uns, auch im Ausland. Wir wagten kaum, etwas von dem dort verdienten Geld als Notgroschen draußen zu lassen. Es hatte doch keinen Sinn mehr, sich vorzumachen, daß wir in der bisherigen Form weitermachen durften. Entweder entschlossen wir uns, Deutschland gemeinsam zu verlassen, oder wir mußten uns trennen.

Aber Erwin, Ari und Bob waren nicht bereit, mitzukommen. Lange Jahre habe ich darüber nachgedacht und habe versucht zu analysieren, warum nicht? Sie wußten, daß sie draußen eine große Karriere machen konnten. Sie waren keine Nazis. Sie waren keine besonderen Judenfreunde, aber Nazis waren sie auch nicht. Weder Bootz noch Biberti. Leschnikoff vielleicht, aber die beiden anderen waren bestimmt nicht für Hitler. Ari hat wahrscheinlich eine sichere Zukunft in Deutschland gesehen. Sie haben alle drei eben nur daran gedacht, Geld zu machen, viel Geld. Das hört sich nicht schön an, aber es ist die Wahrheit.«

MARION KISS: »Der Leschnikoff soll aber noch was ganz anderes gemacht haben. In diesen letzten Monaten soll er Briefe an die Reichsmusikkammer geschrieben haben, in denen stand, ihm als bulgarischem Offizier könne man nicht mehr zumuten, jeden Abend mit Juden aufzutreten. Das hat zumindest Biberti Harry nach dem Kriege erzählt und wer weiß, ob's stimmt.«

Ari Leschnikoff widerspricht dieser Anschuldigung sehr lebhaft:

»Bei diese letzte Versammlung im Haus von Bob haben Harry und Erich Collin immer auf Bob eingeredet, eine neue Ensemble aufzumachen in Wien. Der Bob hat aber abgelehnt. Da hab ich so eine Wut auf ihn bekommen, daß ich bin weggelaufen. Und dann hat er denen eingeredet, daß ich bin gegen die Juden und daß ich bei die Reichskulturkammer gewesen bin.

Damit hat er die Juden gegen mich aufgestachelt. Sie haben ihm geglaubt und auf einmal waren sie gegen mich. Aber sie haben mir davon kein Wort gesagt, kein Wort. Warum sind sie nicht zu mir gekommen und haben mich gefragt? Warum haben sie Bob geglaubt? Tatsache ist, daß nicht ich, sondern Bob an die Reichsmusikkammer geschrieben hat, als Sprecher der Gruppe und daß er in unserem Namen darum gebeten hat, nicht mehr mit die Juden auftreten zu müssen. Auf diese Weise war er die Juden los und ich blieb in Deutschland, für die neue Ensemble.«

Roman Cycowski erinnert sich aber auch noch an eine andere Geschichte aus jenen Wochen: »Ja, da ist auch was mit Collin passiert. Die erste Zeit, als wir von Auswanderung sprachen, hat Erich zu uns gesagt:

›Ich bleib hier. Ich bin kein Jude, ich bin getauft. Ich war sogar im Krieg, als Soldat. Diese Gesetze betreffen mich nicht.‹ – Aber einen Monat später, als wir drei das Verbot bekamen, sagte er: ›Schalom‹ in Hebräisch – ich bin einer von Euch. – Das war typisch für ihn. Er war eine leichte Natur, er hat alles ein bissel auf die leichte Schulter genommen, sogar das.«

Robert Biberti: »Das letzte Konzert der Comedian Harmonists fand im Februar 1935 in Südnorwegen statt, in Fredriksstadt. Wie wir da zum letzten Mal so sangen und uns anguckten und wußten, das ist nun unwiderruflich vorbei – das heißt, noch hofften wir, es ein paar Monate durchzuhalten –, aber im innersten Herzen wußten wir, das ist ein Auseinandergehen für immer, für immer.

Und dann bekam jeder von uns einen Brief. Derjenige an Leschnikoff, Bootz und mich, hatte folgenden Wortlaut:

›Der Präsident der Reichsmusikkammer – Berlin den 22. Februar 1935. Geschäftszeichen 3531/34 (In der Antwort anzugeben)

Herrn Robert Biberti, Bln.-Charlottenburg, Carmerstr. 11.
Sie werden hiermit auf Ihren Antrag als Mitglied der ‚Reichsmusikerschaft' in die Reichsmusikkammer aufgenommen. Die Aufnahme der drei nichtarischen Angehörigen der ‚Comedian Harmonists' habe ich abgelehnt. Diese haben dadurch das Recht auf Berufsausübung verloren. Damit ist ihnen die Möglichkeit genommen, noch weiterhin mit diesen Nichtariern zu musizieren. Jedoch bleibt es Ihnen unbenommen, mit anderen arischen Musikern nach Zulegung eines deutschen Namens anstelle der Bezeichnung ‚COMEDIAN HARMONISTS' Ihre musikalische Tätigkeit auszuüben. – I.A. gez. Ihlert – beglaubigt: Bieler.‹

Die drei Briefe an Frommermann, Cycowski und Collin hatten folgenden Inhalt: ›Ihr Antrag auf Aufnahme in die Reichsmusikkammer wird abgelehnt. *Gründe:* Gemäß § 10 der 1. Durchführungsverordnung zum Reichskulturkammergesetz vom 1. 11. 1933 (R.G. – Bl. 1 S. 707) kann die Aufnahme in die Reichskulturkammer abgelehnt werden, wenn Tatsachen vorliegen, aus denen sich ergibt, daß der Antragsteller die für die Ausübung seines Berufes erforderliche Zuverlässigkeit und Eignung nicht besitzt. Nach den getroffenen Feststellungen kann nicht angenommen werden, daß Sie die erforderliche Zuverlässigkeit im Sinne dieser Vorschrift besitzen. – Mit dieser Entscheidung verlieren Sie das Recht zur Berufsausübung. – I. a. gez. Ihlert, begl. Bieler.‹
Das bedeutete, daß den drei jüdischen Mitgliedern nach dem berüchtigten Kulturparagraphen 10 wie allen Fremdrassigen verboten wurde, auf jeglichem Gebiet, also nicht nur auf der Bühne, künstlerisch wirksam zu werden. Und wir anderen drei erhielten das Verbot, mit den drei jüdischen Mitgliedern in irgendeiner Weise weiter zusammenzuarbeiten. Wir durften also nicht einmal mehr mit ihnen probieren, geschweige denn auftreten. Das war die endgültige Entscheidung.

Der Präsident
der
Reichsmusikkammer

Berlin W 62, den **22. Februar 1935.**
Schöneberger-Platz 13
Fernruf: B 2 Lützow 9021   **Wa./B.**

Geschäftszeichen **9535/34**
(In der Antwort anzugeben)

Herrn

Robert B i b e r t i ,

Bln.-Charlottenburg.

Carmerstr.11

    Sie werden hiermit auf Ihren Antrag als Mitglied der „Reichsmusikerschaft" in die Reichsmusikkammer aufgenommen. Die Aufnahme der drei nichtarischen Angehörigen der „Comedian Harmonists" habe ich abgelehnt. Diese haben dadurch das Recht auf Berufsausübung verloren. Damit ist Ihnen die Möglichkeit genommen, noch weiterhin mit diesen Nichtariern zu musizieren. Jedoch bleibt es Ihnen unbenommen, mit anderen arischen Musikern nach Zulegung eines deutschen Namens anstelle der Bezeichnung „Comedian Harmonists" Ihre musikalische Tätigkeit auszuüben.

                     Im Auftrag:
                     gez. Ihlert

Beglaubigt:

... *am 22. Februar bekam dann jeder von uns einen Brief ...*

Nun hatten wir in den letzten Wochen eine Schallplattenaufnahme einstudiert, den ›Ungarischen Tanz Nummer 5‹ von Johannes Brahms und die ›Barcarole‹ von Jacques Offenbach. Dieses Stück, in seiner bezaubernden Zweistimmigkeit, sangen wir ohne Chichi oder irgendeine musikalische oder rhythmische Beimengung so, wie es war. Und das sollten wir nun absagen. Doch wir brachten es nicht über das Herz. Wie Diebe schlichen wir uns am 1. März, also eine Woche nach dem ausdrücklichen Verbot, in unseren Aufnahmeraum in der Philharmonie und waren glücklich, daß wir das an jenem Vormittag noch aufnehmen durften. Es hätte uns allen schweren Schaden bringen können, wenn das publik geworden wäre. Aber es ging gut, und als wir einige Tage später die erste Pressung hörten, waren wir sehr zufrieden damit. Das war unser Schwanengesang.«

HARRY FROMMERMANN: »Und so kam schließlich und endlich der Tag, an dem wir uns trennen mußten. Wir drei Juden entschlossen uns, Deutschland zu verlassen, bevor Schlimmeres zu erwarten war. Wir wollten nach Wien gehen. Bis zum letzten Moment hat uns Bob beraten, wie wir das am besten machen sollten. In guter Freundschaft besprachen wir mit ihm, daß wir in Wien eine neue Gruppe gründen würden, und er warnte uns, wir sollten vorsichtig sein, daß der Name, der ja nun in Deutschland verboten war, nicht in andere Hände fällt und vieles mehr.«

ROBERT BIBERTI: »Es war beschlossen worden, zwei Gruppen zu bilden, die beide das Recht hatten, sich COMEDIAN HARMONISTS zu nennen. Die einen sollten ihren Wirkungskreis ins Ausland verlegen, weil ihnen ja auch nichts anderes übrigblieb, während wir vornehmlich im Inland tätig sein wollten. Das war insoweit auch vernünftiger, weil im Ausland die Konkurrenz durch die ungeheure Emigration von deutschen Künstlern sehr groß geworden war. Wir drei blieben hier, die drei anderen gingen nach Wien, einer ungewissen Zukunft entgegen.

Es war ein sehr bitteres Gefühl, sehr sehr bitter. Wenn Sie Tag und Nacht zusammengewesen sind, auf Reisen, in Eisenbahnen, auf Schiffen, in Autos, an schrecklich vielen Orten, in Garderoben und Hotels, und vor allem auf den vielen, vielen Bühnen und Konzertsälen, immer zusammen; zusammen arbeiten, zusammen Geld verdienen – und das alles hört dann plötzlich und abrupt auf, so ist das schon etwas ungeheuer Einschneidendes. Und so kam der Moment, an dem wir uns zum letzten Mal die Hand drückten. Wir wechselten hoffnungsvolle Worte. Jeder hat dem anderen gesagt: ›Na, hör mal, wir kommen doch wieder zusammen!‹ – Aber das war doch Augenwischerei. Keiner zeigte dem anderen, was er wirklich dachte. Und niemand von uns ahnte, was für zermürbende Jahre uns allen bevorstehen würden.«

MARION KISS: »Auf Grund eines Scheinvertrages, den uns unser Wiener Konzertmanager ausstellte, haben wir am 10. März 1935 Berlin bei Nacht und Nebel verlassen. Wir ließen die Wohnung stehen, die Banknoten, wir rührten fast nichts an und nahmen nur das Allernötigste mit, Kleidung, ein bißchen Silberzeug, etwas Schmuck. Harry und ich hatten sowieso kein Geld gehabt, wie immer, aber Collin konnte ziemlich viel rausschmuggeln, Roman auch.

Übrigens hat mich Bibertis Mutter noch kurz vor der Abreise angerufen. Sie fragte mich, ob ich mir das mit der Emigration auch richtig überlegt hätte. Ich sei doch keine Jüdin und würde meine Eltern hier ganz allein zurücklassen: ›Überlegen Sie sich das gut, Sie gehen in eine ungewisse Zukunft, meine Liebe. Niemand weiß, was noch werden wird.‹ – Da hab ich ihr gesagt: ›Sehn Sie, liebe Frau Biberti, ich bin mit Harry verheiratet. Ich hab gute Zeiten mit ihm gehabt, ich bleib auch bei ihm, wenn es schlechte gibt. Ich kann eben nicht anders. Und die Mary vom Roman macht es ja genauso.‹ Am 10. März sind wir, wie gesagt, abgefahren, Collins Frau Fernande, Mary, Harry und ich. Roman Cycowski blieb noch einige Tage in Berlin und versuchte, seine Möbel, sein Piano, das Auto und andere Sachen zu verkaufen. Erich Collin war bereits nach Paris gefahren.

Auf unserer Reise war aber noch jemand bei uns, Fischer-Maretzki, der ehemalige Aufnahmeleiter bei der Electrola, der dann unser Sekretär wurde. Da er auch Jude war, also Halbjude, wollte er ebenfalls weg von Berlin. Und er war es auch, der uns überredete, nach Wien zu gehen. Wir hatten nämlich zuerst vor, uns in Paris umzusehen, denn dort hatten wir immer die größten Erfolge gehabt. Aber wenn man in Paris wohnt, bekommt man keine ständige Arbeitserlaubnis. Und so fuhren wir nach Wien. Wie gesagt, der Collin war der einzige, der eine größere Summe besaß und dieses Geld hat der Fischer-Maretzki gemeinsam mit uns Frauen herausgeschmuggelt. Es war ja grundsätzlich verboten, Geld aus Deutschland auszuführen. Selbst bei unseren früheren Auslandsgastspielen durften wir nicht mehr als 10 Mark täglich ausgeben, zuzüglich der Hotelkosten natürlich. Alles andere hatten wir als Devisen nach Deutschland mitzubringen. Und das Hinausnehmen von deutschem Geld war, bis auf die lächerliche Summe von 50,– Mark, verboten.«

ROMAN CYCOWSKI: »Fischer-Maretzki hatte das Geld bündelweise in seinen Taschen gehabt, mehrere tausend Mark, Collins Geld, und auch vieles von mir. Der Mann hat Courage gehabt. Meine Frau hat es mir erzählt. Sie haben alle in einem Eisenbahnabteil gesessen. Und wie sie an die Grenze kamen, hat man sie untersucht, deutsche Beamte. Zuerst hat man die Frauen kontrolliert, das heißt, die Polizisten haben sie in ein anderes Abteil geführt und dort abgetastet und alles inspiziert, dann sind die Frauen zurückgekommen, und man hat den Fischer-Maretzki gerufen. Und wie er an den Frauen vorbeigeht, hat er ihnen die Geldbündel in die Taschen gesteckt, ohne daß das jemand gemerkt hat, nicht mal die Frauen selbst. Und als sie dann nach Österreich hineinkamen, da hat er ihnen das Geld wieder herausgeholt. Alle drei waren natürlich sehr erschrocken. Aber mit diesem Geld haben wir dann die neue Gruppe in Wien aufgebaut.

Erich war, wie gesagt, direkt nach Paris gefahren. Ich wußte aber gar nichts davon, ehrlich gesagt. Ich war ja als einziger noch in Berlin geblieben, um soviel wie möglich von unseren Sachen zu verkaufen. Und in Paris ist Erich, der ja ausgezeichnet Französisch sprach, zum Handelssekretariat gegangen und hat am 15. März 1935 im 1. Bureau A.S.S.P., unter der Nummer 773 eine Gesellschaft mit beschränkter Haftung auf den Namen COMEDIAN HARMONISTS eintragen lassen. Als Gesellschafter zeichneten wir drei Emigranten und der französische Konzertagent Wolf. Das Gesellschaftskapital wurde auf 25.000 französische Francs fixiert, von denen wir je 8000 und jener Monsieur Wolf 1000 Francs als Einlage übernahmen. Je ein Exemplar ›judiciaire‹ jener Urkunde wurde am 27. März 1935 vorschriftsgemäß in der Kanzlei ›de la Justice de Paix‹ und in der Kanzlei des ›Tribunal de la Seine‹ deponiert.

Das tat Erich Collin vor allen Dingen deshalb, weil durch das Verbot der deutschen Reichskulturkammer der Name ›COMEDIAN HARMONISTS‹ völlig ungeschützt war, sogar in Deutschland selbst, da unseren drei dort zurückbleibenden Kollegen die Fortführung des Namens untersagt worden war. Jeder, der wollte, hätte sich nun so nennen können.

Biberti hat dann sehr schnell erfahren, daß Collin den Namen in Paris patentieren ließ. Die anderen waren alle weg, und so machte er mir als einzigen, der noch erreichbar war, heftige Vorwürfe.

Ich erinnere mich noch an den Tag, wo er mich angerufen hat, ich soll mal rüber kommen, er müsse mich dringend sprechen. Also bin ich zu ihm gegangen, der Bootz war auch dabei, und da fragt mich Bob, warum wir den Namen patentiert haben. Ich sagte: ›Erst einmal haben wir schon darüber gesprochen, daß der Name jetzt frei ist. Ihr könnt ihn ja doch nicht führen und so kann jeder den Namen annehmen. So hat das Erich Collin wahrscheinlich gemeint. Natürlich hatte er meine Einwilligung.‹ Und da fragt Bob, woher wir denn das Geld dafür gehabt hätten. Rausnehmen durfte man ja nichts. Ich sag: ›Erich hat doch Verwandte und Freunde in Paris, vielleicht haben die es ihm geliehen. Ich weiß es nicht.‹ – Darauf Bob: ›Ich geh nicht zur Gestapo, ich zeige dich nicht an. Aber wenn die das erfahren, wirst du Ärger kriegen.‹ – Da hab ich zum ersten Mal, seit ich ihn kannte, gesehen, woher der Wind weht. Wir hatten uns immer gut verstanden, wir waren Freunde. – Ich sag: ›Mach, was du machen mußt. Ich habe nichts damit zu tun. Ich war die ganze Zeit in Berlin, nicht in Paris. Außerdem hast du selbst gesagt, Hitler wird nicht ewig existieren, und wir kommen wieder zusammen, eines Tages. Wir drei Juden müssen jetzt draußen leben, müssen dort arbeiten und verdienen. Wir müssen uns den Namen sichern. Außerdem hindert euch doch diese Eintragung nicht daran, den Namen ebenfalls zu behalten. Von uns aus habt ihr doch das Recht dazu. Nicht wir haben etwas dagegen, sondern die Nazis.‹ Da meinte er: ›Gut, wenn du sagst, daß wir den Namen weiterführen können, kannst du mir das doch auch schriftlich geben.‹

Zuerst habe ich gezögert. Ich wußte nicht, ich wollte meine Kollegen in Wien fragen, aber dann ist seine Mutter gekommen und hat mich gebeten: ›Romanchen, bitte geben Sie ihm doch die Unterschrift. Das macht mich ganz krank, die ganze Angelegenheit.‹

Sie hatten die beiden Briefe schon aufgesetzt, gaben mir einen Füllfederhalter, und dann habe ich meine Unterschrift unter die eine Erklärung gegeben:

An Herrn Robert Biberti, Charlottenburg, den 20. 4. 1935.

›Ich versichere hiermit Herrn Robert Biberti feierlichst, daß mit der Eintragung der ‚GmbH COMEDIAN HARMONISTS' in Paris vom 27. März 1935 in keiner Weise eine Beschränkung des öffentlichen Auftretens meiner drei Kollegen Bootz, Biberti, Leschnikoff unter dem Namen ‚COMEDIAN HARMONISTS' für die Gegenwart und Zukunft verbunden ist. – Joseph Cycowski.‹

Bob übergab mir darauf eine zweite Erklärung, die von ihm unterschrieben war, in der es hieß:

›Ich versichere hiermit Herrn Joseph Cycowski feierlichst, daß ich in keiner Weise seine künstlerische Wirksamkeit unter der Bezeichnung ‚COMEDIAN HARMONISTS' verhindern werde. – Robert Biberti, Charlottenburg, den 20. April 1935.‹

Später hat mich dann noch der Leschnikoff angerufen, und hat gesagt: ›Roman, Biberti hast du gegeben deine Unterschrift und mir, deine Freund, gibst du sie nicht?‹ – Also habe ich es Ari noch mal bestätigt, damit war die Sache erledigt. Wir haben uns verabschiedet und am folgenden Tag bin ich nach Wien gefahren.«

Die Sache war keineswegs damit erledigt, vor allem nicht für Biberti. Sie sollte ihn noch auf Jahre hinaus beschäftigen.

Damit waren die sechs Männer endgültig auseinander. Sie sollten sich erst nach Jahrzehnten wieder begegnen und manche von ihnen sahen sich überhaupt nicht wieder.

ROBERT BIBERTI: »So gingen wir auseinander, sozusagen im Frieden. Die anderen waren in Wien und gründeten dort ein neues Ensemble. Sie haben die ganze Welt gesehen, sie waren in Asien, Australien, Südafrika, Süd- und Nordamerika, hatten wundervolle Reisen, aber sie ahnten nicht, was ihnen trotz großer Erfolge auf allen diesen Kontinenten für schwere Jahre bevorstanden, die schließlich zur Auflösung der Truppe führen sollten.

Und wir, die wir zurückblieben? Wir gaben uns zunächst der Hoffnung hin, daß uns die Nazis in Ruhe lassen würden, wenn wir mit drei neuen Mitgliedern eine nunmehr ›rassereine‹ Truppe zusammenstellen würden. Aber welch ein Irrtum, wie sich bald herausstellen sollte. Der alte Geist kam nicht wieder.«

ERWIN BOOTZ: »Wenn ich vielleicht noch etwas Abschließendes sagen darf: Von meiner Sicht aus, heute, finde ich es erstaunlich, daß so etwas wie die COMEDIAN HARMONISTS überhaupt zustande gekommen ist. Wenn man bedenkt, was alles dazugehört, ein Tenor mit einer so enormen Höhe, der aber nicht Falsett singt, wie Ari Leschnikoff; dann ein Zweiter Tenor, Erich Collin, der ausgerechnet so wenig Eigentimbre hat, daß sich seine Stimme gut mischen läßt; dann ein Musikantentum, ein mit Idealismus gefülltes Musikantentum, wie das von Frommermann, der neben seinen vielen schönen Arrangements plötzlich die Fähigkeit entwickelt, Instrumente zu imitieren, obwohl er eigentlich keine besonderen stimmlichen Mittel besitzt, und der damit sorgt, daß alle Klänge harmonisieren; dann Cycowski, diese herrliche, vornehme Stimme, mit ihrer enormen Höhe – der konnte so hoch wie ein Tenor singen – und schließlich Biberti, ein samtener leichter, aber wohlklingender Baß. Und zu allem diesen auch noch die persönlichen Gleichungen dieser sechs Leute untereinander, die so ausbalanciert waren, daß niemals die Gefahr bestand, daß unsere Gruppe zerplatzen würde; was ja meistens das Ende der Karriere solcher Ensembles geworden ist. Und wenn es keine Einmischung von außen gegeben hätte, wäre die Gruppe bis in ihr Alter zusammengeblieben und hätte die Leute erfreuen können. Auch – wenn ich es damals noch nicht so gesehen habe – heute, im nachhinein, empfinde ich, daß wir eine große Aufgabe erfüllt haben, indem wir den Menschen Freude brachten.

Ich meine, es ist die höchste aller Weisheiten, Freude und Liebe in die Welt zu bringen. Und das haben wir, glaube ich, getan.

Und darum bin ich sehr froh, daß ich daran teilhatte.«

III. Teil

Die beiden Nachfolgegruppen:

Das Meistersextett
(1935 bis 1941)
und
Die Comedy Harmonists
(1935 bis 1941)

Das Meistersextett
früher Comedian Harmonists genannt
(1935 bis 1941)

>*»Drüben in der Heimat, da blüht ein Rosengarten;*
>*drüben in der Heimat, da blüht das Glück.*
>*Drüben in der Heimat, da wird ein Mädchen warten*
>*und der blaue Himmel strahlt in ihrem Blick.*
>*Und das süße Mädel wird in die Ferne sehen*
>*und wir werden beide dieselben Sterne sehen.*
>*Tausend rote Rosen sind schnell verblüht im Monat Mai,*
>*aber un'sre Sehnsucht bleibt ewig neu.«*
>
> E. Künneke/Bertuch
> – Erste Plattenaufnahme des Meistersextett am 20. August 1935

Das Meistersextett, v.l.n.r.: Erwin Bootz (Klavier), Ari Leschnikoff (1. Tenor), Alfred Grunert (2. Tenor)

Herbert Imlau (Bariton), Fred Kassen (Tenor-Buffo), Robert Biberti (Baß)

Drei der sechs COMEDIAN HARMONISTS hatten sich für Deutschland entschieden und das Wagnis des für sie nicht notwendigen Exils gescheut. Robert Biberti erzählt davon:

»Was die sogenannten Säulen des Ensembles betrifft, das waren Leschnikoff mit seiner Märchenstimme, ich als Baß und Vortragskünstler und Erwin Bootz als Pianist und Arrangeur, wir drei, also die Substanz der Gruppe, wir blieben hier. Wir komplettierten uns mit drei sogenannten Ariern im Sinne des Reichskulturkammer-Gesetzes, durften mit denen auch wieder musizieren und auftreten – aber es war nicht mehr der alte Geist in der Truppe.

Für beide Teile, sowohl für die Ausgewanderten als auch für uns, kam der alte Standard nicht wieder. Obwohl die neuen drei Mitglieder sich wirklich mit guten Leistungen präsentierten, das gewisse Etwas war nicht mehr da.

Trotzdem stand für uns von Anfang an fest, daß wir ein neues Ensemble aufbauen würden. Als erstes ging die Stimmensuche los. Das heißt, wir annoncierten am 3. März 1935 im ›Berliner Lokal-Anzeiger‹: ›Weltberühmtes deutsches Gesangsensemble sucht zwei Tenöre und einen Bariton, nicht über 30 Jahre. Ausführliche Angaben über die bisherigen Tätigkeiten erbeten unter Chiffre.‹ Wir kriegten unzählige Zuschriften, obwohl wir unseren Namen nicht genannt hatten, und benachrichtigten die Bewerber, in dem von uns gemieteten Schubert-Saal zu erscheinen.«

ERWIN BOOTZ: »Es kamen unglaublich viele Menschen, die aus irgendeinem Grunde glaubten, geeignet zu sein. Sie sangen Arien, Volkslieder, oder machten einfach nur ›Lalala‹ und das Ergebnis war wirklich erschütternd, viel zu alte Leute waren darunter, Leute, die schon nicht mehr am Theater beschäftigt waren, manchmal sogar welche, die sich nur einbildeten zu singen, obgleich sie bloß irgendwelche Töne von sich gaben, die mit Gesang nicht das geringste zu tun hatten; wahnsinnig komisch! Ich mußte sie leider alle begleiten und habe Qualen ausgestanden. Biberti und Leschnikoff saßen nebenan, brauchten sich das alles nicht anhören, und schickten mir einmal die hundsgemeine Nachricht: Die Kollegen lassen bitten, der betreffende Herr möge doch noch ein schönes Stück singen. Aber ich konnte nicht mehr und sagte: ›Nein, danke, das genügt. Ich weiß schon woran ich bin!‹ – Mein nachsichtiges Gemüt war damals aufs äußerste strapaziert, denn meistens war es schrecklich, was man da zu hören bekam. Außerdem zog es sich über Tage und Wochen hin, dieses Vorsingen. Es wurden genaue Listen geführt über Alter, Aussehen, Veranlagung und Stimmumfang der einzelnen Leute, da es sich als ungeheuer schwer erwies, Menschen zu finden, die fähig sind, in der Tradition der alten COMEDIAN HARMONISTS auf der Bühne zu stehen. Das war wirklich kein Honigschlecken.«

ROBERT BIBERTI: »Schließlich fanden wir drei Leute, die unseren Vorstellungen entsprachen. Sie waren gut, aber nicht ideal. Das alte Ensemble konnte nicht wieder hergestellt werden, ganz klar. Für Collin kam der Tenor Sengeleitner, dann Imlau als Bariton und Fred Kassen für Frommermann. Kassen war sehr begabt, wendig, äußerst musikalisch und komisch. Aber gerade dieser Mann war es, der später so in mein Leben eingegriffen hat, daß ich es bis heute noch nicht überwunden habe. Doch davon später mehr.

... schließlich fanden wir drei Leute, die unseren Vorstellungen entsprachen. Für Collin kam der Tenor Sengeleitner, dann Imlau als Bariton und Fred Kassen für Frommermann ...

In den nächsten 5 Monaten wurde nur probiert, wir mußten die neuen Leute auf ein Programm von ungefähr 35 bis 40 Nummern einstudieren, was sehr schwierig war, denn die Neuen sangen die zweiten und dritten Stimmen, also nicht die Melodie. Sie mußten jeden Ton, jede Harmonie begreifen lernen. Sicherlich war es hilfreich, daß sie sich dabei die alten Platten anhören konnten, den alten Stil hatten wir natürlich beibehalten. Es blieb uns ja auch gar nichts anderes übrig, das Publikum verlangte danach. Aber bei der Presse hatten wir deswegen vielerlei mehr oder minder dumme Angriffe durchzustehen. Wie ich immer sage: Es war eine böse Zeit.

Dazu kam, daß unser Wirkungsbereich dadurch beeinträchtigt wurde, daß wir keine jüdische Musik mehr machen durften, daß wir nichts mehr singen durften, was aus einem jüdischen Verlag kam und daß wir nichts mehr bringen durften, was in irgendeiner Form jüdischen Ursprungs war. Wir hatten also nur noch Lieder zu singen, die im nazistischen Sinne ›einwandfrei‹ waren. Darüber wachten die Reichskulturkammer und die für uns zuständige Reichsmusikkammer ungemein. Andererseits hatte man keine Chance, diese ›rein arischen‹ Produkte international zu verwerten. Das war später ein großes Handicap für uns im Ausland.

Im Sommer 1935 machten wir mit den drei neuen Mitgliedern Verträge, die jedoch anders aussahen als die ersten aus dem Jahre 1928. Damals waren wir sechs gleichberechtigte Mitinhaber, unter denen die Einnahmen aufgeteilt wurden. Jetzt waren Bootz, Leschnikoff und ich die Inhaber der neuen Truppe und den drei Neuen zahlten wir eine feste monatliche Gage von 600,– Reichsmark.

Zu den vielfachen künstlerischen Problemen kamen zu allem Unglück aber auch rechtliche Schwierigkeiten. Zuerst mußten wir den alten Namen aufgeben. Im März 1935 kam ein Brief der Reichsmusikkammer, der uns die Weiterführung des Namens COMEDIAN HARMONISTS verbot. Wir wurden aufgefordert, uns anstelle dieser englischen Bezeichnung eine deutschsprachige zuzulegen. Übrigens wurde allen Deutschen, die sich einen englischen Namen zugelegt hatten, wie zum Beispiel viele Artisten, selbst wenn sie international bekannt waren, ein englisch klingender Name untersagt, weil das ›dem deutschen Volke nicht zumutbar sei‹. Das war nun wirklich übel. Ich sagte damals: ›Wenn sich Furtwängler jetzt August Schulze nennen muß und gibt ein Konzert, so geht da kein Aas hin, weil Schulze nicht interessiert, auch wenn dieses Konzert allererste Klasse sein sollte. Und so ist es dann auch teilweise mit uns gekommen. – Wir haben alles versucht, wir haben uns an Richard Strauss, den damaligen Präsidenten der Musikkammer gewendet, an Furtwängler und viele andere prominente Leute – es hat alles nichts genützt.‹«

... wenn sich Furtwängler jetzt August Schulze nennen muß ... so geht kein Aas hin ...

ERWIN BOOTZ: »Ich habe mich dann an den damaligen Leiter der Musikkammer, einem Dr. Raabe, gewandt. Ich sagte ihm: ›Warum dürfen wir den alten Namen nicht weiter tragen? Das ist doch eine eingeführte Firma. Das kann man doch nicht so einfach auslöschen.‹ – Doch, gab mir der zur Antwort, das kann man. – Später wurde mir klar, sie versteckten sich ein bißchen hinter dieser kleinlichen Schikane, weil ihnen das, was wir sangen und vor allem wie wir sangen, zu unmännlich war. Denn von Heldentum, Glanz, Gloria und Viktoria war ja nun wirklich nichts bei uns zu hören und sollte ja auch nicht zu hören sein. – Es mußte also ein Name

... hatte man keine Chance, diese ›rein arischen‹ Produkte international zu verwerten ...

gefunden werden, der zu uns paßte, und es war alles zu vermeiden, was uns in dem, was wir wollten, schaden könnte, wie zum Beispiel ›Die sechs lustigen Gesellen‹ oder die ›Melodisten‹ usw. Das hätte zu sehr nach Varieté geklungen, und wir wollten natürlich als konzertierende Truppe etwas finden, was auf unsere Besonderheit hinwies. So kamen wir auf den Namen MEISTERSEXTETT, um damit der Konkurrenz gegenüber gleich zum Ausdruck zu bringen: Macht, was ihr wollt, so wie wir könnt ihr es doch nicht!

Und tatsächlich wurde uns dieser Name für einige Zeit genehmigt, in den ersten Jahren sogar mit dem Untertitel: Früher COMEDIAN HARMONISTS genannt. Und genau das haben wir dann auch reichlich ausgenutzt! Anfangs war der Untertitel Früher COMEDIAN HARMONISTS größer als das Wort MEISTERSEXTETT.

Dieser Kampf mit der Reichsmusikkammer um den Namen zog sich durch die ganzen Jahre, in der die zweite Gruppe existierte, d. h. von ihrer Gründung 1935 bis zur Auflösung 1941. Ich habe einen ganzen Ordner, angefüllt mit dem Briefwechsel zwischen der Reichsmusikkammer und uns. Und ich möchte einige wenige Ausschnitte daraus zitieren, um diesen Kampf deutlich zu machen. So schrieb ich bereits kurz nach der Neugründung am 28. 4. 1935 an die RMK: ›...Bezugnehmend auf unsere Unterredung gestatte ich mir, noch einmal die Gründe darzulegen, die uns veranlassen, die Kammer um die Erlaubnis zur Beibehaltung unseres Namens COMEDIAN HARMONISTS zu bitten: Dieser Name ist nicht nur für Deutschland, sondern für die gesamte zivilisierte Welt zu einem Begriff geworden. Bedenken Sie bitte, daß die Achtung vor diesem Namen durch die langjährige, zähe Arbeit nach anfänglich großen Entbehrungen erworben ist.... Nachdem die von dem Herrn Präsidenten der Reichsmusikkammer geforderte Ausschließung der Nichtarier nunmehr endgültig erfolgt ist, ist die Frage der Beibehaltung unseres Namens zu einer Lebensfrage geworden.

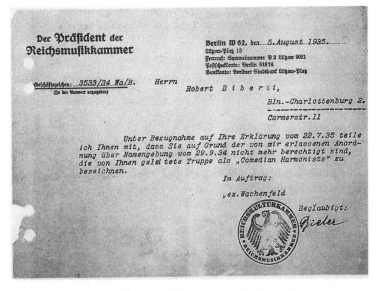

... dieser Kampf mit der Reichsmusikkammer zog sich durch die ganzen Jahre hin ...

Wir haben zu unserer Bestürzung feststellen müssen, daß von verschiedenen Seiten der Name COMEDIAN HARMONISTS als herrenloses Gut betrachtet wird. Wie schützen wir uns vor Skrupellosen, die uns um die Früchte unserer Arbeit bringen wollen? – Mit deutschem Gruß, Robert Biberti.‹

In der Antwort der RMK hieß es lapidar: ›Unter Bezugnahme auf Ihre Erklärung vom 22. 7. 1935 teile ich Ihnen mit, daß Sie auf Grund der von mir erlassenen Anordnung über Namensgebung vom 29. 9. 1934 nicht mehr berechtigt sind, die von Ihnen geleitete Truppe als COMEDIAN HARMONISTS zu bezeichnen. Im Auftrage gez. Wachenfeld.‹

Am 21. November 1935 erhielten wir dann einen weiteren Brief der RMK, in dem es u. a. heißt: ›... Ich weise ausdrücklich darauf hin, daß auf Grund der von mir erlassenen Anordnung über die Führung von Decknamen, die Angehörigen der obigen Gesangsgruppe lediglich berechtigt sind, den Namen MEISTERSEXTETT zu führen. Um dem Ensemble jedoch keinerlei wirtschaftliche und künstlerische Nachteile zu verursachen, gestatte ich einstweilen den Zusatz früher COMEDIAN HARMONIST genannt. – Im Auftrage gez. Wachenfeld.‹

Einen Monat später kam erneut ein Schreiben der RMK. Darin stand: ›Hiermit ersuche ich Sie letztmalig, Ankündigungen jeglicher Art gemäß meinen vielfach mitgeteilten Anweisungen gestalten zu lassen, nämlich, die Bezeichnung MEISTERSEXTETT zumindest doppelt so groß zu setzen, wie der Ihnen bisher zugestandene Nachsatz: (Früher COMEDIAN HARMONISTS). Ich werde mich gezwungen sehen, das Ihnen bisher gezeigte Entgegenkommen, den klein gedruckten Zunamen für eine bestimmte Übergangszeit führen zu dürfen, zurückzuziehen, sofern die Mitglieder des MEISTERSEXTETT meinen Anweisungen nicht Folge leisten. I. A. gez. Karrasch.‹

Am 11. März 1936 wurden wir dann davon benachrichtigt, daß die Reichsmusikkammer der Reichspressestelle mitgeteilt hat: ›... daß Ihr MEISTERSEXTETT mit den COMEDIAN HARMONISTS, die im Jahre 1935 verboten worden sind, da sie überwiegend aus Juden bestanden, nicht identisch, sondern eine rein arische Gesangsgruppe ist. Heil Hitler! Beratungsstelle für redaktionelle Hinweise.‹

... daß von verschiedenen Seiten der Name ›Comedian Harmonists‹ als herrenloses Gut betrachtet wird ...

Fast ein Jahr später kam dann folgender Brief der RMK an das Meistersextett: ›Nach dem Rundfunk-Plan für den 17. 10. 1936 sind Sie in Kopenhagen unter der Bezeichnung ‚Die Comedian Harmonists singen' angekündigt worden. Ich bitte hierzu um Stellungnahme. I. A. gez. Wachenfeld.‹

Darauf antworteten wir postwendend: ›Im Namen meiner Kollegen darf ich Ihnen mitteilen, daß es sich hier nicht um das Meistersextett gehandelt hat, sondern mutmaßlich um das aus den ehemaligen ausgeschlossenen, jüdischen Mitgliedern bestehende Ensemble der Comedian Harmonists. Wobei wir bei dieser Gelegenheit nicht unerwähnt lassen möchten, daß wir, die Mitglieder des Meistersextett nie auf den Gedanken gekommen wären, uns derart anzukündigen, da wir schon aus Gründen der Existenzmöglichkeit das denkbar größte Interesse daran haben, den Namen Meistersextett überall einzubürgern. Allerdings glauben wir dabei auf eine größere Unterstützung der Kammer rechnen zu dürfen, als uns bisher zuteil wurde. – Mit deutschem Gruß R. Biberti.‹

1937 wurde uns schließlich der Untertitel früher Comedian Harmonists endgültig untersagt. Im Brief vom 26. 4. 1937 der Reichsmusikerschaft heißt es: ›... Der Sinn Ihrer Umbenennung war ja gerade der, daß der ausländisch klingende Name verschwinden sollte, so daß in seiner Führung als Untertitel eine Umgehung dieser Absicht zu erblicken ist. – Darüber hinaus möchte ich Ihnen aber auch noch nahelegen, Ihre derzeitige Bezeichnung Meistersextett einer Prüfung zu unterziehen. Ohne dies als eine Herabsetzung Ihres Könnens zu empfinden, werden Sie einsehen, daß mit dem Wort ‚Meister' sich auf künstlerischem Gebiet ganz bestimmte Vorstellungen verbinden, so daß ich diesen Namen für durchaus unangebracht halte. Ich bitte um baldige Äußerung in dieser Angelegenheit. gez. Wachenfeld.‹

Im Frühjahr 1938 erhielten wir die Mitteilung: ›Betrifft: Decknamenführung. – Unter Aufhebung meines Bescheides vom 8. 11. 1937 wird Ihnen die Weiterführung des Decknamens Meistersextett für Ihre Gesangsgruppe gestattet. I. A. gez. Wachenfeld.‹

Am 24. August 1940 machten wir dann noch einen letzten Versuch, den alten Untertitel wieder benutzen zu dürfen. Ich schrieb an den Minister für Volksaufklärung und Propaganda, Dr. Joseph Goebbels am Ende des Briefes: ›... Es kann nicht bestritten werden, daß sich die alleinige Ankündigung Meistersextett ohne Zusatz früher Comedian Harmonists nicht durchgesetzt hat, noch in absehbarer Zeit durchsetzen wird. Ausschließlich aus diesen Gründen erlaube ich mir, Sie, Herr Minister, zu bitten, uns wenigstens die Weiterführung des Zusatzes zu gestatten, wobei ich feierlichst versichere, daß hier in keiner Beziehung eine Tarnungsabsicht vorliegt. – Heil Hitler! Robert Biberti!‹

Darauf erhielt ich am 20. September 1940 die Antwort: ›Ihrem Antrage auf Weiterführung des vorerwähnten Zusatzes kann nicht entsprochen werden, da der frühere Name zumindest für die jetzige Kriegszeit untragbar ist und allgemein als Verstoß gegen das nationale Empfinden empfunden werden dürfte. I. A. gez. Dr. Leinweber!‹

Es sollte nicht die einzige schwere Auseinandersetzung bleiben, die Biberti wegen der Rechte an dem alten Namen hatte. Obwohl der deutschen Gruppe die Verwendung Comedian Harmonists nur als Untertitel und in Verbindung mit dem neuen Namen gestattet wurde, und auch das nur für eine kurze Zeit, kränkte es ihn so sehr, daß die drei Emigranten im März 1935 in Paris – wie schon erwähnt – eine auf 20 Jahre fixierte Gesellschaft Comedian Harmonists gegründet hatten, daß er bereits im Mai des gleichen Jahres versuchte, gerichtlich dagegen vorzugehen, obwohl sein Anwaltsbüro ihm in einem elfseitigen Memorandum dringend davon abriet. Am Ende dieses Briefes schreibt sein Anwalt: ›... Zusammenfassend stelle ich nochmals fest, daß ich statt eines klageweisen Vorgehens gegen die Pariser Gruppe den Versuch einer gütlichen Klarstellung der beiderseitigen Rechte vorschlagen würde ...‹«

Robert Biberti: »Das war keine gute Sache. Es war gegen die Absprache. Denn nun hatten sie den Namen für sich geschützt. Der spiritus rector war Erich Collin. Er sagte sich: Wir mußten raus, mußten alles aufgeben, unsere Wohnung, unsere Freunde und die Arbeit in Deutschland, jetzt steht es uns zu, den Namen schützen zu lassen. Außerdem argumentierte er, uns sei der

Name hier in Deutschland sowieso verboten. – Wie gesagt, eine häßliche, eine unangenehme Geschichte. Andererseits war ich in dieser heiklen Sache gezwungen, dagegen zu prozessieren. Noch im August wurde die Pariser Société von meinen Anwälten aufgefordert, die Bezeichnung COMEDIAN HARMONISTS sofort zu unterlassen, da sie nicht der Führung dieser Bezeichnung berechtigt seien. Als man jedoch bis zum November 1935 diese Aufforderung unbeantwortet ließ, mußten wir gerichtliche Schritte androhen. Wieder hörten wir nichts von ihnen, konnten aber ihre Adressen in Wien herausfinden, so daß am 18. 4. 1936 eine Klage gegen Collin, Cycowski und Frommermann am Landgericht Berlin wegen unlauteren Wettbewerbs erhoben wurde. Wieder 2 Monate später stellte sich dann heraus, daß den 3 Beklagten die Klage nicht zugestellt werden konnte, da sie inzwischen unbekannt verzogen waren. Im Herbst 1936 erfuhren wir zufällig, daß die Pariser Gruppe in Holland auftrat. Obwohl die Klage durch niederländische Behörden an verschiedene Orte ihres dortigen Auftretens geschickt wurde, konnte sie nicht zugestellt werden, da die Gruppe immer abgereist war, als der jeweilige Beamte in den verschiedenen Theatern in Scheveningen, Amsterdam und anderen Städten nach ihnen suchte. Als es bis April 1937 nicht gelungen war, ihren jeweiligen Aufenthaltsort zu finden, erfolgte in Deutschland eine sogenannte ›öffentliche Zustellung‹, d. h. durch Aushang an der Gerichtstafel in Berlin, ›Abraham-Collin und Genossen‹ betreffend. Am 23. Dezember 1937 wurde unserer Klage von der 21. Zivilkammer des Landgerichts Berlin stattgegeben. Doch mußte ich bereits im April 1938 erfahren: ›... daß aus dem in Deutschland ergangenen Urteil grundsätzlich nur bei Zuwiderhandlungen in Deutschland vorgegangen werden kann.‹

Inzwischen hatten wir längst erfahren, daß sich die Emigrantengruppe augenblicklich in Holländisch-Indien aufhielt. Allein dieser an sich unsinnige Prozeß verursachte uns erhebliche Kosten. Trotzdem gab ich nicht auf und wandte mich 1938 an den Internationalen Gerichtshof in Den Haag, um eine Aufhebung des Namensschutzes zu erreichen. Auch dieser Versuch zog sich lange hin, bis Kriegsanfang, kostete ebenfalls viel Geld und ging schließlich aus, wie das berühmte Hornberger Schießen, denn die drei waren einfach nicht auffindbar.«

1970, also Jahrzehnte nach jenen Auseinandersetzungen, schreibt Harry Frommermann an Ari Leschnikoff:

»Was die Versuche Bibertis beim Internationalen Gerichtshof in Den Haag betrifft, so wäre er mit seiner Klage dort nie durchgekommen. Damals, 1935 in Berlin, hatten wir uns nur unter Druck aus Angst vor seinen Intrigen bereit erklärt, den Namen frei benutzbar zu lassen. Doch als wir dann draußen waren, mußten wir an unsere Existenz denken und haben den Namen gesetzlich geschützt. Wir mußten leben und unterstanden nicht mehr dem deutschen Gesetz, das uns sogar die Möglichkeit zu existieren verboten hatte. Darüber hinaus aber mußten wir den Namen auch schützen, um zu vermeiden, daß ihn sich Fremde unberechtigterweise aneigneten. Denn nur der alte Name gab uns die Möglichkeit, etwas Neues im Ausland aufzubauen.

Auch hierin kann man sehen, wie rachsüchtig Bob war. Obwohl es ihm gleich sein konnte, was mit dem Namen geschah, weil er ja für die deutsche Gruppe verboten worden war und er ihn auch bei Auslandsauftritten nicht hätte führen dürfen, zog er deswegen jahrelang vor Gericht. Gewiß war es auch der Neid, daß es uns Emigranten gelungen war, mit neuen Sängern ein abendfüllendes Konzertprogramm zu schaffen, und international mit der neuen Gruppe erfolgreich zu sein.

Bob wollte ja, daß ich in Deutschland bleibe und für ihn inkognito Partituren schreibe, weil er Erwin Bootz für zu faul hielt. Natürlich war auch ich oft faul, aber es stellte sich im Laufe der Zeit heraus, daß Zweidrittel aller Partituren, die für die erste Gruppe geschrieben worden waren, von mir stammten – insgesamt 123 – und nur ein knappes Drittel von Erwin.«

Kehren wir in das Jahr 1935 zurück als Bootz, Biberti und Leschnikoff die neue Gruppe gründeten. Neben diesen Rechtsstreitigkeiten mußte das Ensemble vor allem arbeiten und auftreten.

ROBERT BIBERTI: »Doch auch das war mit großen Schwierigkeiten verbunden, denn durch das Verbot der ersten Gruppe im

März 1935 und die sechs Monate, die wir brauchten, um die drei Neuen einzustudieren, waren wir fast in Vergessenheit geraten. Doch in den folgenden, an Enttäuschungen reichen Jahren kam das Ensemble wieder hoch. Die Konzerte liefen an, weil die Konzertdirektionen Gott sei Dank arischer Provenienz zu uns hielten und sehr bald neue Auftritte arrangierten. Natürlich durften wir nur noch deutsche Lieder singen, Schlager, Volkslieder usw. Doch bald hatten wir es erreicht, daß wir jährlich bis zu 140 Konzerte gaben. Daneben gab es auch weiterhin Plattenaufnahmen. Da die alten Platten als ›entartet‹ verboten waren, konnten wir neben neuen Liedern auch die von den alten aufnehmen, die noch erlaubt waren. Sogar beim Rundfunk wurden wir sozusagen in Gnaden wieder zugelassen. Aber überall begegneten wir Widerständen, Animositäten: ›Das sind doch die alten COMEDIAN HARMONISTS, die haben sich doch nur neu formiert. Die Musik und die Art ihrer Darbietung sind nach unserer Kunstauffassung abzulehnen.‹

Und so kam es, daß sich manche Stadtverwaltung veranlaßt fühlte, uns mit unmäßigen Steuern zu belegen, die uns bis zu 40 % der Brutto-Einnahmen wegnahmen. Früher waren wir als Kunst-Gesangsgruppe von solchen Steuern verschont geblieben. Jetzt nichts als Schikane und Ranküne. So kam es zwangsläufig zu einem Rückgang der Einnahmen, obwohl es pro Mann immer noch weit über tausend Mark im Monat zusammen waren, für bürgerliche Begriffe also noch eine ganze Menge.

Auch unsere Auftritte im Ausland gingen mehr und mehr zurück, da sie mit immer komplizierteren Auflagen verbunden waren. So erhielten wir im November 1936 einen Brief der RMK, in dem es u. a. hieß: ›Der Stellvertreter des Führers bittet, die zu Vorträgen u. a. ins Ausland reisenden Personen anzuweisen, neben der schon früher üblichen Meldung bei der jeweiligen diplomatischen Vertretung des Deutschen Reiches auch den örtlichen Vertreter der Organisation der NSDAP aufzusuchen.‹ – Das war eine Qual. Wenn wir irgendwo hinkamen, ganz egal ob das Holland, Skandinavien oder Italien war, immer mußte ich bei dem dortigen Vertreter der NSDAP vorstellig werden, worauf der sich in Szene setzte, wie das damals so üblich war. – Dazu kamen die sich immer mehr verschärfenden Bestimmungen, die einem die Auslandstourneen verleideten. So mußten wir, wie alle anderen auch, vor Antritt der Konzertreisen ins Ausland der Reichsmusikkammer das Programm zur Begutachtung vorlegen und waren verpflichtet, darauf zu achten, ›daß die ausgewählten Stücke dem Geist des neuen Deutschland entsprechen, auch wenn es sich dabei um reine Unterhaltungsmusik handelt‹.

Bei einer dieser Reisen kam es zur Jahreswende von 1936 auf 1937 in Holland fast zu einem Zusammentreffen der ›deutschen‹ und der ›Wiener‹ Gruppe. Am 24. Dezember konnte man im ›Haagschen Courant‹ zwei Anzeigen lesen: In der einen wurde für den zweiten Feiertag ein Konzert ›des weltberühmten MEISTERSEXTETT, früher COMEDIAN HARMONISTS genannt‹ im Varieté ›Diepentuin‹ angekündigt, und auf der gleichen Seite stand weiter unten die Bekanntmachung ›Zur Vermeidung von Mißverständnissen, daß die originalen, uns allen von Radio und Grammophon bekannten, berühmten COMEDIAN HARMONISTS einzig und allein in der ‚Scala' zu hören sind.‹«

Wiedergesehen haben sich die ehemaligen Freunde dabei nicht mehr. Der Zusammenhalt in der deutschen Gruppe, das Verhältnis der drei alten Mitglieder zu den drei neuen, nur im Angestelltenverhältnis stehenden, wurde auch immer schlechter. Vor allem brachte der ehemalige Barsänger Fred Kassen Unruhe ins Ensemble.

ROBERT BIBERTI: »Er versuchte von Anfang an sich auf jede nur denkbare Weise Geltung zu verschaffen, indem er ständig auf seine ausgezeichneten Beziehungen zur NSDAP und seine langjährige, streng nationalsozialistische Haltung hinwies. So erklärte er unter anderem, seit langem Mitglied der Partei und der SS zu sein und forderte, daß man ihm schon aus diesen Gründen einigen Respekt schulde. Er war ein Charakterschwein. In unserem damaligen, sogenannten ›Arbeitszimmer‹ in meiner Privatwohnung, in dem wir unsere Proben abhielten, hingen eine Menge Bilder an den Wänden, auch Bilder von jüdischen Malern. Kassen ging soweit, daß er die Wegnahme dieser Bilder

...bei einer dieser Reisen kam es zur Jahreswende fast zu einem Zusammentreffen der beiden Gruppen...

verlangte – Bilder aus meinem Privatbesitz! Das jedoch lehnte ich strikt ab. – Jahre später entpuppten sich zu meiner großen Überraschung alle seine Angaben über die Zugehörigkeit zur Partei und zur SS als erlogen.«

Die Spannungen unter den Mitgliedern wurden immer größer. Das führte schließlich dazu, daß Erwin Bootz Ende Juni 1938 das Ensemble verließ.

»Ich hatte eigentlich, nach über zehn Jahren, genug von einem Klang, der immer der gleiche blieb. Und ich mußte auch einmal an meine eigene Entwicklung denken. Es war spät genug dafür. – Ich habe vieles falsch gemacht. Vor allem, daß ich in der wichtigsten Zeit meines Lebens, in der Zeit, in der man lernt, auf andere Menschen einzugehen, in der man begreift, wo man zu geben und wo man zu nehmen hat, daß ich in jener Zeit nicht zum Erlernen des Lebens kam, weil ich verwöhnt wurde durch die COMEDIAN HARMONISTS. Und so habe ich eigentlich durch sie Schaden erlitten. Es wäre vielleicht besser gewesen, ich hätte das Erlebnis COMEDIAN HARMONISTS nicht gehabt. 1938 traf ich Willi Schaeffers, einer der größten Conférenciers, die es damals in Deutschland gab. Er wollte ein Kabarett aufmachen. Das hatte er schon öfter getan und war damit pleite gegangen, aber diesmal schien es fundiert zu sein. Und eh er noch etwas sagen konnte, erklärte ich ihm: ›Wissen Sie, wer Ihr musikalischer Leiter sein wird? – Ich!‹ – Darauf mußte er furchtbar lachen und meinte: ›Genau das wollte ich Ihnen eben anbieten, ich kam nur noch nicht dazu!‹ Ich erhielt einen sehr feinen Vertrag und ein Orchester mit elf Mann, die so gut waren, daß ich in den zwei Jahren, die ich dem KABARETT DER KOMIKER angehörte, keinen auswechseln mußte.

Vorher schied ich ordnungsgemäß als Teilhaber aus dem MEISTERSEXTETT aus, freiwillig natürlich, und übertrug meine Rechte an der Gruppe zu gleichen Teilen an Biberti und Leschnikoff. Da ich bei Bob noch einige Schulden hatte, überließ ich ihm zum Ausgleich meinen Anteil an der Auswertung der Plattentantiemen. Er war ziemlich ruppig zu mir damals. Aber ich sagte ihm: ›Hör zu, Jungchen, du unterschätzt die Sache. Sieh mal zu, wie du ohne mich fertig wirst. Ich gehe jetzt.‹ – Und das Interessante ist, daß

Biberti eigentlich nicht mehr weiter gekommen ist, nachdem ich weg war.

In die gleiche Zeit fällt auch die Scheidung von meiner ersten Frau Ursula. Sie war die Tochter des jüdischen Bildhauers Benno Elkan und ist deswegen bald aus Deutschland ausgewandert. Meine ehemaligen Freunde haben mir später vorgeworfen, ich hätte mich von ihr getrennt, weil sie Jüdin war. Das ist aber nicht wahr. Ich kann es ganz schlicht sagen: Die Ehe scheiterte an meiner Unreife. Obwohl wir uns sehr gern mochten. Ich war einfach nicht in der Lage, lange mit jemandem zu leben. Als mich der Scheidungsanwalt kommen ließ, (es war der Anwalt, den sich meine Frau ausgesucht hatte), fragte er mich: ›Nun erzählen Sie doch mal, was haben Sie gegen Ihre Frau?‹ – Ich sagte: ›Gar nichts. Sie ist eine bezaubernde Frau, reizend, ein anständiger, verläßlicher, wunderbarer Mensch.‹ Da sah er mich verblüfft an und meinte: ›Vor zwei Tagen saß Ihre Frau in dem Sessel und hat von Ihnen genau dasselbe gesagt.‹ – Er schlug mit der Hand auf den Tisch und meinte: ›Warum, zum Donnerwetter, wollen Sie sich dann scheiden lassen?‹ – ›Weil es nicht geht. Ein reifer und ein grüner Appel passen einfach nicht zusammen!‹

Fast ein Jahr später habe ich dann wieder geheiratet. Und das war ganz ulkig: Meine zweite Frau, die kannte ich nämlich schon früher als die erste. Sie war eine Jugendliebe von mir. Beide haben wir jedoch erst einmal jemand anderen geheiratet, dann entdeckten wir uns sozusagen wieder, und trotz aller Warnungen ließ sie sich nicht davon abhalten, es mit mir zu versuchen. – Auch sie war die Tochter eines Bildhauers, der ein ganz reizender Mann war. Er war Nazi – aber einer von der Sorte, die irgendwie geglaubt und die ihre persönliche Integrität behalten hatten.«

ROBERT BIBERTI: »Nachdem Bootz Ende Juni 1938 freiwillig ausgeschieden war, ruhte der Betrieb zunächst. Durch seinen Weggang waren nun Leschnikoff und ich die beiden alleinigen Inhaber der Truppe. Dazu hatte ich auch noch die gesamte künstlerische Leitung des Ensembles übernommen, die ich mir bis dahin mit Bootz geteilt hatte. Außerdem vereinbarte ich mit Ari schriftlich, daß ich auf Grund der von mir in Angriff genommenen Neugründung und des von mir eingebrachten Namens MEISTERSEXTETT Sonderrechte besaß, insofern mir a) der Name gehörte und b) alle Rechte der Truppe zufielen, Verträge mit neu engagierten Mitgliedern abzuschließen. Außerdem erhielt ich Anspruch auf die Honorierung meiner Geschäftsführungstätigkeit in Höhe von 300 RM monatlich, da mir nach dem Ausscheiden unseres alten Sekretärs, Dr. Grafe, auch noch dessen Arbeit zufiel und Leschnikoff dazu weder vorgebildet noch in der Lage war. Ansonsten aber war Ari an allen Einnahmen zur Hälfte beteiligt. Dieser Vereinbarung hat er dann auch schriftlich zugestimmt.«

ARI LESCHNIKOFF: »Zugestimmt, ich und zugestimmt? Eines Tages kommt Bob zu mir mit eine Papier. Das war gleich, nachdem Erwin weg war. Ich soll unterschreiben. Ich sage: ›Gut, ich werde alles lesen und dann unterschreiben.‹ – Da sagt Biberti: ›Wieso, hast du Angst vor mir?‹ – ›Nee‹, sag ich, ›was steht denn drin?‹ – ›Was soll schon drinstehen? Jetzt gehört jedem die Hälfte. Die eine mir und die andere dir. Das ist alles. Und für meine Arbeit, die bis jetzt Grafe gemacht hat, will ich 300 Mark extra. Also nicht mehr als er.‹ – Ja, da hab ich eben unterschrieben. Und später erst hab ich begriffen, daß Bob lauter Sonderrechte hatte. Immerhin war ich ja jetzt genauso Boß wie er. Aber der hat das so geschickt gemacht, daß er das praktisch ganz allein war!«

ROBERT BIBERTI: »Ich habe dann nach großen Schwierigkeiten für Bootz den Barpianisten Rudolf Zeller gefunden, und so konnte bereits zwei Monate später die Arbeit wieder aufgenommen werden, die nach einer längeren Probezeit dem unter meiner alleinigen künstlerischen Leitung stehenden Ensemble einen unerwarteten neuen Erfolg brachte. Einen Erfolg, an dem Ari zur Hälfte beteiligt war! Ich erwähne das nur, weil Ari, wie schon immer, allen Faktoren, die für den Aufstieg der Truppe maßgebend waren, völlig ahnungslos gegenüberstand und niemals zu der kleinsten Arbeit herangezogen werden konnte, die außerhalb seiner rein stimmlichen Leistung lag. Im Gegensatz zu ihm umfaßte mein Aufgabenbereich alle für den Bestand des Ensembles notwendigen Maßnahmen.

Doch schon bald nach Aufnahme der Proben für die Konzert-Saison 1938/1939 machten sich mit Leschnikoff Schwierigkeiten und Disziplinlosigkeiten bemerkbar, wie es sie in dieser Form vorher nie gegeben hatte. Natürlich waren im Laufe der Jahre mancherlei Kontroversen aufgetreten, aber solange Erwin Bootz zum Ensemble gehört hatte, wurden diese immer durch Stimmenmehrheit beigelegt. Denn Bootz hielt immer zu mir, allein schon deshalb, weil er sich sagte: Einer von uns muß den Laden schmeißen, ich möchte es nicht, also lassen wir es doch den großen Dicken, den Biberti machen.

Jetzt, nachdem Bootz fehlte, kam es zum Abreagieren alter, mehr oder minder feindlicher Vorurteile gegen mich. Der Grund für Leschnikoffs offene Auflehnung ist unstreitbar darin zu sehen, daß ich jetzt allein gegen ihn stand. Seine Renitenz nahm derartige Formen an, daß ich dagegen mit allen mir zu Gebote stehenden Mitteln einschreiten mußte. Leschnikoff versäumte nicht nur immer häufiger unentschuldigt die Proben, er maßte sich sogar an, hinter meinem Rücken eine von mir angesetzte Probe bei den Angestellten der Truppe abzusagen. Während der Proben selbst ließ er sich nichts mehr von mir sagen und brüllte mich in ordinärster Weise an. Es fielen Worte wie: ›Ach, halt doch die Schnauze!‹, und er verstieg sich schließlich sogar zu einer Kritik an meiner künstlerischen Potenz. Er verlangte von mir den Nachweis, daß ich meine Stimme ›kann‹, d. h., daß ich in der Lage war, ihm und den anderen meinen Part für das gerade einstudierte Stück vorzusingen. Und das alles nur, weil ich ihm gesagt hatte: ›Ari, da an dieser einen Stelle setzt du zu früh ein.‹ Schließlich verweigerte er die Probe ganz und meinte: ›Ich habe auch zu bestimmen!‹ – Er machte mir das Leben mehr und mehr zur Qual.«

Ari Leschnikoff selbst konnte sich Jahrzehnte später nur noch dunkel an die Ereignisse jener Zeit erinnern, doch Erwin Bootz versuchte Leschnikoffs Verhalten so zu erklären:

»Natürlich fühlte sich Ari von Bibertis Verhalten oft brüskiert, denn Bob hatte leider eine Art, ihn unprovoziert bloßzustellen, die Ari aufs äußerste reizen mußte. Zum Beispiel, ein Witz wurde gemacht, den Ari nicht verstand. Um aber das nicht zu zeigen, lachte er eben so herzlich darüber, wie die anderen. Und da kriegte es Biberti dann fertig, ihn zu fragen: ›Ari, worüber lachst du?‹ – Nur um ihn lächerlich zu machen. Das war die reine Niedertracht, weiter nichts. Und wenn so was über Jahre geht, kann es die Atmosphäre zwischen zwei Menschen vergiften. Denn wenn sich jemand in seiner Existenz bedroht fühlt, kommt er auf die merkwürdigsten Ideen.«

ROBERT BIBERTI: »Vor allem aber stand Ari damals schon völlig unter dem Einfluß von Fred Kassen. Denn schon zu der Zeit, als Bootz noch im Ensemble war, begann Kassen heimlich um das Vertrauen Leschnikoffs zu werben. Auch er begann sich Freiheiten herauszunehmen, die seine fristlose Entlassung zur Folge gehabt hätten, wenn wir nicht mitten in der Saisonarbeit gewesen wären. Während der Vorstellungen leierte er oft seinen Part völlig teilnahmslos herunter und vernachlässigte die Proben ebenfalls. Je mehr Leschnikoff und Kassen sich gegenseitig aufhetzten, desto unerträglicher wurde die Lage für mich. Schließlich begannen sie, auch die übrigen Mitglieder der Truppe gegen mich aufzuhetzen und ergänzten sich gegenseitig in dem Bestreben, mich durch fortwährende Quertreibereien aufs äußerste zu reizen, um mit allen Mitteln daran zu arbeiten, die bestehende Ordnung aufzulösen, die Truppe zu zerstören, und – nachdem sie mich ausgebootet hatten – eine neue Truppe zu gründen. So machte Leschnikoff ohne mein Wissen den Angestellten der Gruppe weitgehende Versprechen finanzieller Art für den Fall meiner Entfernung aus dem Ensemble. Das waren Dinge, die ich zu verkraften nicht mehr in der Lage war. Schließlich machten sie mit mir, was sie wollten.

Am 8. April 1939 beantwortete Leschnikoff am Telefon meine Aufforderung, zu einer wichtigen Probe zu erscheinen, mit: ›Du hast mir gar nichts zu sagen! Und wenn du nicht aufhörst, mach ich dir den Boden so heiß, daß du es nicht mehr aushalten kannst.‹ – Daraufhin wandte ich mich an den Leiter der damaligen Reichsmusikkammer, Peter Raabe, und bat, vermittelnd auf die Leute einzuwirken. In den nächsten Tagen überschlugen sich die Ereignisse: Am 11. April hatte ich die erste Unterredung in der RMK, währenddessen sagte Leschnikoff hinter meinem Rücken eine bereits angesetzte Schallplatten-Aufnahme ab. Am 14. April kam es zu einer mehrstündigen Unterredung zwischen dem Vertreter der RMK, Leschnikoff und mir. Assessor Wachenfeld erklärte sich bereit, einen Schiedsspruch zu fällen, um uns eine gerichtliche Auseinandersetzung zu ersparen. Dann fragte er, ob wir uns diesem Schiedsspruch der RMK unterwerfen würden. Ich erklärte mich sofort dazu bereit, Leschnikoff jedoch nicht! Er erkundigte sich vielmehr, ob dieser Schiedsspruch für ihn bindend sei. Darauf wurde ihm erklärt, daß man ihn de jure nicht zwingen könnte und daß ihm im negativen Falle andere Wege zur Geltendmachung seiner vermeintlichen Rechte offenstünden. Damit war das Angebot der RMK für mich hinfällig. Dennoch erfolgten umfangreiche Vernehmungen aller Mitglieder des MEISTERSEXTETTS, in der Reihenfolge: Ich, dann Leschnikoff, dann Zeiler, der neue Pianist, der tags zuvor gekündigt hatte, und zuletzt Kassen. Am nächsten Tag kamen dann noch unser Bariton Imlau und der Zweite Tenor Grunert dran. Insgesamt dauerten diese Vernehmungen über 12 Stunden.

Noch am selben Abend kam Grunert in meine Wohnung und sagte mir sinngemäß etwa: ›Du, Bob, da ist ein dickes Ding gegen dich im Gang.‹ – Und obwohl er sich schriftlich zum Schweigen verpflichtet hatte und nichts über die Verhandlung aussagen durfte, berichtete er mir, was man alles gegen mich vorgebracht hat. Leschnikoff und Kassen hatten mich bei der Reichsmusikkammer wegen nazifeindlichen Verhaltens angezeigt, das sich z. B. darin äußerte, daß ich bei Konzerten in Italien den Hitler-Gruß verweigert hätte. Außerdem sollte ich 1936 gesagt haben: ›Die rotspanische Partei, die sich gegen Franco stellte, sei formal im Recht.‹ Damit war ich als Kommunist denunziert. Und das dritte war das Schlimmste: Im Rahmen unserer Tourneen traten wir auch bei Veranstaltungen der KdF auf. Das war eine riesige Organisation der Nazis, ›Kraft durch Freude‹, KdF. Und bei solchen Konzerten kam es auch schon mal vor, daß ein Hemd oder ein Kragen nicht mehr ganz so blütenweiß war, wie sie hätten sein sollen. Und da hab ich in einer Garderobe, in der wir uns umzogen, gesagt: ›Ach Gott, für die KdF-Schweine ist das gut genug.‹

Und diese Redensart wurde, völlig aus dem Zusammenhang gerissen, den Leuten der RMK präsentiert als: Der Biberti hat immer von KdF-Schweinen gesprochen. – Ich wußte, das mit den ›KdF-Schweinen‹, das war mein Untergang. Es stand schlecht um mich, mir schlotterten die Knie. Und ich habe wer-weiß-was angestellt, um da herauszukommen.

Leschnikoff und Kassen hatten diese Angaben gemacht. Ich weiß das, denn die Protokolle wurden mir vorgelegt und sind nur von ihnen unterzeichnet gewesen. Zwei der anderen, Zeller und Imlau, hatten sich der Stimme enthalten. Sie haben nichts ausgesagt, aber sie haben es auch nicht bestritten. Auch mir gegenüber schwiegen sie. Als ich Herbert Imlau fragte, ob er an dem Komplott und an den Verleumdungen gegen mich beteiligt sei, sagte er: ›Ich darf dir nichts darüber berichten. Ich hab mein Ehrenwort gegeben.‹ – Nur Grunert war der einzige, der mir erzählt hat, wie übel es um mich stand, obwohl man ihm das Maul verbunden hatte. Und als er das berichtete, das von den ›KdF-Schweinen‹, da wußte ich, jetzt ist es aus. Diese angepriesene, himmelhoch über allem stehende Organisation der Nazis zur künstlerischen Befruchtung der Volksgefühle als ›Schwein‹ bezeichnet zu haben, obwohl das ja keine Schweine waren, sondern liebe, nette, mehr oder minder akzeptable Menschen und wir nur in unserer etwas exaltierten Form so über sie sprachen – das war unentschuldbar.

Es folgten wochenlange Vernehmungen aller Mitglieder der Truppe, währenddessen wir unsere Konzerte gaben und Proben abhielten, so, als sei nichts geschehen. – Ende Mai machte ich dann die RMK darauf aufmerksam, daß wir für 6 Wochen an die Staatsoperette im Gärtnerplatztheater in München verpflichtet worden waren und bat um eine endgültige Stellungnahme. Bei der darauf erfolgten ›Vorladung‹ wurde mir offiziell mitgeteilt, die Gegenpartei habe die rein sachliche Auseinandersetzung in ein politisches Fahrwasser gelenkt. Und die Lösung dieser Frage sei nicht Aufgabe der Reichsmusikkammer. So waren innerhalb kurzer Zeit die Rollen vertauscht: ich, der Ankläger, war zum Beklagten geworden.

Mitte Juli ging das Ensemble in die üblichen Sommerferien. Die Wiederaufnahme der Proben hatte ich auf den 5. September festgesetzt. Ich machte mit meiner damaligen Freundin und späteren Frau, Hilde Longino, eine Ferienreise nach Nordafrika, besuchte bei der Rückkehr meinen in Deutschland verfemten Bruder Leopold in der Schweiz und stand mit ihm am 3. September 1939 auf dem Zürcher Hauptbahnhof, als die Nachricht durchkam, der Krieg sei ausgebrochen. Leopold meinte noch: ›Wollt ihr nicht besser hierbleiben?‹ – Aber es war nicht möglich. Hier hatten wir keinen Pfennig Geld, dort war alles, was wir besaßen, unsere große Wohnung in Berlin, und auch meine Freundin wollte nicht. Wenn ich gewußt hätte, was mir blüht, ich wäre dageblieben, und wenn ich hätte Steine klopfen müssen.

Als wir wieder nach Berlin kamen, hatte der eben ausgebrochene Krieg eine völlig veränderte Situation geschaffen. Leschnikoff war Anfang August mit Frau und Kind nach Bulgarien zurückgegangen und ließ nichts mehr von sich hören. Vor seiner Abreise hatte er, gemeinsam mit Kassen, eine Anzeige gegen mich bei der Kriminalpolizei losgelassen, wegen meines ›hitlerfeindlichen Verhaltens‹. Er verschwand und ich mußte mit dieser Anzeige, die natürlich sofort weiter zur Gestapo wanderte, fertig werden. Über ein Jahr lang hing mir das an und brachte mich in schwerste Bedrängnis.«

ARI LESCHNIKOFF: »Nein, nein! Lügt er! Lügt er! Das ist nicht wahr. Und dabei hat er wohl gelächelt, so von Herz, nicht wahr? – Der! Der hat mir das Messer in den Rücken, der! – Was hat der mir nicht alles versprochen. Mir und den anderen. Und was hat er gehalten? – Nichts. – ›Versprochen ist versprochen‹, das hab ich in Deutschland gelernt. Die Wahrheit war, er hat uns angezeigt. Ich schwöre! Ich schwöre bei meiner Mutter, bei meine erste Frau, bei meine größte Liebe und bei der, wo mich geboren hat, bei mein Vater und mein Bruder: Es ist nicht wahr! – Ich schwöre bei Herz!«

ROBERT BIBERTI: »Und dann kamen diese monatelangen Vernehmungen in der Prinz-Albrecht-Straße 8. Diese Adresse ist allen älteren Berlinern als Sitz der schrecklichsten Institution der damaligen Zeit bekannt, der Geheimen Staatspolizei, auch Gestapo genannt. Ich bin oft in die Prinz-Albrecht-Straße zitiert worden, manchmal morgens um sechs, wo man dann eine bestimmte Treppe hinaufstieg, dann durch ein Gitter mußte und schließlich in einem Zimmer dahinter vernommen wurde, oft stundenlang. Zu meiner späteren Frau, die sich in Tränen auflöste, sagte ich jedesmal: ›Ich komm schon wieder.‹ Aber 'ne Zahnbürste nahm ich doch mit und 'n Handtuch auch. Einmal ging es soweit, daß man mir die Zähne eingeschlagen hat, doch wiedergekommen bin ich immer.«

ERWIN BOOTZ: »Das mit der Gestapo war natürlich eine absolute Gemeinheit, ganz egal, was Biberti gemacht hat. So was tut man nicht. Und ich bin dann ja auch zur Gestapo zitiert worden und habe da die Sache zugunsten von Bob geregelt. Ich kann mich sogar noch erinnern, was ich denen damals gesagt habe, also dem Sinne nach: ›Das, was da Herr Leschnikoff gesagt hat, darf man doch nicht ernst nehmen. Denn seine geistigen Dispositionen sind beklagenswert. Und dem, was er erzählt, darf man keinerlei Bedeutung beimessen. Leschnikoff ist ein Mensch, für den das Wort Wahrheit nicht besteht. Er hat eine einmalige, eine herrliche Stimme, aber dahinter steckt ein schlechter Mensch. Außerdem kann ich mir nicht vorstellen, daß Biberti sich tatsächlich so benommen hat, daß es die Gestapo interessieren müßte.‹ – Daraufhin ist die Sache dann auch niedergeschlagen worden.«

ROBERT BIBERTI: »Ach, Unsinn, dazu war Bootz gar nicht im Stande. Das hat die Frau von Hermann Göring erledigt. Als ich nicht mehr ein noch aus wußte, benachrichtigte ich meinen Bruder in der Schweiz. Der kannte Emmy Göring schon seit Mitte der Zwanziger Jahre, als sie noch Emmy Sonnemann hieß. Er hatte oft mit ihr auf der Bühne gestanden. Und Leopold telegrafierte dann von der Schweiz aus an seine ehemalige Kollegin und bat sie in dieser Angelegenheit um Hilfe. Und ich muß sagen, daß ihr Verhalten in diesen schrecklichen Jahren ganz unerhört war. Sie half Leuten, wo immer sie konnte, durch die Stellung, die ihr Mann in der Hierarchie des Dritten Reiches hatte. Mein Bruder bat sie, sich auch um mich und meinen Fall zu kümmern und schon bald darauf erhielt ich ein Schreiben des Reichsministerium für Volksaufklärung und Propaganda, darin hieß es: ›An die Lei-

tung des Meistersextett Robert Biberti, Berlin-Charlottenburg 2, Carmerstr. 11
Berlin, den 17. Sept. 1940.
Das gegen Sie eingeleitete Verfahren habe ich zurückgestellt. Die Wiederaufnahme erfolgt nach dem Sieg. – Im Auftrag gez. v. Waldeck.‹

Von Waldeck war einer der persönlichen Referenten von Goebbels. Es ist beinahe frivol, aber der Ausbruch des Krieges hat mich gerettet und natürlich die Intervention von Frau Emmy Göring.

Doch das Ensemble war wieder einmal zerstört. Leschnikoff war, wie schon gesagt, noch vor Ausbruch des Kriegs abgereist und ist nie mehr zurückgekommen. Ich konnte ihn also nicht zur Verantwortung ziehen, was ich mir während der Nazizeit sowieso nicht hätte leisten können. Da er noch eine Menge Schulden bei mir hatte, legten wir noch vor seiner Abreise fest, daß er, wie Erwin Bootz, keinerlei Ansprüche aus den Lizenzen des Plattenverkaufes mehr hatte. Da aber der Plattenverkauf seit Kriegsanfang praktisch auf Null gesunken war, weil es ja keinen Schellack mehr zur Herstellung gab, erwies sich dieses Abkommen als überflüssig. Erst lange nach dem Krieg, vor allem in den Siebziger Jahren, als unsere alten Aufnahmen einen neuen, großen Erfolg hatten, wurden damit auch seine alten Schulden beglichen.

Am 26. August 1939 erhielt ich von Aris Frau aus Sofia einen kurzen Brief, daß er zu einem längeren Manöver eingezogen worden sei und deshalb nicht nach Deutschland zurückkehren könnte.«

ARI LESCHNIKOFF: »Als ich im August nach Sofia zurückkam, weil meine Mutter war sehr krank, wurde ich sofort mobilisiert. Ich kam als Reserveoffizier an die türkische Grenze. Der Krieg stand kurz bevor und niemand wußte, wie sich die Türkei verhalten würde. Ich blieb dort fünf Monate und nicht einmal meiner Frau durfte ich schreiben, wo ich war.«

ROBERT BIBERTI: »Nachdem ich mehrere Monate nichts mehr von Ari gehört hatte, ging ich zur bulgarischen Vertretung hier in

Berlin und erfuhr dort, daß Ari seit Mitte Oktober 1939 wieder als Zivilist in Sofia war. Ich begriff, daß er auf keinen Fall nach Berlin zurückkommen wollte. Ich wußte nicht mehr, wie es weitergehen sollte. Ari war für mich unerreichbar, mit Kassen zusammenzuarbeiten, war – nachdem was er mir angetan hatte – nicht mehr möglich. Also schrieb ich beiden einen Brief, in dem ich unser Arbeitsverhältnis löste. Unter diesen Umständen konnte ich nicht länger tatenlos bleiben und mußte mich endlich mit dem Gedanken befassen, für beide Ersatzleute zu engagieren.

An Fred Kassen habe ich mich übrigens nach dem Kriege gerächt. Denn er war ein Gesinnungslump übelster Sorte. Zusammen mit dem Verleger August Christ, der auch großen Schaden durch Kassen erlitten hatte, druckten wir eine Schrift von 80 Seiten in deutscher und englischer Sprache: ›The case of Kassen.‹ – ›Der Fall Kassen.‹ Und mit Hilfe dieser Schrift gelang es uns, Kassen bei Markt-Heidenfeld, Bezirk Würzburg, ins Gefängnis zu bringen.«

ARI LESCHNIKOFF: »Mitten im Krieg. Im Frühjahr 1940, bin ich noch mal kurz in Berlin gewesen, um meine Wohnung aufzugeben. Und als ich erfahren habe, daß in die Wohnung von Bob Bomben gefallen sind, bin ich zu ihm gegangen, und wir haben uns versöhnt.«

ROBERT BIBERTI: »Trotz allem, was Ari mir angetan hatte, wäre ich bereit gewesen, weiter mit ihm zu arbeiten. Allein seiner Stimme wegen. Schließlich hatte ich noch bestehende Verpflichtungen zu erfüllen, verschiedene Konzerte, Wehrmachtstourneen usw. Aber es war nicht mehr möglich, mit ihm zu reden. So lösten wir schließlich auch unser seit 12 Jahren bestehendes Gesellschaftsverhältnis und trennten uns endgültig. Wir haben uns nie wiedergesehen.

Von der Reichsmusikkammer erhielt ich nunmehr das Recht, die Tätigkeit des MEISTERSEXTETTS allein wiederaufzunehmen. Von der alten Truppe waren nur noch zwei Leute übriggeblieben: Alfred Grunert und ich. Die neuen drei Leute suchte ich wieder durch Annoncen, Vorsingen und so weiter. Aber meine

Ansprüche mußte ich stark herunterschrauben, denn ich konnte ja nur Sänger auswählen, bei denen nicht die Gefahr bestand, daß man sie zum Militär einzog. Schließlich entschied ich mich für zwei Niederländer, die sich auch ganz gut bewährten. Aber ich weiß noch, wenn wir dann an unseren alten Erfolgsstätten auftraten, in Leipzig zum Beispiel, wo wir vor vielen Jahren einmal unseren Durchbruch erlebt hatten, dann saßen da die Leute in der ausverkauften Albert-Halle und guckten: ›Nanu, nanu? Da is ja keener mehr da von den Alten.‹ Es war schon traurig. Dazu kam, daß die Arrangements, die nach dem Weggang von Bootz gemacht wurden, nichts mehr taugten, purer Krampf, weiter nichts. – Trotzdem hielten wir uns noch mühsam bis zum Frühjahr 1941 über Wasser, dann kam das endgültige Verbot. Und zwar begann es mit einer ›Stellungnahme‹ des Oberkommandos der Wehrmacht zu den Neuplanungen für die Truppenbetreuung, vom 16. 12. 1940, in der es u. a. hieß: ›... Besonders ist die Truppe von allem auszuschließen, was im Musikleben den Jazz propagiert. Hierzu gehören auch wimmernde Vokalquartette, die sich in nichts von der verweichlichten Singweise der früheren COMEDIAN HARMONISTS unterscheiden ...!‹

Dann erhielt ich ein Schreiben, in dem stand: ›Die Darbietungen Ihres Ensembles sind nicht geeignet, den Wehrgedanken des deutschen Volkes zu stützen.‹ – Und damit hatten die Nazis ja recht. Mit ›Ich hab für dich 'nen Blumentopf bestellt‹ oder ›Die Bar zum Krokodil‹, oder ›Sie haben noch einen Kaktus auf Ihrem Balkon‹, mit solchen Texten konnte man den Wehrgedanken wirklich nicht stützen.

Trotzdem kamen vereinzelt noch Anfragen von Konzertagenturen, aber die Truppe war schon aufgelöst. In einem letzten Brief an einen solchen Agenten schrieb ich u. a.: ›Aus diesem Grunde muß ich Ihnen, so schwer es mir auch fällt, eine Absage geben. – Es bleibt uns allen nur übrig, zu hoffen, daß diese schlimmen Zeiten, in denen Existenzen von heute auf morgen vernichtet werden, bald zu Ende gehen.‹

Mein Wunsch wurde nicht erfüllt, die ›schlimmen Zeiten‹ sollten noch über vier Jahre dauern und das MEISTERSEXTETT kam niemals wieder.«

Das Wiener Ensemble: ›Comedian Harmonists‹
(später Comedy Harmonists genannt)

(1935 bis 1941)

»Sous le ciel d'Afrique ...

Sous le ciel, grise bise, grise
qui brise nos beaux matins...«

Jacques Dallin, André de Badet,
Arr.: Harry Frommermann – Aufnahme der Comedian Harmonists/
Comedy Harmonists vom August 1935

Kehren wir zurück in das Jahr 1935, als sich die sechs Comedian Harmonists teilten. Während die drei ›Arier‹, wie erzählt, in Deutschland blieben, mußten die drei Juden als ›Undeutsche‹ nach Wien gehen.

Roman Cycowski: »Warum wir Wien ausgewählt haben? Nun, da gab es mehrere Gründe: Erstens die gleiche Sprache. Dann haben sich meine beiden Kollegen Harry Frommermann und Erich Collin sehr deutsch gefühlt. Ich nicht. Warum? Weil ich da nicht geboren war. Und trotzdem hab ich Deutschland sehr geliebt. Aber für die beiden anderen war es dieselbe Sprache. Außerdem konnten wir dort leichter Sänger finden, die so sprachen wie wir. Sollten wir nach Paris gehen und mit Franzosen zusammen singen? Nein, nein, das ging nicht. Außerdem waren Berlin und Wien ein bißchen verwandt und von dort aus konnten wir hinge-

Das Wiener Ensemble ›Comedian Harmonists‹, v.l.n.r.: Ernst Engel (Klavier), Hans Rexeis (1. Tenor), Roman Cycowski (Bariton)

Rudolf Mayreder (Baß), Erich Collin (2. Tenor), Harry Frommermann (Tenor-Buffo, Arr.)

hen, wohin wir wollten. Denn Wien war ja noch unabhängig und wir nahmen an, daß es so bleiben würde.

Gleich nach unserer Ankunft haben wir angefangen, zwei neue Sänger und einen Pianisten zu suchen. Vier Wochen lang haben wir im Hotel gesessen und uns die Leute angehört. Und es sind große Sänger gekommen, bloß weil sie hörten, die COMEDIAN HARMONISTS suchen neue. Aber keiner paßte uns.«

HARRY FROMMERMANN: »Den ersten, den wir fanden, war ein Pianist. Das hatte folgenden Grund: Noch vor unserer Flucht wurden wir in Berlin auf einen ausgezeichneten Pianisten aufmerksam: Ernst Engel. Engel stammte aus einer begüterten Familie und verdiente sich aus Protest gegen seine bürgerliche Herkunft seinen Lebensunterhalt in der bekannten ›Jockey-Bar‹ in Berlin, die später durch den Roman von Hans Scholz ›Am grünen Strand der Spree‹ berühmt werden sollte. Ursprünglich wollte er Konzertpianist werden. Und er durfte sich es erlauben, in der ›Jockey-Bar‹ Jazz und Unterhaltungsmusik, auch Bach zu spielen, wobei sich die diversen Nachtschwärmer mit dem Cognacglas in der Hand um seinen Flügel gruppierten, um seinem Spiel zu lauschen. Er hatte das, was man ›Blütenfinger‹ nennt. – Da er auch Jude war, fiel es leicht, ihn zu überreden, nach Wien zu kommen.«

ROMAN CYCOWSKI: »Auch der Erste Tenor kam schließlich aus Berlin. Nachdem wir in Wien niemanden gefunden hatten, der die ungewöhnliche Stimme von Leschnikoff ersetzen konnte, schrieb ich an meinen alten Gesangslehrer in Deutschland. Bei dem war u. a. ein Schüler, ein gewisser Hans Rexeis, den ich noch in Berlin gehört hatte. Eigentlich war er Stehgeiger in irgendeinem großen Berliner Kaffeehaus, aber er hatte diese hohe Stimme, die wir brauchten, diese Überstimme. Damals waren wir noch nicht sicher, ob er der richtige Mann für uns ist. Wir sagten: Laßt uns erstmal nach Wien gehen, vielleicht finden wir dort noch was besseres. Glücklicherweise war Rexeis Österreicher. Also schrieben wir nach Berlin, daß wir ihn nehmen wollten. Nun hatte Rexeis dem Gesangslehrer viel Geld geschuldet für sein Studium, und wir mußten garantieren, daß er dem Lehrer das Geld zurückzahlen wird. Und er hat es ihm auch bald zurückzahlen können.

Zwei Leute hatten wir nun schon, fehlte nur noch der Baß. Und den fanden wir auf der Wiener Musikakademie: Rudolf Mayreder, der Sohn eines Gastwirts aus dem Wallfahrtsort Mariazell. Er hatte einen prachtvollen, tiefen Baß, mit einer Stimme, die wie Creme aus der Tube kam. Mayreder wollte Opernsänger werden und ist es dann auch später geworden, in den vierziger Jahren. Über zwanzig Jahre ist er an der Metropolitan Opera in New York gewesen. Bei uns sollte er Biberti ersetzen, also vornehmlich nur Untermalung, außer bei kleinen Soloeinlagen. Wie gesagt, er hatte eine wunderschöne Stimme, aber Biberti war er nicht. Denn Biberti hatte einen natürlichen Humor, der gut war für die Gruppe. Und Rexeis konnte auch Leschnikoff nicht ersetzen, obwohl er einen schönen Tenor hatte und eine leichte Stimme. Wir haben vergeblich versucht, das alte Ensemble als ganzes Instrument hinauszuretten. Doch der Schmelz der alten Gruppe war nicht wiederherstellbar. So was gab's nur einmal. Die alte Gruppe, so, wie sie war, die hätte die Welt erobert, die ganze Welt – mehr noch als die Beatles.

Der einzige, der nach der Trennung auflebte, war Harry Frommermann. Da erst habe ich sein Talent gesehen. Die ganze künstlerische Initiative ging nur von ihm aus. Tag und Nacht hat er geschrieben, er hat mehr gearbeitet, als wir anderen zusammen, Tag und Nacht. Harry war die Seele der COMEDIAN HARMONISTS. Ihm allein hatten wir alle unsere späteren Erfolge zu verdanken, die uns mehrmals um die ganze Welt führten. Erst, als wir aus Deutschland raus waren, als seine Hände ›aufgebunden‹ waren, konnte er sich richtig entfalten. Da ist er groß geworden, viel größer, als er früher war.«

HARRY FROMMERMANN: »Ende Mai 1935 hatten wir die Truppe zusammen, die Proben mit den neuen Mitgliedern begannen. Den ganzen Sommer über haben wir nur studiert und sie auf unseren Stil eingearbeitet. Doch bis die beiden neuen Sänger und der Pianist unser Repertoire übernommen hatten, sollte es fast ein ganzes

Jahr dauern. So konnten wir bis dahin nur kleinere Engagements annehmen.

Unser größtes Problem war das Geld. Selbstverständlich mußten die neuen Mitglieder, die zu uns gekommen waren, unterstützt werden, damit sie leben konnten. Die ganze Zeit haben sie Geld bekommen. Und leider auch ich. Alles was wir besessen hatten, war in Deutschland geblieben oder ausgegeben worden. Dazu kam, daß Roman, Collin und ich verheiratet waren. Insgesamt waren es neun Personen, die ernährt werden mußten. Noch vor einem Jahr hatte jeder von uns 40.000,– Mark im Jahr verdient. Jetzt, im Jahre 1935, waren es ganze 150,– Mark und auch das nächste Jahr sah noch schlecht aus, weil wir trotz einer Reihe von Verträgen in verschiedenen Ländern wegen der kostspieligen Reisen nur bescheidene Einkünfte hatten.

Ein bißchen hat uns unsere Plattenfirma, die Electrola, geholfen, Geld aus Deutschland herauszubekommen und schließlich hatte Erich noch Ansprüche aus der Erbschaft seines verstorbenen Vaters. Aber das alles reichte nicht, um die Zeit zu überbrücken, die wir für den Aufbau unserer Truppe brauchten. So mußten wir wiederholt erhebliche Darlehen von Wiener Freunden aufnehmen, um unser tägliches Leben fristen zu können. Es war bitter in Wien, sehr bitter, bis wir uns endlich durchgesetzt hatten.«

Mit den neuen Mitgliedern wurde ein Vertrag aufgesetzt, in dem diese – anders als bei dem ›MEISTERSEXTETT‹, das nur festgelegte Gehälter zahlte – mit je einem Sechstel an allen Einnahmen beteiligt wurden. So hatten später, als es der neuen Gruppe wieder sehr gutging, alle Ensemble-Mitglieder den gleichen Anteil am Gewinn.

MARION KISS: »Bald nach unserer Ankunft in Wien tauchte aber noch ein anderes Problem auf. Um keinen Verdacht zu erregen, waren wir unter einem belanglosen Vorwand aus Deutschland ausgereist. Trotzdem blieb unsere Flucht den deutschen Behörden nicht verborgen. Bald hatten sie unsere Anschrift in Wien ausgemacht und unsere Männer und wir wurden aufgefordert, uns sofort auf der deutschen Botschaft zu melden. Natürlich wagte niemand von uns dorthin zu gehen. Es gab Gerüchte, daß Emigranten bei Nacht und Nebel nach Deutschland zurücktransportiert worden sein, oder daß sie spurlos verschwunden waren. Daraufhin erhielten unsere Männer auf offener Postkarte eine Mitteilung der deutschen Botschaft: ›Da Ihre Ausreise unter Vorspiegelung falscher Tatsachen vor sich ging, ist Ihnen hiermit die deutsche Staatsbürgerschaft abgesprochen und Ihr Hab und Gut fällt dem deutschen Staat anheim. Ihre arische Frau kann unbehelligt nach Deutschland zurückkehren, vorbehaltlich, sie läßt sich von Ihnen scheiden.‹

Doch wir drei Frauen, von denen keine Jüdin war, entschieden uns, lieber staatenlos zu werden, als unsere Männer zu verlassen, womit wir für die deutschen Behörden als verjudet galten. All das brachte uns zum österreichischen Paßamt. Wir berichteten, daß wir mehrere internationale Tourneen abschließen könnten, es aber nicht dürften, weil wir keine gültigen Reisepapiere mehr besaßen. – So erhielten wir dort sogenannte österreichische ›Protektionspässe‹, mit denen wir in jedes Land reisen konnten, ohne lange auf Ausreisegenehmigungen warten zu müssen, wie andere Staatenlose. Die haben ausgesehen wie normale Pässe, nur, wo ›Staatsangehörigkeit‹ stand, war ein Strich. Doch das hat niemand groß beachtet. Es war ein regulärer Paß, mit dem man reisen konnte, wohin man wollte.«

HARRY FROMMERMANN: »Im Herbst 1935 luden wir den künstlerischen Leiter von HIS MASTERS VOICE zu einem Vorsingen ein. Er kam, hörte uns und gab uns einen Exklusivvertrag. Die Unsicherheit der drei Neulinge wurde durch die Erfahrung, die wir anderen mitbrachten, behoben. Und bald darauf bekamen wir die ersten Engagements in Nachtclubs und Varietés in Cannes, Nizza, Juan-les-Pins, im Theater L'ABC in Paris und sangen als Bühnenschau in allen möglichen Kinos. Währenddessen studierten wir wie besessen und vergrößerten unser Repertoire mit dem Ziel, so bald wie möglich ein abendfüllendes Programm vorweisen zu können. Am Sylvesterabend 1935/1936 war es endlich so weit.

Im ausverkauften Saal in Luxemburg hatten wir unsere Konzertpremiere mit den neuen Mitgliedern. Zu unserem Glück wurde es ein großer Erfolg. Hilfreich war dabei gewiß die Tatsache, daß wir Flüchtlinge aus Deutschland waren. Danach gingen wir wieder nach Paris, denn Paris war wichtig. Paris ist international und groß, alle Agenten kannten uns dort. Wir machten unsere ersten Platten in französischer Sprache und bekamen schließlich im März 1936 den ersten Tourneevertrag nach Skandinavien. Es lief erstaunlich gut, viel besser, als ich es erwartet hatte. Es war genau der gleiche Applaus, es waren die selben Lieder. Überall waren wir gern gesehen und wurden gern engagiert, es war fast alles so wie früher. Nur mußten wir auf allen unseren Reisen um Deutschland herumfahren. Als Juden wagten wir es nicht, unser Heimatland – und sei es auch nur auf dem Transitwege – zu betreten. Diese Umwege erwiesen sich im Laufe der Jahre als sehr kostspielig. Doch was half es.«

ROMAN CYCOWSKI: »Schließlich bekamen wir durch einen Wiener Agenten, Steiner hat er geheißen, einen Tourneevertrag nach Rußland. So sind wir Ende Mai 1936 nach Rußland gegangen, nachdem sich die Sowjetbehörden davon überzeugt hatten, daß wir keine Nazis waren, und reisten in den nächsten vier Monaten von Kiew über den Kaukasus bis nach Tiflis, Batumi und Baku, von Odessa bis Rostow, Moskau und Leningrad. Wir haben diesen Vertrag angenommen, um ungestört weiter proben zu können und natürlich auch aus Neugier, dieses riesige Land kennenzulernen.

Unser erstes Konzert sollte in Kiew sein. Die anderen fünf fuhren den direkten Weg über Prag und Polen dorthin, aber ich wollte das nicht riskiern, denn vor neun Jahren hatte ich die polnische Staatsbürgerschaft verloren, weil ich mich weigerte, meinen Militärdienst zu leisten. Jetzt hatte ich Angst, sie würden mich festhalten. Also entschloß ich mich, über Rumänien zu fahren, aber dort wurde ich an der Grenze gestoppt. Ich hatte kein Transitvisum und mußte die ganze Nacht warten, bis ein Zug zurück nach Budapest ging. Dort gab man mir ein Visum für Rumänien. Ich setzte meine Reise fort, und kam schließlich 24 Stunden später als vorgesehen in Kiew an. Unser Konzert, das am vorangegangenen Abend hatte stattfinden sollen, war natürlich abgesagt worden. Aber alle waren glücklich, daß ich überhaupt eingetroffen war. Es gab ein großes Essen für uns und noch am selben Tag fuhren wir weiter nach Tiflis. Das dauerte damals 4 Tage und 4 Nächte, weil die Züge sehr langsam fuhren. Nachdem wir dort unsere Konzerte absolviert hatten, fuhren wir weiter nach Batumi, wo wir in einem Freilichttheater auftreten sollten. Nun regnete es ein bißchen. Sie packten große Planen zum Abdecken der Zuschauersitze aus, hatten aber leider keine Stricke, um sie festzumachen. Also warteten wir sechs Tage auf Stricke. Doch gekommen sind sie nicht. Man hat uns bezahlt, obwohl wir nicht gesungen hatten, und das alles nur, weil keine Stricke da waren, um die Abdeckungen zu befestigen. Und so war es überall in Rußland.

Dann ging es nach Baku und von dort zurück nach Rostow, wo wir auf unsere Frauen warteten, die uns nachgereist waren.«

MARION KISS: »Ja, wir sind erst eine Woche später von Wien losgefahren. Mary, die Freundin von Roman, Fernande Collin und ich. In Warschau hatten wir einen Tag Aufenthalt, haben uns ein bissel die Stadt angeschaut und sind dann abends weitergefahren an die russische Grenze. Harry hatte uns versprochen, daß dort ein Brief liegen wird mit russischem Geld. Denn wir wollten nicht unser weniges Auslandsgeld verbrauchen, sondern nur Rubel. Davon bekamen unsere Männer genug, ganze Koffer voll. Und es war verboten, sie nach der Tournee auszuführen. Wir mußten also alles, was sie verdienten, im Lande ausgeben.

Es war auch ein Brief mit Geld da für uns an der Grenze, und es sah so aus, als sei es furchtbar viel. Also sind wir weiter nach Kiew gefahren und kamen dort mitten in der Nacht auf einem leeren Platz an, der ganz dunkel war: Das war der sogenannte Bahnhof. Es war vollkommen dunkel, wir standen dort und wußten nicht, was wir tun sollten. Wir kannten doch kein Wort Russisch! – Aber es war noch eine Gruppe Menschen ausgestiegen und ich merkte, daß uns einer was fragte. Da habe ich nur den Namen des Hotels gesagt und er hat mich begriffen. Irgendwie hat er dann sogar ein Taxi aufgetrieben, ein uraltes Auto, und das hat uns zu diesem Hotel gebracht. Das war noch so ein altes, zaristisches Hotel, mit einem riesigen Speisesaal ganz in Gold, und auch unsere Zimmer waren gewaltig. Und dort sollten wir nun warten, bis unsere Männer uns eine neue Nachricht schickten. Aber da wir keine Ahnung vom russischen Geld hatten, war es in kurzer Zeit alle. Jeden Tag bin ich zum Portier gegangen und habe nach Post gefragt, aber nie war etwas da. Schließlich bin ich zum Direktor und hab ihm gesagt: ›Wir haben kein Geld mehr. Wir warten jeden Tag darauf, auf Geld von unseren Männern. Wir haben nichts mehr zu essen.‹ – Darauf meinte er: ›Also, wohnen können Sie hier vorläufig weiter, aber wie das mit dem Essen wird, das weiß ich nicht. Der Speisesaal gehört nicht zu meiner Abteilung, damit haben wir nichts zu tun. Leider kann ich Ihnen nicht gestatten, da hineinzugehen und alles anschreiben zu lassen.‹ – So war das überall in Rußland, alles gehörte immer zu einer anderen Abteilung. – Also bin ich zu dem Chef vom Speisesaal gegangen, ich hab fast geweint und gesagt: ›Mein lieber Herr, wir haben Hunger. Irgend etwas muß doch geschehen! Es ist doch nicht unsere Schuld, daß der Brief noch nicht angekommen ist!‹ – Aber der konnte nichts machen. So ging ich schließlich zu dem Leiter der Künstler-Gesellschaft, einem Herrn Gottmann, der gut deutsch gesprochen hat und der hat das dann irgendwie geregelt. Er sagte zu mir: ›Gehen Sie in den Speisesaal, bestellen Sie, was Sie wollen und lassen Sie es jedesmal aufschreiben.‹ – Und dann haben wir alles gegessen, was auf der Speisekarte stand und es wurde aufgeschrieben und aufgeschrieben.

Endlich kam der Brief mit dem Geld und Harry schrieb, wir sollten so schnell wie möglich nach Rostow kommen, sie würden dort auf uns warten. Da haben wir den Chef vom Speisesaal gebeten, uns die Rechnung zusammenzustellen, für das Essen, für den Wein, den Kaviar, also alles, was wir verzehrt hatten. Und die muß ziemlich aufgelaufen sein, die Rechnung. Wir waren über acht Tage in Kiew und hatten gewartet, hatten dreimal am Tage gegessen, so viel wir konnten, weil's ja im Moment nichts kostete. – Doch die wurden mit der Rechnung nicht fertig, das dauerte, bis wir schließlich weg mußten, weil unser Zug nach Rostow ging. Und da haben sie gesagt: »Das wird zu spät mit der Rechnung, wir schicken sie Ihnen nach.‹ Doch erhalten haben wir sie nie.

Wir sind dann, so schnell wir konnten, zu unserem Zug und

hatten uns extra Kopftücher umgebunden, damit wir nicht so auffallen, denn die Leute waren schrecklich primitiv angezogen. Wahrscheinlich hat man zu der Zeit immer nur gerüstet und gerüstet, aber Kleidung und so gab es nicht. Die Frauen hätten uns am liebsten die Sachen vom Leib gerissen und haben uns geboten, was wir haben wollten, wenn wir nur etwas verkaufen würden. Aber was sollten wir mit Rubeln?«

ROMAN CYCOWSKI: »Rostow war sehr schön, und besonders für mich war es sehr interessant. Schließlich hatte ich ja 13 Jahre unter russischer Herrschaft gelebt und bin in eine russische Schule gegangen. Und dann lebten dort auch weltberühmte Kantoren und jüdische Komponisten. Es hätte mich sehr interessiert, sie kennenzulernen. Ich hab auch nach ihnen gefragt, aber keinen mehr gefunden. Sie waren alle verschwunden.

Von Rostow gingen wir nach Moskau, blieben dort vier Wochen und trafen da zufällig den berühmten Impresario Hal Jurok, der uns einen Vertrag für eine Konzerttournee durch die USA und Kanada anbot. Mit dem Einkaufen war es schwierig, muß ich ehrlich sagen. Es gab schon sogenannte Supermärkte, die gab es schon, aber da mußte man stundenlang anstehen. Es war zwar alles sehr billig, aber man kriegte nicht, was man wollte. Das ist das System dort. Zum Beispiel: In Rostow hab ich Rasiercreme gesucht, aber keine gefunden, da haben sie mir Seife gegeben. Und eines Tages, wie wir schon in Moskau waren, bin ich in ein größeres Geschäft hinein und habe dort nach Rasiercreme gefragt. Die hatten welche. Und dabei erzählte ich ihnen, daß ich sie in Rostow nicht bekommen hätte, nur Seife. Sagten die: ›Hast du noch die Seife? Ja? – Na, dann gib sie uns.‹ – Also haben wir getauscht. Sie kriegten meine Seife und ich bekam die Creme. Denn in Moskau gab es Creme, aber keine Seife. So war das. – Wir haben auch viel Armut gesehen dort, sehr viel Armut. – Ja, und dann sind wir nach Leningrad gefahren, das war die letzte Station. Da war unser Vertrag zu Ende in Rußland. Nun hatten wir wie wahnsinnig verdient und durften, wie gesagt, kein Geld ausführen. Also haben wir beschlossen, so lange in Leningrad zu bleiben, bis es alle war. Und das war viel! Ganze Koffer voll mit Rubel! So saßen wir noch einige Zeit in einem erstklassigen Hotel und haben geprobt und unser Repertoire vervollständigt. Es wurde uns sogar ein großes Zimmer mit Flügel zum Üben zur Verfügung gestellt, in dem Hotel. So haben wir die Zeit da ausgenutzt. Denn unser nächstes Engagement war in England. Dort sollten wir Platten für ›HIS MASTERS VOICE‹ machen. Und Ende August 1936 sind wir schließlich mit einem kleinen, russischen Schiff, der ›Sibir‹, nach London gefahren. Dabei mußten wir sogar noch durch den Nord-Ostsee-Kanal. Wir hatten alle etwas Angst, aber auf einem ausländischen Schiff konnte uns eigentlich nichts passieren, da waren wir immun. Aber Angst hatten wir doch.

In London haben wir Platten gemacht und sind dort auch aufgetreten, in der ›Queenshall‹ oder ›Kingshall‹ hat sie geheißen, aber wir hatten keinen Erfolg. Die Leute blieben völlig unberührt. In der zweiten Vorstellung war dann Mischa Spoliansky, der uns 1928 in Berlin entdeckt hatte. Und der kam nun in London hinter die Bühne und sagte: ›Jungs, man hört euch nicht. Ihr könnt hier nicht ohne Mikrofon singen.‹ Und am nächsten Morgen haben wir eine Probe mit Mikrofon gemacht, aber wir waren es nicht gewohnt, so zu singen.

Also sind wir einige Wochen später nach Belgien und haben dort in allen großen Städten Konzerte gegeben, und schließlich kamen wir wieder nach Paris. Auch dort haben wir eine ganze Reihe von Platten besungen, die leider alle von den Deutschen während des Krieges vernichtet worden sind, während der Okkupation. Eine Platte besitze ich noch, und zwar eine Aufnahme mit Josephine Baker. Harry hat die Partitur geschrieben, aber es hat dann doch zwei Tage gedauert, bis die Aufnahme in Ordnung war. Denn sie hat schwer gelernt, die Baker. Wir mußten ihr immer ein bißchen helfen. Sie war nicht sehr musikalisch. In Paris haben wir uns auch von unserem Pianisten, Ernst Engel, getrennt. Das war ein interessanter Mensch, der viel von Musik verstand und auch ein wunderbarer Klavierspieler sein konnte, wenn er wollte. Aber leider war er sehr unzuverlässig. Er war leichtsinnig, hat getrunken, ist zu spät zu den Proben gekommen, mit einem Wort, ein Vagabund. Wir haben zum Beispiel ›Wochenend und Sonnenschein‹ gesungen und er hat ›Veronika, der Lenz ist da‹

gespielt, bis er sich plötzlich besann. Er war ein lieber Kerl und wir haben alles versucht mit ihm, aber es ging einfach nicht mehr. Und so haben wir uns in Paris von ihm getrennt. Wir haben ihm noch etwas Geld gegeben, er ist wieder in eine Bar gegangen, wo er ursprünglich herkam und nach unserer Rückkehr nach Wien haben wir dort den Fritz Kramer gefunden, der mit uns geblieben ist bis zum letzten Augenblick, bis wir auseinandergingen.«

HARRY FROMMERMANN: »Ja, und dann bekamen wir 1937 plötzlich das Angebot für sechs Monate nach Australien zu kommen, unter der Bedingung, daß wir sechs abendfüllende Programme mitbringen. Dafür änderten wir sogar ein wenig unseren Namen und nannten uns fortan ›THE COMEDY HARMONISTS‹. Allein für die Hinreise mit dem Schiff brauchten wir fünf Wochen. Unsere Frauen nahmen wir natürlich mit. Das heißt, Roman und Mary waren bis dahin immer noch nicht verheiratet.«

ROMAN CYCOWSKI: »Wir wollten ja schon 1933 heiraten und Mary war darum auch zum jüdischen Glauben übergetreten. Aber dann kam der Hitler und seine Rassengesetze, wir mußten fliehen und in den ersten zwei Jahren war unsere materielle Lage so unsicher, daß ich mich nicht traute, Mary darum zu bitten. 1937 aber hatte sich durch den Vertrag nach Australien alles zum Guten gewendet und so haben wir versucht, in Wien zu heiraten. Ich hatte meinen österreichischen Paß, Mary aber war noch immer Deutsche. Ich bin also hingegangen zum Tempel, zum Rabbiner, doch da hat der mir gesagt: ›Mit Deutschen wollen wir nichts zu tun haben. Das ist eine gefährliche Geschichte.‹ – Und obwohl ich ihnen erklärte, daß sie schon seit vier Jahren zum Judentum übergetreten sei, wollten die uns nicht verheiraten. Sie hatten Angst. Und da wir sowieso nach London mußten, weil dort das Schiff nach Australien ging, haben wir uns eben dort trauen lassen. Ich bin sehr froh, daß wir es getan haben, bis heute. Mary hätte viele Chancen gehabt, es gab viele, die sich für sie interessierten. Aber sie hat es vorgezogen, mit mir in die Unsicherheit zu gehen. Denn sie wußte ja nicht, wie es uns ergehen wird. Und dafür bin ich ihr sehr dankbar. Wir haben uns immer sehr, sehr gut verstanden.«

HARRY FROMMERMANN: »Von einer australischen Radiogesellschaft waren in Sidney, Melbourne, Adelaide, Canberra, Brisbane und Perth je sechs Konzerte angesetzt. Doch als wir unser erstes Konzert nach unserer Ankunft in Perth beendet hatten, war die Nachfrage nach Karten so groß, daß sich die Manager entschlossen, die Tournee zu ändern, so daß wir nun in jeder der sechs Großstädte vierzehn Konzerte geben mußten. Dazu kam noch eine Abschlußtournee in Neuseeland. Insgesamt waren es 65 Konzerte, und alle ausverkauft. Unsere Frauen waren mit dem Schiff schon voraus nach Sidney gefahren, unserer letzten Station, und warteten dort, bis wir uns durch ganz Australien durchgearbeitet hatten. Wir verdienten sehr, sehr gut, hatten aber auch horrende Spesen, denn die Reisekosten und den Unterhalt für uns und unsere Frauen mußten wir selber tragen. So blieb am Ende von den hohen Gagen nicht allzuviel übrig – aber wir hatten einen Kontinent erobert. Bevor wir noch nach Europa zurückkehrten, wurde ein zweiter Vertrag für 1938 mit uns abgeschlossen.«

ROMAN CYCOWSKI: »Auch in Europa waren wir ständig unterwegs. So sind wir Sylvester 1937/1938 in Den Haag fast am gleichen Tag mit der deutschen Gruppe, dem ›MEISTERSEXTETT‹, aufgetreten. Doch wiedergesehen haben wir uns dabei nicht. Dann ging es in die Schweiz, nach Belgien, Tschechoslowakei, Skandinavien und zwischendurch immer mal wieder nach Wien, wo wir noch immer unseren Hauptsitz hatten. Mitten während einer Tournee durch Italien, in Florenz, – wir waren schon umgezogen und wollten gerade zum Konzertsaal gehen – machte uns der Manager die Mitteilung, daß unsere weiteren Konzerte in Italien verboten seien, weil Mussolini Hitler in Rom erwartete. Wir waren nicht einmal enttäuscht deswegen. Wir waren müde von den vielen Reisen und beschlossen, in einem kleinen Fischerdörfchen, in Santa Margaritha, vier Wochen Urlaub zu machen. Dann mußten wir nach Wien zurück, um unsere Pässe verlängern zu lassen. Und als wir dort in der Nacht vom 12. bis 13. März mit dem Zug ankamen, marschierten gerade die deutschen Truppen ein.

Noch in der gleichen Nacht haben wir Freunde von uns angerufen, die uns schon bei der Beschaffung unserer österreichischen Pässe behilflich gewesen waren, und baten sie, uns so schnell es geht zu helfen. Tatsächlich klappte es. Bereits morgens um acht, wenige Stunden, bevor die Deutschen Wien erreichten, erhielten wir unsere Pässe mit der ersehnten Verlängerung und nahmen sofort den nächsten Zug in Richtung Zürich. Der Zug hatte 12 Stunden Verspätung. Auf jeder Station mußte er halten, deutsche Soldaten kamen herein und haben alles kontrolliert. Wir

haben großes Glück gehabt. Obwohl sie unsere Pässe mißtrauisch beäugten, ließen sie uns unbehelligt. So gelang es uns, ihnen zu entkommen. Wir gingen sofort nach London. Doch inzwischen waren unsere österreichischen Pässe wertlos geworden. Österreich gab es nicht mehr. Und nur durch viel Glück gelang es uns durch das Home Office in London, sogenannte ›Nansen-Pässe‹ für Staatenlose zu kriegen. Damit erhielten wir ›das jederzeit widerrufliche Recht‹, in fast alle Länder der Welt einreisen zu können.

Diese Nansen-Pässe waren also nichts als Identitäts-Dokumente für Staatenlose, ohne irgendeine Arbeitserlaubnis.

Zum Glück bekamen wir ein zweites Mal eine Tournee um die Welt angeboten: 6 Wochen Südafrika, mit Kapstadt, Johannisburg und Dublin, dann folgten 4 Monate Südamerika, wo wir in Brasilien, Uruguay, Argentinien und Chile auftraten, in Rio, Santiago und Montevideo, wo wir mitten in eine Revolution gerieten. Aber in Südamerika hatten wir es schwer. Das Publikum fand nur sehr langsam Geschmack an unserer Art zu singen.

Als wir im Sommer 1938 in Buenos Aires waren, hab ich einen Brief von meiner Schwester bekommen, aus Polen. Sie alle, die ganze Familie, wollten nach Südamerika emigrieren. Sie hätten erlebt, was man mit den Juden in Deutschland macht und wollten nicht deren Schicksal teilen. Sie hatten die Zeichen an der Wand gesehen. Ich habe dann sofort für alle die Einreiseerlaubnis für Argentinien vorbereitet und sie ihnen zugeschickt. Und da kam die Antwort: ›Wir haben uns entschlossen, noch ein Jahr dazubleiben.‹ – Nach diesem Jahr war es zu spät. Schicksal. Ich hätte meine Familie in Polen retten können, damals. Bis auf meine Schwester sind sie alle umgekommen.«

MARION KISS: »Von Südamerika ging es dann ein zweites Mal nach Australien, und von dort machten wir im Februar und März 1939 die erste Konzerttour durch Kanada und die USA. Natürlich waren wir Frauen wieder mit dabei, bis auf Fernande Collin.«

FERNANDE COLLIN-CURRIE: »Nach unserer Ausbürgerung in Österreich nahm ich meine Tochter Susan, die damals gerade sechs wurde, und ging mit ihr nach Frankreich, wo ich bis zum Ende des Krieges bleiben sollte. Ich wollte diese weiten Reisen nicht mehr mitmachen, das Kind sollte nicht wie ein Zigeuner leben und außerdem mußte es ja auch in die Schule, und da ich Verwandte bei Paris hatte, in Neuilly, entschloß ich mich, mit Susan dorthin zu gehen. Ich konnte nicht ahnen, daß die Trennung über sieben Jahre dauern sollte. Es war Zufall, ein unglücklicher Zufall.

Den Krieg überlebten wir bei Freunden, die eine Pension für alte Leute hatten. Susan ging dort auf eine katholische Schule. Später, als dann die deutsche Besetzung kam, mußte ich sehr aufpassen, Susan war doch nach den deutschen Rassegesetzen Halbjüdin. Aber Gott sei Dank hatten wir französische Pässe, sprachen nur Französisch, und Susan selbst wußte nichts von ihrer Herkunft. Sie war ja noch klein. Ich habe es ihr erst nach dem Krieg erzählt, in welcher Gefahr sie jahrelang gewesen war.«

MARION KISS: »Im März 1939 sind wir anderen dann von Amerika zum dritten Mal nach Australien gedampft. Diesmal blieben wir fast neun Monate dort, die Männer reisten herum. Für uns Frauen hatten sie ein Haus in Sidney gekauft. Wir wohnten direkt an der Beach, mit einem Swimmingpool, haben eigentlich die ganzen Tage in der Sonne am Pool verbracht, und waren abends fast immer irgendwo eingeladen, denn die Leute rissen sich um uns. Es war ein schönes Leben, schön und bequem.«

HARRY FROMMERMANN: »Wohin die COMEDY HARMONISTS auch kamen, überall wurden wir begeistert gefeiert. 95 Konzerte haben wir in dieser Zeit gegeben! Und was wir sangen, machte einen großen Eindruck auf die Leute. Es gibt einen Brief des Erziehungsministers von Australien an uns, in dem es heißt: ›Seitdem die COMEDY HARMONISTS in Australien ihre deutschen Volkssongs populär gemacht haben, singen alle Kinder in den Schulen diese Lieder.‹ Die hatten sie nämlich im Radio gehört und sangen sie nun im Unterricht, deutsche Volkslieder, wie ›Am Brunnen vor dem Tore‹ und ›In einem kühlen Grunde‹ und andere mehr. Ja, in Australien hatten wir den größten Erfolg. Jedes Kind kannte uns dort. Und dann kam der 1. September 1939. Hitler überfiel Polen, und am 3. September erklärten die Alliierten Deutschland den Krieg.

Am selben Tag hatten wir ein Konzert in Sidney. Aber vorher saßen wir in unserem Haus und hörten am Radio, wie der englische Ministerpräsident Chamberlain sagte, daß wir jetzt im Krieg sind. Wir wurden alle sehr nervös und meinten, um Gottes willen, vielleicht werden wir jetzt alle interniert, obwohl man ja wußte, daß wir Flüchtlinge waren.«

ROMAN CYCOWSKI: »Ich erinnere mich noch gut, wie deprimiert wir waren, als wir zu dem Konzert fuhren, ein überfülltes Haus erwartete uns, über dreitausend Leute. Ich weiß noch, wie wir im Wagen dorthin fuhren und die Zeitungsjungen schrien: ›German bombers bombs polish cities!‹ – Es war grauenvoll. Aber was geschah? – Wir wurden von den 3000 Menschen enthusiastisch empfangen. Bevor wir noch einen Ton gesungen hatten, sprangen die Leute auf und gaben uns stehend eine Ovation, wie wir sie noch nie erlebt hatten. – Was war geschehen? Erst nach dem Konzert erfuhren wir, daß überall in den Mittagsausgaben der Zeitungen gestanden hatte, wir wären zwar Deutsche und im Feindesland geboren, aber wir hätten wegen Hitler aus unserem Heimatland flüchten müssen. Und einer von uns, nämlich ich, sei sogar Pole.

Doch der Schock für mich war so groß, daß ich heiser geworden bin. Ich versuchte ›mi, mi, mi‹ zu machen, ich machte ›mi, mi‹ – kein Ton kam. Da wußte ich, ich kann nicht mehr singen. Nun hatten wir in Sidney allein zehn Konzerte und alle waren ausgebucht. Aber was sollte ich machen? Für eine Woche wurde alles verschoben. Harry Frommermann kam zu mir und sagte: ›Hör zu, Roman, wir verlieren unser Geld. Wenn du Geld verdienst, dann kannst du deine Leute aus Polen herausholen.‹ – ›Ach, hör auf‹, sag ich, ›das ist Unsinn! Ich kann mir nicht helfen. Ich bin heiser, was soll ich tun?‹ – aber nach der einen Woche hat mich dann unser Manager davon überzeugt, daß das Leben weitergeht und daß wir hierher gekommen waren, um zu singen. – Ja, und dann haben wir weitergemacht mit den Konzerten, langsam verging die Angst um meine Brüder und die ganze Familie, und ich hab mich nach und nach an die Schreckensnachrichten gewöhnt. Ja, man gewöhnt sich an solche Sachen. Dann hab ich versucht, Geld über London nach Polen zu schicken, zu meinen Eltern, aber es ist nicht mehr angekommen. Die Engländer wollten nicht, daß englisches Geld den Deutschen in die Hände fällt. Allright. – Die Menschen in Australien waren sehr nett zu uns, auch im Krieg. Sogar in der Regierung hatten wir Freunde und bei den Behörden. Wir hätten die Staatsbürgerschaft bekommen können, so sehr mochte man uns da. Erich Collin ist es sogar gelungen, seine Schwester Annemarie aus dem Nazi-Deutschland nach Australien zu bringen.«

ANNEMARIE COLLIN: »Ich war immer mit meinem Bruder in Kontakt. Und 1937, als die COMEDIAN HARMONISTS das erste Mal in Australien waren, schrieb er mir, die Australier sind ein nettes Völkchen, warum kommst du nicht hierher? – Und dann bin ich tatsächlich 1939 ausgewandert. Ich war Lehrerin, und in Deutschland durfte ich schon lange nicht mehr unterrichten. Aber es war sehr schwierig, herauszukommen. Dazu brauchte man viel Geld und einen Bürgen in dem Land, in das man als Jüdin auswandern wollte. Doch durch Erichs Hilfe habe ich es tatsächlich in letzter Minute geschafft. In allerletzter Minute sogar. Denn das Schiff fuhr an einem der letzten Augusttage ab, und am 1. September brach der Krieg aus. Ich weiß noch, wie mich mitten in der Nacht das englische Konsulat in Berlin anrief und mir sagte, daß sie jetzt mein Visum hätten und ich könnte raus. Ich hätte die beinahe am Telefon umarmt. Am nächsten Morgen holte ich es, so früh es ging, ab, fuhr sofort nach Bremerhaven und kaufte mir dort ein Ticket für das nächste Schiff nach Australien. Am Schluß wurde noch unser ganzes Gepäck durchsucht. Gold und Juwelen mußten wir abgeben und alles andere unter Aufsicht einpacken. Bei mir war ein Polizist, der drehte mir den Rücken zu, während ich einpackte. Er sah aus dem Fenster und las eine Zeitung, und als ich dann fertig war, sagte er leise zu mir: ›Wenn Sie nach Australien kommen, sagen Sie dort bitte, daß wir nicht alle so sind.‹

Zwei Tage später brach, wie gesagt, der Krieg aus, als wir schon auf dem Schiff waren. Anfangs war es etwas schwierig, weil dort Deutsche, Juden, Japaner und andere zusammen waren. Aber wir hatten einen sehr vernünftigen Kapitän, der sagte: ›Hier auf dem Schiff sind wir eine Familie, hier haben wir keinen Streit.‹ Ich hab dann die ganze Fahrt über Englisch unterrichtet und alle Auswanderer waren sehr froh darüber. Es waren nicht nur Juden, die aus Deutschland raus wollten, es waren auch andere Deutsche dabei, die mit Hitler nicht einverstanden waren.

Und als wir dann in Melbourne ankamen, waren alle Jungens da, mit ihren Frauen, um mich abzuholen. Leider mußte ich feststellen, daß ich inzwischen mein ganzes Gepäck verloren hatte. Es war einfach nicht mehr zu finden. So ging ich schließlich nur mit einer kleinen Handtasche von Deck und begann ein neues Leben in Australien.

Ich bin dann auch noch in das Haus in Sidney gezogen, das die Jungens dort gekauft hatten, denn ich wußte ja nicht, wo ich hin sollte. Und so haben wir da noch eine schöne Zeit verlebt. Sylvester 1939/1940 feierten wir beim Direktor des australischen Rundfunks, der den COMEDIAN HARMONISTS einen langjährigen Vertrag anbot. Hätten sie ihn nur angenommen, es wäre besser für alle gewesen. Da sie sich aber für die erste Hälfte des Jahres 1940 nach Amerika verpflichtet hatten, so verschoben sie die Entscheidung. Das war ein großer Fehler.

Als sie in Sidney lebten, hatten sie sich nicht nur das Haus, sondern auch massenhaft teures Geschirr und Berge von Silberbestecken gekauft. Und als sie im Januar 1940 abfuhren, sagten sie mir, ich könnte das ganze Silber behalten. Sie waren wirklich verrückt. – Ich hatte keine Wohnung, keine Arbeit, ich wußte nicht, wo ich das alles unterbringen sollte. Also haben sie das ganze Zeug verkauft, auch das Haus und gaben mir hundert Pfund, damit ich etwas zum Leben hatte. Ich ließ das Geld aber auf der Bank und erst 15 Jahre später, Ende 1954, wollte ich mir mit meiner Freundin ein eigenes Haus bauen. So ging ich zur Bank, um die hundert Pfund abzuholen und mußte feststellen, daß es inzwischen vierhundert geworden waren, nur durch die Zinsen, denn ich hatte nie etwas von dem Geld angerührt. Das war damals ein kleines Vermögen, von dem wir uns ein hübsches Häuschen bauen konnten, in dem ich noch immer lebe.

Im Januar 1940 mußte ich dann die sechs Jungens und ihre Frauen in Perth am großen Tor des Hafens verabschieden. Ich durfte nicht an die Peer, weil Krieg war. – Das war mein absoluter Tiefpunkt. Ich stand am Gitter, sie gingen auf das Schiff, und ich war zum ersten Mal so unglücklich und allein im weiten Australien, daß ich nicht wußte, wie es weitergehen sollte. Doch mit der Zeit bin ich dann langsam wieder auf die Beine gekommen.«

HARRY FROMMERMANN: »Wir fuhren über Hawaii, wo wir auch Konzerte gaben, nach San Francisco. Dort begann unsere zweite Tournee durch Kanada und die USA, die bis Ende Mai dauerte und ein ziemlicher Mißerfolg wurde. Mit den Abscheulichkeiten des Krieges wuchs in Amerika die Abneigung gegen alles, was deutsch war. Deutsche Waren wurden boykottiert, blieben verrostend in den Lagerhäusern der Häfen liegen und selbst wir Emigranten, die die Amerikaner bisher unterstützt hatten, wurden mehr und mehr unpopulär. Natürlich waren wir sechs gezwungen, nur noch Englisch zu singen. Und es war ein schlechtes Englisch, der schwere deutsche Akzent ließ sich nicht unterdrücken, ein Akzent, den das Publikum vor dem Krieg als besonders ›charming‹ empfunden hatte. Jetzt aber wurden wir von künstlerisch weniger kultivierten Gruppen in Grund und Boden gesungen. Da traf ein neues Angebot des Australischen Rundfunks ein. Bereits am 8. Mai 1940 sollte unser Schiff abfahren, wir hatten schon unsere Fahrkarten, da kam am gleichen Tage unserer Abreise ein Befehl aus Washington, der alle Passagierdampfer in den Häfen Amerikas einfror. Der deutsche U-Bootkrieg hatte die Meere verunsichert, viele Frachter und Passagierdampfer waren torpediert worden und Roosevelt konnte nicht allen Schiffen Marine-Schutz anbieten. So blieben wir in Amerika stecken.«

ROMAN CYCOWSKI: »Mühsam schlugen wir uns mit Auftritten in der Provinz in Nightclubs und ähnlichem durch. Dann passierte die Sache mit Collin und Mayreder. Mayreder kritisierte Collin, er würde mit seiner Mimik auf der Bühne übertreiben. Und da hat

Collin zu ihm gesagt: ›Wenn man so aussieht wie du, soll man nicht über andere reden.‹ – Mayreder war wirklich keine Schönheit, aber er hatte Charakter. Obwohl er nicht wußte, was aus ihm werden sollte, hat er sofort gekündigt. Er sagte sogar: ›Ich geb euch noch drei Monate Zeit, damit ihr Ersatz findet, dann geh ich endgültig.‹ – Das fand ich anständig von ihm. So fuhren wir nach New York, haben unsere Frauen angerufen, daß sie zu uns kommen sollten. Die ganze Zeit hatten sie in San Francisco auf uns gewartet. In New York haben Mary und ich ein kleines Appartement gemietet und fingen an, nach einem Ersatz für Mayreder zu suchen. Es hat lange gedauert, bis wir den gefunden hatten und noch länger, um den neuen Mann einzuarbeiten.

Ja, und dann habe ich auch aufgehört, mit den COMEDY HARMONISTS. Und das hat mit meinem Vater zu tun. Im März 1941 sitze ich mit meinen Kollegen, und wir probieren mit dem Mayreder-Ersatz. Da bringt mir Mary einen Brief vom Roten Kreuz, und ich lese, daß mein Vater tot ist. Ich hatte gleich vermutet, daß es kein natürlicher Tod war. Und bald darauf kam dann noch ein zweiter Brief aus Polen, der war von meiner Schwester. Und sie hat mir geschrieben, wie alles passiert ist. Auf der Straße haben sie ihn fertiggemacht. Aber nicht die Deutschen, er ist durch die Polacken umgekommen.

Meine Familie lebte damals schon im Ghetto von Lodz. Es war Winter. Und er ist immer zu meiner Schwester gegangen, die hatte noch etwas Holz und Kohlen. Die konnte noch ein bissel heizen. Und da hat er dann immer gesessen, der alte Mann, und hat sich gewärmt. Er war achtundsechzig. – Und abends, wie es dann dunkel wurde, ist er wie immer nach Hause gegangen. Und da haben sie ihn dann auf der Straße zusammengeschlagen. Sogar den Bart haben sie ihm ausgerissen. Ein christliches Mädchen, also eine Nichtjüdin, hat ihn im Rinnstein gefunden und nach Hause gebracht. Und dort hat er noch drei Stunden gelebt. – Das waren natürlich Kollaborateure der Nazis. Die wollten denen zeigen, wie sehr sie für die Deutschen sind. Man hat ihn dann begraben, und sein Grab ist das einzige, von dem ich weiß, wo es ist. Alle anderen sind in den Lagern umgekommen, im KZ, und niemand kennt den Ort, wo ihre Asche ist. Die einzige, die

Auschwitz überlebt hat, meine Schwester, die hat ihm nach dem Krieg einen Grabstein setzen lassen. – Früher, als ich noch in Deutschland gewesen war, hat mir mein Vater viele Briefe geschrieben: ›Wenn du schon Sänger sein mußt, dann werd doch besser Kantor.‹ Er wollte, daß ich zum jüdischen Glauben zurückkehrte. Doch damals hatte ich keine Religion, ich aß nicht mehr koscher und nichts. Immer hatte ich nur gearbeitet. Schließlich habe ich ihm dann versprochen: Eines Tages werde ich Kantor. – Und nachdem 1941 der Brief gekommen war mit der Nachricht von seinem Tode, da wollte ich mein Versprechen einlösen.

Ich ging zu Frommermann und sagte: ›Bitte Harry, ich gebe auf, ich quittiere. Finde jemanden, der mich ersetzt. Ich kann nicht mehr weitermachen. Ich will einen Kantorposten annehmen, der wird mich zurückbringen zu meinem Glauben.‹ So trennten wir uns alle. Denn auch für die anderen war es aussichtslos, weiter zusammenzuarbeiten. Von nun an suchte jeder seinen eigenen Weg, in Amerika auf irgendeine Weise zu existieren. Ohne daß wir es ahnten, löste sich unsere Truppe zur gleichen Zeit auf, wie die der anderen drei, die in Deutschland geblieben waren.«

Die Zeit der COMEDIAN HARMONISTS, des MEISTERSEXTETTS und der COMEDY HARMONISTS war endgültig vorüber.

IV. Teil

Wohin sie gingen

gestorben am 29. Oktober 1975

Harry Frommermann

»Irgendwo auf der Welt
gibt's ein kleines bißchen Glück,
und ich träume davon
in jedem Augenblick.

Irgendwo auf der Welt
gibt's ein bißchen Seligkeit –
und ich träum davon
schon lange, lange Zeit.

Wenn ich wüßt,
wo das ist, ging ich in die Welt hinein,
denn ich möcht'
einmal recht
so von Herzen glücklich sein.

Irgendwo auf der Welt
fängt mein Weg zum Himmel an –
irgendwo, irgendwie, irgendwann.«

Heymann/Gilbert
– Aufnahme der Comedian Harmonists vom 8. 9. 1932

Harry Frommermann, der in den Vereinigten Staaten seinen Namen ändern ließ, und sich Harry Frohman nannte, berichtet über sein weiteres Leben:

»Nach der Auflösung der Comedy Harmonists versuchte ich, amerikanische Sänger zu finden. Das scheiterte daran, daß die meisten professionellen Sänger in den USA gewerkschaftlich organisiert sind und die Probenzeit bezahlt werden mußte. Meine wenigen Reserven aus unseren Gastspielen auf vier Kontinenten waren bald aufgezehrt. Also versuchte ich es mit Studenten, die aber wurden mehr und mehr zur Armee eingezogen, nachdem

Amerika in den Krieg gegen Deutschland eingetreten war. Schließlich suchte ich sogar unter Kirchensängern, die als kriegsuntauglich erklärt worden waren, aber auch bei ihnen hatte ich wenig Glück. Diese braven Menschen waren aufs Verdienen angewiesen. Und so geschah es oft, daß einer von ihnen nicht zur angesetzten Probe erschien. Die anderen und ich warteten, bis er endlich anrief und sagte, er hätte die Möglichkeit gehabt, fünf Dollar bei einer Beerdigung zu verdienen.«

ROMAN CYCOWSKI: »So hat sich Harry fast zwei Jahre durchgeschlagen, von 1941 bis zum Mai 1943. Auf mich war er natürlich etwas böse. Warum? Weil ich ihn verlassen hatte. Und als ich dann hörte, wie schlecht es ihm finanziell ging, hab ich ihm Geld geborgt und das war ihm peinlich. Ich hab ihm gesagt: ›Hör zu, Harry, ich hab schon so viel in meinem Leben verloren, after all, du bist schließlich mein Freund. Es werden Zeiten kommen, wo du es mir zurückzahlen kannst. Mach dir keine Sorgen.‹ Und später, viel später, hat er mir jeden Pfennig zurückgegeben. Aber damals in New York, da hatte er keinen Groschen. Und das war die Schuld von Mausi, also seiner Frau. Die hat ihm alles kaputtgemacht, die hat alles verputzt.«

MARION KISS: »Das Unglück war, als wir 1939 nach Australien fuhren, hatten wir alle meine Wintersachen in London gelassen. Wir wußten, in Australien wird es nie richtig Winter, also wäre es nur unnützes Gepäck gewesen. Ja, und dann kam der Krieg, wir gingen nach New York, dort war es bitterkalt, und wir hatten nichts zum Anziehen. In New York ohne Geld zu leben, das ist eine Strafe. Und doch war ich immer optimistisch. Das war Harrys Glück. Denn trotz seiner Lustigkeit war er im Grunde pessimistisch. Das lag in seiner Rasse. Die haben zuviel erlebt, die Juden, durch Jahrtausende, und sie haben alle einen gewissen Pessimismus. Es gab eine Zeit, wo Harry einfach nicht mehr weiter wollte. Wir hatten nichts mehr, nicht einmal etwas zu essen. Aber ich blieb optimistisch. Und tatsächlich fanden wir Freunde, die uns weitergeholfen haben. – Ich weiß noch, eines Tages war er völlig mutlos. Wir hatten Hunger. Und da hab ich richtig mit ihm gekämpft. Ich hab ihm gesagt: ›Du hast es schon zweimal geschafft, eine Gruppe auf die Beine zu stellen, und du wirst es diesmal auch wieder schaffen. Du hast ein so großes Talent, du bist erst Mitte Dreißig. Wir müssen nur durchhalten!‹ Wir wohnten damals in einem kleinen möblierten Zimmer in der 74. Straße. Und am selben Abend kommt ein Bote von einem Delikatessengeschäft mit einem riesigen Korb voll Eßwaren. Ohne Karte. Ich habe gesagt: ›Wir haben doch nichts bestellt, um Gottes willen! Das kann doch gar nicht sein!‹ Doch da meinte der Bote: ›Es ist alles bezahlt, freuen Sie sich daran!‹ Und da viele Dosensachen dabei waren, haben wir wochenlang davon gelebt. Und tatsächlich hat Harry dann hier auch einen ›Sponsor‹ gefunden, Ernie Rappé, ein Ungarn, der damals Kapellmeister in der Radiomusik-City-Hall war und Harry noch von Berlin her kannte. Ein ›Sponsor‹, das ist jemand, der eine neue Idee unterstützt. Und zu diesem Ernie Rappé ist Harry gegangen, hat ihm seine alten Platten vorgespielt und hat ihm gesagt, er brauche jemand, der ihm Geld gibt, um eine neue Gruppe aufzubauen, die aber mehr als die beiden alten auf den amerikanischen Geschmack hin ausgerichtet sein sollte. Die alten Gruppen waren ausgezeichnet, aber Amerika ist die Wiege des Jazz. Doch mit diesem Rhythmus, da muß man geboren sein. Die europäische Art, Lieder zu singen, interessierte die Leute da nicht. Und damit hatte sich nur Harry abgefunden, die anderen nicht. Schließlich hat uns Ernie Rappé Geld zum Unterhalt gegeben und sogar teilweise die Sänger unterstützt, die Harry durch ihn gefunden hatte. Und im Februar 1943 war es dann endlich soweit, daß die neue Gruppe das erste Mal auftreten konnte. Leider sollte es auch das letzte Mal sein. Und zwar war es bei einer Wohltätigkeitsveranstaltung im Waldorf-Astoria-Hotel hier in New York, wo lauter berühmte Leute auftraten. Den letzten Auftritt hatte Danny Kaye, wir den vorletzten. Harry hatte mit den Sängern die Ouvertüre zu ›Barbier von Sevilla‹ einstudiert. Sie begannen, bei geschlossenem Vorhang zu singen. Und es war wirklich so gut, daß die Leute dachten, da spielt ein richtiges Orchester. Dann ging der Vorhang auf und da standen sechs Männer vor leeren Notenständern und imitierten – bis auf den Pianisten – die verschiedensten Instrumente mit ihren Stimmen. Es gab einen Riesenapplaus und der ganze Saal gratulierte ihnen. – Ein paar Tage später war die Sache endgültig kaputt. Mein Mann und ich erhielten die amerikanische Staatsbürgerschaft, verkürzten bei dieser Gelegenheit unse-

... Harry hatte mit den Sängern die Ouvertüre zu ›Barbier von Sevilla‹ einstudiert ...

ren Namen auf Frohman, weil das für Amerikaner leichter zu sprechen war, und Harry wurde kurz darauf eingezogen. Bis Kriegsende blieb er Soldat, aber nur in Amerika, nicht in Europa. Erst wußte man nicht, was man mit ihm machen sollte, als Soldat war er wirklich ein Witz. Man schickte ihn von einem

... und es war wirklich so gut, daß die Leute dachten, da spielt ein richtiges Orchester ...

Camp zum anderen und schließlich haben sie ihn ins Entertainment gesteckt, also zur Truppenbetreuung. Da waren einige Leute beisammen, die künstlerisch ein bißchen begabt waren, und die haben dann irgendwas für die Soldaten veranstaltet.

Als mein Mann im Mai 1943 eingezogen wurde, mußte ich mich furchtbar schnell umstellen, denn ich bekam 50 Dollar im Monat von der Armee. Für ein kleines Zimmer, das ich bei Bekannten gemietet hatte, zahlte ich schon 25 Dollar, und so habe ich angefangen zu arbeiten. Das heißt, ich habe, so schnell es ging, ein Handwerk erlernt. Ich bin tausend Stunden auf eine Friseurschule gegangen und lernte dort alles, was so dazugehört. Ich wohnte damals in der 110ten Straße, an der Grenze von Harlem und die Schule war in der 42. Straße. Trotzdem ging ich jeden Tag zu Fuß dorthin, um das Fahrgeld zu sparen. Das war eine schwere Zeit. Endlich bekam ich mein Diplom und suchte mir eine Stellung. Das war Ende 1943. Natürlich konnte ich so gut wie nichts. Denn wenn man hier von einer Schule kommt, ist man so unwissend wie ein kleines Schaf. Aber in jenen Jahren war es leichter, etwas zu finden. Die Männer waren im Krieg und man brauchte uns Frauen. Schließlich habe ich im Geschäft meines späteren Mannes angefangen. Da hab ich schwer lernen müssen. Aber ich bin dem Beruf treu geblieben, habe über 25 Jahre als Friseuse gearbeitet und am Ende sogar 15 Jahre das Geschäft allein geführt. Ich bin nicht reich geworden dabei, aber ich konnte gut davon leben.

Als der Krieg dann zu Ende war, ist Harry erst ziemlich spät aus der Armee entlassen worden. Es war schon August 1945, als er nach New York zurückkam, ehrenvoll entlassen, wie man das damals so nannte. Und da stand er praktisch vor dem Nichts. Ich wollte, daß er sofort wieder mit dem Aufbau einer neuen Gruppe beginnt. Denn ich verdiente ja jetzt. Nicht sehr viel, aber für uns zum Leben hätte es gereicht. Doch nirgendwo ließ sich ein neuer ›Sponsor‹ finden. Einen anderen Beruf hatte Harry nicht erlernt, und so war es schon ein Glück, daß er durch Zufall eine Anstellung bei der amerikanischen Regierung bekam. Eines Abends waren wir bei Freunden eingeladen, die Männer feierten den Abschied aus der Armee. Und einer von denen, der auch sehr gut Deutsch und Englisch sprach, erzählte, daß er sich als Dolmetscher für den Nürnberger Kriegsverbrecher-Prozeß beworben hätte. Nun wollte er aber heiraten und hatte keine Lust mehr nach Nürnberg zu gehen. Da kam uns die Idee, das wär doch was für Harry! Und schon am nächsten Morgen hat er sich bei der zuständigen Stelle in Washington gemeldet, ist dann dorthin gefahren, hat eine Prüfung gemacht, hat sie bestanden und ist schließlich für den anderen eingesprungen. Als er dann bald darauf nach Nürnberg fuhr, konnte er mich nicht mitnehmen, denn in Deutschland war alles zerbombt, und es gab keine Wohnungen. Wir verabredeten, daß ich so schnell wie möglich nachkommen sollte. Aber als er dann dort war, schrieb er mir, daß sie keine Frauen mitbringen dürften. Am Prozeß selbst war er nicht beteiligt, hat aber sechs Monate als Dolmetscher bei den vorbereitenden Verhören gearbeitet. Wie er mir schrieb, soll es sehr interessant gewesen sein, aber auch sehr belastend, und er war froh, als seine Tätigkeit zu Ende ging.«

... Harry war einer der vier sogenannten ›Überwachungsoffiziere‹ des RIAS ...

Harry Frommermann: »Von Nürnberg ging ich gleich nach Berlin, wo ich von 1946 bis 1948 als ›Radio-Controll-Officer‹ den RIAS, also den ›Rundfunk im amerikanischen Sektor‹ mit aufbauen half. Neben der Aufsicht über verschiedene Produktionsbereiche, hatte ich auch Verwaltungsaufgaben, war für die Durchführung öffentlicher Sendungen verantwortlich und hatte mit drei anderen Amerikanern den Vorsitz bei Planungssitzungen. In der Zeit, in der ich dort arbeitete, erweiterte der Sender sein Programm von vier Stunden täglich auf über siebzehn Stunden, hatte zum Schluß fast 700 Mitarbeiter, einschließlich einem Symphonieorchester und einer großen Band für Unterhaltungsmusik. Es war ziemlich schwierig, so einen Betrieb praktisch aus dem Nichts auf die Beine zu stellen.«

Robert Biberti: »Ja, er war einer der vier sogenannten ›Überwachungsoffiziere des RIAS‹, also einer der vier Leute, die sozusagen im demokratischen Sinne auf das deutsche Volk und im besonderen auf die großen Medien, wie z. B. das Radioprogramm, einwirken sollten. Diese Leute kamen hierher, um uns Demokratie beizubringen. Das war nicht gut. Das führte z. B. dazu, daß Harry Frommermann, damals Frohman, von einem solchen Machtbewußtsein durchdrungen war, daß er in alles hineinredete, was den RIAS und seine Sendungen betraf. Leider habe ich das auch am eigenen Leibe zu spüren bekommen. Es begann damit, daß er nach Berlin kam, ohne daß ich etwas davon wußte. Eines Tages gehe ich in den RIAS und sehe zu meinem Erstaunen, daß dort Harry herumläuft. Ich war völlig geklatscht. Ich sag: ›Du bist hier in Berlin, nach all den Jahren – und du meldest dich nicht? Du kommst nicht zu mir?‹ – Doch, meinte er, ja, ja, er sei so beschäftigt und so und er hätte sich schon noch gemeldet. Ich dachte mir, da stimmt doch etwas nicht! Nun geschah folgendes: Anfang Mai 1947, also ein halbes Jahr, nachdem Harry seinen Posten übernommen hatte beschloß der damalige deutsche Leiter des Senders, Dr. Wallner-Basté, mich zur Mitarbeit am Programm heranzuziehen. Er suchte einen Mann für die sogenannte ›gehobene Unterhaltungsmusik‹, der auch in bezug auf die neuen Techniken der Tonbandaufnahmen usw. Bescheid wußte. Und das tat ich ja durch meine langjährigen Experimente mit verschiedenen Apparaturen. Wallner-Basté rief also eine Planungssitzung zusammen und sagte: ›Meine Damen und Herren, ich glaube, wir haben endlich den Mann gefunden, den wir schon so lange für diesen Posten suchten.‹ Und er nannte dann meinen Namen. Einen Moment war es still, wie er mir unmittelbar nach dieser Besprechung berichtete. Dann ergriff Harry Frohman das Wort, lobte mich erst einmal sehr und meinte: ›Natürlich kenne ich Biberti gut, wir haben jahrelang zusammengearbeitet. Aber gerade darum bin ich dagegen, daß er diesen Posten übernimmt.‹ Harry soll hochrot und äußerst erregt gewesen sein und meinte dann, ich sei ein Diktator und es würde keine acht Tage dauern, bis der RIAS nach meiner Pfeife tanze. Denn ich hätte mich seinerzeit bei den COMEDIAN HARMONISTS und vor allem bei der Trennung sehr ähnlich verhalten. Da wurden also alte Animositäten abreagiert und ich praktisch als der reine ›Deibel‹ hingestellt. Und als das die anderen hörten, das mit dem Diktator, da meinten sie, Diktatoren hätte es ja in Deutschland genug gegeben, und so wurde ich abgelehnt, was mir wirklich nicht konvenierte. Denn mit dem Posten hätte ich die Lebensmittelkarte Eins bekommen, das beste, was es damals gab in dieser Hungerzeit und bestimmt auch einen kleinen Wagen, und auch sonst wäre es sehr interessant für mich gewesen. Also meine Frau und ich, wir waren sehr beglückt von der Aussicht; aber Pustekuchen, kalte Dusche, die Ablehnung beim RIAS und kurze Zeit darauf sogar ein Berufsverbot durch den amerikanischen Verbindungsoffizier Josselson. Ich dachte, ich hör nicht recht! Mir war also verboten, mich öffentlich zu produzieren. Das wirkte sich aber nicht weiter aus, denn ich hatte keinerlei Absichten, künstlerisch tätig zu sein. Ich war froh, wenn ich mir irgendwoher Kartoffeln besorgen konnte oder mal ein Pfund Butter aus Thüringen.«

Erika von Späth, die Lebensgefährtin der letzten Jahre von Harry Frommermann, erinnert sich, ... daß auch Harry von diesem Vorfall berichtet hat.

»Da er Bibertis Charakter wie kaum ein anderer kannte, wußte er, wozu Biberti fähig war. Das hatte nichts mit dem Abreagieren alter ›Animositäten‹ zu tun. Und von dem halbjährigen Berufsverbot von Herrn Biberti hat Harry überhaupt nichts gewußt. Der zuständige Kontrolloffizier wird schon seine Gründe gehabt haben, als er es aussprach.

Anfang 1948 wurde Harry dann mit anderen Überwachungsoffizieren abgelöst, weil er die amerikanische Staatsbürgerschaft weniger als fünf Jahre besaß und eine neue Verordnung herauskam, daß für diese Posten nur Leute eingesetzt werden durften, die schon länger in den USA lebten. Das hing, glaube ich, mit der einsetzenden McCarthy-Welle zusammen, da war man gegen alle ehemaligen Europäer, vor allem die Emigranten, mißtrauisch und witterte in jedem einen potentiellen Kommunisten.

Harry hatte sich aber etwas Geld zurückgelegt und ist dann in die Schweiz gegangen, um sich in Zürich ein kleines Büro als Hausmakler einzurichten. Und genau in dieser Zeit habe ich ihn dann kennengelernt. Er war schon nicht mehr beim RIAS, hatte in Berlin bereits alle Zelte abgebrochen und fuhr mit einem kleinen alten BMW auf der Autobahn Hannover-Bremen.

Ich war am selben Tag in Braunschweig gewesen und wie bekannt, fuhren damals kaum Züge. Bis Hannover kam ich noch, aber dann war es aus. Nun hatte ich meinem Vater versprochen, um elf Uhr in unserem Betrieb in Bremen zu sein.

Und ich hätte es auch geschafft, wenn ich mit dem Anschlußzug von Hannover mitgekommen wäre, doch der war so überfüllt, daß die Leute auf den Trittbrettern hingen, auf den Puffern saßen und zum Teil sogar auf den Waggondächern. Ich fand nirgendwo mehr Platz. Und da bin ich mit der Straßenbahn bis zur Endstation Stöcken gefahren, zur Autobahn gelaufen in der Hoffnung, mich würde jemand mitnehmen. Gesagt, getan. Eine ganze Zeit lang stand ich da, keiner hielt. Plötzlich kam ein kleiner BMW angefahren, ich winkte – und auf einmal sehe ich, mein Gott, der hat ja ein amerikanisches Nummernschild! Als er anhielt, meinte ich, ich wolle lieber nicht mitfahren. Doch da war er schon ausgestiegen und stellte sich in englischer Sprache vor. Ich kannte zwar die COMEDIAN HARMONISTS seit meiner frühen Jugend und liebte sie sehr, doch Harry nannte sich ja jetzt Frohman und der Name sagte mir natürlich gar nichts. Trotzdem stieg ich in den Wagen, denn ich hatte ja meinem Vater versprochen, pünktlich zurück zu sein. Wir mußten aber sehr langsam fahren, weil die Maschine neue Kolben hatte, und so schlichen wir dann mit 40 km/h über die Autobahn nach Bremen. Bei Nienburg machten wir dann auch noch eine Pause, Harry hatte echten Kaffee in einer Cognacflasche und ich ein paar alte Brote mit so einer Art künstlichem Schokoladenaufstrich. Er erzählte, daß er auch nach Bremen wolle, um dort in dem PX-Laden der amerikanischen Armee einzukaufen und anschließend in die Schweiz, um sich dort eine neue Existenz aufzubauen. Er hat mich brav zu Hause abgeliefert, brachte uns dann noch richtigen, echten Kaffee aus dem PX-Laden und am nächsten Tag sind wir sogar noch nach Worpswede gefahren. Bis dahin hatten wir immer englisch gesprochen, als ich schließlich sagte: ›Wir können uns doch ruhig in Deutsch unterhalten, Sie sind doch Deutscher, stimmts? Zumindest der Abstammung nach.‹ Denn sein Englisch war ohne Akzent. Und da fragte er mich, woran ich das gemerkt hätte. ›Ja, sage ich, das war ganz einfach: Sie haben sich mir zuerst vorgestellt, ganz förmlich. Und so etwas tut man wohl nur in Deutschland, in anderen Ländern selten.‹

Es waren schöne Tage, die wir da zusammen verbrachten. Wir waren beide in so einer richtigen Weltuntergangsstimmung. Er hatte seinen Job beim RIAS verloren, mit seiner Frau hatte er sich auseinandergelebt, und ich saß seit Jahren da und wartete auf ein Lebenszeichen von meinem ersten Mann, der seit Stalingrad vermißt war. Anderseits waren wir junge Menschen und wollten noch ein bißchen vom Leben haben.

Ein paar Tage später fuhr Harry dann aber doch in die Schweiz, und wir hörten lange nichts mehr von einander. Ein paar Monate später, so kurz vor der Währungsreform, also Ende Juni 1948, schrieb er mir noch einmal einen Brief und dann hat das Ganze jahrelang geruht.«

HARRY FROMMERMANN: »Mitte 1947, als ich noch beim RIAS war, bekam ich unverhofft einen Brief von meinem ehemaligen Kollegen Erich Collin aus Los Angeles. Erich hatte in den letzten Jahren in Amerika in verschiedenen Berufen sein Glück versucht, aber es nirgendwo gefunden. Die Leidenschaft für die Musik war immer noch in seinem Blut, und außerdem wollte er auch gern wieder nach Europa zurückkommen. Er schrieb mir, daß er in Amerika eine neue Gruppe mit amerikanischen Sängern zusammengestellt hätte und fragte mich, ob ich nicht mitmachen will. Ich kam aber nicht aus meinem Vertrag mit der US-Regierung heraus und hatte außerdem ein festes Einkommen, während bei Erich in Kalifornien noch alles in der Schwebe war.«

ROMAN CYCOWSKI: »Mit mir hat Erich auch gesprochen. Immer wollte er wieder zurück und singen, singen, singen. Ich sagte ihm: ›Erich, vergiß. Das lenkt dich doch alles nur von deiner Arbeit und deiner Familie ab. Du mußt doch für sie sorgen!‹ Aber es hat ihn immer wieder zurückgezogen. Natürlich haben Harry und ich ihm die Erlaubnis gegeben, den alten Namen zu benutzen. Wir haben ihm das Beste gewünscht, unseren Segen hat er gehabt und ist dann tatsächlich mit den Neuen nach Europa gefahren.«

HARRY FROMMERMANN: »Ich war ja inzwischen nach Zürich gegangen. Und das war ein unglaubliches Erlebnis für mich, nach den zerstörten deutschen Städten wieder eine hellerleuchtete Stadt mit schönen Straßen und Häusern zu sehen, wo es keine düsteren, vom Krieg gezeichneten Menschen gab. Die kleine Schweiz war eine Oase des Friedens mitten im zertrümmerten Europa. Von Collin hörte ich, daß er inzwischen mit seinen Leuten in Stockholm auftrat, dann fuhren sie weiter nach Norwegen. Da bekam ich aus Oslo ein Telegramm: ›Erwarte dringend Deinen Anruf – Erich!‹ – Am selben Abend bittet mich Collin am Telefon: ›Harry, du mußt uns helfen! Der Mann, den wir in Kalifornien an deiner Stelle engagiert haben, ist gestern nacht auf dem Operationstisch an einem Magendurchbruch gestorben. Wir haben noch für fünf Monate Konzertverträge, müssen außerdem noch unsere Fräcke bezahlen, die wir in Stockholm auf Raten machen ließen – komm, so schnell du kannst!‹ Ich machte also meine Bude in Zürich zu, im Büro war sowieso nie sehr viel los gewesen, und flog mit der nächsten Maschine nach Oslo. Ich war wirklich froh darüber, denn eigentlich war die Musik ja auch mein Leben.

Nach einer umständlichen Flugreise, die beinahe schiefging, schlief ich in Oslo im Hotelzimmer wie ein Toter, als plötzlich Erich Collin mit den neuen amerikanischen Kollegen vor meinem Bett stand. Nachdem wir uns begrüßt und beschnuppert hatten, begann für mich eine sehr aufregende Zeit. Ich paukte ununterbrochen den Part des Verstorbenen. Ich ließ erst einmal seinen hinterlassenen Frack ändern und reiste dann mit der Gruppe von einem Ort zum andern, um denen, die sich erst einmal ohne den Kollegen behelfen mußten, und sich eben nur so durchmogelten, ständig zuzuhören, damit ich meinen Part schneller lernen konnte. Die Gruppe hatte in Jack Cathcart einen tüchtigen Arrangeur, der alles modernisiert und amerikanisiert hatte. Von unseren alten Liedern hatten sie nur ›Das ist die Liebe der Matrosen‹ übernommen, ansonsten war ihr Programm für mich völlig neu und unbekannt. Am 6. Oktober 1948 war es dann soweit: Wir hatten ein Konzert in einer kleinen dänischen Stadt, Slagelse, und ich mußte nach nur einer Probenwoche mit ihnen auftreten, denn bereits für den nächsten Abend war ein Auftritt im ›Old-Fellow-Pallast‹ in Kopenhagen geplant. Dort hatten wir früher oft und mit großem Erfolg gastiert. Vorher aber mußten wir sicher sein, daß ich auch wirklich alles beherrschte. Darum das Konzert in der kleinen Stadt.

Wir kamen also, wie gewohnt, aufs Podium, lächelnd, und sangen unsere erste Nummer. Ich stand zum ersten Mal nach einer Pause von acht Jahren wieder auf einer Bühne. Mir schlotterten die Knie. Wir sangen das erste Lied, wie wir es einstudiert hatten. Das Publikum machte träge ›klatsch, klatsch‹ mit den Händen. Es war, als ob man gegen eine Eiswand ansingen mußte – zum Verzweifeln. Wir begannen die zweite Nummer. In meinem Kopf rasten die Gedanken, wenn es diesmal genauso wird mit dem Applaus, dann versinkst du in den Boden. Bloß nicht noch einmal so eine Qual ausstehen müssen! Und mitten in einer winzigen Pause quäke ich plötzlich, als ob mich der Teufel reitet, den imitierten Ton einer Klarinette hinein, genau dazwischen. Denn eigentlich bin ich weder Tenor, noch Bariton, noch Baß. Ich bin der kleine Mann, der die komischen Geräusche macht, also eine Art musikalischer Schauspieler. Ich kann meine Stimme in eine Trompete verwandeln, oder in eine Tuba, in ein Waldhorn und wenn es sein muß, auch in eine Kesselpauke. Hier in Slagelse kam ein Klarinettensolo, die Leute lachten, meine Kollegen atmeten befreit auf und der Bann war gebrochen. Von nun an war alles einfach. Auch am nächsten Tag hatten wir in Kopenhagen den gewohnten Erfolg, und so blieb es, wo immer wir auch hinkamen, für den Rest der Tournee.

Schließlich wurde uns ein Anschlußvertrag für weitere sechs Monate angeboten, vorausgesetzt, daß wir sechzig Prozent neue Titel brächten. Bis zum Ende des laufenden Vertrages hatten wir noch vier Monate Zeit, Carthcart, der Pianist, Erich Collin und ich besprachen das Angebot und kamen zu dem Schluß, daß es möglich sei, wenn wir alle täglich neben den Reisen und Konzerten mindestens 4 Stunden probierten. Doch da hatten wir die Rechnung ohne unsere jungen Kollegen gemacht. Trotz ihrer schönen Stimmen waren sie, die ehemaligen GI's, durch den schnellen Aufstieg, durch die Erfolge bei Publikum, Presse und bei den Damen verwöhnt, und nicht bereit, ausdauernd zu arbeiten. Das Leben, das sie führten, war ihnen zu Kopf gestiegen. Sie wollten weiter nach Konzerten die langen Nächte bei verlockenden Einladungen genießen. Aber dann früh aufstehen, um zu probieren, damit wir das verlangte Pensum schaffen, das war ihnen zu unbequem. Sie haben einfach nicht begrifffen, daß es ohne Arbeit nicht weiterging. Und da ich nicht miterleben wollte, wie der alte gute Name der COMEDIAN HARMONISTS herabgewirtschaftet wurde, zog ich meine Einwilligung als Gründer der Truppe zurück, und so ist es dann kaputtgegangen. Wir machten Schluß, der neue Vertrag wurde nicht unterschrieben, und man trennte sich.

Bald darauf bekam ich von unserem früheren italienischen Konzertagenten das Angebot, bei Radio Italiana, also der RAI, als Künstlerischer Beirat in die Abteilung ›Leichte Musik‹ einzutreten, die durch den Krieg, die deutsche Besetzung, die Nachkriegswehen und die Amerikaner aus dem Lot war. Anfang 1949 ging ich nach Rom und arbeitete dort mehr als ein Jahr bei Radio Roma, plante und organisierte und ließ mich von den italienischen Orchesterleitern, den Sängern und Musikern dazu inspirieren, auch selbst wieder künstlerisch aktiv zu werden. So wurde ich am Ende meines Vertrages von der Direktion der RAI gefragt, ob ich nicht für sie mit italienischen Sängern ein Ensemble ähnlich der COMEDIAN HARMONISTS zusammenstellen wolle.

Im März 1950 hatte ich die neue Truppe beisammen: Eine kanadische Sopranistin, die in Rom Gesang studierte, eine junge Altistin, die alle Qualitäten einer Jazz-Sängerin und eine hohe Musikalität besaß, ein Tenor, dessen Schmelz an Ari Leschnikoff erinnerte, einen strahlenden Bariton und einen schweren Baß. Es war also zum ersten Mal eine gemischte Gruppe. Zu Beginn studierten wir, wie seinerzeit 1928 in Berlin, ohne Pianisten, hatten ein Vorsingen bei der RAI, bekamen einen Vertrag für 30 Sendungen zu je 15 Minuten und fanden schließlich auch noch einen passenden Klavierspieler. Ich nannte mein neues Ensemble ›Harry Frohman and his Harmonists‹ mit dem Untertitel: ›Sei Voci e un piano‹ (Sechs Stimmen und ein Klavier). Tatsächlich gelang es uns bereits nach den ersten vier Sendungen, daß unsere Vertragszeit verdoppelt wurde. So hatten wir in den folgenden sechs Monaten über 60 Sendungen mit hervorragenden Kritiken. Bei diesen Erfolgen lag es nahe, die Gruppe weiterzuerhalten. Ich suchte Kontakt mit meinen früheren europäischen Konzertagenturen, die waren interessiert und boten mir erste Verträge an.

Als ich den Mitgliedern meines Ensembles von den Angeboten erzählte, erbaten sie sich erst einmal einen Tag Bedenkzeit. Am nächsten Abend saßen wir wieder beisammen. Da erklärte meine beste Sängerin, die junge Altistin, ihre Eltern erlaubten ihr als unverheiratetes Mädchen nicht, ohne ›una dama di compagnia‹, also ohne einen ›Anstandswauwau‹, mit uns Männern auf Reisen zu gehen. So streng waren dort damals die Sitten. Ein gleichwertiger Ersatz war nicht zu finden, denn ich hatte diesem Mädchen, das so begabt war, alle Partien individuell auf den Leib geschrieben. Damit waren meine Hoffnungen auf eine bessere Zukunft wieder einmal zerstört worden. So ist es immer gewesen. Immer scheiterte ich an irgendwelchen Kleinigkeiten, an läppischen Dingen. Diesmal aber wußte ich nicht mehr, wie ich wieder auf die Beine kommen sollte. 1951 ging ich zurück in die Schweiz, versuchte dort, eine Im- und Exportfirma aufzubauen, etwas, was bald im Sande verlief, bekam schweres Magenbluten und saß am Ende krank und arbeitslos in Lausanne.«

MARION KISS: »Harry hat keinen Pfennig mehr gehabt. Er war restlos fertig. In der Schweiz durfte er als arbeitsloser Fremder nicht bleiben, und so mußte ich als seine Frau dafür sorgen, daß er wieder in die Staaten zurückkam. Ich kratzte also das Geld für die Überfahrt zusammen, schickte ihm die Schiffskarte und hab ihm dann hier in New York ein möbliertes Zimmer gemietet. An ein Zusammenleben war nicht mehr zu denken, dafür hatten wir uns beide zu sehr auseinandergelebt. Ich habe auch bald die Scheidung eingereicht.

Harry hat dann eine Unterstützung bei der Regierung beantragt. Als ehemaliger Soldat konnte man sie für einige Zeit beanspruchen, wenn man einen Beruf erlernen wollte. Harry belegte auf einer Hochschule zwei Kurse, um sich als Aufnahmeleiter für Radio- und Fernsehproduktionen ausbilden zu lassen, erhielt dafür im Juni 1951 zwei Diplome, versuchte in diesem Beruf eine Stellung zu finden, was aber nicht gelang. Er war nicht mehr jung genug, schon Mitte Vierzig, und vor allem hatte er jeden Mut verloren. Er hatte nicht mehr die Kraft, noch einmal von vorne anzufangen.

Am 12. Januar 1952 sind wir dann geschieden worden, und bald darauf habe ich meinen zweiten Mann geheiratet, bei dem ich bis dahin in Stellung war. Danach brach meine Verbindung mit Harry ab.«

ERIKA VON SPÄTH: »Wie er mir später erzählte, ging es ihm damals wirklich schlecht. Lange fand er keine Arbeit, bis er schließlich als Packer im Hafen von New York unterkam und sich dort so lange herumquälte, bis er anfing, am Fließband zu arbeiten, als ungelernter Arbeiter, irgendwie, nur um leben zu können. 60 Dollar hat er dort pro Woche verdient, und das ist auch damals nicht viel gewesen. Er hat in einer Firma gearbeitet, die Teile für Alarmanlagen herstellte. Meistens nahm er die Spätschicht, weil die etwas besser bezahlt wurde. Und manchmal schloß er sich dann auf der Toilette ein und heulte sich dort aus, weil er einfach nicht mehr weiter wußte. Es war furchtbar schwierig für ihn, in eine solche stumpfsinnige Arbeit hineingezwängt zu werden. Vor allem aber war er sehr ungeschickt, und so ist es ihm dann 1955 passiert, daß er mit seinen Fingern in die Maschine kam. Das war eine ziemliche Verletzung. Überhaupt war er oft krank in jener Zeit. Aber ist das ein Wunder, wenn ein Mensch wie er, der immer schöpferisch tätig gewesen war, an ein Fließband gesetzt wird?

Sein allerletzter Versuch, ein neues Ensemble zu gründen, war so vom Pech verfolgt, daß das Vorhaben schon in der Planung scheiterte. Denn bei 60 Dollar in der Woche war es ihm nicht möglich, davon auch noch die anderen Sänger zu unterstützen. Und so kam er auf die Idee, etwas zu machen, wo er keine Hilfe von anderen brauchte, wo er ganz auf sich allein gestellt war.«

HARRY FROMMERMANN: »Eines Tages hörte ich Harry James, wie er mit seinem Orchester auf einer Platte den ›Hummelflug‹ von Rimski-Korsakow spielte. Seit vielen Jahren war ich immer wieder wegen meiner Instrumentalimitationen ›The Vocal-Orchestra‹ genannt worden. So kam mir der Gedanke, mit Hilfe von Playbacks von keiner anderen als meiner eigenen Stimme ein ganzes Orchester zu imitieren. Natürlich gab es schon Aufnahmen, bei denen sich Sänger zwei- oder dreimal in verschiedenen Tonlagen begleiteten. Ich aber wollte erproben, ob es technisch und rein physisch möglich sei, bis zu achtundzwanzig Stimmen in Form verschiedener Instrumentalimitationen so zu synchronisieren, daß der Eindruck entsteht, hier spiele ein ganzes Orchester. Ich fing an, mir von dem wenigen Geld, das ich als Arbeiter verdiente, die dafür notwendigen technischen Geräte zu kaufen und machte erste Probeaufnahmen. Das Ziel war, die 28 Instrumentationen stimmlich nacheinander synchron aufzunehmen, bis das ›Orchester‹ komplett war. Zuerst mußte ich natürlich für jedes einzelne ›Instrument‹ eine Partitur schreiben, so z. B. für eine Trompete, dann für eine Posaune, für die Pauke und so weiter und so fort. Heute ist so ein technischer Vorgang auf einfachste Weise herzustellen, damals hat es Jahre gedauert, bis ich alles zusammen hatte. Inzwischen ging die Entwicklung weiter und überholte die Geräte, die ich schon besaß. Einmal mietete ich mir sogar ein Tonstudio, um wenigstens ein Probeband zu haben. Gedacht war das Ganze in Form einer Ein-Mann-TV-Show. Aber dies zu realisieren, ging über meine Kraft.«

ERIKA VON SPÄTH: »Das war die Zeit, in der er schon fast manisch nur noch auf sich selbst bezogen war. Er hatte so viele Nackenschläge dadurch bekommen, daß er bei seinen früheren Arbeiten immer auf andere angewiesen war. Nun wollte er mit aller Gewalt etwas ganz allein zustande bringen. Es ist nur zu verständlich, wenn ein so verletzlicher Mensch wie Harry, der immer wieder von anderen enttäuscht worden ist, sich schließlich ganz auf sich selbst zurückzieht.

Mit mir hatte er Anfang 1955 den Briefwechsel wieder aufgenommen und schrieb mir ganz impulsive Briefe, ich solle doch mit dem Jungen aus meiner zweiten Ehe, die nur wenige Jahre gedauert hatte, zu ihm nach Amerika kommen. Ich mußte ihm antworten, daß ich weder das Kind hier herausreißen könnte, noch in der Lage sei, die Firma aufzugeben. Er hat das dann auch eingesehen und schrieb mir, wir sollten unsere Korrespondenz etwas ruhen lassen und uns nur noch gelegentlich schreiben, damit der eine von dem anderen weiß, wie es ihm geht. Ich hörte dann ein halbes Jahr nichts mehr von ihm und machte mir doch etwas Sorgen. Da schrieb er mir, daß er inzwischen wieder geheiratet hätte. Und zwar lernte er diese Frau Sylvester 1955/1956 bei Bekannten kennen. Er war wohl so vereinsamt und leer, daß sie sich schon drei Wochen später trauen ließen. Paula war noch ziemlich jung und arbeitete bei einer Telefongesellschaft. Sie war 1925 als Kind deutscher Auswanderer in New York geboren, sehr nett, anständig, aber unglaublich verschlossen. Sie wußte, in welcher Lage sich Harry befand, daß er sein Leben als ungelernter Arbeiter in einer Fabrik fristete und somit nicht für ihren Unterhalt sorgen konnte. So einigten sie sich, daß sie zwar gemeinsam leben, aber jeder für sich selbst aufkommen müsse. Harry hat es nur kurze Zeit bei ihr ausgehalten. Bereits drei Jahre später, Anfang 1959, bekam ich einen Brief von ihm mit einer neuen Adresse, in dem er schrieb, die Ehe wäre völlig danebengegangen, er hätte nicht das Echo gefunden, das er brauchte. Sie wäre zwar ein lieber Kerl, aber sie hätten einfach nicht zusammengepaßt. Und so war er Hals über Kopf ausgezogen und hatte sich wieder ein möbliertes Zimmer genommen.

Auch beruflich ging es Harry immer schlechter. 1958 hatte er seine Stellung in der Fabrik verloren und versuchte nun, sich durch Gelegenheitsarbeiten über Wasser zu halten, machte noch einen Kursus als Hilfsbuchhalter bei IBM und bekam tatsächlich eine Anstellung in einer Firma, die jedoch nach zweieinhalb Jahren pleite ging. Danach versuchte er sich als Taxifahrer und Verkäufer von Kücheneinbaumöbeln, immer wieder krank und häufig arbeitslos. Es wurde schlimmer und schlimmer und ging rapide bergab, soweit das überhaupt noch möglich war.

Wir hatten damals schon wieder einen intensiven Briefwechsel miteinander, manchmal zwei-, dreimal in der Woche. Dabei hab ich ihm immer wieder zugeredet, endlich seine Ansprüche auf Wiedergutmachung anzumelden. Schon 1958 hatte er seinen ersten Antrag eingereicht, sich dann aber lange nicht mehr darum gekümmert. Seine zweite Frau hatte ihn in dieser Sache negativ beeinflußt. Sie meinte, das hätte ja doch keinen Zweck, wozu sich erst die Mühe machen und so weiter. Aber im April 1960 schickte ich ihm einen Zeitungsausschnitt, aus dem hervorging, daß die letzte Einsendemöglichkeit im Mai 1960 wäre. Und ich riet ihm dringend, diesen Termin auf keinen Fall zu verpassen. Denn letzten Endes wäre doch durch die politische Entwicklung in Deutschland seine Existenz zerstört worden. Er solle es wenigstens einmal versuchen. Man dürfe nicht von vornherein sagen, da wird nichts draus. Und nach der Trennung von dieser Frau hat er die Sache dann ganz eisern durchgeführt. Es hat ihn viel Arbeit gekostet, alle notwendigen Unterlagen zu besorgen, und es zog sich auch alles sehr lange hin. Schließlich schrieb ihm sein

Anwalt in Deutschland, wenn er rüberkäme, würde das die Sache sehr beschleunigen. Harry bekam einen Vorschuß, damit er überhaupt die Reise finanzieren konnte, dafür habe ich gutgesagt und hab ihn herzlich eingeladen, hierher nach Bremen zu kommen.

Und am 2. August 1962 ist er dann endlich hier eingetrudelt. Es ergab sich auch, daß im Haus gegenüber die alte Dame verstorben war, und dort ist Harry für die ersten drei Jahre untergekommen. Aber die Schwierigkeiten waren noch lange nicht überwunden. Es hat noch einige Zeit gedauert, bis die Entschädigungsfrage endgültig geregelt war.«

ROBERT BIBERTI: »Als ich erfuhr, daß Harry beim Entschädigungsamt Berlin einen Antrag gestellt hatte, bescheinigte ich ihm, was er zur Zeit der COMEDIAN HARMONISTS alles an Einkünften gehabt hatte. Denn ich wußte ja schließlich genau, was wir in den Jahren vor dem Verbot 1935 verdient hatten. Schließlich waren wir ja Großverdiener gewesen. Aber ich konnte auch über seine Anfälligkeit in bezug auf Krankheiten, die durch die Verfolgung bedingt waren, berichten. Nach allem, was zwischen uns beiden vorgefallen war, hätte ich ja nun sagen können: ›Ich weiß von nischt, ich kann mich an nischt erinnern!‹ Ich hab es nicht getan, und habe erreicht, daß Harry Frohman eine für bürgerliche Begriffe sehr hohe Kapitalentschädigung und später bis zu seinem Lebensende eine auskömmliche Rente bekam.«

ROMAN CYCOWSKI: »Was hat er geholfen? Er hat eine eidesstattliche Erklärung über Harrys früheres Einkommen abgegeben. Aber das haben andere auch getan, Erich Collin, ich und alle, die etwas von Harry wußten. Heute tut Biberti so, als hätte Harry die Entschädigung nur durch ihn allein bekommen. Das stimmt nicht. Aber das große Glück für Harry war, daß er diese Frau in Bremen getroffen hat, die Frau von Späth. Durch sie hat er die letzten 13 Jahre ein schönes Leben gehabt. Mir hat er geschrieben: ›Ich danke Gott für jede Minute, die ich mit dieser Frau zusammen bin.‹«

Erika von Späth: »1964 starb seine zweite Frau in New York, aber da hatten sie sich ja schon lange getrennt. 1968, nachdem mein Vater gestorben war, ergab sich für uns die Frage, was machen wir mit unserem Haus? Das Büro unserer Firma war ja schon nicht mehr hier, und so haben wir alles umgebaut. Harry, der nun nicht mehr zu arbeiten brauchte, um leben zu können, übernahm die Bauleitung, denn ich mußte den ganzen Tag im Geschäft sein. Und als dann alles fertig war, meinten wir: Das ist doch eigentlich Unsinn. Die Wohnung ganz oben, die steht leer, warum zieht Harry denn da nicht ein. Ja, und dann haben wir noch stärkere Elektro-Kabel rauflegen lassen, damit Harrys Apparaturen angeschlossen werden konnten. Und im November 1968 ist er schließlich eingezogen. Hier nahm er dann auch seine alten musikalischen Versuche wieder auf, die verschiedensten Musikinstrumente zu imitieren und verbesserte ständig seine technische Ausrüstung.

In der zweiten Hälfte der sechziger Jahre hatte er noch einen mühseligen Rechtsstreit mit seiner alten Schallplattenfirma, der Electrola und Herrn Biberti, wegen der Anteile der drei Emigranten an den seit Jahrzehnten aufgelaufenen Tantiemen für die seit 1945 neu gepreßten Platten. Harry fuhr dann auch einmal deswegen nach Köln, doch bei der Electrola wollten sie nicht so richtig heraus mit der Sprache und meinten nur, er möchte sich an Herrn Biberti wenden. Und dann stellte es sich ganz langsam heraus, daß Herr Biberti die gesamten Einnahmen aus den Verkäufen der Comedian Harmonists-Platten seit Kriegsende für sich allein behalten hatte, obwohl ihm doch nur ein bestimmter Anteil zustand. Es kam schließlich zu einem Vergleich, bei dem man Harry und den beiden anderen Emigranten eine Abfindung für die vergangenen 25 Jahre zusprach und die drei selbstverständlich wieder in ihre alten Rechte einsetzte.

Überschattet waren die letzten Jahre Harrys jedoch von immer schwerer werdenden Krankheiten, unter denen er mehr und mehr zu leiden hatte. Im Oktober 1975 waren wir dann noch zwei Wochen in Badenweiler zur Kur. Harry wollte sich dort etwas erholen. Am 26. Oktober kamen wir dann zurück nach Bremen.

Zwei Tage später, also am Montag, hatte ich ein ganz eigenartiges Erlebnis. Und zwar mußte ich Montagmorgen zu einer Trauerfeier eines Mitarbeiters, und da betete der Pastor, daß der nächste, der sterben sollte, einen gnädigen Tod haben möge. So etwas hatte ich noch nie gehört. Danach ging ich an das Grab meiner Eltern und besann mich so der Worte des Pastors und dachte, wer wird nun wohl der Nächste sein, der hierher kommt? Dann fuhr ich nach Hause und da steht Harry in der Küche und macht Kaffee. Da nehme ich ihn so in die Arme und sage: ›Weißt du eigentlich, daß ich Doofkopp dich immer lieber habe?‹ Darauf Harry: ›Wie hat man es eigentlich gut, daß wir uns haben und daß es uns gutgeht und daß wir uns so gut verstehen, und daß man ein warmes Haus hat. Ich glaube, wir müssen sehr dankbar sein.‹

Einen Tag später, also am Dienstagabend, hatte ich mich schon früh hingelegt. Ich lese gern im Bett. Harry wollte bei sich oben noch eine Sendung eines jüdischen Schriftstellers aus London anhören. Nun hatten wir, seitdem ich einmal sehr krank war, eine Gegensprechanlage von Harrys Zimmer im 2. Stock zu dem meinen im Parterre, sozusagen von Bett zu Bett. Und auf einmal kommt von oben der Ruf: ›Bitte, komm mal schnell rauf!‹ Ich war schon eingeschlafen und wußte gar nicht, wie spät es ist. Ich lief also hinauf, und da saß er im Schlafanzug im Sessel und sagte bloß immer: ›Keine Luft, keine Luft!‹ Nun hatte ich leider meine Brille unten vergessen und mußte noch einmal hinunterlaufen, um sie zu holen. Denn ohne Brille konnte ich die Nummer der Ärztin nicht entziffern. Schließlich rief ich die Ärztin an und sie sagte mir, ich sollte Harry hinlegen und ein kaltes Tuch aufs Herz tun, sie käme sofort. Ich tat, was sie mir gesagt hatte und lief anschließend wieder nach unten, um ihr die Haustür aufzuschließen. Und wie wir beide heraufkommen, da lag er schon ganz still. Ich habe ihn noch ein bißchen hochgehalten, die Ärztin nahm den Blutdruck, machte ein bedenkliches Gesicht und da war er schon am Einschlafen. Er sagte nur noch zu mir: ›Sei ganz ruhig!‹ Und ich antwortete: ›Ich bin ganz ruhig.‹ Und so ist er eingeschlafen, ohne irgendwelche Schmerzen.«

Marion Kiss: »Harry hat ein bitteres Leben gehabt. Und sogar die Comedian Harmonists, die doch das Schönste waren, was er im Leben hatte, haben ihm viel Schmerzen bereitet. Jetzt, wo er tot ist, kommt alles wieder zurück. Aber man soll nicht an die Vergangenheit denken. Die Fehler, die man einmal gemacht hat, kann man nicht mehr ändern. Man macht sich nur unglücklich, wenn man sich daran erinnert. Das Herz tut mir weh, wenn ich dran denke. Denn was ist einem vom Leben geblieben? Nur die Erinnerungen – die schönen und die schweren.«

gestorben am 29. April 1961

Erich Abraham-Collin

Quand il pleut (Stormy Weather)

»Quand il pleut
quand il pleut je vois venir mes souvenirs
sous la pluie le vent j'ai bien souvent
tendu la main aux humains.

Quand il pleut
quand il pleut montent en moi mes vieux émois
dans la rue enfant qui vous défend
on vend des fleurs en pleurs
on a froid la nuit, la pluie, c'est l'effroi.

Quand il pleut
quand il pleut je vois passer tout mon passé
les jours sans maison sans horizon
nul arc en ciel dans le ciel
tout est brumeux quand il pleut.

Quand il pleut
quand il pleut j'ai peur un soir de désespoir
de vouloir mourir pour moins souffrir
un geste un seul me laisse seul
il faut si peu
quand il pleut.«

DE BADET/KOHLER/ARIEN
– Aufnahme der COMEDIAN HARMONISTS vom 7. September 1933

Roman Cycowski: »Auch von Erich Collins Leben gibt es leider nur wenig Erfreuliches zu berichten. Nachdem ich im Mai 1941 die Comedy Harmonists verlassen hatte, versuchten sie eine Zeitlang ohne mich weiterzumachen. Ich hatte Erich vorgeschlagen: ›Komm mit nach Kalifornien. Dort werden wir schon was für dich finden. Und wenn es in der Bar von meinem Schwager ist!‹ Aber Erich blieb in New York, bis die Truppe endgültig auseinanderging. Sogar geschrieben hab ich ihm, daß er nachkommen soll. Auf einmal bekomme ich einen Brief von ihm: ›Lieber Roman, ich hab mich sehr gefreut, daß Du bei Deinem Angebot, mir zu helfen, bleibst. Ich werde Ende des Monats in Los Angeles eintreffen. Aber um eines bitte ich Dich: Als Barmixer möchte ich nur im Notfall und aushilfsweise tätig sein. Ehrlich gestanden: Dazu muß man gut quatschen können und möglichst gebürtiger Amerikaner sein. Und beides kann ich nicht. Wenn es natürlich nichts anderes geben sollte, werde ich auch das tun. Da Du mir aber in Deinem Brief zwei Möglichkeiten andeutest, nämlich Barmixer und Verkäufer, schlage ich vor, mich erst als Verkäufer anzustellen und den Barmixerkursus nebenbei zu belegen. Von meiner Frau kein Sterbenswort. Das Ende März nach Frankreich abgeschickte Geld hat sie mir noch nicht bestätigt. Eine Scheidung würde jetzt, angesichts des Abbruchs der diplomatischen Beziehungen zwischen Washington und Paris, kaum möglich sein und vor allem braucht man Geld. Dein alter Erich.‹

Er ist dann bald nach Los Angeles gekommen und hat als Verkäufer in einer großen Weinhandlung gearbeitet, bei dem Verwandten von mir. Aber wie die Firma Anfang 1942 bankrott ging, saß Erich wieder auf der Straße.«

Annemarie Collin: »Noch war mein Bruder aber nicht Bürger der Vereinigten Staaten. Er war als Besucher eingereist und mußte darum erst einmal nach Kanada, um von dort aus eine reguläre Aufenthaltsbewilligung zu beantragen. Dank einiger einflußreicher Freunde gelang ihm das auch. Vor allem half ihm dabei ein Empfehlungsschreiben Albert Einsteins, den er durch seinen Vater von Berlin her kannte. So kam er dann bald wieder in die USA und hatte verschiedene Jobs. Zuerst verschaffte ihm Einstein ein Lektorat bei einer New Yorker Universität. Er hielt dort Vorträge über altdeutsche Musik.«

ROMAN CYCOWSKI: »Leider blieb er nicht lange dort. Er hat kein Glück gehabt – nie. Aber er hat es sich nie anmerken lassen. Wenn es mir so ergangen wäre wie ihm, ich hätte meinen Mut verloren, ich wäre restlos heruntergekommen. Erich aber nicht. Immer wieder hat er versucht, nach oben zu krabbeln. Er wollte das Leben meistern. Und wenn wir uns manchmal trafen, da war er wie früher, der alte Erich. Er hat es sich nie anmerken lassen, daß es ihm nicht gut ging.

Die verschiedensten Dinge hat er gemacht, nur gelang es ihm nicht, in einem neuen Beruf Fuß zu fassen. Er versuchte sich als Verkäufer von Enzyklopädien, aber das ging nur ein Jahr. Dann hat er, ebenfalls als Verkäufer, in einem Geschäft für Damenbekleidung gearbeitet – auch nicht lange. Schließlich kam er auf die Idee, ein Handwerk zu erlernen. Denn mit seinen Händen war er sehr geschickt und sehr begabt, irgendwas damit zu formen.«

ANNEMARIE COLLIN: »Damals kam gerade das Plexiglas in Mode. Das war ein neues Produkt und sehr erfolgversprechend. Erich absolvierte einen Spezialkurs für Kunststoff-Technik in Pasadena und fand eine Anstellung in einer Fiberglas-Fabrik. Dort ist er lange geblieben, aber er hat es auch da schwer gehabt. Ich weiß, wie Fernande mit ihrer Tochter Susan nach dem Krieg zu ihm gekommen ist, hauste er in einer ganz kleinen Wohnung.«

FERNANDE COLLIN-CURRIE: »Nach dem Krieg lebten wir noch immer in Neuilly, bei Paris, da bekamen wir eines Tages eine Postkarte von meinem Mann aus Los Angeles. Erich arbeitete damals bei einer großen Firma, deren Boß ein Mann namens Bill Sucor war. Sucor war sehr reich und bezahlte die Überfahrt für uns. So sind Susan und ich Anfang 1947 nach Amerika gekommen. Erst sollten wir fliegen, aber kurz bevor wir unsere Tickets kaufen wollten, stürzte ein französisches Flugzeug ab. Da haben wir Angst bekommen und sagten den Flug ab. So fuhren wir mit dem Schiff, der ›MS Washington‹, über den Atlantik. Es war ganz wunderbar. Leider konnte Erich selbst nicht nach New York kommen, aber Sucor, sein Boß, holte uns vom Hafen ab. Wir verbrachten drei wunderschöne Tage in New York und fuhren dann mit dem Zug nach Kalifornien. Nach über sieben Jahren sahen Erich und ich uns in Los Angeles wieder. Wieviel war inzwischen passiert. Vor allem war Erich ganz erstaunt, als er Susan sah. Sie war ein kleines Mädchen, als er uns verlassen hatte, nun sah er sie als junge Dame wieder. Ich hab dann bald eine Stelle als Verkäuferin bei der ›May-Company‹, einer der größten Warenhausketten Amerikas, angenommen und dort jahrelang gearbeitet. Und so hat es angefangen uns ein bißchen besser zu gehen, bis Erich plötzlich den Posten bei Sucor verlor. Er hatte eben kein Glück.«

ROMAN CYCOWSKI: »Als er nun wieder einmal ohne Arbeit war, kam Erich auf die Idee, die COMEDIAN HARMONISTS noch einmal ins Leben zu rufen. Natürlich fragte er Harry Frommermann und mich, ob wir auch mitmachen wollten. Aber Harry hatte damals eine feste Anstellung beim Rundfunk in Berlin, und ich war als Kantor in San Francisco an einem der größten jüdischen Tempel Amerikas tätig. Sollte ich so einen guten Posten aufgeben? Wozu? Ich wünschte ihm das Beste, er suchte sich eine Reihe von amerikanischen Sängern zusammen und ist schließlich mit denen nach Europa gegangen. Als dann einer von denen starb, kam – wie gesagt – doch noch Harry Frommermann dazu. Doch die ganze Sache hat nicht einmal ein Jahr gedauert, dann löste sie sich auf, weil die Neuen zu faul waren und nicht proben wollten. Manchmal habe ich gedacht, Erich hat dieses Abenteuer nur unternommen, um vor Fernande zu fliehen, die ja erst kurze Zeit bei ihm in Los Angeles war. Sie hatten sich wohl ziemlich auseinandergelebt, und es brauchte Jahre, bis die Ehe wieder einigermaßen funktionierte.«

Fernande Collin-Currie: »Hier in Amerika hat er wieder angefangen, Plastik herzustellen. Er versuchte sogar, sich selbständig zu machen, mietete eine kleine Werkstatt, kaufte das nötige Werkzeug und produzierte die verschiedensten Gegenstände, z. B. Schaufensterdekorationen usw. Er war also praktisch Designer. Am Anfang war das ein ganz kleiner Betrieb und es hat zwei, drei Jahre gedauert, bis es damit besser ging. Erich war sehr, sehr fleißig, hat immer schwer gearbeitet und sich nicht geschont. Er wollte erreichen, daß ich nicht mehr zu arbeiten brauchte. Leider hat er es nie geschafft.

1956 bekam er durch einen Zufall eine gute Position bei der Northorp-Aircraft in Hawthorne. Dort hat er natürlich auch als Plastik-Spezialist gearbeitet. Es war ein gut bezahlter Job, und einmal haben sie ihm sogar einen Preis über 10.000 Dollar gegeben für irgendeine neue Idee.«

Roman Cycowski: »Als ich mein zehnjähriges Jubiläum als Kantor des Tempels in San Francisco hatte – das war im Jahr 1957 –, da wurde mir zu Ehren ein großes Bankett gegeben, und sie haben alle meine Freunde eingeladen. So schickten sie auch Erich eine solche Einladung. Nach dem Gottesdienst kamen die Leute in so einer Art ›Prozession‹ an mir vorbei, um mir zu gratulieren. Ich stehe und stehe und schüttele eine Hand nach der anderen. Ich war schon ziemlich müde vom langen Stehen und dem Händeschütteln – mit einem Mal steht Erich vor mir und gratuliert mir. Er war extra aus Los Angeles nach San Francisco gekommen. Ich hab mich schrecklich gefreut, ihn zu sehen. Er hat dann noch ein paar Tage mit Mary und mir verbracht, und schließlich habe ich ihn mit dem Wagen nach Los Angeles zurückgefahren. Es ging ihm auch damals nicht gut. Und darum hat er einen Fehler bei der Wiedergutmachung gemacht. Die hatten wir beide in Deutschland beantragt für das, was man uns 1935 weggenommen hatte. Ich hab Erich zu meinem Anwalt gebracht und der hat das in die Wege geleitet. Nun konnte man sich aber entscheiden zwischen einer Kapitalabfindung und einer Rente. Ich hab verzichtet auf das Geld, ich wollte die Rente haben. Erich aber, weil er so arm war, lehnte die Rente ab und hat eine größere Summe bekommen. Doch die war nach einiger Zeit aufgebraucht. Das war ein großer Fehler von ihm. Ich bekomme diese Pension noch heute, und wenn mir mal was passiert, kriegt meine Frau 60 % davon.«

ANNEMARIE COLLIN: »Zwanzig Jahre hatte ich meinen Bruder nicht mehr gesehen, seitdem ich ihn und die anderen Jungen am Kai von Perth verabschiedet hatte. Und eines Tages, das war Ende 1960, da sagt ein Freund zu mir: ›Warum besuchst du nicht einmal deinen Bruder?‹ Es waren gerade Schulferien und in Australien dauern die Sommerschulferien besonders lange. So bin ich kurz entschlossen nach Amerika gefahren und habe Erich und seine Familie in Los Angeles besucht. Sie hatten damals eine hübsche, ziemlich kleine Wohnung, in der sie zu fünft lebten: Erich, Fernande, Susan, die gerade geschieden worden war, die kleine vierjährige Debbi, Erichs Enkeltochter und Mark, der Enkelsohn. Es war eine große Freude, als wir uns wiedersahen. Leider mußte Erich furchtbar viel arbeiten. Er kam nur zu den Mahlzeiten nach Hause, denn am Tage war er in der Fabrik und abends arbeitete er in seiner Werkstatt. Ich war mal dort und hab ihm beim Aufräumen geholfen. Dabei hat er mir seine Sachen gezeigt, sein Werkzeug und alles. Ich war erstaunt, wie geschickt er noch immer mit seinen Händen war. Er hatte sogar alle möglichen Erfindungen gemacht, z. B. für Brillengestelle und ähnliches. Natürlich alles aus Plastik. Kurz nach Weihnachten mußte ich zurück nach Australien und vier Monate später bekam ich die Nachricht, daß er gestorben war.«

FERNANDE COLLIN-CURRIE: »Es kam ganz plötzlich. Er war gesund, arbeitete viel und war heiter wie immer. Am Donnerstagabend – es war der 28. April 1961 – kam er spät nach Hause und klagte über Blinddarmschmerzen. Da er mal Medizin studiert hatte, wußte er, daß es der Blinddarm war. Er rief noch am gleichen Abend seinen Doktor, der riet ihm, sich sofort am nächsten Tag operieren zu lassen. Und als Erich dann am Freitag zum Operationstermin ging, sagte er: ›Mach dir keine Gedanken. Bei Millionen von Menschen wird das täglich gemacht!‹ Aber er ist nicht mehr wiedergekommen. Er ist während der Operation gestorben. Die Ärzte sagten, sein Herz habe ausgesetzt, durch einen Schock. Ich meine, so was hätte nicht geschehen dürfen. Er war noch jung, 62 Jahre alt. Und an einer Blinddarmoperation zu sterben, ist heutzutage unglaublich.

Roman Cycowski hat mir geraten, die Ärzte zu verklagen. Aber wozu sollte das gut sein? Vielleicht hätten wir etwas Geld bekommen, aber Erich wäre davon nicht wieder lebendig geworden. Sie haben ihn getötet und der einzige Trost ist, daß er einen leichten Tod hatte. Aber vielleicht reden wir besser nicht mehr davon.«

gestorben am 27. Dezember 1982

Erwin Bootz

»Veronika, der Lenz ist da,
die Mädchen singen tralala.
Die ganze Welt ist wie verhext:
Veronika, der Spargel wächst!

Veronika, die Welt ist grün,
drum laß uns in die Wälder ziehn!
Sogar der alte Großpapa
sagt zu der alten Großmama:
Veronika, der Lenz ist da!

Mädchen lacht, Jüngling spricht:
Woll'n Sie oder woll'n Sie nicht?
Draußen ist Frühling!
Der Poet Otto Licht
hält es jetzt für seine Pflicht
und schreibt dieses Gedicht:

Veronika, der Lenz ist da,
die Mädchen singen tralala.
Die ganze Welt ist wie verhext:
Veronika, der Spargel wächst!

Veronika, die Welt ist grün,
drum laß uns in die Wälder ziehn!
Sogar der alte Großpapa
sagt zu der alten Großmama:
Veronika, der Lenz ist da!«

von Jurmann/Rotter
– Aufnahme der Comedian Harmonists vom 23. 8. 1930

Erwin Bootz: »Nachdem ich, wie schon berichtet, 1938 aus dem Meistersextett ausschied und zum Kabarett der Komiker hinüberwechselte, begann für mich ein neues Leben. Ich habe zwei Jahre für Willi Schaeffers als Komponist, Orchesterleiter und Autor gearbeitet. Nun war es gerade im Dritten Reich sehr schwierig und manchmal auch gefährlich, Kabarett zu machen. Kritik gegen das bestehende Regime war natürlich nicht möglich, das mußte man auf Umwegen tun, indem man z. B. menschliche Schwächen aufzeigte, oder irgend etwas angriff, was es auch im Ausland gab. Die Leute wußten dann schon, was man meinte. Manchmal aber fühlte man sich am Rande eines Kraters lustwandeln. Die Zensur war beschämend. Einmal wurde Werner Finck sogar von der Bühne weg verhaftet, bloß weil er irgendeine Andeutung über die Humorlosigkeit von Goebbels gemacht hatte. Im ›Kadeko‹ habe ich ganz allein zwei Revuen komponiert und geschrieben: ›Ich träum von dir‹ und ›Es liegt was in der Luft‹, die ein ganzes Jahr gespielt wurden.

Inzwischen war der Krieg ausgebrochen, und 1940 war ich der Meinung, mal wieder was anderes zu probieren. Also kündigte ich beim ›Kadeko‹ und fing an, freischaffend Tourneen durch ganz Deutschland zu machen. Oft war ich z. B. mit dem ›Tango-Orchester Georges Boulanger‹ unterwegs. Da war ich sozusagen die Unterbrechung seines Programms. Er hatte den Hauptteil des Abends zu bestreiten, und in der Pause kam ich für ungefähr fünfzehn oder zwanzig Minuten auf die Bühne, sang Chansons und begleitete mich auf dem Klavier dazu. Irgend etwas mußte man im Krieg ja machen.

Das ging bis Ende 1941. Da wurde ich im Januar 1942 Soldat, und das war zunächst einmal schrecklich. An einem schlimmen, kalten Wintertag fuhr ich mit einem alten Koffer und anderen Unglücklichen in einem Abteil dritter Klasse nach Bemmerode bei Hannover und wurde dort in einer Baracke untergebracht, wo wir neue Tänze lernten, weil die Heizung kaputt war und man entsetzlich fror. Da sollte ich zum Funker ausgebildet werden, aber ich habe nie funken gelernt. Schon nach drei Wochen änderte sich die Situation für mich. Es begann damit, daß ich vergnügliche Abende für meine Kameraden gab, dann studierte ich einige unterhaltsame Sachen mit anderen Leuten ein, was denen natürlich gefiel, weil sie dadurch zeitweise vom Dienst befreit waren und bald darauf bekam ich ständig Urlaub. Als Rekrut hat man ja nur Anspruch auf drei Tage, aber ich war sozusagen dauernd auf Urlaub. Ich wohnte im Hotel ›Ernst August‹ in Hannover, alle drei Tage kam mein Kompaniechef, den ich inzwischen duzte, und brachte mir einen neuen Urlaubsschein, denn ich sah nicht ein, warum ich in einer Baracke hausen sollte, wenn ich nicht mußte. So ließ ich es mir in Hannover gutgehen, während meine Kameraden ›geschliffen‹ wurden, wie man das damals nannte. Und als ich wieder einmal einen großen Abend gab, da war auch ein Regimentskommandeur aus Pinneberg anwesend. Und der war so begeistert, daß er mich zu sich kommandierte. Also kam ich nach Pinneberg. Dort mußte ich zwar in der Kaserne wohnen, aber in einem Raum, den ich ganz für mich allein hatte und an dessen Tür ständig ein Schild hing mit der Aufschrift: ›Nicht wecken! Nachtdienst gehabt!‹ Dieses ganze militärische Abenteuer dauerte ein dreiviertel Jahr, dann wurde ich ›u. k.‹ gestellt: ›u. k.‹ bedeutet ›unabkömmlich‹, und mit diesen zwei kleinen Buchstaben war man vom Wehrdienst befreit. Bei mir kam das so:

Seit einigen Jahren war ich mit Hans Hinkel bekannt. Hinkel war als Staatskommissar für Kunst und als Leiter des Theaterausschusses im preußischen Innenministerium direkt Göring unterstellt. Und der verschaffte mir einen Auftritt in der damals unglaublich beliebten Rundfunk-Sendung ›Wunschkonzert‹ mit Heinz Goedecke. Die war seinerzeit so berühmt, daß man sogar einen Spielfilm über sie gedreht hat. Dort bin ich im Oktober 1942 aufgetreten. Ich hatte mir was zusammengestellt dafür, was, glaube ich, sehr komisch war: Ich erzählte Erlebnisse aus meinem kurzen Soldatenleben und baute das Ganze auf bekannten Schlagern auf. So sang ich z. B. beim Wachestehen: ›Ich steh im Regen und warte auf nischt, warte auf nischt!‹ Oder, wie wir grüßen lernten: ›Meinen Korporal grüß ich tausendmal‹ und so weiter. Ich verflaxte also das militärische Einerlei ein wenig. Und damit hatte ich einen solchen Erfolg, daß es gelang, mich mit Unterschrift von General Keitel für die sogenannte ›Berliner Künstlerfahrt‹

freizustellen. Denn auch diese ›Künstlerfahrten‹ wurden von Hinkel geleitet. Man nannte es auch Truppenbetreuung. Wir traten meistens vor Soldaten auf und waren in Frankreich, Polen, Rußland usw. Oft mußten wir dann noch nachts im jeweiligen Offizierkasino Nachtprogramme machen. Es war schon ziemlich anstrengend.

1944 wurde mein Sohn geboren und bald danach gelang es mir, in der Nähe von Berlin in einem Syndikat unterzukommen, das Trickfilme herstellte. Besser gesagt, herstellen sollte, da die meisten Räume bereits zerbombt waren. So habe ich dort so gut wie nichts getan. Von morgens bis abends saß ich im Vorführraum und sah mir Trickfilme an, die man in den eroberten Ländern beschlagnahmt hatte. Pausenlos ließ ich mir Dutzende von Mickymaus-Filmen, den ›Zauberlehrling‹, den ›Rattenfänger von Hameln‹ und ähnlich unglaublich schöne Sachen vorspielen.

Ende 1944 wurden alle Theater in Deutschland geschlossen und der gesamte Kunstbetrieb eingestellt. Uns Künstler bestellte man in ein Gebäude in Berlin und jemand erklärte uns, daß wir alle von jetzt an irgendeine kriegswichtige Arbeit zu leisten hätten. Man würde uns gleich registrieren und einteilen. Als diese Ansprache beendet war, blieb alles sitzen. Nur zwei von den hundert Anwesenden gingen hinaus und verschwanden auf Nimmerwiedersehen: Heinrich George und ich. Keine Registrierung, keine Einteilung zu kriegswichtiger Arbeit – nichts. Ich habe nirgendwo gearbeitet. Die Leute nahmen mich einfach nicht mehr zur Kenntnis. Zumindest bis kurz vor Kriegsende. Da mußte ich ›Volkssturmmann‹ werden und wurde erst einmal im ›Haus des Rundfunks‹ eingesetzt. Doch kaum hatte ich mich dort in einen schönen großen Raum mit einem herrlichen Steinway-Flügel eingerichtet, da gab's Alarm. Mit einigen anderen wurde ich auf einen LKW geladen, der außer uns noch eine Menge Munitionskisten transportierte, und man fuhr uns ausgerechnet ins Regierungsviertel, in die Nähe des Propagandaministeriums. Das muß am 29. oder 30. April 1945 gewesen sein. Ganz Deutschland war von den Alliierten besetzt und wir wurden nun unterwiesen, wie wir die Russen noch im letzten Moment besiegen könnten. Dabei hörte man schon die feindlichen Kanonen sehr dicht schießen, und überall wurden Haufen von Akten und Papieren verbrannt. Schließlich wollte man mich sogar noch zum Rottenführer machen. Aber ich meinte, ich hätte Asthma, und ein Führer müsse doch immer vorn sein und nicht hinterher keuchen, und darum könne ich das nicht. Sie schickten uns mit Panzerfäusten in den ersten Stock von irgendeiner Behörde. Dort blieben wir, bis es Abend war, bis ich einen leeren Keller entdeckte. Da hab ich zu den anderen gesagt: ›Kinder, ich bin bloß ein einfacher Volkssturmmann, aber soviel weiß ich auch: Hier oben wird es uns schlecht ergehn. Oder glaubt ihr, daß die Russen uns freundlich zuwinken, wenn sie unten vorbeiziehen? Da drüben ist noch ein leerer Keller. Er ist zwar naß, aber voller Proviant. Wir gehn da runter, decken den Eingang ab, und erwarten dort das Ende.‹ Kurz und gut, wir bauten uns den Keller schön aus, schleppten noch mehr Proviant herbei und entdeckten schließlich dort unten eine große Stahlkammer, die voller Zivilisten war. Plötzlich hieß es: ›Wer ist unverheiratet?‹ Da wurden Leute gesucht, die durch die Front brechen und sich nach Westen durchschlagen sollten. Nun saßen in dem Bunker auch Nazigrößen aller Art, und da konnte man sehen, wie die Großmäuler alle schön weich wurden und plötzlich sehr einsichtige Sprüche führten. War nicht mehr viel los mit denen. Doch irgendwie taten sie mir leid. Es war schon eine schreckliche Katastrophe. Auch in mir war eine große Müdigkeit. Ich hatte nur den einen Wunsch: Wann hört das endlich auf? So oder so! Also meldete ich mich. Wir sollten einen ›Ausfall‹ machen und uns erst einmal bis zum Luftfahrtministerium durchschlagen. Aber wir verschwanden schnell wieder im nächsten Hausflur, denn auf der Straße krepierten die Granaten, ratterte Maschinengewehrfeuer usw. Mit einem Wort, es war die Hölle los.

Schließlich hieß es: ›Also Männer, verdrückt euch, genauer gesagt, verpißt euch, macht, daß ihr wegkommt, es ist aus!‹ Na schön, ich zog meine Volkssturmuniform aus, unter der ich Zivilzeug trug und ging als Zivilist von dannen. Das war im Regierungsviertel. Um nach Hause zu kommen, mußte ich über die Weidendammer Brücke. Die war schon unter Beschuß. Trotzdem gelang es mir mit einigen anderen, rüberzukommen. Doch dann gings nicht weiter. Nun wohnte nicht weit davon eine Freundin von mir, und da sind wir in den Keller, um zu sehen, ob wir unterkommen können. Wir kommen dort also rein und es ging zu wie bei Schneewittchen und den sieben Zwergen: Der ganze Keller war entzückend möbliert, Kerzen brannten, aber kein Mensch zu sehen! Irgendwann kam dann jemand aus einem der hinteren Keller, die alle miteinander verbunden waren, und das war ein Neger, ein schwarzer Mann. Es war wahrscheinlich der einzige deutsche Neger, den es damals gab. Er sprach fließend Deutsch, da er hier in Deutschland geboren war, und er bot uns an, hier bei ihm auf die Russen zu warten. Wir hatten noch Schnaps mit, den verteilten wir, ernährten uns von Haferflocken und Zucker und warteten, daß die Russen kamen. Und das taten die dann auch, am 3. Mai morgens. Die stürmten da rein und schrien: ›Alle Mann auf Kommandantura!‹ Als wir ans Tageslicht krochen, stand draußen ein Russe und spielte auf einer Harmonika, und die meisten von uns versuchten gut Wetter zu machen, indem sie so taten, als begrüßten sie die Russen als Befreier. Wir lieferten an die Soldaten unsere Uhren ab und da wäre Willy Prager, der Conférencier, beinahe erschossen worden, denn es war ausgerechnet ein jüdischer russischer Soldat, der ihm nicht glaubte, daß er keine Uhr mehr hat. Und der sich dann schämte, weil Willy Prager zu ihm sagte: ›Bei unserem gemeinsamen Gott schwöre ich Ihnen, ich hab keine Uhr!‹ Da hat er sich geschämt und ist weg. Nun sollten wir zur Kommandantur marschieren, aber da gab's noch gar keine. Und der Offizier, der uns dorthin bringen sollte, wußte nichts mit uns anzufangen. Er war schon ziemlich besoffen und sagte nur: ›Damoi!‹ ›Nach Hause!‹

Das haben wir uns nicht zweimal sagen lassen und liefen, so schnell wir konnten, davon. Unterwegs, in der Friedrichstraße, stießen wir auf eine lange Schlange von gefangenen deutschen Soldaten. Die wurden wie Schlachtvieh irgendwohin getrieben und keiner von denen kam auf die Idee, auszubrechen und zu verduften. Die marschierten stumpfsinnig weiter, obwohl es kaum Bewachungsmannschaften gab.

Im Tiergarten wurde ich wieder aufgehalten. Russen brachten mich zu einem verwundeten deutschen Soldaten: ›Halt! – Hier

Kamerad – Bein kaputt.‹ Nun sollte ich den mit seiner Beinverletzung in ein Hospital schleppen, auf einer Decke. Bloß, wo war hier ein Hospital? Woher sollte ich wissen, wo hier ein Hospital war? Da tauchte ein altes Mütterchen mit einem leeren Kinderwagen auf, den sie spazierenfuhr, um ein bißchen was zu plündern. Ich legte den Verletzten drauf und hielt Ausschau nach einem, der mich ablösen konnte. Tatsächlich kam auch einer des Weges. Ich erklärte ihm irgendwas und kaum hatte er meinen Deckenzipfel gefaßt, war ich schon weg. Dann ging es weiter, am Zoo vorbei, ich bekam sogar etwas geschenkt: einen Hering und ein Stück Brot und stand schließlich vor dem Haus, in dem ich mit einem Mädchen wohnte. Es war schwer beschädigt, vor allem die Vorderfront war vollkommen heruntergeschossen worden. Durch Granaten, nicht durch Bomben. Aber ich sah, daß es trotzdem noch bewohnbar war. Und das Mädchen, das auf mich gewartet hatte, kam herunter, umhalste mich, weinte schrecklich und war froh, daß ich am Leben geblieben und wieder bei ihr war. Ja, und dann lebten wir in diesem merkwürdigen Fragment eines Hauses. Es hatte vor allem den Vorteil, daß kein Russe unserer Wohnung einen ›Besuch‹ abstattete. Denn die Ruinen zu betreten, war ihnen streng verboten. Meine eigene Wohnung war leider fast ganz zerstört. Aber meine Freundin hatte die Möbel weitgehend retten können und sie in die hintere Wohnung geschleppt, die auf der gleichen Etage lag. Die war einigermaßen heil geblieben, nur durchs Dach regnete es. Wir mußten dann alle Töpfe, die wir noch hatten, darunterstellen und das ging dann ›ding, dong, dang‹, wenn der Regen hineintropfte. Darüber habe ich später ein Quodlibet geschrieben: Ding, dong, dang.

Mein Flügel war leider verlorengegangen, durch meine eigene Schuld. Den hatte ich nämlich in einem Keller sicherstellen wollen. Aber dort war er durchaus nicht sicher, denn am Ende liefen da ein paar Hitlerjungen rein und schossen von dort auf die Russen. Woraufhin die mit Flammenwerfern hinterherliefen und alles war im Eimer.

Im Sommer 1945 bekam ich die Ruhr und lag schwer auf der Nase. Ich war noch nicht genesen, da besuchte mich ein Mann Namens Hans Gerd Schnell, auch einer von der ganz weichen

Sorte. Der tritt also an mein Bett und meint: ›Tachchen, Goldi! Händchen, Händchen! Du mußt mitkommen. Wir machen Kleinkunst in den Kammerspielen Zehlendorf und ich brauch einen Star.‹ Ich erheb mich mühsam: ›Wie soll ich denn dahinkommen?‹ – ›Ja, hast du denn kein Fahrrad?‹ Darauf ich: ›Also, selbst wenn ich eins hätte, ich würde sofort wieder runterfallen. Ich bin doch nur noch Haut und Knochen.‹ Kurzum, mein Direktor fuhr mich jeden Abend auf dem Gepäckständer seines Fahrrades zu den ›Festspielen der Kleinkunst‹ und brachte mich anschließend wieder nach Hause zurück.

Damals hatten sich die Russen bereits aus den Westteilen von Berlin zurückgezogen und sie den Amerikanern, Engländern und Franzosen überlassen. Bald fing ich auch wieder an, zu produzieren, arbeitete für den Rundfunk und mußte in der ersten Zeit eineinhalb Stunden von Wilmersdorf zum Sender laufen, weil fast keine Verkehrsmittel fuhren.

Es war schon eine merkwürdige Zeit. Zeitweise hatte ich sogar einen ›Diener‹. Der war mal mein Garderobier gewesen. Kurz vor Kriegsschluß hatte man ihn noch zur Hilfsfeuerwehr eingezogen und im Herbst 1945 meldete der sich bei mir mit einem Rucksack voller Zigaretten zurück und war mir dann sehr nützlich und hilfreich.

Inzwischen wurde es Winter, und ich wärmte mich mit meiner Freundin am Kochherd in der Küche meiner alten Wohnung. Das war der einzige Raum, den man noch benutzen konnte. Den Herd fütterten wir mit Parkettfußbodenbrettern aus den anderen, zerstörten, leerstehenden Wohnungen. Abends gingen wir hinüber ins ›Schlafzimmer‹ und legten uns mit Hut und Mantel ins Bett, damit wir nicht erfroren. Morgens kam dann mein ›Diener‹ aus der Küche über das Treppenhaus in die hintere Wohnung gestapft und weckte mich mit den Worten: ›Guten Morgen, Herr Bootz! Wollen Herr Bootz frühstücken?‹ Er sprach grundsätzlich in der dritten Person mit mir.

Ich hab dann drei Jahre alles mögliche gemacht, um am Leben zu bleiben. Ich habe in Kinos und Vergnügungslokalen ›getingelt‹. 1946 baute ich in der ›Neuen Scala‹ eine Gesangsgruppe auf, die ›Singing Stars‹, ein Ensemble, das aus acht Frauen bestand und leider bald wieder auseinanderfiel. Vor allem habe ich, wie alle, so viel wie möglich auf dem schwarzen Markt verkauft, um nicht zu verhungern. Erst kamen die Fotoapparate dran, dann die Teppiche und schließlich die Möbel.

In dieser Zeit ließ ich mich auch von meiner zweiten Frau scheiden. Sie war mit dem Jungen noch vor Kriegsende aus Berlin fortgezogen, um den Bombenangriffen zu entfliehen, und jeder von uns ging seine eigenen Wege. Wenige Tage vor der Währungsreform, im Juni 1948 fuhr ich wegen eines Mädchens nach München. Als ich ankam, hatte sie schon einen anderen, so trennten wir uns freundschaftlich. Wenige Tage später gab es die neue Mark. Die Tapetenmark, die mit dem Aufkleber, die konnte man wegschmeissen. Und da hatte ich ein ungeheures Glück: Ein Freund von mir, Hans Fritz Beckmann, gab mir einen Tip: ›Komm doch mal raus in die Bavaria. Die suchen dort einen, der Jimmy Durante synchronisieren kann, aber sie finden keinen!‹ Durante war ein amerikanischer Komiker, sehr gut! Ich mußte sofort vorsingen und spielen und schließlich haben sie mich genommen. Es waren zwei Filme, die ich synchronisierte, und so bekam ich gleich nach der Währungsreform, bei der jeder Deutsche nur 40 Mark umtauschen durfte, 3000 Mark in die Hand! Das war wahnsinnig!

Logisch, daß ich diese lukrative Tätigkeit nicht aufgab. Bald darauf fing ich an, englischsprachige Texte lippensynchron einzudeutschen und schließlich machte ich für Metro-Goldwyn-Mayer auch noch Dialogregie. Nach über einem Jahr in München ging ich zur MGM nach Berlin und 1950 nach Hamburg. Insgesamt habe ich in den zehn Jahren, die ich beim Synchron arbeitete, über 180 Dialogbücher geschrieben und mindestens bei hundert Filmen Dialogregie gemacht, bis zu meiner Auswanderung 1959.

Wie kam das? Ich wollte mal einen radikalen Szenenwechsel, ich wollte in ein Land, das weit ist und unschuldig. Dazu kam, daß ich Schwierigkeiten mit der Steuer hatte. In den vorangegangenen Jahren konnte ich zwar ungewöhnlich gut verdienen, trotzdem kam es zu Steuerrückständen, die nicht mehr aufzuholen waren, da die guten Zeiten im Synchrongeschäft mehr und mehr zurückgingen. Kurzum, ich saß in der Tinte.

Nun lebte meine Schwester mit ihrem Mann in Toronto. Die konnten für mich bürgen, damit man mich in das Land ließ. So entschied ich mich für Kanada. Leider wurde das Ganze eine große Enttäuschung. Niemand hatte mir vorher gesagt, daß ich in Kanada nicht als Musiker arbeiten konnte, bevor ich dort nicht mindestens ein Jahr gelebt hatte. Gleich nach meiner Ankunft wollte ich in Toronto ein deutschsprachiges Kabarett aufmachen, bekam aber von der kanadischen Musikergewerkschaft keine Genehmigung, als Pianist zu arbeiten. Und so war ich gezwungen, mich auf andere Weise mühsam durchzuschlagen. Ein Jahr lang war ich als Versicherungsagent tätig. Ich habe Versicherungen verkauft, ohne ein Auto zu haben und das in diesem riesigen Land. Der erste, der mir eine Versicherung abnahm, hat mich anschließend in seinem eigenen Wagen nach Hause gefahren. Ihm tat es leid, daß ich da in der Kälte herumstolpern sollte. Bald darauf konnte ich mir Gott sei Dank für hundert Dollar mein erstes Auto kaufen. Das war ein doller Schlitten, ein Chevrolet aus dem Jahre 1949. Trotzdem war es nicht leicht, täglich von Haus zu Haus zu gehn, und ich war oft deprimiert.

Jedenfalls mußte ich ein ganzes Jahr warten, bis man mich endlich in die Musikergewerkschaft aufnahm. Wer dort nicht drin ist, der ist einfach kein Musiker. Als mir endlich der Ausweis übergeben wurde, sagte der Gewerkschaftsmann zu mir: ›So, jetzt sind Sie ein professioneller Musiker.‹ Ich antwortete: ›Danke schön, aber meiner Meinung nach bin ich das schon über dreißig Jahre!‹

Meine dritte Frau kannte ich schon, bevor ich nach Kanada fuhr. Wir waren einige Jahre befreundet. Trotzdem bin ich erst einmal allein gefahren, um zu sehen, ob es dort eine Lebensmöglichkeit für uns beide gab. Als ich endlich eine eigene Wohnung hatte, sollte sie nachkommen, doch das hatte seine Schwierigkeiten. Denn als die kanadischen Einwanderungsbehörden den Altersunterschied feststellten, wurden sie mißtrauisch. Sie konnten sich das für sie seltsame Interesse eines jungen Menschen an einem älteren gar nicht vorstellen. Immerhin ist meine Frau 26 Jahre jünger als ich. Und um sicherzustellen, daß ich kein Mädchenhändler bin, verlangten sie u. a. unsere jahrelange Korrespondenz von mir.«

Helli Bootz, die dritte Frau von Erwin Bootz: »Wir wollten sofort heiraten, sobald ich drüben war. Und gleich nach meiner Ankunft wurde sie festgelegt, die Hochzeit. Eine ganz kleine. Ich weiß noch, wie wir an dem Morgen im Wohnzimmer saßen und Karten spielten, Erwin und ich. Plötzlich sprang er auf und rief: ›Mein Gott, wir heiraten ja gleich!‹ Und verließ das Haus. Da dachte ich: ›Jetzt kommt er nicht wieder. Der hat Angst bekommen.‹ Ich saß da und wartete. Und kurz vor dem festgelegten Termin stürzt jemand die Treppe hoch mit einem riesigen Strauß Rosen in der Hand und keucht: ›Das waren die einzigen, die ich auftreiben konnte! Jetzt mach schnell, der Pfarrer wartet schon.‹ Dann sind wir zur Kirche gefahren, alle unsere Freunde standen schon da, und in zehn Minuten war die ganze Sache vorbei. Ich war nicht einmal geistig anwesend. Hinterher sind wir alle noch essen gegangen. Das war's. Ich fing dann auch gleich an zu arbeiten. Ich war noch keine vierzehn Tage im Lande, sprach kaum ein Wort Englisch, nur das bißchen, das ich von der Schule her kannte, da wurde mir die Stelle einer Dekorateurin bei einer Ladenkette angeboten. Und dort bin ich dann bis zum letzten Tag, den wir in Kanada waren, geblieben.

In Hamburg hatte ich Modezeichnen und Modeschöpferin gelernt und das, was ich machte, gefiel den Leuten wohl. Jedenfalls bekam ich bald ein eigenes Studio, eine eigene Crew, wo junge Leute arbeiteten, die künstlerisch begabt waren. Und die Firma stellte uns einen Wagen zur Verfügung, mit dem wir durch das Land fuhren und in den verschiedenen Städten Schaufenster dekorierten.«

Erwin Bootz: »Auch mit mir ging es langsam wieder aufwärts. Inzwischen hatte ich in Toronto viele Bekanntschaften gemacht, die mir halfen, wieder in den alten Beruf einzusteigen. Zuerst spielte ich in verschiedenen exklusiven Lokalen, also nicht in irgendwelchen Bars, wo man Pianisten das Bier auf den Klavierdeckel stellt. Das waren schon elegante Betriebe. Dann schrieb ich Sketche und Szenen für den Hörfunk und das Fernsehen und trat dort auch als Solist und Schauspieler auf, und eigentlich ging es uns ganz gut. Ich hatte sogar eine eigene kleine TV-Show. Ich trat auf, ging an den Flügel und fragte das Publikum, was sie gern hören wollten, z. B. ›Ein Schiff wird kommen‹. Dann ließ ich mir die Namen klassischer Komponisten zurufen, wie Bach, Mozart, Chopin oder Beethoven. Was denen so einfiel. Am Ende variierte ich das gewünschte Thema in der Manier der genannten klassischen Komponisten. Die Leute haben sehr gelacht, und es wurde ein schöner Erfolg. Trotzdem muß ich die elf Jahre Kanada, was meine künstlerische Entwicklung betrifft, als weitgehend verloren ansehen. Als ich 1971 wieder nach Deutschland zurückkam, war es sehr schwer, hier wieder Anschluß zu finden. Ich war fast Mitte sechzig und mußte hier noch einmal ganz von vorn anfangen.

Erst einmal übersetzte ich einen dicken Roman ›Der Maler‹ vom Nobelpreisträger Patrick White. Damit habe ich fast ein Jahr zugebracht, jeden Tag von morgens bis abends an der Maschine gesessen, und am Ende hat sich der Cheflektor als Übersetzer aufs Buch drucken lassen.

Ja, und dann kam Peter Zadek. Als ich ihn kennenlernte, übernahm er gerade das Bochumer Theater. Wir trafen uns hier in meiner Hamburger Wohnung zum Abendessen, und er kam ohne Vorwarnung mit fünf Mann.

Meine Frau hat das aber großartig hingekriegt. Danach saßen sie alle auf dem Teppich, und ich gab eine Vorstellung. Ich sang Chansons, erklärte sie, spielte Sketche, erzählte von meinem Leben, von der Zeit bei den COMEDIAN HARMONISTS und es schien ihnen zu gefallen. Jedenfalls hat Peter gesagt: ›Was wollen wir noch lange suchen. Das ist unser Mann für ‚Kleiner Mann, was nun?‘‹

So ging ich nach Bochum als musikalischer Leiter des Theaters und blieb dort 7 Spielzeiten. Schon die erste Premiere, ›Kleiner Mann, was nun?‹, war ein Riesenerfolg. Ich schrieb die Musik dafür, den Hauptschlager und stellte die anderen Chansons zusammen. Wir wurden, ›Aufführung des Jahres‹, man lud uns zu den Theaterfestwochen nach London ein – Herz, was willst du mehr? Dann folgten weitere Produktionen wie ›Bitterer Honig‹, ›Professor Unrat‹, ›Donna Rosita bleibt ledig‹ und viele andere, für die ich die Bühnenmusik machte. Später habe ich dann auch für andere Theater gearbeitet, so z. B. in Bremen an einer musikalischen Fassung von ›Das kunstseidene Mädchen‹ nach dem Roman von

Irmgard Keun, bei der Revue ›In 80 Tagen um die Welt‹, am Schillertheater in Berlin bei der Zadek-Inszenierung von ›Jeder stirbt für sich allein‹, und trat schließlich im Sommer 1980 im Zirkus auf, im ›Tempodrom‹ in Berlin. Da hatte ich eine Solonummer, habe mit den Leuten gesprochen, meine kleinen Witzchen gemacht, ein paar Klaviersachen gespielt und Chansons gesungen.

Ich bin Pianist, Sänger, Schauspieler, Vortragskünstler, Schriftsteller, Synchronbuchschreiber und Regisseur, Übersetzer, Drehbuchschreiber, Dirigent, Arrangeur und natürlich auch Komponist gewesen. Richtig verkaufen habe ich mich leider nie können. Aber wenn mich jemand, für das, was er brauchte und was ich konnte, einkaufte, dann hat er immer seinen vollen Wert und oft noch mehr bekommen. Siehe Zadek, der sich nicht beklagen kann, oder die COMEDIAN HARMONISTS, oder wer auch immer. Wenn ich irgendwo dabei war, dann wurde es, soweit es auf mich ankam, auch ein Erfolg.

Natürlich wünscht man sich den Erfolg. Auch, wenn man immer so tut, als mache man sich nichts daraus. Man macht sich doch was daraus!

Wenn mir etwas gelingt und es den Menschen gefällt, dann freue ich mich wie ein Kind. Dann möchte ich am liebsten jubeln: ›Seht doch wie schöön!!‹ Ich meine, der wahre Sinn des Lebens besteht darin, anderen Freude zu bringen und Liebe. Die Menschen lernen am besten, wenn sie lachen und unterhalten werden. Möglichst beides zusammen. Und das, glaube ich, habe ich getan. Ich hoffe, noch recht lange zu leben und zu arbeiten. Ich möchte es mit einem alten englischen Schauspieler halten, A. E. Matthews. Der war bereits über neunzig und machte noch einen Film nach dem andern. Da wurde er von einem Reporter gefragt: ›Wie machen Sie das in Ihrem Alter? Das ist doch erstaunlich. Wie leben Sie überhaupt?‹ Matthews antwortete: ›Ganz einfach. Ich stehe morgens auf, setz mich an den Frühstückstisch, nehme die Zeitung, schlage die Todesnachrichten auf und seh nach, ob mein Name drin steht. Wenn nicht, fahre ich sofort ins Atelier.‹«

Dieser Wunsch wurde Erwin Bootz nicht erfüllt. Am 27. Dezember 1982 starb er, fünfundsiebzigjährig, in Hamburg an den Folgen eines Herzinfarktes.

gestorben am 2. November 1985

Robert Biberti

»Wochenend und Sonnenschein,
und dann mit dir im Wald allein,
weiter brauch ich nichts zum Glücklichsein
als Wochenend und Sonnenschein!

Über uns die Lerche zieht,
sie singt genau wie wir ihr Lied,
alle Vögel stimmen fröhlich ein:
Wochenend und Sonnenschein!

Kein Auto, keine Chaussee,
und niemand in unserer Näh.
Tief im Wald nur ich und du –
der Herrgott drückt ein Auge zu,
denn er schenkt uns ja zum Glücklichsein
Wochenend und Sonnenschein.«

Anger/Amberg
– Aufnahme der Comedian Harmonists vom 22. 5. 1930

Robert Biberti: »1940 war ein Schicksalsjahr für mich. Die Untersuchungen der Gestapo gegen mich waren noch im vollen Gange, mein Lebenswerk, die Gesangsgruppe, für immer zerstört, und dann wurde ich am 20. Oktober zum ersten Mal mit den Schrecknissen des Krieges konfrontiert. In dieser Nacht fand der erste große Luftangriff auf Berlin statt und das Haus, in dem ich mit meiner Freundin, Hilde Longino, wohnte, wurde durch einen Volltreffer fast ganz zerstört. Dabei wurden viele Hausbewohner getötet. Die meisten von ihnen waren in ihren Wohnungen geblieben, denn Fliegeralarm hatte es seit Kriegsbeginn schon oft gegeben, nie aber einen richtigen Angriff.

Meine Freundin und ich sind davongekommen, weil ich wenige Tage zuvor unseren eigenen Keller mit ein paar alten Couchen und anderen belanglosen Möbeln ausgebaut hatte. Zufall! Das Schrecklichste kam, als wir nach der Entwarnung nach oben gingen: Überall lagen Tote und Zerfetzte: unsere Nachbarn.

In meiner Wohnung war der vordere Teil völlig verwüstet. Gott sei Dank lagen die Wohnräume mit den vielen schönen, wertvollen Möbeln im hinteren Teil und blieben unbeschädigt. Aber es hat lange gedauert, bis alle Schäden und Zerstörungen der Wohnung behoben waren. Es war Krieg und es gab kaum Handwerker.

Außerdem wartete ich täglich auf meine Einberufung als Soldat. Registriert war ich schon seit Anfang des Krieges und – um einmal volkstümlich zu reden – als richtiges, normales ›kv-Schwein‹ eingestuft worden, also ›kriegsdienstverwendungsfähig‹. Ich hatte keinerlei körperliche oder sonstige Gebrechen, die die Hoffnung aufkommen ließen, vom Militär befreit zu werden. Andererseits war ich mit meinen vierzig Jahren auch nicht mehr der Allerjüngste. Und so kam es, daß ich 1941 zur Berliner Luftschutzwarnzentrale eingezogen wurde.

Das war eine Einrichtung am Elsterplatz in Wilmersdorf, etwa fünfzig Meter unter der Erde. Lebensmittel, Kühlräume, ein kleines Lazarett mit ärztlicher Versorgung, für den Fall daß die Eingänge verschüttet werden sollten: eine richtige kleine Stadt für sich, tief unter der Straße.

In dieser Luftschutzwarnzentrale liefen alle Meldungen von feindlichen Einflügen in das damalige Reichsgebiet zusammen und wurden registriert. Etwa 120 Leute, darunter viele Soldaten, zeichneten die Flugrouten auf riesigen Plänen nach, auf denen das Deutsche Reich in ein Netz von numerierten Quadraten eingeteilt war. Wenn nun ein bestimmtes Planquadrat von feindlichen Flugzeugen überflogen wurde, und mit Sicherheit ein Angriff auf Berlin zu erwarten war, brachte man diese Meldung in einen kleinen, abgeschlossenen Raum, in dem ich mit noch einem anderen Mann saß.

In diesem Raum gab es ein safeartiges Schränkchen, für das jeder von uns beiden einen Schlüssel besaß. Sobald wir die Meldung erhielten, daß wieder ein Angriff bevorstand, mußte für die ganze Stadt Fliegeralarm ausgelöst werden. Wir gingen dann beide, jeder mit seinem Schlüssel bewaffnet, zu dem Schränkchen, öffneten es und drückten auf einen großen Knopf, der darin verborgen war. Im gleichen Moment gingen überall in Berlin die Sirenen los – ein schauerliches Geräusch!

Da ich somit schon früher als fast alle anderen wußte, wann ein Luftangriff bevorstand, konnte ich meine Freundin Hilde anrufen und ihr ein Zeichen geben, daß in wenigen Minuten Alarm sein wird. Während der Angriffe hörte ich dann immer tief unter der Erde, welche Stadtteile diesmal betroffen waren: Spandau, Charlottenburg, Wedding, Stadtmitte usw. Und jedesmal wurde die Angst größer, daß meine Wohnung in Trümmern liegt und Hilde darunter. Natürlich war das ein Vertrauensposten. Wir trugen keine Uniformen, denn wir waren ja sogenannte ›Geheimnisträger‹ und durften niemandem sagen, wo sich diese Luftschutzwarnzentrale befand, da ohne sie die gesamte Luftverteidigung von Berlin zusammengebrochen wäre. Ich war sehr froh, daß ich dorthin gekommen war. Der Dienst war zwar anstrengend, jede Nacht von acht Uhr abends bis um acht in der Frühe, also zwölf volle Stunden lang, aber er hat mich ein Jahr davor bewahrt, Soldat zu werden.

1942 schließlich wurde ich dann aber doch noch zum Militär eingezogen. Ich kam in die Alexander-Kaserne in Berlin-Ruhleben, im Volksmund ›Wanzenburg‹ genannt. Manche behaupteten, daß man morgens die Betten wieder richtig hinstellen mußte, weil Milliarden von Wanzen sie in der Nacht durch Kollektivarbeit verschoben hatten. Das waren so die Scherze damals.

Eine Rekrutenausbildung habe ich nie gehabt. Nie brauchte ich mich mit einem Gewehr in der Hand hinzuschmeißen und durch die Landschaft zu robben. Denn ich versuchte, mich auf verschiedene Weise unentbehrlich zu machen, wobei sich meine alten Hobbies als äußerst nützlich erwiesen. Vor allem meine Leidenschaft zu fotografieren. Gott sei Dank hatte ich noch Stapel von gutem Fotopapier, das sonst nirgendwo mehr zu bekommen war. Und so konnte ich mit den Aufnahmen der ganzen Führerschaft alle Offiziere vom Leutnant bis zum Major erfreuen. Dann habe ich Lautsprechereinrichtungen für alle Räume der Kaserne eingebaut, und schließlich verwertete ich nutzbringend meine Kenntnisse in der Feinmechanik. So kam ich in die Waffenmeisterei und tobte mich da an Drehbänken und anderen Maschinen aus, obwohl in meinem Wehrpaß ›Konzertsänger‹ stand und nicht ›Techniker‹ oder so was.

Ich habe sogar an einigen Verbesserungen in bezug auf das Reparieren und Behandeln von Waffen mitwirken können und dafür auch ein paar Patente bekommen. Natürlich gehörten diese Patente alle dem Militär. Das gab es nicht, daß man so etwas privat verwenden durfte. Aber mir machte es großen Spaß. Die Zeit in der Alexander-Kaserne war schon deshalb sehr aufregend, weil ich gezwungen war, durch Leistung das Interesse so auf mich zu lenken, daß man dort sagte: ›Den Mann müssen wir so lange wie möglich hierbehalten. Der repariert uns ja alles, was ihm unter die Finger kommt!‹ Auch ich hatte natürlich wie Millionen anderer Angst, an die Front zu kommen. Und diese Angst peitscht einem ein: Du mußt jetzt alles tun, um dich so unentbehrlich zu machen, daß sie dich nicht rausschicken! Und tatsächlich habe ich es auch eine Zeitlang geschafft. Aber nach einem Jahr in der Waffenmeisterei in Berlin-Ruhleben kam der Augenblick, wo mir mein Major sagte: ›Lieber Biberti, es wird schwierig. Es kommt eine Kommission, die alle Kasernen durchkämmt und alles, was noch Beine hat, an die Front schickt. Der Mann, der das Unternehmen leitet, ist ein General Unruh, genannt ‚Heldenklau'.‹

Das war im Januar 1943, also kurz vor dem Fall von Stalingrad. Und so sah ich mich schon mit ein paar hundert anderen Leuten nachts auf dem Kasernenhof bei völliger Dunkelheit versammeln, die feldmarschmäßige Ausrüstung, die Knarre und die Notverpflegung zu empfangen und dann vom Verschiebebahnhof Spandau 8 oder 10 Tage in Richtung Don oder Leningrad fahren. Das war genau das, was ich nicht wollte! Und ich habe es verhindern können durch einen Mann, den ich schon längere Zeit kannte und dem ich noch heute dafür dankbar bin: ein gewisser Paul Wenzlaff, Besitzer einer Radiofirma in Berlin, der während des Krieges in einem Forschungslaboratorium in Zoppot arbeitete. Man beschäftigte sich dort mit dem Prinzip der Fernlenkung sogenannter Nachläufer-Torpedos und anderem mehr. Dieser Paul Wenzlaff jedenfalls schlug mich als Mitarbeiter vor und tatsächlich wurde ich akzeptiert.

In der ersten Zeit habe ich dort fotografiert und zwar Aufnahmen von mechanischen Vorrichtungen, die sehr genau wiedergegeben sein mußten, da sie mit den entsprechenden Plänen beim Kriegsministerium in Berlin eingereicht wurden. Später ließ ich dann meine Drehbänke von zu Hause nach Zoppot kommen, darunter eine sehr seltene ›Leitmittelbank‹, die dort nicht vorhanden war, und verschiedene andere Meßinstrumente. Ich hab das alles getan, weil ich wußte: das ist deine letzte Chance. Bewähr dich hier, so gut du kannst, denn dies ist die letzte Station, sonst mußt du endgültig raus. Gelebt habe ich dort wie ein Hund, von trockenem Brot und Kartoffeln, weiter nichts, aber immer noch besser als an der Front sein.

Meine Freundin war in Berlin. Die Luftangriffe wurden immer schrecklicher. Dauernd rief ich an: ›Was ist los? Lebst du noch?‹ und so weiter. Es war wirklich nicht einfach damals.

Ende 1943, ich war gerade auf Urlaub zu Hause, hab ich unser Haus bei einem Angriff vor dem Abbrennen retten können. Ich hab dafür eine Auszeichnung bekommen und zwar das Kriegsverdienstkreuz Zweiter Klasse, sozusagen als Bewährung vor dem Feind. Und das kam so: Als wir nach der Entwarnung alle nach oben gingen, brannte das Dach. Die Hausbewohner wollten das Haus aufgeben. Und da habe ich alle, die noch da waren, angebrüllt: ›Los, rauf auf den Boden! Wir müssen löschen!‹ Und tatsächlich gelang es, das Feuer zu ersticken. Die meisten Häuser in den Städten sind heruntergebrannt, weil die Leute sich nicht mehr nach oben trauten, weil sie auf den Straßen wie gelähmt zuschauten, wie ihre Wohnungen herunterbrannten, ohne den Versuch zu machen, ihre Häuser zu retten.

Einige Monate später heiratete ich meine langjährige Freundin Hilde. Der Begriff Ehe war mir immer ein Greuel gewesen. Aber jetzt, wo ich ständig in der Gefahr war, an die Front zu müssen, wurde dieser Greuel überwuchert von der Angst, meine Freundin ohne meinen Namen und das Erbe zurückzulassen. Ich sagte mir, wenn ich nun kaputtgehe und nie wiederkomme, sitzt sie da und lebt ihr Lebtag als Fräulein Longino von der Sozialunterstützung oder ähnlichem. Ein unerträglicher Gedanke. In den zehn Jahren vorher hatte sie immer treu zu mir gehalten und war stets darauf bedacht, mir, soweit es in ihren Kräften stand, beizustehen; besonders in den schweren Zeiten, wo ich täglich zur Gestapo mußte. So kam es, daß wir uns im Juni 1944 trauen ließen. Als wir Hochzeit machten, sagte sie: ›Na, und wann trennen wir uns wieder?‹ Und ich antwortete: ›Nie! Wir trennen uns nicht. Ich sag dir schon jetzt, wir trennen uns nicht. Es sei denn, durch ein besonderes Schicksal, wie den Tod.‹

Und tatsächlich ist es auch so gekommen. 34 Jahre war ich mit meiner Frau zusammen, davon 24 Jahre verheiratet, bis zu ihrem Tode. Ja, sie war meine Lebensbegleiterin, wie es vorher keine gegeben hatte und nachher nicht mehr geben konnte. Heute würde ich mich mit keiner Frau mehr auf Dauer verbinden. Schon deshalb, weil die vielen Jahre mit Hilde mich derart geformt haben, daß ich in dieser Konsequenz keinen Anschluß mehr an irgendeine Frau finden könnte.

Gleich nach der Hochzeit mußte ich wieder nach Zoppot zurück und blieb dort, bis die Russen kamen. Es war Anfang Februar 1945, die Sowjets standen schon auf der anderen Seite der Weichsel. Es gab keinen Strom, keine Heizung mehr, das Laboratorium mußte aufgelöst werden. Und ich dachte nur, wie kommst du jetzt hier wieder raus? Zoppot liegt in Westpreußen, und Westpreußen war zur Festung erklärt worden. Das heißt, alle Männer zwischen 16 und 60 Jahren durften dieses Gebiet nicht ohne besondere Erlaubnis verlassen. Man wollte einer allgemeinen Flucht vorbeugen und war dabei den Volkssturm aufzustellen. Eine an sich hoffnungslose Situation. Und trotzdem kam ich raus aus diesem Festungsgebiet. Wiederum durch Frau Emmy Göring.

Ich rief sie an, denn telefonieren durften wir noch. Wir hatten eine Sonderleitung zum Ministerium. Und tatsächlich gelang es mir, mit Frau Göring zu sprechen. Ich vermied es, ›Hohe Frau‹ zu sagen, das war an sich die korrekte Anrede. Aber wir kannten uns lange, mit meinem Bruder duzte sie sich sogar, darum sagte ich: ›Frau Göring, ich möchte meine Frau wiedersehen. Sie ist in Berlin und ich sitze hier in Zoppot. Ich bin nicht mehr der Allerjüngste ...‹ Da unterbrach sie mich und fragte: ›Sie möchten da raus, nicht wahr? Ich werde sofort meinen Sohn bitten, sich darum zu kümmern.‹ Ihr ›Sohn‹ war das Kind aus Görings erster Ehe mit der Schwedin Karin. Daher auch der Name ›Karin-Hall‹ von Görings großem Besitztum. Wenige Tage später bekam ich ein Schreiben von Major Göring mit der Berechtigung, die ›Festung Westpreußen‹ zu verlassen.

Sobald ich dieses Schreiben in Händen hatte, fuhr ich sofort nach

Danzig in der Hoffnung, dort ein Schiff zu finden, das uns mitnahm. Am Kai lag ein Dampfer, die ›Wilhelm Gustloff‹, ein ehemaliges KdF-Schiff. Mit Hilfe der schriftlichen Erlaubnis, nach dem Westen ausreisen zu dürfen, gelang es mir, auf das Schiff zu kommen, beladen mit dem Notwendigsten, was ich noch hatte, meinen Dokumenten, ein paar Lebensmitteln und ähnlichem. Mit tausend von anderen Flüchtlingen kletterte ich auf den Dampfer und sah das grauenhafte Elend an Bord. Das Schiff war mit etwa 6000 Menschen belegt. Sämtliche Räume waren überfüllt, sogar auf dem vereisten Deck standen sie wie die Heringe. Unten, in den Speiseräumen, den Versammlungs- und Repräsentationsräumen, lagen die Verwundeten und die Schwerverwundeten. Es herrschte ein furchtbarer Gestank, und immer mehr Leute strömten herein. Denn viele Tausende standen noch am Kai und wollten mitfahren. Und als ich das alles sah, das übervolle Schiff, diese riesige Masse von Menschen, die Not und das Geschrei, da lief ich das Fallreep herunter und kehrte nach Zoppot zurück. Zu meinem Glück.

Mein Chef hatte inzwischen einen Wagen mit einem kleinen Anhänger aufgetrieben, einen Mercedes V 170, auf den verluden wir meine Meßbänke und andere Geräte und fuhren los in Richtung Berlin. Das ganze kostbare Laboratorium ließen wir zurück, die großen wertvollen Maschinen, alles, alles. Sogar die Türen standen offen, als wir abfuhren bei eisiger Kälte, mitten in einem Schneesturm. Es begann eine abenteuerliche Fahrt. In der Nähe von Schlawe in Pommern wurden wir mitten in der Nacht wieder einmal von einem dieser Kommandos angehalten, die unsere Papiere sehen wollten. Denn natürlich gab es unendlich viele, die ohne Erlaubnis flohen. Und dabei erzählte mir der Offizier, eben sei die Nachricht gekommen, daß die ›Wilhelm Gustloff‹ torpediert worden war und untergegangen ist. Fast alle, die damals auf diesem Schiff waren, sind in den eisigen Fluten ertrunken.

Zwei Tage und drei Nächte brauchten wir, bis wir, über verschneite Straßen fahrend, am 12. Februar in Berlin ankamen, mitten hinein in einen schweren Luftangriff, bei dem große Teile der Innenstadt vernichtet wurden. Zum Glück stand unsere Wohnung immer noch. Trotzdem konnten wir nicht in Berlin bleiben. Hier mußte ich sicher sein, nicht noch im allerletzten Moment eine

Knarre in die Hand zu kriegen und an die ›Front‹ zu kommen, soweit man überhaupt noch von ›Front‹ reden konnte. Es kam also darauf an, das Laboratorium, das als besonders kriegswichtig galt, an anderer Stelle wieder aufzumachen. Zum Glück fanden wir schnell heraus, daß in Weida, in Thüringen, eine Fabrik leerstand. Die wurde nun von Amts wegen beschlagnahmt und wir sollten dort mit meinen geretteten Werkzeugen, Maschinen, Apparaten und Meßinstrumenten weiter forschen, obwohl das völlig sinnlos war. Denn wie wir alle wußten, war Deutschland schon zur Hälfte von den Alliierten besetzt. Doch die Hauptsache war, daß wir mit einem solchen Auftrag Berlin verlassen konnten. Dazu kam, daß ich mir inzwischen ganz gut gefälschte Papiere besorgt hatte, aus denen hervorging, ich sei vom Militärdienst freigestellt, sei Geheimnisträger erster Ordnung und wäre im wortwörtlichen Sinne bei der Abwehr des ›Luftterrorismus‹ der Engländer und Amerikaner tätig und genösse deswegen besonderen Schutz.

Zwei Monate vor dem endgültigen Zusammenbruch habe ich im März 1945 mit meiner Frau unsere Wohnung in Berlin verlassen, mit sehr traurigen Gefühlen und in der Erwartung, daß wir sie nie wiedersehen würden. Wir sind nach Weida gefahren und haben versucht, uns dort neu zu etablieren. Vor allem verging die Zeit, das war das Allerwichtigste, denn das Ende des Krieges kam immer näher.

Die letzten Wochen waren ziemlich dramatisch. Als sogenannter ›Geheimnisträger‹ war ich gezwungen, in Zivil herumzulaufen. Und immer gab es Leute, die sagten: ›Was macht denn der hier? Warum ist der nicht Soldat?‹ Es war schon schändlich, wie sich die Menschen bemühten, einen anderen dem ›Barras‹ ans Messer zu liefern. Es gab sogar anonyme Anzeigen, und so sind wir immer wieder kontrolliert worden, auf den Straßen und Plätzen, zu Hause, überall. Und jedesmal zeigte ich meine Papiere vor, voller Angst, wenn der jetzt merkt, daß sie nicht echt sind, dann ist morgen dein Kopf ab. Unweigerlich. Denn ehrlich gesagt, ich hatte alles selbst gefälscht. Ich besaß genug Erfahrung durch meine Fotoarbeiten und mit Hilfe eines gewissen Verfahrens mit Asphalt. Außerdem entfaltete man in solchen drangvollen Momenten eine unglaubliche Geschicklichkeit, weil man weiß: Wenn du weiterleben willst, mußt du jetzt etwas dafür tun. Na ja, und das habe ich ja auch getan. Nun näherten sich die Amerikaner, die sogenannte Patton-Armee, mehr und mehr der Stadt Weida. Und da wurde ich in den allerletzten Tagen doch noch zum Volkssturm eingezogen. Das hieß, ich sollte in den umliegenden Wäldern mit der Knarre in der Hand und in Zivil – denn Uniformen gab's ja schon lange nicht mehr –, mit einer Binde um den Arm eben dieser Patton-Armee entgegentreten und die Stadt Weida verteidigen. Also trieb ich mich mit ein paar Leuten einige Tage und Nächte in den Wäldern umher, bis die Amerikaner endlich eines Morgens in die Stadt einmarschierten. Kurz zuvor waren noch Panzersperren errichtet worden. Gott sei Dank haben einsichtige Leute diese Sperren rechtzeitig beiseitegeräumt. Denn sie wußten, wenn die Panzersperren stehenbleiben, wird die Stadt von den Amerikanern als ›Festung‹ angesehen und vollkommen zusammengeschossen, ehe auch nur einer ihrer Soldaten sie betreten hat. In dreißig Minuten hätten sie Weida plattgemacht, eine Stadt von 12 000 Einwohnern und mit 40 000 Soldaten, die fast alle desertiert waren. Das war eine aufregende Geschichte. Doch das Wichtigste war, daß diese verdammten gottverfluchten zwölf Jahre nun endgültig vorbei waren.

Die Amerikaner marschierten also ein, ohne etwas zu zerstören, und schon am nächsten Tag wurden alle Männer aufgefordert, sich auf dem Schulhof der Stadt zu melden. Natürlich ging ich auch hin und dachte mir, was wird schon sein? Die werden dich heranziehen zu Aufräumungsarbeiten oder so was. – Sie zogen mich heran. Zuerst wurde ich vernommen, viele Stunden lang. Es war Ende April. Es war sehr heiß auf diesem Schulhof, und ich mußte lange warten, bis ich dran kam. Manche konnten nach dem Verhör wieder gehen; andere, etwa achthundert, standen in einer Ecke des Hofes als Gefangene. Sie fragten mich nach meinem Soldbuch. Jeder Soldat hatte ein Soldbuch. Ich nicht, ich hatte es irgendwo verborgen. Da wollten sie meinen Wehrpaß sehen. Wer vom Militär befreit war, besaß einen Wehrpaß. Ich nicht. Und nun mußte ich den Leuten erklären, wieso ich kein Soldat sei.

Das war, weiß Gott, nicht leicht. Schon vorher, als ich noch stundenlang an der Mauer stand, zergrübelte ich mir den Kopf: Wie kommst du hier bloß wieder raus? Einer von den Leuten, die besonders lange vernommen worden waren, weil sie den Amerikanern verdächtig erschienen, bekam einen Zusammenbruch und stürzte lang hin. Nach einer Weile stand er wieder auf, das ganze Gesicht voller Blut, und der vernehmende Offizier sagte zu ihm: ›You may go.‹ Und tatsächlich, er konnte vom Hof. Wie ich den beneidet habe!

Jedenfalls habe ich den Amerikanern erzählt, daß ich früher mal Franzose gewesen bin, also französischer Herkunft, und da lenkten sie schon etwas ein: Ach so, der war mal Franzose. Dann war er wohl wirklich kein Soldat. Die ganze Vernehmung war grauenhaft. Ich dachte nur immer: Jetzt ist die Naziherrschaft endlich vorbei und nun kommst du doch noch in Gefangenschaft. Und wer weiß, vielleicht liefern die dich sogar den Russen aus. Man wußte damals nicht, was passieren wird.

Plötzlich fiel mir ein, ich hatte ja ein Papier bei mir, das meine Behauptung, nie Soldat gewesen zu sein, ad absurdum führen würde. Es war ein Schreiben, in dem dem ›Grenadier‹ Robert Biberti die Erlaubnis erteilt wurde, Fräulein Hilde Longino zu heiraten. Und dieses Papier steckte in meiner Brieftasche! Ich denke: Um Gottes willen, wenn sie dich jetzt filzen?! Dieses Papier muß weg, sonst bist du erledigt!! Also mimte ich einen Schwächeanfall, die Hitze, die Aufregung und so, und frage den Vernehmer: ›May I sit down please?‹ Sagt der: ›Yes, do it.‹ Daraufhin setze ich mich in den Schatten der Mauer, krame unendlich vorsichtig in den Taschen herum, kriege das verdammte Papier endlich zu fassen. Hole es, in der Hand verborgen, heraus, immer mit dem Blick auf den Vernehmungstisch, an dem jetzt ein anderer verhört wurde. Niemand achtet auf mich. Dann ziehe ich mein Taschenmesser aus der Hose und beginne, vorsichtig hinter mir in dem festgetretenen Schulhofkiesboden ein kleines Loch zu kratzen. Es dauerte einige Zeit, aber dann gelingt auch das. Schließlich stopfe ich das völlig zusammengeknitterte Schreiben dort hinein, und buddele das Ganze wieder zu. Keiner hat etwas gemerkt. Dann ›erhole‹ ich mich wieder und meine Vernehmung wird fortgesetzt.

Nach über acht Stunden des Wartens, des Verhörens und der Angst hieß es: ›Sie sind verdächtig, aber Sie können gehen. Seien Sie vorsichtig!‹ So bin ich entlassen worden. Ich ging ganz langsam über den Hof und durch das Tor, aber kaum war ich hinter der Mauer auf der Straße ihren Blicken entschwunden, bin ich gerannt wie ein

Wahnsinniger, den kleinen Berg rauf, bis zu der Unterkunft, wo meine Frau verzweifelt auf mich wartete.

In Weida blieben wir dann noch etwa zwei Monate und kehrten schließlich im Juli 1945 auf abenteuerlichen Wegen nach Berlin zurück. Ich erinnere mich noch gut an die Spannung, in der wir waren: Steht das Haus noch, ist alles zerstört? Es stand noch. Unsere Wohnung war völlig ausgeraubt und verwüstet, aber wir hatten noch eine Couch zum Schlafen, ein paar Töppe, auf denen wir uns eine Wassersuppe kochen konnten, und dieser riesige Ballast aus Angst, Hilflosigkeit und ohnmächtiger Wut fiel langsam von uns ab. Pläne hatte ich keine, nur den Willen, in dieser Nachkriegszeit, in der jede ausreichende Versorgung mit Lebensmitteln und Heizmaterial fehlte, zu überleben. Allein, meine Wohnung wieder einigermaßen zu komplettieren, war mühevoll genug. Übrigens war sie weitgehend von Deutschen geplündert worden, von Russen natürlich auch, aber das meiste hatten Nachbarn weggeschleppt.

Dann wurde meine Frau sehr krank, die Lunge. Die Ärzte sagten: ›Butter – Butter ist die Rettung für Ihre Frau.‹ Und ich besorgte Butter. Unter schändlichen Bedingungen und zu wahnwitzigen Preisen, aber meine Frau wurde gerettet. Ich konnte das alles aushalten, ich bin so 'ne Art Urviech. Ich, ich leb auch von Kartoffelschalen. Aber wie gesagt, meine Frau mußte durchkommen. Viele gute Sachen habe ich verschleudert, die ich noch in Koffern und Kellern versteckt hielt. Auch Schmuck war darunter. Alles wurde gegen Butter, Kaffee und andere Lebensmittel eingetauscht.

In dieser ›Papiermarkzeit‹ von 1945 bis 1948 konnte man ja quasi von nichts leben. Der Tausch eines Füllfederhalters mit Goldfeder reichte für einen Monat Essen aus. Für die wenigen Zuteilungen, die wir auf unsere Marken bekamen, brauchte man nicht mehr als 11 oder 12 Mark. Die Miete für unsere riesige Wohnung betrug damals 250 Mark, Papiermark natürlich, ebensoviel wie für ein halbes Pfund Butter. Und durch Verkäufe und Schwarzmarkthandel schlug man sich eben so durch.

Meine Zeit verbrachte ich zum Teil auch damit, die Heizung zu besorgen. Das heißt, in den umliegenden, mehr oder minder verfallenen, oder ausgebrannten Häusern Trümmerholz zu sammeln, die Fußböden herauszureißen, um sie dann nachts heimlich in die

Wohnung zu schaffen, und damit ein oder zwei von insgesamt acht Zimmern der Wohnung zu beheizen. Es sprach sich schnell rum unter unseren Freunden, daß wenigstens ein Zimmer bei uns warm war. Und jeden Abend kamen sie dann, bloß, um sich in dem gemütlichen Raum bei Kerzenlicht ein wenig aufzuwärmen.

Es war schon eine seltsame Zeit. Die Not, der Hunger und die Kälte schufen ein Zusammengehörigkeitsgefühl unter den Menschen, wie ich es später nie wieder erlebt habe. Nachher, als der Wohlstand einsetzte, lebte wieder jeder für sich allein.

1946 wollte man den größten Teil meiner Wohnung beschlagnahmen und mir Familien hineinsetzen, die eine Bleibe suchten. Natürlich war mir das sehr unangenehm. Nicht wegen des Verlustes der Räume, das war mir nicht so wichtig. Aber der Gedanke, für lange Zeit mit Menschen zusammenleben zu müssen, die man nicht kannte, war mir unerträglich. Gott sei Dank habe ich es immer wieder abwenden können, indem ich die Wohnungsprüfer regelrecht bestach. Wenn sie kamen, fragte ich: ›Was sind Sie denn?‹ Und wenn er zum Beispiel antwortete: ›Ich bin Tischler‹, schlug ich ihm ein kleines Tauschgeschäft vor: ›Ich brauch dringend einen Hobel. Können Sie mir einen besorgen? Ich geb Ihnen dafür auch ein Kilo Kaffee, guten, echten Bohnenkaffee.‹ Nun war auch damals ein Hobel nichts besonderes, und ich hatte mehr als genug davon. Ein Kilo Kaffee jedoch war ein kleines Vermögen wert. Er bekam sein Kilo Kaffee, ging beglückt davon und schrieb in seinem Bericht, die Wohnung wäre unbrauchbar oder so ähnlich. Diese Methode hat sich so gut bewährt, daß wir die ganze Zeit allein und zufrieden leben konnten.

In diese Zeit fällt auch die Geschichte mit meiner Bewerbung beim RIAS und dem unschönen Verhalten von Harry Frommermann, dem es als amerikanischem Kontrolloffizier gelang, meine Anstellung zu verhindern. Danach befaßte ich mich für kurze Zeit mit dem Gedanken, das Ensemble neu aufzustellen. Ich habe das dann aber bald wieder fallengelassen.

In diesen ersten Jahren nach dem Kriege war wirklich nicht daran zu denken, die alten Konzerttourneen wieder aufzunehmen. Allein der Transportmittel wegen. Die Züge waren so überfüllt, daß sich die Menschen auf den Trittbrettern oder auf den Waggondächern einen Platz suchen mußten, um mitzukommen. Das war ja nun wirklich nicht drin. Dazu kam, daß es kaum möglich war, von einer Besatzungszone in die andere zu reisen. Und schließlich war da das nicht zu lösende Problem einer geregelten Verpflegung während der Tourneen.

So habe ich mich dann langsam in einem anderen Sinne neu etabliert. Ich richtete meine alte Werkstatt wieder ein, mit Drehbänken, Bohrmaschinen, Tischlerwerkzeug und besann mich auf mein altes Handwerk, das ich 1918, also kurz nach dem Ersten Weltkrieg, von meinem Vater erlernt hatte: die Holzschnitzerei. Daneben übernahm ich auch feinmechanische Arbeiten. Es gab viel zu reparieren damals, ungeheuer viel. Denn das meiste war ja kaputt.

Ich beantragte meine Anerkennung als Verfolgter des Nationalsozialismus, also als VdN. Und zwar aufgrund neu erlassener Gesetze für Leute, die entweder körperlich oder wirtschaftlich durch Inhaftierung, Entzug der beruflichen Existenz, der Behandlung durch die Gestapo u. ä. und durch daraus resultierende Leiden geschädigt worden waren. Mit dieser Anerkennung war zugleich das Recht verbunden, im Sinne des späteren Bundesentschädigungsgesetzes für beschlagnahmte Vermögen, Entzug der Existenz – resultierend aus den Berechnungen meines für bürgerliche Begriffe sehr hohen Einkommens früherer Jahre während der Zeit der COMEDIAN HARMONISTS und dem MEISTERSEXTETT –, eine Kapitalentschädigung zu bekommen. Es hat lange gedauert, aber am Ende konnten sie sie mir nicht verweigern. Und, wie schon gesagt, bin ich dann später auch den anderen Mitgliedern der COMEDIAN HARMONISTS behilflich gewesen, ihre Ansprüche durchzusetzen.

Gelebt habe ich in den letzten dreißig Jahren, also von 1950 bis 1980, von mehr oder minder kleinen Geschäften. Zum Beispiel vom Antiquitätenhandel. Ich hatte mich schon früher für antike Sachen interessiert. Und wenn wir so während der Tourneen von Stadt zu Stadt zogen, um unsere Konzerte zu geben, trieb ich mich oft tagelang in Geschäften dieser Art herum, kaufte ein und verschaffte mir vielerlei Verbindungen. Seinerzeit war das für mich mehr so eine Art Hobby gewesen. Nach dem Kriege wurde es zum Gewerbe. Oft bekam ich Sachen in einem Zustand, in dem sie nicht zu verkaufen waren. Zum Beispiel eine schöne, alte, englische Uhr oder so etwas. Dann machte es mir großen Spaß, sie wieder so hinzukriegen, daß sie funktionierte. Und mit Hilfe meiner Werkstatt, den vielen Instrumenten, feinen Maschinchen und durch eine in Jahrzehnten erlangte empirische Erfahrung konnte ich viele Kunstgegenstände bestens wieder herrichten. Arbeiten, für die man heute kaum noch jemand findet: das Ausbessern von Möbeln, von Schnitzereien anspruchsvoller Art usw. Und das sind natürlich Arbeiten, die Geld bringen. Dann habe ich durch meine Reisen oft Gelegenheit gehabt, da und dort etwas günstig einzukaufen, was bei uns sehr teuer ist, wie zum Beispiel Möbel in London. Schließlich weiß ich auf dem Markt Bescheid und kenne die Preise, die man bei uns hier zahlt.

Aber auch mit Hilfe der Fotografie habe ich mich über Wasser halten können. Immer wieder einmal wurden Fotos von den alten COMEDIAN HARMONISTS oder dem MEISTERSEXTETT verlangt. Denn ich habe ein riesiges Archiv mit Tausenden von Aufnahmen. Schließlich schrieb ich auch einige Sendungen über das Ensemble für den Rundfunk und hatte das Glück, daß man sie gleich mehrfach wiederholte, was immer ein gutes Honorar bringt. Es handelt sich also um mehrere, sehr unterschiedliche Möglichkeiten, seinen Lebensunterhalt zu verdienen. Mein Liebstes zu tun aber war und ist auch heute noch die Mechanik, insbesondere die Elektromechanik. Schließlich habe ich im Laufe von sechs Jahren ein sehr großes Haus mit einer Wohnfläche von 300 Quadratmetern für meinen Bruder in Ascona ausgebaut. Ich hab die Böden eingezogen, die Küche und die Badezimmer eingebaut. Das Haus war ohne jede Versorgung, weder Strom, noch Wasser, noch Gas. Ich habe dafür gesorgt, daß alles bestens eingerichtet wurde. Und als mein Bruder 1973 starb, hat er dafür gesorgt, daß ich für diese freiwillige Arbeit, die ich sechs Jahre lang auf mich genommen hatte, eine ansehnliche Summe aus seinem Erbe bekam.

Dazu kommt, daß ich bescheiden leben kann. Ich besohle mir zum Beispiel die Schuhe selbst. Es macht mir eben mehr Vergnügen, meine Stiefel piekfein selbst zu besohlen, als sie zum Schuster zu bringen. Auch die ›kleine Wäsche‹ wasche ich mir selber. Ich habe mich dabei so eingearbeitet, daß ich nichts zur Waschanstalt zu geben brauche. Wenn man so will, bin ich das, was man einen Lebenskünstler nennt. Oder so eine Art Hans-Dampf-in-allen-Gassen: heute mach ich das und morgen das.

Mitte der sechziger Jahre kam dann noch die Neupressung unserer alten Platten, und das hat sich dann in den darauffolgenden Jahren ganz unerhört gesteigert im Zuge dieser sogenannten Nostalgie-Welle. Nein, nein, es geht mir gut. Es geht mir gut. Und im Rahmen eines gewissen Standards kann ich mir leisten, was ich will. Ich habe, wie man so schön sagt, ausgesorgt. Meine große Sorge war die aller Menschen: Wie wird es dir im Alter ergehen? Aber in der Hinsicht habe ich so vorgesorgt, daß ich nicht im Armenhaus ende, das bestimmt nicht.

Fünfundsiebzig Jahre bin ich jetzt auf dieser Erde. Und was ist geblieben? Ich glaube, ich kann auf ein erfülltes Leben zurückblicken. Ja, das kann ich. Das Leben hat mich gelehrt, eine Menge Dinge zu erkennen und zu ertragen. Wobei ich durchaus nicht von einem Jammertal reden darf, durch das ich gegangen bin. Gemessen an dem, was um mich herum mit Millionen Menschen geschah, ist es mir eigentlich immer gutgegangen. Aber es hat dazu geführt, daß ich alles mit Augen sehe, die von dem geprägt worden sind, was sie in den vielen Jahren vorher mit ansehen mußten.

Die beste Tat meines Lebens war sicherlich meine Initiative in der Zeit der COMEDIAN HARMONISTS, wo ich alles in meinen Kräften stehende tat, daß wir nicht auseinanderfielen, daß der Gedanke des Kollektivs, des menschlichen Beieinanderbleibens nicht verloren ging. Ich bin überzeugt, daß dies meine beste Tat war.

Jetzt bin ich allein. Meine Frau starb im Februar 1968, viel zu früh. Sie ist nur 59 Jahre alt geworden. Ich hab mich bis heute nicht davon erholt und werde es wohl auch nie tun. Immer wieder beschleichen mich Anwandlungen: Eigentlich bist du doch alleine. Deine Frau ist nun weg. Der Mensch, mit dem du 34 Jahre zusammen warst. Es gibt keinen Ersatz und es kann auch keinen geben, obwohl ich Freunde und Freundinnen habe, die sehr nett sind und zu mir halten. Aber dieser Mensch ›Hilde‹ ist für mich unersetzbar. Und manchmal denke ich daran, wenn ich hier so alleine durch meine große Bude schleiche: ›Gott, wenn sie doch jetzt da wär und sagen würde: Komm, Bob, der Kaffee ist fertig.‹«

Zehn Jahre nach diesem Interview ist Robert Biberti am 2. November 1985 in Berlin an Nierenversagen gestorben.

gestorben am 31. Juli 1978

Ari Leschnikoff

»Ein Lied geht um die Welt,
ein Lied, das euch gefällt.
Die Melodie erreicht die Sterne,
jeder von uns hört sie so gerne.

Von Liebe singt das Lied,
von Treue singt das Lied.
Und es wird nie verklingen,
man wird es ewig singen.

Gib acht auf die Zeit –
Das Lied bleibt in Ewigkeit!«

May/Neubach
– Aufnahme der Comedian Harmonists am 31. 5. 1933

Ari Leschnikoff: »1942, im August, wurde ich mobilisiert von der bulgarischen Armee, als Hauptmann der Reserve. Ich mußte aber nicht an die Front. Ich konnte in Sofia bleiben, als Adjutant des Kommandanten vom Bahnhof Sofia-Ost. Später wurde ich dann selbst Chefkommandant. So sah ich täglich meine Frau und unseren Sohn Simon, der jetzt schon fünf Jahre alt war. Von meinen Ersparnissen aus der Zeit der Comedian Harmonists hatte ich mir ein vierstöckiges Wohnhaus gekauft. Eine schöne große Wohnung in der ersten Etage bewohnten wir selbst, die anderen waren vermietet.

Unser Leben war ganz erträglich, trotz des Krieges, bis zum 10. Januar 1944. Da hat unser Unglück begonnen. Ich hatte Nachtdienst im Bahnhof. Plötzlich gab es Fliegeralarm. Er dauerte mehrere Stunden. Es war am Morgen gegen acht Uhr, da kommen Leute und sagen, beim Zoo-Garten, in der Straße Wenelin, da sind viele Bomben gefallen. Ich wollte mit dem

Wagen fahren, aber er ging nicht, denn alles war kaputt; die Straßen aufgerissen, die Telegrafenmaste umgestürzt, die elektrischen Leitungen hingen herunter. Da bin ich gerannt wie ein Verrückter, bis ich in unsere Straße gekommen bin. Mein Gott, wie sah das alles aus! In unser Haus war eine Bombe gefallen, vom vierten bis in den ersten Stock und hat alles zerschlagen. Die Häuser daneben brannten, und ich sehe meine Frau hat unser Söhnchen und andere Kinder mit nassen Decken umwickelt, war mit ihnen in den Keller gelaufen und hat sie gerettet.

Aber wir hatten alles verloren, alles, alles, alles! Mein kleines musikalisches Museum, das Klavier, alles. Das große Gebäude war so zerstört, daß Delphine mit Simon zu einer Frau ziehen mußte. Die war Engländerin wie sie und hatte auch einen Bulgaren geheiratet. Wir haben dann ein paar gebrauchte Sachen bekommen, einen Schrank, zwei Betten, zwei Matratzen und zwei Decken. Das reichte nur für die beiden. Ich mußte in meinem Büro im Bahnhof übernachten.

Dann habe ich sofort darum gebeten, demobilisiert zu werden. Ich war ja nur Reserveoffizier und kein aktiver. Und zwei Monate später im März 1944 haben sie mich aus meiner Verpflichtung befreit.

Am 9. September 1944 kam dann die Revolution, also der Aufstand gegen die Deutschen und bald darauf marschierten die russischen Truppen in Sofia ein. Nach der Demobilisierung, ja, das war sehr schwer, weil – ich war nicht am Theater engagiert, sondern ein freier Sänger. Bald wurde alles verstaatlicht und das neue kulturelle Ministerium steckte mich in eine Truppe mit Akrobaten, Artisten, Zirkusnummern, Clowns und Ballerinen. Da haben wir Bau-Brigaden besucht, sind in Kinos aufgetreten und anderen Sälen und waren dauernd unterwegs. Bezahlt wurden wir vom Ministerium. Es war nicht so viel, aber ich hab drei Medaillen bekommen als Auszeichnung. Meine Frau, die Engländerin, hat Privatstunden in englischer Sprache gegeben und gut dabei verdient. So haben wir einige Jahre gelebt. Später habe ich dann auch öfter im Radio gesungen mit einem Zigeunerorchester, bin mit denen in die Provinz gefahren, aber es war schon schwer. Warum? Jeder Mensch hat sein Glück und meines war vorbei.

1947 ist der Vater von Delphine in London gestorben. Als Engländerin bekam sie die Ausreisegenehmigung. Simon, der neun Jahre alt war, nahm sie mit. Sie wollte einen Monat dort bleiben, ist aber nie mehr zurückgekommen. Bald darauf hat sie sich scheiden lassen. Ich habe sie nicht wiedergesehen. Simon lebt heute als Maschineningenieur in England und einmal, 1970, hat er mich hier besucht. Er war auf dem Wege nach Malta, wo er Urlaub machen wollte. Seitdem hab ich nichts mehr von ihm gehört.

Bald nach der Scheidung habe ich dann meine zweite Frau kennengelernt. Und das kam so: Ich hatte Geburtstag, ich wurde 48 Jahre alt. Viele Freunde kamen mich besuchen. Und einer war darunter, der kannte meine spätere Frau. Sie hatten sich am Vormittag zufällig getroffen. Er sagte zu ihr: ›Weißt du, heute hat Ari Leschnikoff Geburtstag. Willst du ihn kennenlernen?‹ – ›Gerne, nimmst du mich mit? Ich werde ihm gratulieren und einen Blumenstrauß bringen.‹ Sie kam mit dem Strauß in der Hand und ich freute mich sehr, Blumen von einer so jungen Dame zu bekommen. So haben wir uns kennengelernt. Sie war noch Studentin. Blond und sehr jung, viel jünger als ich. Sie studierte Kindergärtnerin an einem Institut. Arm wie ich, wir waren beide arm. 1952 haben wir geheiratet, und sechs Jahre später wurde mein zweiter Sohn Henry geboren. Da war meine Frau schon Lehrerin in einem Kindergarten. Später hat Henry ein Technikum absolviert für Verbrennungs- und Elektromotoren. Aber wie alle Kinder macht er uns Sorgen. Er ist ein schwieriger Junge.

Im Laufe der Jahre kam dann immer mehr diese moderne Musik auf. Ich hab zwar noch ein paar Konzerte gegeben und auch ein paar Platten besungen, aber mit uns Alten ging es immer tiefer, tiefer und tiefer. Durch den modernen Gesang hat man uns Alte richtig weggeschmissen und zwar so grob, so grob. So, als ob man einen Menschen tötet.

1952 mußte ich aufhören als Sänger und wurde in eine Fabrik geschickt. Am Anfang war ich dort Hilfsarbeiter, später Lagerverwalter für Werkzeuge und Materialien. Fünf Jahre habe ich da gearbeitet und noch jeden Sonntag gesungen. Als ich 1957 die Fabrik verließ, ging es uns sehr schlecht. Ein paar Tantiemen bekam ich noch aus dem Verkauf meiner bulgarischen Platten, und meine Frau hatte ihr festes Gehalt als Kindergärtnerin.

Damals habe ich Bob Biberti geschrieben und ihn um Hilfe gebeten. Ich schrieb: ›Lieber Bobby, es sind schon 17 Jahre her, seit wir uns nicht mehr gesehen und von einander gehört haben. Ist das möglich? Mir kommt es vor, als ob es gestern war. Dir auch, Bob? Alles ist wie ein Traum, immer nur Bilder und Bilder: Als Choristen im Großen Schauspielhaus, dann unser Ensemble, die COMEDIAN HARMONISTS, DAS MEISTERSEXTETT usw. usw. – Konzerttourneen, sehr viel Geld und ein schönes Leben. Wie ein Traum war das. – Doch nun Schluß mit den Sentimentalitäten. Seit ich aus Deutschland weg bin, habe ich alles verloren: mein Haus durch Bombardement, von Delphine bin ich geschieden, meine Mutter ist gestorben. Und heute dürfen wir uns nach 17 Jahren nicht sehen und aussprechen, nur schreiben. Und nun sieh mal, durch Zufall bekomme ich ein Heft der Illustrierten ‚Constanze‘ vom Februar in die Hand. Da stand viel über die COMEDIAN HARMONISTS drin. Beim Lesen habe ich etwas geweint. Wie schön ist es doch gewesen.

Du bist jetzt gewiß ein ganz großer Fotograf geworden, glaube ich. Weil Du schon damals immer viel mit dem Fotoapparat und den Schallplatten gearbeitet hast. Apropos Platten: Meine sind alle beim Bombardement kaputtgegangen, nichts ist geblieben. Könntest Du mir die eine oder andere schicken? Besonders würde ich mich über deutsche Volkslieder, die ‚Serenade‘ von Schubert und ‚Die Liebe kommt, die Liebe geht‘, freuen und natürlich ‚Ein Lied geht um die Welt‘.

Ich habe auch an die Electrola in London geschrieben und hätte gerne gewußt, was mit dem Geld ist von unseren Tantiemen und was mein Teil davon ist. Ich bitte Dich, auch im Namen unserer verstorbenen Mütter, wenn Du etwas weißt, dann schreib es mir. Du warst, wie ich, immer ehrlich mit dem Geld und den Abrechnungen. Ich habe auch schon viele Male an Radio Berlin und die Schallplattenfirma in Frankfurt geschrieben, aber nie eine Antwort bekommen. Sonst geht es mir ganz gut, ich bin kräftig und gesund. Wie sagt man im Sprichwort: ‚Wenn man sich gut fühlt, braucht man nicht nach den Jahren zu fragen.' – Meine Stimme ist immer noch gut, schade, daß ich nicht bei Dir bin, Bobby, damit ich Dir das hohe C vormachen kann. Ich arbeite jetzt als Gärtner in den Grünanlagen in Sofia, ich muß dort Wege säubern und so etwas. Aber das Geld reicht nicht. Bitte, Bob, kannst Du mir helfen? Nur einen Freund bittet man bei Not um Hilfe. Etwas Geld von mir ist noch in Italien, kannst Du mir das schicken? Und zwar in Dollars und über die Bank. Oder kaufe mir davon ein schönes, neues Radio. Mein ‚Körting', den Du ja kennst, ist beim Bombardement kaputtgegangen. Dann hab ich eine kleine Summe in der Deutschen Bank am Savignyplatz. Bitte sieh doch mal nach, was damit los ist. 1939, kurz bevor der Krieg ausbrach, waren über zweitausend Mark auf dem Konto:

Dann bitte ich Dich noch um einen anderen Gefallen: Kannst Du mir Gläser für meine Brille besorgen? Und zwar links +1'50/4 und rechts +0'50/3. Hier ist so was nicht zu kriegen. Schreib mir alles, was in der Zwischenzeit passiert ist, wer noch außer uns am Leben geblieben ist und wo sie heute alle wohnen. Was ist mit Erwin Bootz und Deinem Bruder Pelle. Grüß mir mein Berlin sehr schön und alle Bekannten und Freunde von früher. Viele Grüße und Küsse von Deinem so unglücklichen Ari.

PS. Ich erwarte mit Sehnsucht Deine Antwort.«»

ROBERT BIBERTI: »Es ging ihm sehr schlecht, finanziell. Und mir hätte es nichts ausgemacht, ihm im Monat ein paar hundert Mark zu schicken. Davon hätte er in Sofia in dulci jubilo leben können. Und meine Frau hat mir oft gesagt: ›Vergiß, was er dir damals alles angetan hat, hilf ihm.‹ Aber ich hab's nicht getan. Ich sagte zu ihr: ›Hilde, wenn das geglückt wäre, was Ari seinerzeit gegen mich in die Wege geleitet hat, dann würde ich heute nicht mehr leben; wahrscheinlich wäre ich in einem KZ verreckt oder in eine Strafkompanie gekommen. Auf jeden Fall hätten die mich fertiggemacht. Ohne die Hilfe von Emmy Göring wärst Du heute mit Sicherheit Witwe, würdest von Sozialunterstützung leben und ein bitteres Leben fristen.‹ Da mußte mir Hilde recht geben. Jedenfalls hat sich meine Einstellung Ari gegenüber bis heute nicht geändert. Und ich habe ihm nichts geschickt.«

ARI LESCHNIKOFF: »Ich mußte dann noch fünf Jahre als Gärtnergehilfe arbeiten, bis 1962, dann wurde ich 65 Jahre alt und erhalte seitdem eine kleine Rente. Weil ich aber die meiste Zeit meines Lebens in Deutschland gewesen bin und auch in Bulgarien lange Jahre als freier Sänger gearbeitet habe, war die Zahl der Dienstjahre, für die ich Rente bekomme, gering. Für meine zwölf Jahre Arbeit als Lagerverwalter und Gärtner zahlt man mir jetzt 70 Lewa im Monat, das sind nach deutschem Geld etwa hundert Mark.

1965 wurde ich in die DDR eingeladen. Das kam durch einen Mathematiklehrer in Dresden, Hellmuth Naether. Der ist ein großer Verehrer von den COMEDIAN HARMONISTS und hat über hundert alte Platten von uns gesammelt. Einmal hat er Urlaub gemacht in Bulgarien, im Witoschka-Gebirge. Meine Schwester wohnt da in einem Dorf und ich habe sie zur selben Zeit besucht. Und wie ich so spazierengehe, kommen deutsche Touristen an mir vorbei. Einer bleibt stehen und guckt mich an: ›Sagen Sie mal, sind Sie nicht Ari Leschnikoff, der Tenor von den COMEDIAN HARMONISTS?‹ – ›Ja‹, sage ich. Da ist er bald verrückt geworden und hat alles arrangiert durch unsere Gesandtschaft in Ost-Berlin und unser Kulturministerium. Man brachte mich nach Dresden, Schwerin, Berlin und Magdeburg und überall wurde ich gefeiert. Sie haben so spezielle Schallplatten-Abende gemacht in Schulen und Theatern und viele Leute waren da, manchmal 600 bis 800 Menschen. Man hat die alten Platten gespielt, ich habe von mir erzählt, und ich war glücklich.

Drei Jahre später bin ich dann noch mal in der DDR gewesen, in Ost-Berlin, zur Jubiläumsfeier vom Großen Schauspielhaus, das jetzt ›Friedrichstadt-Palast‹ heißt. Ich wurde Ehrenmitglied des Theaters und bekam eine goldene Ehrennadel. Sie haben Interviews mit mir gemacht für die Zeitungen und Radio. Und ich habe entdeckt: Hier in Deutschland hat man mich nicht vergessen. Ich bin ja auch sozusagen ein deutscher Artist, zwanzig Jahre lang habe ich dort gesungen. Aber auch in Bulgarien bin ich fast zwanzig Jahre als Sänger gewesen. Und hier weiß niemand von mir.

Am 16. Juli 1977 war hier in Sofia eine offizielle Feier im bulgarischen Rundfunk zu meinem achtzigsten Geburtstag, wo mein

Freund Georgi Dimitrov eine Rede gehalten hat, bei dem mir die Augen feucht wurden. Dann wurde mir die Medaille ›Cyrillus und Methodicus‹ für Kunst und Kultur in Gold verliehen, was aber keine besondere Auszeichnung ist. Die bekommen hier viele. Sonst schreibt und spricht hier niemand über mich.

Ich werde älter und einsamer. Die Lücken werden größer. Meine Welt ist klein geworden. Glücklich bin ich nur über die vielen, vielen Briefe und Pakete, die ich aus Deutschland bekomme, seitdem dort der Film über die COMEDIAN HARMONISTS gezeigt wurde.

Vierzig Jahre habe ich gesungen mit meiner Stimme! Ich weiß, ich habe nicht umsonst gelebt. Jeder Mensch muß seine Profession, seinen Beruf liebhaben. Und es ist wunderschön zu singen.

Darum war ich glücklich in meiner Arbeit. Es war eine große Ehre für mich, nicht wahr? Weil ich etwas gegeben habe dem Volk, ob es Deutsche waren oder Engländer, Bulgaren, Franzosen, Amerikaner, überall.«

Am 31. Juli 1978 traf bei ›dpa‹ ein Fernschreiben aus Bulgarien ein: »heute den 31. juli um 14 uhr verstummte für immer die goldene nachtigall, der ritter des hohen f, der berühmte ehemalige tenor der comedian harmonists ari leschnikoff im alter von 81 jahren stop bis zu seinem letzten atemzug blieb er ein treuer freund des arbeitsamen fleißigen musikliebenden deutschen volkes stop in tiefem schmerz – georgi dimitrov +++ sofia +++«

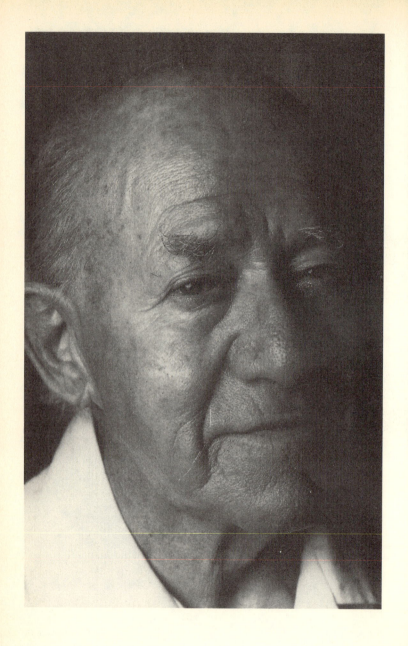

Roman J. Cycowski

»Guter Mond, du gehst so stille
durch die Abendwolken hin,
bist so ruhig und ich fühle,
daß ich ohne Ruhe bin.

Traulich folgen meine Blicke
deiner stillen, heit'ren Bahn.
Oh, wie hart ist das Geschicke,
daß ich dir nicht folgen kann.

Guter Mond, du gehst so stille
durch die Abendwolken hin,
deines Schöpfers reiner Wille
hieß auf dieser Bahn dich ziehn.

Leuchte freundlich jedem Müden
in das stille Kämmerlein
und ergieße Ruh und Frieden
ins bedrängte Herz hinein.«

Volkslied
– Aufnahme der COMEDIAN HARMONISTS am 21. 9. 1933

ROMAN CYCOWSKI: »Im Sommer 1941 trennte ich mich, wie gesagt, nach dem Tod meines Vaters von den COMEDY HARMONISTS. Ich hab mir einen Wagen gemietet, habe alles, was wir hatten, eingepackt und bin mit meiner Frau quer durch Amerika von New York nach Los Angeles gefahren. Wir sahen uns alles an, den Grand Canyon, Washington und viele, viele andere Sachen. Eine Woche hat es gedauert, bis wir in Kalifornien ankamen.

Warum bin ich nach Los Angeles gegangen? Ich suchte eine Stelle als Kantor, aber noch war ich nur ›visitor‹ das heißt, ich besaß nur eine Besuchererlaubnis für die Staaten. Zum Glück hatte ich aber noch erspartes Geld, und in Los Angeles lebte ein Cousin von mir. Der hat mir eingeredet, ich soll ein Kabarett aufmachen mit ihm. Er meinte, vielleicht könnte man von dem Geld den einen oder anderen von meiner Familie in Polen retten. Das war wirklich möglich, wenn man viel Geld dafür zahlte. Diese Leute kamen über Schweden raus. Ich hatte schon immer Pakete nach Lodz geschickt, ins Ghetto hinein. Zwanzig Dollar haben die gekostet. Dafür konnte man damals viel kaufen, und meine Verwandten haben davon gelebt. Die SS ist tatsächlich gekommen und hat ihnen die Pakete gebracht. Das hat mir später meine Schwester erzählt, die einzige, die von meiner Familie überlebt hat.

Doch, um nun zurückzukommen auf meinen Cousin und seinen Plan, einen Nightclub aufzumachen: Meine Frau war sehr dagegen. Sie hat mir gesagt: ›Roman, das ist nichts für dich, laß die Finger davon. Steck dein Geld nicht in so eine Sache.‹ Sie hat eine gute Nase gehabt. Aber ich war leichtsinnig und habe nicht auf sie gehört. Ich konnte mir nicht vorstellen, daß ein Verwandter so unvernünftig ist und mein Geld riskiert. Und er wußte, es war mein letztes Geld. Wie wir ankommen, fährt er mit mir raus nach Indio, das ist 20 Meilen von Palm Springs, mitten in der Wüste. Damals war das noch nicht so besiedelt wie heute. Wie ich das gesehen habe, ist mir beinahe schlecht geworden: Das ganze war aufgezogen als Hawaii-Imitation, mit viel Bambus und solchen Sachen. Dann war da eine Bar mit vier Barmixern und ein großes Orchester. Er hat geglaubt, weil ich Künstler bin, würde mir das gefallen. Doch er hat es mit meinem Geld gemacht und ich hab Kopf und Kragen verloren.

Angefangen haben wir im September, und die ersten zwei Monate waren ein großer Erfolg. Nun durfte ich aber als ›visitor‹ in den Staaten kein Geschäft haben und mußte stiller Teilhaber bleiben, obwohl alles von meinem Geld gekauft war.

Achtzehn Stunden hab ich gearbeitet jeden Tag in dem Nightclub. Gesungen hab ich, englische Schlager natürlich; und sonst bin ich dagesessen und habe aufgepaßt. Denn die haben alle gestohlen, die Barkeeper, die Kellner, alle. Mein Cousin war meistens in Los Angeles, wo er noch einen Spirituosenladen betrieb. Ich hatte keine Ahnung von all diesen Sachen. Ach, wie hab ich das gehaßt! Die meisten unserer Gäste waren Leute vom Eisenbahnbau. Gut gegangen ist es zwei Monate, bis Anfang Dezember 1941 die Japaner Pearl Harbor bombardierten und Amerika den Krieg erklärten. Da wurden alle jungen Leute eingezogen, und drei Tage später war die Bar leer. Es dauerte gar nicht lange, da kam mein Cousin und jammerte: ›Roman, ich geh bankrott!‹ Da hab ich ihn am Jackett gefaßt – ich war noch jung, damals – und hab gesagt: ›Was heißt das, du gehst bankrott?! Ich bin bankrott! Es war mein Geld. Entweder du bist ein Idiot oder ein Spitzbube! In neun Monaten habe ich 40.000 Dollar verloren. Jetzt stehe ich da und hab kein Geld und kann nichts machen. Ich bin nicht einmal Amerikaner, ich darf mir keine Arbeit suchen, und meiner Familie in Polen kann ich auch nicht mehr helfen. Nur durch deinen Leichtsinn!‹

Daraufhin hat er sich von anderen nochmals 7000 Dollar geborgt, hat die ganzen Getränke heimlich von der Bar in Indio in sein Geschäft in Los Angeles geschleppt, um sie dort zu verkaufen, aber es hat alles nichts genützt. Bald sind die Leute wiedergekommen, die ihm den Kredit gegeben hatten und wollten ihr Geld wiederhaben, und zwar von mir! Die sagten: ›Wir wissen, daß du sein Partner bist. Deinen Cousin haben wir rausgeschmissen, aber dir vertrauen wir. Jetzt wirst du den Laden hier so lange führen, bis wir ihn verkauft haben, oder du gibst uns die 7000 Dollar und die Bar gehört dir.‹ Sag ich: ›Erstens hab ich das Geld nicht. Und selbst, wenn ich es hätte, dürfte ich die Bar nicht behalten. Ich bin Ausländer.‹ So habe ich schließlich von Januar bis April 1942 weitergearbeitet, bis der Club an zwei Deutsch-Amerikaner verkauft werden konnte. Damit war ich quitt. Ich hatte zwar mein ganzes Geld verloren, aber Gott sei Dank war ich schuldenfrei.

Am letzten Tag, kurz bevor wir abfuhren, ging ich noch einmal vorbei. Schon draußen, vor dem Club, standen mindestens 50 Leute in Uniform und die Bar war gerammelt voll: Alles Soldaten, die in der Wüste an Tanks ausgebildet wurden. Und die kamen nun von weit her in die Bar, denn sie war die einzige weit und breit. Wenn ich dageblieben wäre, hätte ich reich werden können. Trotzdem bin ich froh, daß ich das aufgegeben habe.

In Los Angeles bekam ich sofort einen Kantorposten in einer orthodoxen Synagoge angeboten. Und obwohl ich davon zwanzig Jahre weggewesen war, fand ich mich gleich darin zurecht. Im Herzen bin ich immer jiddisch geblieben.

Ich bin stolz darauf, daß ich alles aufgegeben habe, die Gruppe, die Bar und vieles anderes und Kantor geworden bin. Das hat mir ein neues Leben gegeben. Schon am ersten Tag, als ich in dem Tempel meinen Dienst tat, dauerte es nur drei Minuten und ich wußte die ganzen Gebete wieder und die Segnungen, so, wie ich sie als Junge in Lodz gemacht hatte und wie sie mein Vater gemacht hat. Das war eine große Befriedigung für mich.

Nun lebten wir aber immer noch mit einem Besuchervisum in den Staaten. Auch als ich schon den Kantorposten angenommen hatte. Wir stellten sofort den Antrag, als Emigranten anerkannt zu werden. Dafür mußten wir für kurze Zeit das Land verlassen. Denn es war Krieg und das Gesetz verlangte, daß nur Leute emigrieren können, die von draußen kommen. Aber Mary und ich lebten schon seit zweieinhalb Jahren in den USA. Doch sie haben es uns leicht gemacht: Wir brauchten nur für einen Tag und eine Nacht nach Kanada. Also sind wir zur kanadischen Grenze gefahren. Für mich war es leicht, hinüber zu kommen. Ich war Pole und Polen war von Deutschland angegriffen worden. Aber meine Frau war Deutsche. Sie brauchte ein Extravisum, eher ließen sie sie nicht nach Kanada rein. So mußte sie allein einige Zeit in Portland warten, bis sie dieses Visum endlich bekam. Wir beschlossen, daß ich vorausfahren und gleich wieder in die Staaten zurückkommen sollte, denn ich mußte sofort nach Washington und wurde dort von einem nationalen Komitee nach allem möglichen ausgefragt. Am Ende waren sie zufrieden mit mir, und ich wurde ›naturalisiert‹, das heißt, ich bekam meine Einbürgerung.

Bei Mary dauerte es fast drei Wochen, bis man ihr das Extravisum für Kanada gab. Dann fuhr sie wie ich einen Tag rüber, und auf der Rückfahrt nach Los Angeles stieß ihr Zug mit einem anderen zusammen. Mary war auf der Toilette und ist mit dem Kopf so unglücklich gegen eine Spiegelwand geschleudert worden, daß sie mit einer schweren Gehirnerschütterung liegen blieb. Es dauerte lange, bis sie sich davon erholt hat.

Ich bin dann sechs Jahre im Tempel in Los Angeles gewesen. Hier in Amerika hat ein Kantor viel zu tun. Die Kantoren in Europa haben ein leichtes Leben: bloß am Freitagabend und Sonnabendfrüh die Gottesdienste, dann mal eine Beerdigung oder eine Hochzeit und natürlich die Hohen Feiertage, wie Jom Kippur, das Laubhüttenfest, Pessach und Rosch Haschana, das jüdische Neujahr, mehr nicht. Hier in den Staaten muß ein Kantor sieben Tage in der Woche arbeiten, jeden Abend ist Gottesdienst, oft zwei bis drei Stunden lang. Dann bildet er die Dreizehnjährigen für die ›Bar-Mitzwa‹ aus, das ist so etwas ähnliches wie die christliche Konfirmation oder Kommunion. Dazu ist er auch der musikalische Direktor des Tempels. Er muß den Chor leiten und die Lieder einstudieren. Meistens sehr alte Melodien, über zweitausend Jahre alt. Heute nennt man sie gregorianische Gesänge, weil die orthodoxen Christen unter Papst Gregor I. unsere Musik übernommen haben, genau wie die Bibel. Nebenbei habe ich dann auch noch ein Gesangsstudio aufgemacht und viele Kantoren und Sänger in Hollywood ausgebildet.

Ich habe ein schönes Leben gehabt, aber während des Krieges war ich immer im Geiste drüben bei meiner Familie in Polen. Man wußte ja nicht, was da passiert. In den Jahren 1943 und 1944 hat man mich gebeten, Gottesdienste zu machen, die durch das Radio nach Europa übertragen wurden für die jüdischen Soldaten der amerikanischen Armee, und ich hoffte, daß irgend jemand von meinen Leuten mich von der anderen Seite der Erde hört.

Aber bald nach dem Krieg habe ich erfahren, daß die ganze Familie umgekommen war. Ich weiß nicht mal, wo ihre Asche liegt. Und wir waren eine große Familie. Von meinen anderen Verwandten will ich gar nicht reden, aber wir allein waren sieben Geschwister, alle verheiratet und alle hatten Kinder. Nur die eine Schwester ist am Leben geblieben, in Auschwitz. Durch ein Mirakel. Das Herz war bei ihr nicht auf der linken, sondern auf der rechten Seite. Sie ist so geboren worden. Und in Auschwitz haben sie experimentiert, besonders mit solchen Fällen. Das hat sie gerettet. Natürlich mußte sie dort arbeiten, sie war jung. Acht Jahre jünger als ich. Die letzte Zeit war sie auch nicht mehr direkt im Lager, sondern in einer Fabrik, die dazugehörte. Zum Glück hatten sie dort einen Aufseher, der anständiger war als die anderen. Er hat ihnen immer etwas mehr zu essen gegeben und sie auch ein bissel länger schlafen lassen. Denn sonst mußten sie um fünf in der Frühe aufstehen. Einmal hat er ihr Holz gegeben, das sollte meine Schwester in die Baracke tragen, wo er wohnte. Sie bringt das Holz rein, da steht eine ältere Frau am Fenster und weint. Eine deutsche Frau. Fragt meine Schwester: ›Warum weinen Sie?‹ Sagt die Frau: ›Ich gucke zum Fenster raus und sehe was sich da draußen tut. Da kann ich mir nicht helfen und muß weinen.‹ Dann erzählt sie, daß sie die Mutter von dem Aufseher ist und ihn hier besucht hätte, daß ihr Sohn eigentlich gar kein Nazi ist und die SS-Uniform nur trägt, weil er muß und so weiter. Darum würde er auch manchmal ein Auge zudrücken und ihnen ein Stückchen Brot mehr geben, obwohl das für ihn gefährlich ist.

Solche Leute hat es dort auch gegeben. Aber sonst hat meine Schwester so schreckliche Dinge erlebt, daß sie sie nicht mal mir erzählen wollte. Alle anderen Geschwister sind umgekommen, in demselben Auschwitz. Anfangs hat meine Schwester die anderen noch manchmal im Lager gesehen, aber eines Tages waren alle fort. Nun hatte ich schon viele Jahre lang meinen Brüdern Anzüge von mir nach Hause geschickt. Immer, wenn ich einen Anzug ein Jahr lang getragen hatte, bekamen ihn meine Brüder. Sie hatten dieselbe Figur wie ich. Und diese Anzüge fand meine Schwester in der Fabrik beim Sortieren. Da wußte sie, was passiert war.

Befreit worden ist sie von den Russen, später ging sie nach Paris und hat dort einen guten Mann geheiratet und in den besten Verhältnissen gelebt. Aber ihr Leben war verpfuscht. Nächtelang hat sie geschrien im Schlaf, und richtig erholt hat sie sich nie mehr. 1966 ist sie gestorben, mit 59 Jahren. Ich hatte versprochen, sie nach Israel zu bringen. Das war schon immer ihr Wunsch. Das war auch der Wunsch von meinem Vater und der Wunsch der ganzen Familie. Die Juden, alle Juden, beten jeden Tag der kommt: Nächstes Jahr will ich in Jerusalem sein. Das geht jetzt schon seit über 2000 Jahren. Und so habe ich meine Schwester in Israel begraben und dort auch für mich ein Grab gekauft.

Es war eine schreckliche Zeit, als das damals bekannt wurde, die ganzen Verbrechen. Besonders für mich. Einmal sollte ich in Los Angeles auf einem Bankett singen, aber ich hab es abgelehnt. Ich habe denen gesagt: ›Dort tötet man Millionen von den unseren und Ihr verlangt von mir, daß ich hier ‚entertainen' soll, also unterhalten.‹ Das Leben geht weiter, haben sie da gemeint, unsere eigenen Leute!

Doch nach und nach gewöhnt man sich an das Unglück. Einerseits war ich durch meine Arbeit als Kantor seelisch befriedigt. Ich wurde sehr populär, genauso wie früher bei den COMEDIAN HARMONISTS, jedes Kind kannte mich. Ich war ›somebody‹. Andererseits verlor ich jeden Ehrgeiz, für lange Zeit. Ich sagte mir, wenn das passieren kann, was da in Polen passiert ist, wozu ist denn das alles hier gut? Für gar nichts! Natürlich, das Leben geht weiter, man muß weitermachen, Gott dienen, aber das Schicksal meiner Familie hat mich kaputtgemacht.

Und dann, im Jahr 1947, hat man mir den Posten angeboten in San Francisco im Beth-Israel-Tempel. Dort war der alte Kantor gestorben. Zur gleichen Zeit bekam ich aber auch ein Angebot in Los Angeles für den größten Tempel in Amerika, der faßte über 3000 Menschen. Doch ich wollte eine Veränderung. Dazu kam, daß Mary in Los Angeles immer krank war. Und man sagt ja, wenn man den Ort ändert, ändert man auch den Blick.

Außerdem ist der Beth-Israel-Tempel der älteste in Kalifornien, 1716 hat man ihn erbaut, und die Orgel ist auch schon über 150 Jahre alt. 1906, bei dem großen Erdbeben, wurde er völlig zerstört, doch man hat ihn in der alten Form wieder aufgebaut. Es ist ein wunderbarer Tempel für 1800 Leute.

1940 war ich schon einmal in San Francisco, mit den COMEDY HARMONISTS. Dort hatten wir unser letztes Konzert. Damals hat es mir nicht geträumt, daß ich sieben Jahre später zurückkommen werde und 25 Jahre als Kantor im Tempel arbeiten würde.

Ich bin sehr glücklich, daß ich das getan habe. Es ist ein wunderbares Gefühl zu wissen, man hat etwas getan, etwas geleistet, das auch für andere Bedeutung hat – und nicht nur so dahingelebt.

Neben meiner Arbeit als Kantor habe ich dort viele Dinge kreiert. Ich habe Konzerte gemacht, Oratorien mit jahrtausendealter

Musik und ganz neuer. Ich habe dort einen Kinderchor gegründet, den ersten, den es in einem jüdischen Tempel in Amerika gegeben hat. Es war ein großer Erfolg, weil ich die Kinder liebe. Jetzt haben sie diese Chöre überall, von New York bis Los Angeles, von Chicago bis Atlanta, überall. Mit den Kindern bin ich auch oft im Fernsehen aufgetreten, manchmal viermal im Jahr. Daneben hatte ich aber noch einen Chor mit 18 professionellen Sängern, einige von ihnen kamen von der Oper in San Francisco. Natürlich habe ich diese Chöre nicht nur geleitet, ich habe auch immer selbst mitgesungen. Ich war dort nicht nur Kantor, ich war auch Sänger. Ich habe Opern gesungen, Jazz gesungen und vor allem viele Arten von Musik in den Tempel gebracht, die man dort vorher nicht kannte. So zum Beispiel die Bearbeitungen alter liturgischer Gesänge durch Salomon Rossi, der vor 350 Jahren der erste Kantor in Florenz war, oder den 23. Psalm von Franz Schubert, in H-Dur mit dem alten Notenschlüssel. Es war der Höhepunkt meines Lebens. Ich will mich nicht rühmen, aber ich glaube, daß ich in den 25 Jahren in San Francisco Leuten viel Freude gebracht habe. Ich bekam auch eine Reihe von Auszeichnungen und Ehrungen. Eine hat mich besonders stolz gemacht, weil sie nur sehr wenige Kantoren in Amerika bekommen haben. Ich glaube, ich bin der vierte.

Das wichtigste aber war, daß ich dort einen wunderbaren Rabbiner hatte. Er war wie ein Bruder zu mir und hat mich auch immer Bruder genannt. Das gibt es selten in Amerika. Hier sind die Kantoren den Rabbinern oft sehr fremd. Und dann unsere Wohnungen: In San Francisco selbst lebten wir nur die ersten drei Jahre in einem Appartement. 1951 haben wir uns dann ein Haus in San Rafael gebaut, direkt auf einem Hügel, mit einem wunderschönen Blick auf die Bucht von San Francisco. Nun liegt San Rafael 17 Meilen von der Stadt entfernt, auf der anderen Seite. Und so fuhr ich jeden Tag zweimal über die Golden-Gate-Brücke, eine Stunde zum Tempel und eine Stunde zurück mit dem Wagen.

Zu unserem Haus gehörte ein herrlicher Garten, und Mary liebt die Gärtnerei sehr. Dort hat sie dann auch angefangen zu malen, was sie heute noch gerne tut. Viele Freunde haben wir nicht gehabt. Wir lebten sehr zurückgezogen und waren uns selbst genug. 15 Jahre haben wir dort gewohnt. Dann bot man mir in Tilburon ein noch schöneres Grundstück an, direkt am Meer und höher gelegen, das ich sehr günstig erwerben konnte. Diesen Besitz habe ich dann parzelliert und drei Häuser darauf gebaut, von denen ich zwei verkaufte. Sehr lange konnten wir dort aber nicht leben, denn 1971 entschloß ich mich, den Kantorposten aufzugeben und mich zurückzuziehen. Ich war damals 70 Jahre alt, für jemanden der singt, ist das ein hohes Alter. Die Leute vom Tempel waren entsetzt und versuchten es mir auszureden, aber Mary und ich fingen an, uns nach einer neuen Bleibe umzusehen.

Wir stiegen in unseren Wagen und fuhren Richtung Süden. Eigentlich wollten wir nach San Diego, weil es am Wasser liegt. Doch mitten im Fahren fällt mir ein: ›Mary, wir kennen doch Palm Springs so gut. Das ist nicht weit von Los Angeles, wo Freunde von uns wohnen. Gehen wir nach Palm Springs.‹ Als wir hier ankamen, waren es 112 Fahrenheit, das sind fast 45 Grad Celsius. Ich hatte damals den großen Oldsmobil gehabt, aber ohne Air-condition. In San Francisco brauchte man das nicht.

Ein Makler hat uns dann verschiedene Häuser gezeigt. Eines lag in einer Gegend, wo viele Schauspieler wohnen, William Holden, Eva Gabor und andere. Gute Gegend, aber mir hat's nicht gefallen, weil die Zimmer zu klein waren. Ich liebe große Zimmer. Doch meine Frau hat sich gleich in das Haus verliebt, also haben wir das Haus gekauft und sind am 19. September 1971 mit den Möbeln hier angekommen. Wir stehen vor dem Haus mit dem Möbelwagen und kommen nicht rein. Die Papiere waren noch nicht fertig. Die Ursache war, ich sollte eine Hypothek auf das Haus nehmen, wollte es aber nicht. Ich hatte Geld, ich konnte es ›cash‹ kaufen. Warum soll ich Zinsen dafür zahlen, das waren damals $7^{1}/_{4}$ Prozent, und mein Geld liegt auf der Bank für $4^{1}/_{4}$ Prozent.

Doch der Agent bestand auf der Hypothek. Da sagte ich zu ihm: ›Entweder zahle ich bar, oder wir fahren wieder zurück.‹ Kurz und gut, in einer halben Stunde war alles erledigt. Wir riefen meine Bank in San Francisco an, das Geld wurde sofort überwiesen, und wir konnten einziehen.

Nun war ich aber immer noch Kantor im Beth-Israel-Tempel und mußte gleich danach zu den Hohen Feiertagen, also Neujahr nach dem hebräischen Kalender, zurückfliegen. Nach den zehn Tagen kam ich wieder nach Palm Springs und dachte: ›Finished, good-bye San Francisco.‹ Aber die haben mich nicht in Ruhe gelassen. Die behaupteten, sie würden keinen Ersatz für mich finden. So mußte ich immer wieder hin und meinen Dienst tun, besonders an Feiertagen.

Die übrige Zeit lebten wir hier sehr ruhig. Ich bekomme eine gute Pension, und eigentlich hätte ich zufrieden sein müssen. Aber mit der Zeit wurde es mir immer langweiliger. Ich war es gewohnt zu arbeiten. Jetzt saß ich nur noch herum. Und ich begriff, daß ich einen Fehler gemacht hatte, mit der Arbeit aufzuhören. Eines Tages ruft mich hier in Palm Springs der Rabbiner an. Ein junger Mensch, gutaussehend, ein Idealist und fragt mich: ›Wären Sie bereit, zu uns zu kommen? Unser Tempel ist nur neun Monate im Jahr geöffnet, die anderen drei Monate sind Sie frei.‹ Ja, und seitdem arbeite ich wieder als Kantor. Ich fühle mich sehr gut, ich mache dasselbe, was ich seit vielen Jahren mache. Das Singen fällt mir sehr leicht, die Stimme ist besser als sie früher war, denn das Klima hier ist gut, und ich fühle mich wieder frisch und jugendlich.

Mein ganzes Leben ist Musik. Ich habe damit angefangen im Ghetto von Lodz, wie ich fünf war. Anfang der Zwanziger Jahre wurde ich Opernsänger in der deutschen Provinz, 1928 kam ich zu den COMEDIAN HARMONISTS und fuhr mit ihnen um die ganze Welt. Ich hoffe, daß wir damals den Menschen Freude gemacht haben. Jetzt bin ich seit 46 Jahren Kantor in Amerika, und ich werde mein Leben so beenden, wie es begonnen hat, mit Musik.

Wenn ich zurückblicke, denke ich besonders gern an die Zeit, in der ich in Deutschland am Theater war. Oft habe ich dort im Winter meine Partien im Bett gelernt, den Kopf dick vermummt und tief ins Federbett verkrochen, weil es so kalt im Zimmer war. Ich hatte kein Geld für die Kohlen. Doch ich war für mich allein und habe die Noten von Verdi, Beethoven und Mozart ›gefressen‹ wie ein Süchtiger. Es war eine völlig neue Welt für mich, ich be-

Genau auf das Jahr – 60 Jahre nach
Gründung der "Comedian Harmonists"
– erscheint nun dieses Buch meines
Freundes Eberhard Fechner.
Und wie in seinem Film, in dem
er uns noch einmal zu Wort kommen
liess, wird das was schon beinahe
Geschichte ist auf wunderbare
Weise noch einmal. Unsere Begeisterung, mit der wir uns damals
an die Arbeit machten die ersten
Niederlagen und dann der grosse
Erfolg. Aber auch wie die Nationalsozialisten die Ära der "Comedian
Harmonists zerstört haben, uns
auseinanderbrachten, so dass wir
niemals wieder zusammenfinden
konnten. Dieses Buch schlägt das
letzte Kapitel unsrer Geschichte
auf und setzt ihr einen würdigen
und bleibenden Schlusspunkt.

Roman Cycowski - Palm Springs
june 1988

Roman Cycowskis Widmung für dieses Buch und seinen Autor, Eberhard Fechner.

griff, was die Musik alles geben kann, und ich muß sagen, es war vielleicht die schönste Zeit, die ich hatte.

Ich liebe das Leben, und ich liebe die Abwechslung. Seit wir hier in Palm Springs sind, haben wir schon dreimal das Haus gewechselt, und es wird nicht das letzte Mal sein. Der ewig wandernde Jude.

Jetzt bereite ich mich schon vor auf die andere Seite. Was wird da sein? Wenn dort etwas ist, werde ich Rechenschaft ablegen müssen. Und dann, wie man so sagt: ›I take the medicine, what ever have coming.‹ Aber, man muß darauf vorbereitet sein. Ich weiß, ich war nicht immer gut in meinem Leben, das kann ich nicht, ich bin nur ein Mensch. Jeder sagt, wenn ich mein Leben noch mal leben könnte, mit dem Verstand von heute, hätte ich anders gelebt. Ich hätte bestimmt vieles anders gemacht. Vor allem hätte ich rechtzeitig meine Familie aus Polen gerettet. Manchmal habe ich auch etwas getan, was schlecht war, sogar unbewußt. Manchmal ist es das Temperament. Man vergißt sich und verliert den Kopf. Meine Frau hat in den letzten Jahren sehr an sich gearbeitet, und sie erinnert mich: ›Hasse nicht. Ich hasse auch nicht. Auch nicht die Menschen, die Schuld an dem Unglück dieser Welt haben.‹ Ich denke, wenn da ein Gott ist, ein Allmächtiger: ›He will take care of it.‹ – Mehr weiß ich nicht zu sagen.«

Heute, im Jahre 1988, leben Roman Cycowski und seine Frau Mary noch immer in Palm Springs, noch immer arbeitet er als Kantor im Tempel der Stadt, und trotz seines hohen Alters ist seine Stimme noch immer wunderschön.

Discographie

The Melody Makers:
Robert Biberti (bass, ld), Walter Nußbaum, Ari Leschnikoff, Harry Frommermann (tenor), Roman Cycowski (bariton), Erwin Bootz (p, voc)

Berlin, 10. Mai 1928

1080LT	So Blue	Gr Testaufnahme
1081LT	Jig Walk	Gr Testaufnahme

Gesangsquartett Comedian Harmonists vom Großen Schauspielhaus Berlin:
Robert Biberti (bass, ld, arr), Ari Leschnikoff, Erich Collin, Harry Frommermann (tenor), Roman Cycowski (bariton), Erwin Bootz (p, voc)

Berlin, 18. August 1928

Be7120	Ein bißchen Seligkeit (Souvenirs)	Od 0-2586a
Be7121	Ich hab' ein Zimmer, goldige Frau	Od 0-2585
Be7122	Ninon du süße Frau (So Blue)	Od 0-2586
Be7122-2	Ninon du süße Frau (So Blue)	Od 0-2585b
Be7123	Du hast mich betrogen	Od 0-11451b
Be7123-2	Du hast mich betrogen	Od (T)

Berlin, 14. September 1928

Be7246	Ich küsse Ihre Hand, Madame	Od 0-2585

Berlin, 18. September 1928

− − − − −	Unbekannter Titel (wahrsch. Testaufn.) für Electrola (unveröffentlicht)	

Comedian Harmonists (Die Deutschen Revellers):
Besetzung wie bisher

Berlin, 9. Oktober 1928

Be7346	Wir flüstern, 1. Teil (Das Lied der Liebe/Sündig und süß/Ich steh' auf Ruth)	Od 0-2658a
Be7347	Wir flüstern, 2. Teil	Od 0-2658
Be7246-2	Ich küsse Ihre Hand, Madame	Od 0-2585
Be7246-3	Ich küsse ihre Hand, Madame	Od 0-2585

Berlin, 6. November 1928

Be7123-3	Du hast mich betrogen	Od 0-11451b
Be7570	Mein blauer Himmel (My Blue Heaven)	Od (T)
Be7570-2	Mein blauer Himmel (My Blue Heaven)	Od 0-2737a
Be7571	Süßes kleines Baby	Od (T)
Be7571-2	Süßes kleines Baby	Od 0-2737b

		Berlin, 6. Dezember 1928
Be7713	Toselli-Serenade	Od 0-11296a
Be	Legende d'Amour	Od 0-11296a
		Berlin, 17. Dezember 1928
Be7797	Ausgerechnet Donnerstag	Od 0-2745b
Be7798	Wenn der weiße Flieder wieder blüht	Od 0-2745a
		Berlin, 22. Januar 1929
Be7892	Anno dazumal, Teil 1	Od 0-2860
Be7893	Anno dazumal, Teil 2	Od 0-2860
Be7894	Hallo, hallo, hier Wien, Teil 1	Od 0-2809
Be7895	Hallo, hallo, hier Wien, Teil 2	Od 0-2809
Be7896	Ausgerechnet Du	Od
Be7798-2	Wenn der weiße Flieder wieder blüht	Od 0-2745
		Berlin, 14. Februar 1929
Be7983	Bitte recht freundlich, Teil 1	Od 0-2861a
Be7984	Bitte recht freundlich, Teil 2	Od 0-2861a
Be7985-2	Was euch gefällt, Potpourri, Teil 1	Od 0-2862a
Be7986	Was euch gefällt, Potpourri, Teil 2	Od 0-2862b
Be7987	The Vagabund King (Gib mir Deine Hände)	Od 0-11451a

Tanzorchester Béla Dajos (Mit Comedian Harmonists):
Béla Dajos (v, ld) mit Mac Farlane, Emmerling, Pickering, Gradis, Ault, Alex, Lewitsch, Bormann, Allen, Danzi, Feige, Collier und den Comedian Harmonists

		Berlin, 21. Februar 1929
Be8012	Baby, Du hast mich verändert, CHvoc	Od 0-2870a
Be8012-2	Baby, Du hast mich verändert, CHvoc	Od (T)
Be8016	Ich habe ihnen viel zu sagen, Sehr verehrte gnädige Frau, CHvoc	Od 0-2826
		Berlin, 23. Februar 1929
Be8026	Eilali, eilali, eilali, CHvoc	Od 0-2826
Be8027	Ol' Man River, CHvoc	Od 0-2870a

Comedian Harmonists (Die Deutschen Revellers):
Sextett-Besetzung wie bisher (Walter Borchert [ari] auf einigen Titeln)

	(Electrola-Sitzung)	**Berlin, 10. April 1929**
BL4432-1	Spanisches Intermezzo ›Casanova‹	El EG.960
BL4433-1	Italienisches Intermezzo ›Casanova‹	EG.960
	(Lindströmsitzung) B	
		Berlin, 13. Mai 1929
Be8200	Scheinbar liebst Du mich (That's My Weakness Now)	Od (T)
Be8201	Wie wundervoll küßt Annemarie (Miss Annabelle Lee)	Od (T)

		Berlin, 13. Mai 1929
Be8202	Spiel mir mein Liebeslied (Roses Of Yesterday)	Od unveröff.
Be8203	Chiquita	Od (T)
Be8204	Es gibt nur eine Frau	Od (T)
Be8205	Bimbambulla	Od (T)
		Berlin, 22. August 1929
Be8430	Ich hab' eine kleine braune Mandoline	Od 0-11099
Be8431	Anna hat Geld (The Varsity Drag)	Od (T) unveröff.
Be8200-2	Scheinbar liebst Du mich	Od 0-1140b
Be8203-2	Chiquita	Od 0-1140a
Be8205-2	Bimbambulla	Od 0-11 099a

Comedian Harmonists:
Robert Biberti (bass, ld, arr), Erich Collin (tenor), Ari Leschnikoff,
Harry Frommermann (tenor), Roman Cycowski (bariton), Erwin Bootz (p, voc, arr)
(Als **Comedy Harmonists** auf KNV)

		Berlin, 11. November 1929
BLB5770-2	Puppenhochzeit	El EG. 1647
BLB5771-2	Musketiermarsch	El EG. 1647
		Berlin, 3. Dezember 1929
CLR5845-2T	G'schichten aus dem Wiener Wald	El KH.432 (30 cm)
CLR5846-2T	Ich hol Dir vom Himmel das Blau	El KH.432 (30 cm)
		Berlin, 12. Dezember 1929
BLR5885-2T	Hallo 1930, Teil 1 (Walter Borchert: arr)	El EG. 1685
BLR5886-2T	Hallo 1930, Teil 2 (Walter Borchert: arr)	El EG. 1685
		Berlin, 26. Februar 1930
BLB6108-2	Du armes Girl vom Chor	El EG. 1807
BLB6109-1	Bin kein Hauptmann, bin kein großes Tier	El EG. 1807
		Berlin, 23. Mai 1930
BLR6394-1	Ich hab' für Dich 'nen Blumentopf bestellt	El EG. 1911
BLB6395-1	Wir sind von Kopf bis Fuß auf Liebe eingestellt	El EG. 1911
		Berlin, 4. Juni 1930
BLB6469-1	Wie werde ich glücklich?	El EG. 1935
BLB6470-1	So ist das Leben	El EG. 1935
		Berlin, 22. August 1930
BDB8945-2	Ein Freund, ein guter Freund (Good Friends)	El EG.2032, HMV
B.3815		
BDB8946-2	Liebling, mein Herz läßt Dich grüßen (Darling)	El EG.2032, HMV

		Berlin, 22. August 1930

B.3815
BDB8947-1   Veronika der Lenz ist da   El EG.2033
BDB8948-2   Wochenend und Sonnenschein El EG.2033

Marcel Wittrich, Tenor mit Comedian Harmonists:

Berlin, 30. Oktober 1930

BD9212-1   Ich träum von einer Märchennacht   El EG.2125 (mit MW)
BD9213-2   Träume, die nur um Deine Liebe sich
           dreh'n   El EG.2125 (mit MW)

wieder ohne Marcel Wittrich
Comedian Harmonists,   – gleiche Sitzung –
BD9214-2   Guten Tag, gnädige Frau   El EG.2127
BD9215-2   Heute Nacht hab' ich geträumt von Dir El EG.2127

Berlin, 25. November 1930

BD9295-2   Heute fahr ich mit Dir in die Natur El EG.2149
BD9296-2   Bei der Feuerwehr   El EG.2149

Marek Weber und sein Orchester:
(Marek Webers Tanz-Orchester)

Berlin, 10. Dezember 1930

–   Marek Weber Potpourri 1931   El unveröff.

Comedian Harmonists:
Besetzung wie bisher, ohne Marek Webers Orchester

Berlin, 19. Januar 1931

OD57-2   Hof-Serenade ›Gassenhauer‹ (Court
           Serenade)   El EG.2204, HMV
B.3862
OD36-2   Marie, Marie ›Gassenhauer‹   El EG.2204, HMV B.3862

Berlin, 30. Januar 1931

OD94-2   Fünf-Uhr-Tee bei Familie Krause   El EG.2245
OD95-2   Halt Dich an mich   El EG.2245

Berlin, 15. Februar 1931

OD170-5   Baby   El EG.2238
OD171-2   Du bist nicht die Erste   El EG.2238

Berlin, 11. Juni 1931

OD467-1   Leichte Kavallerie   El EG.2328
OD468-1   Was schenkst Du mir dann?   EI EG.2328

Berlin, 14. August 1931

OD489-2   Das ist die Liebe der Matrosen   El EG.2382
OD490-1   Wenn der Wind weht über das Meer   El EG.2382

mit dem Lewis Ruth Tanz-Orchester

Berlin, 14. August 1931
- Blume von Hawaii, Teil 1   El EG. unveröff.
- Blume von Hawaii, 2. Teil   El unveröff.

Comedian Harmonists:
Besetzung wie bisher (Als Comedy Harmonists auf HMV)

Berlin, 21. August 1931
OD502-2   Way With Every Sailor   HMV B.3972
OD503-2   Over The Blue   HMV B.3972

Berlin, 24. August 1931
OD504-1   Les Gars de la Marine   D.Gr. K., SG.76
OD505-2   Quand la Brise vagabonde   D.Gr. K., SG.76

Marek Weber und sein Orchester:
(Marek Webers Tanzorchester)

Berlin, 4. September 1931
2D523-2   Blume von Hawaii, 1. Teil   El EH.723 (30 cm), HMV
2D524-2   Blume von Hawaii, 2. Teil   El EH.723 (30 cm) C.2329

wieder ohne Marek Weber, als **Comedian Harmonists:**
Besetzung wie bisher

Berlin, 18. September 1931
OD544-2   Hunderttausendmal   El EG.2405
OD545-1   Mein lieber Schatz, bist Du aus
          Spanien?   El EG.2405

Berlin, 19. Oktober 1931
OD607-1   Hallo, was machst Du heut' Daisy?   El EG.2435
OD608-2   Ich hab' Dich lieb, braune Madonna   El EG.2435

Berlin, 13. November 1931
OD665-3   Ah Marie, Marie   El EG.2458, HMV B.8794
OD666-1   Tarantella Sinora   El EG.2458

Berlin, 7. Januar 1932
OD739-5   In einem kühlen Grunde   El EG.2483, HMV B.4252
OD740-3   Sah ein Knab ein Röslein steh'n   El EG.2483, HMV
B.4252

Marek Weber und sein Orchester
(Marek Webers Tanzorchester)

Berlin, 8. Januar 1932
OD   Schlaf mein Liebling   El EG.2484
OD   Spiel mir ein Lied aus meiner Heimat   El EG.2484

wieder ohne Marek Weber, als **Comedian Harmonists:**
Besetzung wie bisher

		Berlin, 18. März 1932
OD836-2	Hoppla, jetzt komm' ich	El EG.2516
OD837-2	Es führt kein anderer Weg zu Seligkeit	El EG.2516
		Berlin, 25. Mai 1932
OD940-1	La Route du Bonheur	D. Gr. K.6586
OD941-2	Voilà, le Travail	D. Gr. K.6586
		Berlin, 1. Juni 1932
OD952-3	Schöne Isabella aus Kastilien	El EG.2554, HMV B.4164
OD953-3	Der Onkel Bumba aus Kalumba tanzt nur Rumba	El EG.2554
		Berlin, 6. September 1932
OD1081-1	Heute Nacht oder nie	El EG.2606
OD1082-1	Auf Wiederseh'n my Dear	El EG.2606
		Berlin, 8. September 1932
OD1085-3	Einmal schafft's jeder	El EG.2607
OD1086-2	Irgendwo auf der Welt	El EG.2607
		Berlin, 12. September 1932
OD0193-1	Schlaf wohl, Du Himmelsknabe, Du	El EG.2613
OD1094-1	Stille Nacht	El EG.2613
		Berlin, 17. Oktober 1932
OD1184-2	Maskenball im Gänsestall	El EG.2642
OD1185-2	Eins, zwei, drei, vier	El EG.2642
		Berlin, 9. Januar 1933
OD1375-2	Ach, wie ist's möglich dann	El EG.2724
OD1376-1	Muß i denn, muß i denn zum Städtele hinaus	El EG.2724
		Berlin, 7. Februar 1933
OD1427-1	Jetzt trinken wir noch eins	El EG.2744, EG.2933, HMV B.8779
OD1428-1	Die Dorfmusik	El EG.2744, HMV B.8779
		Berlin, 8. Mai 1933
OD1512-1	Kleiner Mann, was nun?	El EG.2830
OD1513-2	Was Dein roter Mund im Frühling sagt	El EG.2830
		Berlin, 31. August 1933
OD1679-2	Ein Lied geht um die Welt	El EG.2847
OD1680-2	Allein kann man nicht glücklich sein	El EG.2847
		Berlin, 4. September 1933
OD1681-2	Ohne Dich (Stormy Weather)	El EG.2848
OD1682-2	Tag und Nacht (Night And Day)	El EG.2848
		Berlin, 7. September 1933
OD1687-2	Quand il pleut (Stormy Weather)	D.Gr.K 7048

		Berlin, 7. September 1933
OD1688-1	Tout le Jour, tout la Nuit (Night And Day)	D.Gr. K.7113
		Berlin, 12. September 1933
OD1699-2	Liebesleid (Liebe kommt, Liebe geht)	El EG.2856, HMV B.8562
OD1700-3	Menuett (Boccherini)	El EG.2856
		Berlin, 15. September 1933
OD1712-2	Creole Love Call	El EG.2929, HMV B.8023
OD1713-1	Night And Day	El EG.2929, HMV B.8023
		Berlin, 21. September 1933
OD1724-1	Guter Mond, du gehst so stille	El EG.2865, HMV B.8198
OD1725-2	Schlafe, mein Prinzchen, schlaf ein	El EG.2865, HMV B.8198
		Berlin, 26. September 1933
OD1735-2	An der schönen blauen Donau	El EG.2870
OD1736-1	Perpetuum Mobile	El EG.2870
		Berlin, 29. September 1933
OD1749-3	Ein neuer Frühling wird in die Heimat kommen	El EG.2874
OD1750-2	Eine kleine Frühlingsweise (Dvořák)	El EG.2874, HMV B.8562
		Berlin, 5. Oktober 1933
OD1754-2	Das Wirtshaus an der Lahn	El EG.2833, EG.2875
OD1759-3	So ein Kuß kommt von allein	El EG.2875
		Paris, 28. Oktober 1933
OPG1144-1	Veronique, le Printemps est là	D.Gr. K.7113
OPG1145-1	Ali Baba	D.Gr. K.7093
OPG1146-1	Perpetuum Mobile	D.Gr.
OPG1147-1	Creole Love Call	D.Gr. K.7093
		Berlin, 12. April 1934
OD2052-2	Kannst Du pfeifen Johanna?	El EG.3032
OD2051-2	Spanische Moritat	El EG.3032
		Berlin, 19. April 1934
OD2060-3	Mein Herz ruft immer nur nach Dir	El EG.3038
OD2061-2	Der alte Cowboy (The Last Round-Up)	El EG.3038
		Berlin, 5. Mai 1934
OD2078-3	Komm im Traum	El EG.3047
OD2079-1	Das alte Spinnrad	El EG. 3047
		Berlin, 21. August 1934
ORA21-3	Wenn die Sonja russisch tanzt	El EG.3110, HMV B.8296
ORA22-3	Ein bißchen Leichtsinn kann nicht schaden	El EG.3110, HMV B.8296
		Berlin, 28. August 1934
ORA	Wie wär's mit Lissabon	El EG.3117
ORA	In der Bar zum Krokodil	El EG.3117

		Berlin, 10. September 1934
ORA66-3	Schade kleine Frau	El EG.3180
ORA164-1	Auf dem Heuboden	El EG.3132
		Paris, 4. Oktober 1934
OLA20-2	Amusez Vous	D. Gr. K.7341
OLA21-1	Avec les Pompiers	D. Gr. K.7341
		Berlin, 10. Oktober 1934
ORA146-2	Sonia (frz.)	D. Gr. K.7398
ORA147-1	Natascha (frz.)	D. Gr. K.7398
		Berlin, 25. Oktober 1934
ORA67-3	Alles für Dich	El EG.3180, EG.3274
ORA165-5	Hein spielt abends so schön auf dem Schifferklavier	El EG.3132, EG.3274, HMV B.8814
		Paris, 9. November 1934
ORA196-1	J'aime une Tyrolienne (Mein kleiner grüner Kaktus)	D. Gr.
ORA197-1	Au Revoir (Lebe wohl, gute Reise)	D. Gr.
		Berlin, 15. November 1934
ORA214-3	Mein kleiner grüner Kaktus	El EG.3204
ORA215-2	Lebe wohl, gute Reise	El EG.3204
		Berlin, 10. Dezember 1934
ORA259-2	Schöne Lisa	El EG.3224
ORA260-3	Guitarren spielt auf	El EG. 3224, HMV B.8794
		Berlin, 17. Dezember 1934
ORA274-2	Tea For Two	HMV B.8274
ORA275-1	Whispering	HMV B.8274
		Berlin, 6. Februar 1935
ORA360-1	Holzhackerlied	El EG.3274, EG.3273, HMV B.8814
ORA361-2	Tante bleib hier	El EG.3273
		Berlin, 13. Februar 1935
ORA377-2	Am Brunnen vor dem Tore	El EG.3282
ORA378-2	Morgen muß ich fort von hier	El EG.3282
		Berlin, 1. März 1935
ORA432-2	Ungarischer Tanz Nr. 5 (Brahms)	El EG.3303, HMV B.8387
ORA433-2	Barcarole (Offenbach)	El EG.3303, HMV B.8387

Meister-Sextett (früher Comedian Harmonists):
Robert Biberti (bass, ld), Fred Kassen, Alfred Grunert, Ari Leschnikoff (tenor), Herbert Imlau (bariton), Erwin Bootz (voc, p, arr)

		Berlin, 20. August 1935
ORA661-5	Tausendmal war ich im Traum bei Dir	El EG. 3417
ORA662-4	Drüben in der Heimat	El EG.3417

		Berlin, 22. September 1935
ORA751-2	Was mit Dir heute bloß los ist	El EG.3462
ORA752-3	Solimah	El EG.3462
		Berlin, 8. November 1935
ORA874-5	Wenn wir beide Hochzeit machen	El EG.3502
ORA875-3	Jeden Tag, jede Nacht	El EG.3502
		Berlin, 23. Januar 1936
ORA1027-2	Sie trägt ein kleines Jäckchen in blau	El EG.3555
ORA1028-3	Regentropfen	El EG. 3555
		Berlin, 29. Mai 1936
ORA1328-2	In meinem Herzen, Schatz	El EG.3666
ORA1329-1	Wenn die Vergißmeinnicht blüh'n	El EG.3666
		Berlin, 28. August 1936
ORA1418-2	In Mexiko	El EG.3723, EG. 3745
ORA1419-2	Ich wollt' ich wär ein Huhn	El EG.3723, EG.3743
		Berlin, 21. September 1936
ORA1471-2	Ja, der Ozean ist groß	El EG.3743
ORA1472-3	Schreit alle hurra (Ten Thousand Hooray)	El EG.3743
		Berlin, 9. Oktober 1936
ORA1504-1	Der Piccolino (The Piccolino)	El EG.3763
ORA1505-1	Hand in Hand (Cheek To Cheek)	El EG.3763
		Berlin, 15. Oktober 1936
ORA1524-5	Ich sing' mein Lied heut' nur für Dich	El EG.3768
ORA1525-4	Drunt' in der Lobau	El EG.3768
		Berlin, 2. November 1936
2RA1571-1	Czardas (Léhar)	El EG. 998 (30 cm)
2RA1572-1	Künstlerleben (J. Strauss)	El EG. 998 (30 cm)
		Berlin, 6. November 1936
ORA1577-4	Wenn ich vergnügt bin, muß ich singen	El EG.3866
ORA1578-3	Der kleine Finkenhahn	El EG.3806
		Berlin, 17. November 1936
ORA1600-5	Öffne Dein Herz der Musik	El EG.3796
ORA1601-2	Immer an der Wand lang	El EG.3806
		Berlin, 26. November 1936
ORA1612-2	Volkslieder Potpourri, Teil 1	El EG.3954
ORA1613-1	Volkslieder Potpourri, Teil 2	El EG.3954
		Berlin, 15. Dezember 1936
ORA1671-1	Studentenlieder Potpourri, Teil 2	El EG.3973
ORA1672-2	Studentenlieder Potpourri, Teil 1	El EG. 3973
		Berlin, 22. Dezember 1936
ORA1694-3	Du, du bist so wundervoll	El EG.3796
ORA1695-3	Und so weiter	El EG.3866

		Berlin, 13. Mai 1937
ORA2022-4	O Sole Mio (ital.)	El EG.3965
ORA2023-4	Rhythmus der Freude	El EG.6117
		Berlin, 24. Mai 1937
ORA2051-1	Marschiere (ital.)	El EG.3965
		Berlin, 28. Juli 1937
ORA2152-1	Wenn Matrosen mal an Land gehen	El EG.6117
		Berlin, 6. September 1937
ORA2233-3	Ich hab' eine tiefe Sehnsucht	El EG.6074
		Berlin, 15. September 1937
ORA2271-2	Jede Stunde ohne Dich ist eine Ewigkeit für mich	El EG.6074
ORA2272-2	Was nicht ist, kann noch werden	El EG.6072
ORA2273-2	Die Juliška aus Budapest	El EG.6072
		Berlin, 22. September 1937
ORA2299-2	Das Lieben bringt groß' Freud'	El EG.6103
ORA2300-1	Jetzt gang i ans Brünnle	El EG.6103
		Berlin, 12. Oktober 1937
ORA2344-3	Argentinisches Intermezzo	El EG.6206
		Berlin, 14. Oktober 1937
ORA2359-1	Ich freu' mich so	El EG.6206
ORA2360-1	Liebestraum (Liszt)	El EG.6683
		Berlin, 21. Oktober 1937
2RA2381-1	Barbier von Sevilla, 1. Teil	El (T) (30cm)
2RA2382-1	Barbier von Sevilla, 2. Teil	El (T) (30cm)
		Berlin, 4. November 1937
ORA2411-1	Auch ein Liebeslied	El EG.6143
ORA2412-1	Pojaukenhochzeit	El EG.6143
		Berlin, 2. Mai 1938
ORA2388-1	Ernste und heitere Variationen über ›Ein Männlein steht im Walde‹, Teil 1	El EG.6350
ORA2889-1	Ernste und heitere Variationen über ›Ein Männlein steht im Walde‹, Teil 2	El EG.6350
		Berlin, 4. Mai 1938
ORA2902-2	Oh, ich glaub' ich hab' mich verliebt	El EG.6431
ORA2903-2	An der schönen blauen Donau	El EG.6683
ORA2904-1	Ich hab' für Dich 'nen Blumentopf bestellt	El EG.6431
		Berlin, 12. Mai 1938
ORA2929-1	Muß i denn zum Städtele hinaus	El EG.6684, HMV B.8688
ORA2930-1	Am Brunnen vor dem Tore	El EG.6684
ORA2931-1	Morgen muß ich fort von hier	El EG.6682
ORA2932-1	In einem kühlen Grund	El EG.6682

		Berlin, 23. Mai 1938
ORA2969-1	Schlaf mein Prinzchen	El EG.6509
ORA2970-1	Perpetuum Mobile (Strauß)	El EG.6496, HMV B.8716
ORA2971-1	Ungarischer Tanz Nr. 5 (Brahms)	El EG.6496
ORA2972-1	Das Heidenröslein	El EG. 6509, HMV B.8742
ORA2973-1	Ach, wie ist's möglich dann	El EG.6687, HMV B.8688
ORA2974-1	Guter Mond, du gehst so stille	El EG.6687
		Berlin, 30. Mai 1938
ORA2994-1	Vieni, Vieni (ital.)	El EG.6377
ORA2995-1	Der Wind hat mir ein Lied erzählt	El EG. 6377
ORA2996-1	Ouvertüre zu ›Der Barbier von Sevilla‹, 1	El EG.6430, HMV B.8582
ORA2997-1	Ouvertüre zu ›Der Barbier von Sevilla‹, 2 (EG.6430 erschien auch auf D.Gr. SG.90)	El EG.6430, HMV B.8582
		Berlin, 23. November 1938
ORA3438-2	Amapola	El EG.6585
ORA3439-1	Donkey Serenade	El EG.6585
		Berlin, 28. November 1938
ORA3446-1	Der Onkel Doktor hat gesagt	unveröffentlicht
ORA3447-4	Lach-Foxtrott	unveröffentlicht
		Berlin, 30. November 1938
ORA 3459-1/-2	La Paloma	unveröffentlicht
ORA 3460-11-2	Orientalische Suite	unveröffentlicht
		Berlin, 11. Januar 1938
ORA3446-1	Der Onkel Doktor hat gesagt	El EG.6590
ORA3446-4	Der Onkel Doktor hat gesagt	El EG.6590
ORA3447-1	Lach-Foxtrott	El EG.6590
ORA3447-4	Lach-Foxtrott	El EG.6590
ORA3546-2	Eine Insel aus Träumen geboren	El EG.6662
ORA3547-2	Die Nacht ist nicht allein zum schlafen da	El EG.6662
		Berlin, 27. Februar 1939
ORA3736-2	Morgenstimmung	El unveröffentlicht
ORA3737-2	Eine kleine Frühlingsweise	El unveröffentlicht
ORA3738-2	Hallo Lady	El unveröffentlicht
		Berlin, 28. Februar 1939
ORA3738-3	Hallo Lady	El unveröffentlicht
ORA3757-2	Jetzt oder nie	El unveröffentlicht
		Berlin, 8. März 1939
ORA3459-3	La Paloma	El EG. 6591
ORA3460-3	Orientalische Suite	El EG.6591
ORA3757-3	Jetzt oder nie	El EG.6785

		Berlin, 12. April 1939
ORA3738-4	Hallo Lady	El EG.6785
		Berlin, 3. Mai 1939
ORA3926-1	Penny Serenade	El unveröffentlicht
ORA3927-1	Bel Ami	El unveröffentlicht

Comedian Harmonists –
später: Comedy Harmonists, das sogenannte ›Wiener‹-Ensemble mit Harry Frommermann (arr. + tenor), Roman J. Cycowski (bariton), Erich Abraham-Collin (tenor), Fred Rexeis (1. tenor), Rudolf Mayreder (baß), Ernst Engel (piano, nur 1936) und Fritz Kramer (piano 1937 bis 1940)

Die Discographie der Emigrantengruppe ist unvollständig und zum Teil ohne genaue Aufnahmedaten)

		Wien 1937
OVH-169[2]	In Silent Night (In stiller Nacht)	HMV B.8882
	Brahms arr. H. Frommermann	DG K.0222
		Wien, September 1937
OVH-170[2]	Little Sandman	HMV B.8882
	Brahms arr. H. Frommermann	DG K.0222
		Kopenhagen, Mai 1936
OCS-328[II]	Auf Wiedersehen mein Fräulein,	
	auf Wiedersehen mein Herr	HMV X.4658
	(Rotter/Brodsky)	EA 1918
		Kopenhagen, Mai 1936
OCS-329[II]	Du paßt so gut zu mir wie Zucker	HMV X.4658
	zum Kaffee (Rotter/Brodsky)	EA 1918
		Paris 1937
OSB-427[II]	The Barber of Seville – Overture	
	(Rossini) 1	HMV B.8582
OSB-428[II]	dgl. part II	HMV X.4758
OSB-443[II]	Persisk Marked (Ketelby)	HMV B.8575
	(= On a Persian Market)	HMV X.4766
OSB-444[II]	Böhmiska Musikanter (Pehm)	
	(= Böhmische Musikanten)	HMV X.4766
OLA-633[3]	Continental (Aus dem Film	
	›Joyeuse divorcé‹)	
	(Silver/Con Conrad)	DG K.7584
		Paris, August 1935
OLA-634[4]	Guitar d'amour (Guitarren spielt auf)	DG K.7584
	(Poterat/Schmidseder)	HMV EA 1916
		HMV X.4579
OLA-712[2]	D'Ajaccio à Bonifacio (Rodor/Dumas)	HMV X.4579
		DG K.7602

Paris, August 1935

OLA-713²	Il pleut sur la Route (Chamfleury/Himmel)	DG K.7602

Paris 1936

OLA-934ᴵ	Solitude (de Long/Mills/Ellington)	DC EA 1709
		HMV EA 1915
		HMV B.8575

Paris 1936

OLA-1023I	Corsican Boatsong (= D'Ajaccio à Bonifacio) (Rodor/Dumas)	HMV EA 1917

Paris 1936

OLA-1024ᴵ	It rains on the Road (Chamfleury/Himmel)	HMV EA 1917

Paris 1937

OLA-1733ᴵᴵ	The Way You Look Tonight (Aus dem RKO-Radio-Film ›Swing-Time‹) (Kern)	HMV EA 1988

Paris 1937

OLA-1734ᴵ	When the Sun says Goodnight to the Mountain (Peuse/Vincent)	HMV EA 1988
OLA-1735ᴵ	Le Barbier de Sévilla (Rossini/arr. H. Frommermann) Part I	DG K.7925

Paris 1937

	Part II	DG K-8073
OLA-1768ᴵ	Moment Musical (Schubert/arr. H. Frommermann)	HMV B.8742
		HMV EA 1994
OLA-1770ᴵ	Tabou (Lecouan/arr. H. Frommermann)	DG K.7906
OLA-1771ᴵ	Sur un Marché Persan (Ketelby/ arr. H. Frommermann)	DG K.7906

Paris 1937

OLA-1796ᴵ	Ninna-Nanna a Liana (R. Berlini/arr. Frommermann/Pio Di Flaviis)	HMV X.4964
		HMV EA 1994
		DG K.7959
OLA-933ᴵ	Rumbah Tambah (Hernandez)	DG K.7709
OLA-934ᴵ	In my Solitude (Ellington)	DG K.7709
OLA-1806ᴵ	Du bist mein Baby (Karlick/Hajos arr. H. Frommermann)	DG K.8150
		HMV EA 2126
OLA-1829ᴵ	Ti Voglio Bene (R. Falvo arr. H. Frommermann/E. Fusco)	HMV X.4964
		DG K-7959
OLA-1831ᴵ	Les Fenêtres Chantent (H. Varna/ Marc-Cab/Reisfeld u. Marbot, arr. H. Frommermann) frz.	DG K.7939
		HMV EA 1984
OLA-1832ᴵ	Qu' Importe si tu Pars (A. de Badet/ José Rivada art. H. Frommermann)	DG K.7939
		HMV EA 1984

                                                                    Paris 1937

OEA-4979[I]	Ich muß heute singen (= Les Fenêtres Chantent, dt.) Reisfeld/Marbot arr. Frommermann	DG K.8150
OEA-4980[I]	Du bist mein Baby (Karlick/Hajos arr. H. Frommermann)	
OEA-4981[I]	Dans le Jardin de mes Reves (frz.)	
OEA-4982[I]	Kleine verträumte Madonna (Dans le Jardin de mes Reves) Reisfeld/Marbot	DG K.8049
OEA-4983[I]	Congo Lullaby (Aus dem Film ›Sanders of the River‹) Wimperis/Spoliansky	HMV B.8602
OEA-5031[I]	Heidenröslein (Goethe/Schubert arr. H. Frommermann)	HMV B.8742 DG K.8073
OEA-5032[I]	Si vous m'aimez en secret	DG K.7974
OEA-5033[I]	Love me a little today (Herbert/Brodsky)	HMV B.8602
OEA-5034[I]	Raffaela (Joachim/Rivada)	DG K.8049
OLA-1830[I]	Il ne faut pas Brisér un Rêve	DG K.7974
OEA17223[IV]	The Donkey-Serenade (Aus dem Film ›Firafly‹) Friml	HMV B.8835
OEA-7223[I]	dgl. (Musterplatte)	

London, Dezember 1938

OEA-7224[I]	Whistle while You work (Aus dem Walt Disney-Film ›Snow White and the Seven Dwarfs‹) (Churchill Morey)	HMV B.8835
OEA-7250[II]	Ti-Pi-Tin (Grever) Aufn. Dez. 1938	HMV B.8850
OEA-7250[I]	dgl. (Musterplatte)	
OEA-7401[I]	Dwarf's Yodel Song (Aus dem Walt Disney-Film ›Snow White and the Seven Dwarfs‹) (Churchill/Morey) Aufn.:15. 12. 1938	HMV B.8850
OEA-7401[II]	dgl. (Musterplatte)	
OEA-7411[V]	La Mia Bella Napoli (Poterat/Winkler arr. H. Frommermann)	DG K.8271 HMV EA 2348
OEA-7412[II]	Tango de l'Orage (Sauvat/Himmel arr. H. Frommermann)	DG K.8271 HMV EA 2348
OEA-7412[I]	dgl. (Musterplatte)	
OEA-7413[I]	Guten Abend, gut' Nacht	
OEA-7414[I]	A little Maytime Song (Dvořák)	

                                                    Paris, August 1935

L-5462¹   Sous le Ciel d'Afrique (Lied aus
               dem Film ›Princesse Tam-Tam‹)
               (d'André de Badet/J. Dullin)
               mit Josephine Baker   COL DF 1814
L-5463¹   Espabilate (aus der Operette
               ›La Virgin Moren‹) (Grenet)
               mit Josephine Baker   COL DF 1814

Von dem ›Wiener‹-Ensemble sollen noch folgende Titel aufgenommen worden sein. Die genauen Plattenbezeichnungen sind jedoch nicht immer bekannt.

J'aime une Tyrolienne (neue Version von ›Kaktus‹)   **Paris, 1936?**
Continentale (franz., aus dem Film ›Gay Divorce‹)
Cheek to Cheek   **Stockholm 1936?**

Pepita (dt.)   **Wien, 1937**
Wenn der alte Brunnen rauscht
Ich hört' ein Bächlein rauschen (Schubert)

The Umbrella Man   **London, 1938**
Al mare chiaro
                                                     Sydney, 1939/40
BEA-566   Menuett in G (Beethoven),
               ohne Worte   HMV-60-2359/E-OD 17003
BEA-566   Tarantella sincera   HMV 60-182l/E-OD 661
               Waltz in A flat (Brahms), ohne Worte
               Ouvertüre – Dichter & Bauer I,
               ohne Worte
               Ouvertüre – Dichter & Bauer II,
               ohne Worte
               Oh Danny Boy (irische Folklore)
               Waltzing Matilde (australische Folklore)

Comedian Harmonists:
amerikanische Gruppe (1949 bis 1950), Fred Bixler (1. Tenor), Erich Collin (2. Tenor), Harry Frohman (3. Tenor), Arthur Atkins (Baß), W. Pollack (Bariton), Jack Cathcart (Klavier)

Tel.-El. A 16018 The Donkey Serenade,
You and the Night and the Music.

In den letzten Jahren sind bei der Emi-Electrola 5 Doppelalben und 1 Langspielplatte mit insgesamt 166 historischen Aufnahmen der Comedian Harmonists und ihrer Nachfolgegruppen erschienen:

1 C 148-31 094/95 M:

Veronika, der Lenz ist da (Jurmann/Rotter)
Wochenend und Sonnenschein (Anger/Amberg)
Ein Freund, ein guter Freund (Heymann/Gilbert)
Gitarren spielt auf (Schmidseder/Siegel)
Mein kleiner grüner Kaktus (Dorian/Horda)
Die Liebe kommt, die Liebe geht (Kreisler/Marischka)
Das ist die Liebe der Matrosen (Heymann/Gilbert)
Bin kein Hauptmann, bin kein großes Tier (Abraham/Székely)
Du bist nicht die Erste (Jurmann/Bernauer/Österreicher)
Ali-Baba (Chamfleury/Lacuona/Tabet)
Quand il pleut (Stormy Weather) (de Badet/Kohler/Arlen)
Baby (Holländer/Mehring)
Schöne Isabella aus Kastilien (Bootz/Karlick)
Der Onkel Bumba aus Kalumba (Hupfeld/Rotter/Robinson)
In der Bar zum Krokodil (Engel/Berger/Beda)
Du armes Girl vom Chor (Doughaby/Agaw/Rebner/Robinson)
Maskenball im Gänsestall (May/Schwabach)
Puppenhochzeit (Brown/Rotter/Robinson)
Eins, zwei, drei, vier (Abraham/Gilbert)
Tout le jour, toute la nuit (Night And Day) (Porter/Henneve)
Creole Love Call (Duke Ellington)
Wenn der Wind weht über das Meer (Heymann/Gilbert)
Wie wär's mit Lissabon (Bochmann/Lennow)
Lebewohl, gute Reise (Reisfeld/Marbot/Comedian Harmonists)

1 C 148-31 468/69 M:

Mein lieber Schatz, bist du aus Spanien? (Santeugini/Rotter)
Wir sind von Kopf bis Fuß auf Liebe eingestellt (Holländer)
Ah Maria, Mari (Di Capua/Rusco)
Eine kleine Frühlingsweise (Dvořák/Lengsfelder)
Hunderttausendmal (John W. Green/Rebner/Steiner/Arr. Frommermann)
Liebling mein Herz läßt dich grüßen (Heymann/Gilbert)
Perpetuum Mobile (Johann Strauß)
Schöne Lisa (Raymond/Schwenn)
Ein neuer Frühling wird in die Heimat kommen (Engel/Berger/Rotter)

Tarantella sincera (de Crescenzo Migliaccia)
Irgendwo auf der Welt (Heymann/Gilbert/Heymann)
So ein Kuß kommt von allein (Grothe)
Tag und Nacht (Night and Day) (Cole Porter)
Hallo, was machst du heut' Daisy (Donaldson/Charles Amberg/Eugen Till)
Musketier Marsch (›Drei Musketiere‹) (Riesenfeld/Benatzky/Schanzer/Welisch)
Hofsänger Serenade (Roland/Brandt)
Marie-Marie (Roland/Brandt)
Der alte Cowboy (Hill/Walter)
Ich hab' für dich 'nen Blumentopf bestellt (Bootz/Karlick)
Ohne dich (Harold Arlen/Reinhardt)
Les gars de la marine (Das ist die Liebe der Matrosen)
(Werner Richard Heymann/Werner/Boyer)
Das Wirtshaus an der Lahn (Comedian Harmonists/Bearb.:
Steininger/Comedian Harmonists)
In einem kühlen Grunde (trad./Gluck/Eichendorff)
Dorfmusik (Fryberg/v. Donop/Kirsten)
Holzhackerlied (Giuseppe Becce/Hedy Knorr)
Hein spielt abends so schön auf dem Schifferklavier (Richartz/Kirsten)
Ach wie ist's möglich dann
Muß i denn zum Städtele hinaus

1 C 148-32 255/56 M:

Einmal schaffts jeder (Heymann/Reich)
Ein bißchen Leichtsinn kann nichts schaden (Rust)
Heut' nacht hab' ich geträumt von dir (Kálmán/Grünwald)
Tea For Two (Youmans/Caesar)
Kleiner Mann was nun? (Böhmelt/Busch)
Was dein roter Mund im Frühling sagt (Böhmelt/Busch)
Way With Every Sailor (Heymann/Leigh)
Ein Lied geht um die Welt (May/Neubach)
Avec les pompiers (Himmel/Charlys/Couve)
Wenn die Sonja Russisch tanzt (Plessow/Kötscher/Karlick)
Guter Mond du gehst so stille
Leichte Kavallerie (Gay/Graham/Amberg)
Es führt kein andrer Weg zur Seligkeit (Heymann/Gilbert)
Véronique, le printemps est là (Veronika, der Lenz ist da) (Mauprey/Jurmann)
Hoppla, jetzt komm ich (Heymann/Gilbert/Kolpe)
Fünf-Uhr-Tee bei Familie Kraus (Brown/Rebner/Robinson)
Whispering (Schonberger)
Ich küsse Ihre Hand, Madame (Erwin/Rotter)
Heute nacht oder nie (Spoliansky/Schiffer)

Italienisches Intermezzo (Johann Strauß/Bearb.: Benatzky)
Spanisches Intermezzo (Johann Strauß/Bearb.: Benatzky)
Blume von Hawaii (Abraham)
Night And Day (Porter)
Mein Herz ruft immer nach dir – Oh Marita (Stolz/Marischka)
Barcarole (Offenbach/Barbier/Bearb.: Comedian Harmonists)
Ich hab' dich lieb, braune Madonna (Lopez/Rotter)
Jetzt trinken wir noch eins (Rosen/Schwabach)
Auf Wiedersehn, My Dear (Hoffmann/Goodhart/Nelson/Ager/Amberg)

1 C 148-32 973/74 M:

Spanische Moritat (Roland/Comedian Harmonists/Arr.: Erwin Bootz)
Liebling, mein Herz läßt dich grüßen (Heymann/Gilbert/Arr.: Erwin Bootz)
Kannst du pfeifen, Johanna (Hans Joach. Bach/Axelson/Arr.: Harry Frommermann)
Das alte Spinnrad (Hill/Berthold/Arr.: Erwin Bootz)
Guten Tag, gnädige Frau (Erwin Bootz/Gerd Karlick/Arr.: Erwin Bootz)
Träume, die nur um deine Liebe sich drehn (Fr. W. Rust/Marcel Lion/
    Arr.: Harry Frommermann)
Morgen muß ich fort von hier (Volkslied/Arr.: Harry Frommermann)
Du paßt so gut zu mir wie Zucker zum Kaffee (Nikolaus Brodsky/Fritz Rotter/
    Arr.: Harry Frommermann)
Gitarren spielt auf (Guitare d'amour) (Schmidseder/Louis Poterat/
    Arr.: Harry Frommermann)
Sous le ciel d'Afrique (Jacques Dallin/André de Badet/Arr.: Harry Frommermann)
Whistle While You Work (Churchill/Morey/Arr.: Harry Frommermann)
Der Barbier von Sevilla (G. Rossini/Arr.: Harry Frommermann)
Sandmännchen (Brahms/Arr.: Harry Frommermann)
Auf Wiedersehn mein Fräulein, auf Wiedersehn mein Herr (Nikolaus Brodsky/
    Fritz Rotter/Arr.: Harry Frommermann)
Wenn ich vergnügt bin, muß ich singen (Igelhoff/Beekmann/Arr.: Erwin Bootz)
Tausendmal war ich im Traum bei dir (Franz Doelle/Aldo v. Pinelli/
    Arr.: Erwin Bootz)
O, ich glaub' ich hab' mich verliebt (Erwin Bootz/H. E Beekmann/
    Arr.: Erwin Bootz)
Jetzt oder nie (Siegfried Muchow/Robert Biberti/Arr.: Siegfried Muchow)
Ich hab' für dich 'nen Blumentopf bestellt (Erwin Bootz/Arr.: Erwin Bootz)
Drüben in der Heimat (Künneke/Bertuch/Arr.: Erwin Bootz)
Marecchiare (Paolo Tosti/Giacomo/Arr.: Erwin Bootz)
The Donkey Serenade (Friml)
Sie will nicht Blumen und nicht Schokolade (Hans Carste/Klaus S. Richter)
Was eine Frau im Frühling träumt (Walter Kollo/Willi Kollo/Arr.: Frank Fux)
Zwei Tränen (I. Welev/A. Fritz)

a) Tiefe Sehnsucht
b) Yes Sir!
e) Einmal kommt der Tag (Ralph Benatzky/Arr.: Rudolf Zeller)
Schomer Yisrael (Hüter Israels) (Dr.: A. W. Binder)
Hummelflug (Rimski-Korsakow)

1 C 148-46 078/79 M:

Ein Lied geht um die Welt (Hans May/Ernst Neubach)
Allein kann man nicht glücklich sein (Engel/Berger)
Ungarischer Tanz Nr. 5 (Brahms/Collin)
Florestan 1er, Prince de Monaco (W. R. Heymann/A. Willemetz)
Menuett (Boccherini)
Ich träum' von einer Märchennacht (Rust)
Ich hab' Ihnen viel zu sagen, sehr verehrte gnädige Frau (Herm. Jerome/Fritz Rotter)
J'aime une Tyrolienne (Louis Poterat/Bert Reisfeld/Rolf Marbot)
Schade, kleine Frau (Uher/Bertram/Kaps)
Halt dich an mich (Jesse Greer/Arthur Rebner)
Ich hab' ein Zimmer, goldige Frau (Gowler/Rotter)
Schlaf, mein Liebling (Noble/Campbell/Connelly/Beda)
Eilali, eilali, eilala (Hans May/Hans Pflanzer)
Tante, bleib hier (Kirsten)
Auf dem Heuboden (Palm/Petermann)
Bei der Feuerwehr (Ernie Golden/Karlick/Collin)
Natacha (Kaper/Jurmann/de Badet)
Du hast mich betrogen (Erwin Bootz/Fritz Rotter)
Heut fahr ich mit dir in die Natur (Sarony/Karlick/Bootz)
Sah ein Knab' ein Röslein stehn
Was schenkst du mir dann (Grothe/Schwabach)
An der schönen blauen Donau (Strauß/Gerneth)
Sonja (Kötscher/Plessow/Chamfleury)
Schlafe, mein Prinzchen, schlaf ein

Crystal Nr. 048 Cry 31 909 M:

Veronika, der Lenz ist da (Jurmann/Rotter)
Ein Freund, ein guter Freund (Heymann/Gilbert)
Der Onkel Bumba aus Kalumba (Hupfeld/Rotter/Robinson)
Mein lieber Schatz, bist du aus Spanien (Santeugini/Rotter)
Eine kleine Frühlingsweise (Dvořák/Lengsfelder)
Liebling, mein Herz läßt dich grüßen (Heymann/Gilbert)
Eins, zwei, drei, vier (Abraham/Gilbert)

So ein Kuß kommt von allein (Grothe)
Hallo, was machst du heut' Daisy (Donaldson/Charles Amberg/Eugen Till)
Ich hab' für dich 'nen Blumentopf bestellt (Bootz/Karlick)
Mein kleiner grüner Kaktus (Dorian/Herda)
Lebewohl, gute Reise (Reisfeld/Marbot/Comedian Harmonists)

Quellen- und Abbildungsnachweis:

I. Interviews mit:

Robert Biberti, Berlin	=	5.–10. Dezember 1975
Ari Leschnikoff, Sofia	=	11.–14. Dezember 1975
Erwin Bootz und Helli Bootz, Hamburg	=	17.–20. Dezember 1975
Fernande Currie-Collin und Annemarie Collin, Los Angeles	=	27.–30. Dezember 1975
Roman Cycowski und Mary Cycowski, Palm Springs, Cal.	=	1.–5. Januar 1976
Marion Kiss, New York	=	8.–10. Januar 1976
Alfred Grunert, Hamburg	=	21. Januar 1976
Erika von Späth, Bremen	=	23.–25. Januar 1976
Erwin Bootz, Bochum	=	27. Januar 1976
Robert Biberti, Berlin	=	3.–6. Februar 1980

II. Dokumente:

Nachlaß von Harry Frommermann, Bremen
Privatarchiv Robert Biberti, Berlin
Nachlaß von Robert Biberti,
Archiv Preußischer Kulturbesitz, Berlin
Archiv der Comedian Harmonists Prof. Dr. Peter Czada
Discographie der COMEDIAN HARMONISTS und des
MEISTERSEXTETTS Horst H. Lange, Berlin

III. Bildernachweis:

Archiv Prof. Dr. Peter Czada, S. 167, 190, 199, 200, 201, 205, 224, 234, 236, 237, 256–257, 259, 261, 262, 265, 286–287, 298, 317
Bildarchiv Preußischer Kulturbesitz, S. 144, 187, 245, 263, 314–315
Privatarchiv Roman Cycowski, S. 185, 301
Herlinde Koelbl, S. 60, 380
Comedian Harmonists-Archiv Eberhard Fechner, S. 8–9, 20, 32, 38, 46, 55, 76, 86, 102, 108, 120, 130, 164, 214, 272, 310, 334, 343, 372, Photographien auf dem Schutzumschlag
teuto-press, Bielefeld, S. 356

David Helfgott

Die Lebensgeschichte des australischen Pianisten David Helfgott – eine ebenso ergreifende wie faszinierende Geschichte über Liebe und Musik, Ehrgeiz und Befreiung.

Gillian Helfgott/Alissa Tanskaya
David Helfgott
01/11510

01/11510

Heyne-Taschenbücher

»Hans Albers bleibt immer der Mordskerl Hans Albers«
Siegfried Kracauer

330 Seiten mit zahlreichen Abbildungen
DM 48,-- ISBN 3-88679-252-8

Volksschauspieler oder Seemann?
Nazi-Mitläufer, Anarchist oder Oportunist?
Wer war Hans Albers wirklich?
Ein Mann, der in vier politischen Systemen
Deutschlands Karriere machte und bis heute
ungebrochene Popularität besitzt,
ein Großverdiener unter den Nazis,
deren Partei er niemals beitrat.

Eine zeitkritische Biographie mit bisher
unveröffentlichtem Bildmaterial,
sorgfältig recherchiert und mit viel
Engagement geschrieben.

BELTZQUADRIGA